서울교통공사
Seoul Metro

GUIDE 기업 & 채용 분석

01 ▶ 회사소개

서울교통공사는 서울지하철 1~8호선, 9호선 2·3단계 구간(288역, 311.7km)을 운영하는 세계적 수준의 도시철도 운영기관이다. 매일 700만 명이 넘는 시민들이 서울교통공사의 수준 높은 교통서비스를 이용하고 있다. 서울교통공사는 사람과 시스템, 제도와 인프라를 최우선 가치로 하여 시민 누구나 행복한 일상을 누릴 수 있도록 항상 최선을 다하고 있다.

02 ▶ 미션

안전한 도시철도, 편리한 교통 서비스

03 ▶ 비전

사람과 도시를 연결하는 종합교통기업 서울교통공사

04 ▸ 핵심가치

- 안전 우선
- 도전 혁신
- 고객 지향
- 지속 경영

05 ▸ 경영목표

시스템 기반 최고 수준의 안전 운행	미래 성장동력 발굴 및 조직 경쟁력 강화	더 나은 서비스를 통한 고객만족도 제고	지속가능한 경영관리 체계 구축

06 ▸ 인재상

- 안전분야 최고를 지향하는 인재
- 혁신을 주도하는 인재
- 열린 마음으로 협력하는 인재

07 ▶ 서울교통공사 사무직 신입사원 채용공고

1. 지원자격(공통)

- 연령 : 만 18세 이상자
- 학력사항 : 제한 없음
- 병역사항 : 병역법 제76조에서 정한 병역의무 불이행 사실이 없는 자
  ※ 단, 복무 중인 경우는 단계별 전형 절차에 응시가 가능하고 최종합격자 발표일 전일까지 전역 가능한 자
- 근무조건 : 주・야간 교대(교번)근무가 가능한 자
  ※ 여성의 경우 주・야간 교대(교번)근무가 가능한 자로서 야간근로(22:00 ~ 06:00) 및 휴일근로 동의서를 제출하여야 임용 가능
- 기타 : 공사 인사규정 제17조(결격사유)에 해당하지 않는 자

2. 채용절차

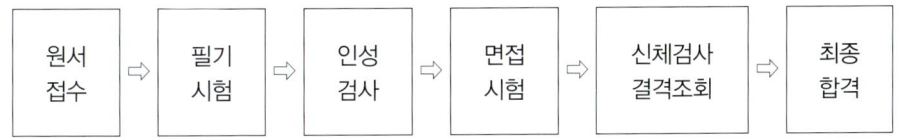

원서 접수 ⇨ 필기 시험 ⇨ 인성 검사 ⇨ 면접 시험 ⇨ 신체검사 결격조회 ⇨ 최종 합격

3. 필기시험

시험과목 : NCS 직업기초능력평가 및 직무수행능력평가(전공)

NCS 직업기초능력평가	문항(배점)	직무수행능력평가(전공)	문항(배점)
의사소통능력, 수리능력, 문제해결능력, 조직이해능력, 정보능력, 자원관리능력, 기술능력, 자기개발능력, 대인관계능력, 직업윤리	40문항(50%)	행정학, 경영학, 법학, 경제학 중 택1	40문항(50%)

※ 위 채용안내는 2024년 하반기 채용공고를 기준으로 작성하였으므로 세부 내용은 반드시 확정된 채용공고를 확인하기 바랍니다.

온라인 모의고사

서울교통공사 사무직 온라인 모의고사

NCS 통합	ATNV-00000-BBC1F
사무직(행정학)	ATOX-00000-AEBDB
사무직(경영학)	ATOY-00000-1074C
사무직(법학)	ATOZ-00000-98E53
사무직(경제학)	ATPA-00000-015C0

(기간 : ~2026년 8월 31일)

※ 쿠폰 등록 후 30일 이내에 사용 가능합니다.
※ 쿠폰 등록 및 응시는 윈도우 기반 PC에서만 가능합니다.
※ 모바일 및 macOS 운영체제에서는 서비스되지 않습니다.

합격시대 홈페이지 접속 (www.sdedu.co.kr/pass_sidae_new) → 홈페이지 우측 상단 '쿠폰 입력하고 모의고사 받자' 클릭 → 쿠폰번호 등록 → 내강의실 → 모의고사 → 합격시대 모의고사 클릭 후 응시하기

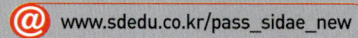

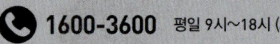

합격시대 맞춤형 온라인 테스트 | www.sdedu.co.kr/pass_sidae_new | 1600-3600 평일 9시~18시 (토 · 공휴일 휴무)

PC/모바일 무료동영상 강의

서울교통공사 무료특강 제공

1. 시대에듀 홈페이지 접속(www.sdedu.co.kr)
2. 「서울교통공사」로 검색 후 무료특강 클릭
3. 서울교통공사 기출특강 수강

※ 해당 강의는 본 도서를 기반으로 하지 않습니다.

1권

제1회 서울교통공사 사무직

NCS 직업기초능력평가 +직무수행능력평가

〈문항 및 시험시간〉

평가영역	문항 수	시험시간	비고	모바일 OMR 답안채점/성적분석 서비스
직업기초능력평가＋직무수행능력평가 (행정학/경영학/법학/경제학)	80문항	90분	5지선다	행정학 경영학 법학 경제학

제1회 모의고사

문항 수 : 80문항
응시시간 : 90분

제1영역 직업기초능력평가

01 다음 기사를 읽고 알 수 있는 내용이 아닌 것은?

> S공사는 철도산업 경쟁력 강화・일자리 창출・안전사고 예방 등을 위해 공사・용역 분야 계약기준을 개정한다고 밝혔다. 공사 분야 3건, 용역 분야 7건 등 개정된 계약기준을 S공사 홈페이지 및 전자조달시스템 사이트에 공개했으며, 2025년 8월 4일 입찰 공고한 '○○○선(1 ~ 6공구) 건설사업 관리용역'부터 적용한다.
> 공사 분야에서는 당초 상위 40%, 하위 20%의 입찰금액을 제외했던 종합심사제 균형가격 산정 기준을 상・하위 20% 입찰금액으로 완화해 적정 공사비를 지급하고, 안전 관련 비용 등을 제외하여 저가투찰 유인 요소를 개선하고 입찰가격 평가를 합리화하였다. 또한 종합심사제 '건설인력 고용' 심사 항목을 공사수행능력 평가에 포함하여 0.6점에서 1점으로 배점을 확대하였고, 신인도에서 건설 고용지수, 일자리 창출 실적 등의 '고용 개선' 심사 항목을 신설하여 건설 일자리 확대를 도모하였다.
> 용역 분야에서는 신용평가 등급 기준을 A−에서 BBB−로 낮추고, 신기술개발 및 투자실적 평가의 만점 기준을 완화하여 중소기업의 경영 부담을 줄였다. 또한 경력・실적 만점 기준을 각각 20년에서 15년, 15건에서 10건으로 완화하여 청년 기술자 고용 확대 및 업계의 상생・균형 발전을 제도적으로 지원한다.
> 아울러 공사 분야 사망사고에 대한 신인도 감점을 회당 −2점에서 −5점으로, 용역 분야 사망사고에서는 9건당 −1점에서 −3점으로 강화하여 철도 건설 현장의 안전을 제고하였다.
> S공사의 이사장은 "이번 계약제도 개편은 국민 눈높이에 맞는 계약제도 실현을 위해 지난 6월 S공사에서 자체 발족한 '고객 중심・글로벌 계약실현 추진반' 성과의 일환"이라며, "S공사는 앞으로도 철도산업 경쟁력 강화를 위해 지속적으로 제도를 개선해나가겠다."라고 밝혔다.

① 개정된 계약기준을 확인하는 방법
② 개정된 계약기준의 적용일
③ 종합심사제에서 삭제된 심사 항목
④ 변경된 경력・실적 평가의 만점 기준
⑤ 사망사고에 대한 신인도 감점 점수

02 다음은 2024년 공항철도 여객 수송실적에 대한 표이다. 이에 대한 설명으로 옳은 것은?

〈2024년 월별 여객 수송실적〉

(단위 : 천 명)

월	수송인원	승차인원	유입인원
1월	5,822	2,843	2,979
2월	5,520	2,703	(　　)
3월	6,331	3,029	3,302
4월	6,237	3,009	3,228
5월	6,533	3,150	3,383
6월	6,361	3,102	3,259
7월	6,431	3,164	3,267
8월	(　　)	3,103	3,617
9월	6,333	2,853	3,480
10월	6,875	3,048	3,827
11월	6,717	(　　)	3,794
12월	6,910	3,010	3,900

※ 유입인원 : 다른 철도를 이용하다가 공항철도로 환승하여 최종 종착지에 내린 승객의 수
※ 수송인원=승차인원+유입인원

① 2024년 공항철도의 수송인원은 매월 증가하고 있다.
② 2024년 3분기 공항철도 총 수송인원은 1,950만 명 이상이다.
③ 2월 공항철도 유입인원은 1월에 비해 16만 2천 명 감소하였다.
④ 11월은 승차인원이 가장 적은 달로, 6월보다 18만 1천 명 더 적었다.
⑤ 8월은 수송인원이 가장 많았던 달로, 12월보다 19만 명 더 많았다.

※ 다음 기사를 읽고, 이어지는 질문에 답하시오. [3~4]

서울교통공사는 지난해 10월 서울 지하철 7호선 12개역 에스컬레이터 100대에 IoT기술을 적용한 결과, 고장 1건당 수리 시간이 56분에서 37분으로 34% 감소했다고 밝혔다. 장애 경보 발생 건수도 1일 평균 20.5건에서 17.4건으로 15% 감소했다.
IoT기술이 도입된 에스컬레이터에는 모터 과부하 동작센서, 스텝 처짐센서, 역회전 감지 동작센서 등 20 ~ 40여 개의 센서가 달려 있어 고장이 발생하는 즉시 해당 부품을 확인할 수 있다. 고장 신고를 받으면 현장으로 출동해 고장 내용을 확인한 뒤 필요한 장비를 다시 준비해야 했던 이전과 달리, ________________ 고장 수리 시간이 대폭 줄어든 것이다.
한편, IoT기술을 통해 수집된 정보는 예방 정비에도 활용된다. 실제로 지난해 10월 5호선 광나루역에서는 에스컬레이터 구동부의 진동 주파수 데이터를 분석해 고장 발생 전에 모터 베이스를 재고정하여 사고를 예방할 수 있었다. 공사는 지난 2월, 이 진동 분석 시스템을 '진동센서를 이용한 에스컬레이터용 안전시스템'이란 이름으로 특허를 출원했다.
에스컬레이터 IoT기술 장치와 진동 분석 시스템은 디지털 기술을 기반으로 기계설비 상태를 분석해 유지·보수하는 시스템인 '서울교통공사 기계설비 빅데이터 분석 시스템(SAMBA; Smart Automatic Mechanical Big data Analysis System)'이 에스컬레이터 설비에 적용된 것이다. 공사는 SAMBA 등 정보통신기술(ICT)을 지하철 설비, 전력, 신호제어, 정보통신 영역에 적용해 지하철 디지털 혁신 프로젝트인 SCM(Smart Connected Metro)을 완성해 나갈 예정이다.
공사는 에스컬레이터 안전 강화를 위해 역주행 방지 장치도 확대 설치했다. 지난해까지 전체 1,663대 에스컬레이터 중 1,324대에 역주행 방지 장치를 설치해 설치율을 80%로 높였다. 올해는 226대를 추가로 설치해 설치율을 93%까지 끌어올릴 예정이다.
서울교통공사 자동제어개량팀장은 "잦은 고장으로 민원이 발생했던 에스컬레이터 유지관리 문제를 해결하기 위해 이 시스템을 도입했다."며 "IoT기술을 연내 에스컬레이터 250대에 적용하고 2023년까지 총 1,334대에 도입해 가동률을 5% 증가시키고, 유지관리 비용도 20% 낮출 수 있을 것으로 보고 있다."라고 밝혔다.

03 다음 중 빈칸에 들어갈 내용으로 가장 적절한 것은?

① 고장 신고 절차가 간소화됨에 따라
② 고장이 발생한 현장의 위치를 실시간으로 파악할 수 있어
③ 다양한 센서 설치와 첨단 수리 기계의 도입으로
④ 고장 신고 접수 즉시 필요한 장비를 준비해 출동할 수 있어
⑤ 직원이 직접 출동하지 않고도 고장 부품을 수리할 수 있어

04 다음 중 기사의 내용으로 적절하지 않는 것은?

① 공사는 지난해 지하철 7호선 100대의 에스컬레이터에 IoT기술을 적용하였다.
② IoT기술의 도입으로 에스컬레이터의 고장 수리 시간과 장애 경보 발생 건수 모두 감소하였다.
③ 공사는 고장 발생 시 센서를 통해 해당 부품을 파악하는 시스템에 대하여 특허를 신청했다.
④ 공사의 지하철 디지털 혁신 프로젝트인 SCM은 현재 완성되지 않았다.
⑤ 공사는 전체 에스컬레이터의 약 80%인 1,324대의 에스컬레이터에 역주행 방지 장치를 설치 완료하였다.

05 S공사는 10대 핵심 전략 기술을 선정하여 신기술 개발과 사업화에 역량을 집중하고 있다. 다음 중 이에 대한 설명으로 옳지 않은 것은?

〈S공사 선정 2025년 10대 핵심 전략 기술 중 일부〉

- CCUS(탄소포집 저장 활용)
- Smart Grid
- ICT 융복합
- Micro Grid
- ESS(에너지 저장장치)

① CCUS : 이산화탄소를 고순도로 포집하여 압축·저장·활용하는 기술
② Micro Grid : 전력설비 안전성 강화 및 효율 증대 원천 기술 및 공정 신소재 개발(자기 치유, 슈퍼커패시터, 3D프린팅 등)
③ Smart Grid : 기존 전력망에 ICT를 접목, 에너지 효율을 최적화, 전력 사용 절감을 유도하는 전력망
④ ESS : 필요 시 전력 에너지를 저장, 공급하여 에너지 효율을 향상시키는 시스템
⑤ ICT 융복합 : 사물인터넷(IoT), 빅데이터, 보안 등 최신 ICT 기술을 활용, 전력 분야 신사업 기반 창출

※ S기업은 물품을 효과적으로 관리하기 위해 매년 기업 내 물품 목록을 작성하고, 물품별로 코드를 생성하여 관리하고 있다. 다음 자료를 보고, 이어지는 질문에 답하시오. **[6~8]**

〈2024년도 보유 물품 현황〉

구분	책임 부서 및 책임자	구매연도	구매가격	유효기간	처분 시 감가 비율	중고 여부
A물품	고객팀 이대리	2024년	55만 원	11년	40%	×
B물품	총무팀 김사원	2022년	30만 원	7년	20%	×
C물품	영업팀 최사원	2021년	35만 원	10년	50%	×
D물품	생산팀 강부장	2019년	80만 원	12년	25%	○
E물품	인사팀 이과장	2023년	16만 원	8년	25%	○

※ 물품의 유효기간은 목록을 작성한 연도를 기준으로 함

※ 처분 시 감가 비율은 물품 구매가격을 기준으로 함

〈코드 생성 방법〉

• 구분에 따른 생성 코드

구분		코드
책임 부서	총무팀	GAT
	영업팀	SLT
	생산팀	PDT
	고객팀	CTT
	인사팀	PST
책임자 직급	사원	E
	대리	A
	과장	S
	부장	H
중고 여부	새 제품	1
	중고 제품	0

• 코드 순서 : 책임 부서 – 책임자 직급 – 뒤의 구매연도(2자리) – 유효기간(2자리) – 중고 여부

예 GAT–A–14–02–1

06 다음 중 2024년도 사내 보유 물품인 A ~ E물품의 코드로 옳지 않은 것은?

① A물품 : CTT-A-22-11-1
② B물품 : GAT-E-20-07-1
③ C물품 : SLT-E-19-10-0
④ D물품 : PDT-H-17-12-0
⑤ E물품 : PST-S-21-08-0

07 다음 중 A ~ E물품을 모두 처분한다고 할 때, 받을 수 있는 총금액은?(단, 중고 제품의 경우 처분 금액의 50%만 받을 수 있으며, 만 원 이하는 버린다)

① 88만 원
② 98만 원
③ 110만 원
④ 120만 원
⑤ 131만 원

08 제휴 업체를 통해 유효기간이 10년 이상 남은 물품을 처분할 경우 구매가격의 80%를 받을 수 있다고 한다. 다음 중 유효기간이 10년 이상 남은 물품을 모두 처분한다고 할 때, 제휴 업체로부터 받을 수 있는 총금액은?

① 108만 원
② 112만 원
③ 122만 원
④ 132만 원
⑤ 136만 원

※ 다음은 S공사의 출장여비 기준에 대한 자료이다. 이어지는 질문에 답하시오.. [9~10]

〈S공사의 출장여비 기준〉

항공	숙박(1박)	교통비	일비	식비
실비	• 1・2급 : 실비 • 3급 : 80,000원 • 4・5・6급 : 50,000원	• 서울・경기 지역 : 1일 10,000원 • 나머지 지역 : 1일 15,000원	30,000원/일	20,000원/일

※ 항공은 외국으로 출장을 갈 경우에 해당함

1급	2급	3급	4급	5급	6급
이사장	이사	부장	차장	과장	대리

※ 2급 이상 차이 나는 등급과 출장에 동행하게 된 경우, 높은 등급이 묵는 호텔에서 묵을 수 있는 금액을 지원함

09 다음 중 자료에 대한 설명으로 옳은 것은?

① 외국으로 출장을 다니는 B과장이 항상 같은 객실에서 묵는다면 총비용은 언제나 같다.
② 서울・경기 지역으로 1박 2일 출장을 가는 C차장의 출장비는 20만 원 이상이다.
③ 같은 조건으로 출장을 간다면 이사장이 이사보다 출장비를 많이 받는다.
④ 이사장과 함께 출장을 가게 된 A대리는 이사장과 같은 호텔, 같은 등급의 객실에서 묵을 수 있다.
⑤ 자동차를 이용해 무박으로 지방 출장을 가는 부장과 차장의 비용은 같다.

10 A부장과 P차장이 9박 10일로 함께 제주도 출장을 가게 되었다. 동일한 출장비를 제공하기 위하여 P차장의 호텔을 한 단계 업그레이드할 때, P차장이 원래 묵을 수 있는 호텔보다 얼마나 이득인가?

① 230,000원
② 250,000원
③ 270,000원
④ 290,000원
⑤ 310,000원

11 **다음은 철도안전법 시행규칙의 일부 자료이다. 철도차량 형식승인신청서와 같이 첨부하여야 하는 서류로 옳지 않은 것은?**

> **제46조(철도차량 형식승인 신청 절차 등)**
>
> ① 법 제26조 제1항에 따라 철도차량 형식승인을 받으려는 자는 별지 제26호 서식의 철도차량 형식승인신청서에 다음 각 호의 서류를 첨부하여 국토교통부장관에게 제출하여야 한다.
>
> 1. 법 제26조 제3항에 따른 철도차량의 기술기준(이하 "철도차량기술기준"이라 한다)에 대한 적합성 입증계획서 및 입증자료
> 2. 철도차량의 설계도면, 설계 명세서 및 설명서(적합성 입증을 위하여 필요한 부분에 한정한다)
> 3. 법 제26조 제4항에 따른 형식승인검사의 면제 대상에 해당하는 경우 그 입증서류
> 4. 제48조 제1항 제3호에 따른 차량형식 시험 절차서
> 5. 그 밖에 철도차량기술기준에 적합함을 입증하기 위하여 국토교통부장관이 필요하다고 인정하여 고시하는 서류
>
> ② 법 제26조 제2항 본문에 따라 철도차량 형식승인을 받은 사항을 변경하려는 경우에는 별지 제26호의2서식의 철도차량 형식변경승인신청서에 다음 각 호의 서류를 첨부하여 국토교통부장관에게 제출하여야 한다.
>
> 1. 해당 철도차량의 철도차량 형식승인증명서
> 2. 제1항 각 호의 서류(변경되는 부분 및 그와 연관되는 부분에 한정한다)
> 3. 변경 전후의 대비표 및 해설서
>
> ③ 국토교통부장관은 제1항 및 제2항에 따라 철도차량 형식승인 또는 변경승인 신청을 받은 경우에 15일 이내에 승인 또는 변경승인에 필요한 검사 등의 계획서를 작성하여 신청인에게 통보하여야 한다.

① 차량형식 시험 절차서
② 적합성 입증과 관계없는 철도차량의 설계도면, 설계 명세서 및 설명서
③ 형식승인검사의 면제 대상에 해당함을 입증하는 서류
④ 철도차량기술기준에 적합함을 입증하기 위하여 국토교통부장관이 필요하다고 인정하여 고시하는 서류
⑤ 철도차량기술기준에 대한 적합성 입증계획서 및 입증자료

12 다음 중 임파워먼트를 통해 나타나는 특징으로 적절하지 않은 것은?

① 구성원들 스스로 일에 대한 흥미를 느끼도록 해준다.

② 구성원들이 자신의 업무가 존중받고 있음을 느끼게 해준다.

③ 구성원들로 하여금 업무에 대해 계속해서 도전하고 성장할 수 있도록 유도할 수 있다.

④ 구성원들 간의 긍정적인 인간관계 형성에 도움을 줄 수 있다.

⑤ 구성원들이 현상을 유지하고 조직에 순응하는 모습을 기대할 수 있다.

13 다음은 S기업의 공장별 9월 생산량 현황이다. 각 셀에 들어간 함수의 결괏값으로 옳지 않은 것은?

	A	B	C	D	E	F
1	〈S기업 공장별 9월 생산량 현황〉					
2	구분	생산량	단가	금액	순위	
3					생산량 기준	금액 기준
4	안양공장	123,000	10	1,230,000		
5	청주공장	90,000	15	1,350,000		
6	제주공장	50,000	15	750,000		
7	강원공장	110,000	11	1,210,000		
8	진주공장	99,000	12	1,188,000		
9	계	472,000		5,728,000		

① F4 : =RANK(D4,D4:D8,1) → 4

② E4 : =RANK(B4,B4:B8,0) → 1

③ E6 : =RANK(B6,B4:B8,0) → 5

④ F8 : =RANK(D8,D4:D8,0) → 2

⑤ E8 : =RANK(B8,B4:B8,0) → 3

14 다음은 고속도로의 부대시설 현황이다. 이에 대한 설명으로 옳지 않은 것을 〈보기〉에서 모두 고르면?

〈고속도로의 부대시설 현황〉

(단위 : 개)

구분	영업소	휴게소	주유소
경부선	32	31	30
남해선	25	10	10
88올림픽선	11	6	4
서해안선	27	17	17
울산선	1	0	0
익산 ~ 포항선	5	4	4
호남선(논산 ~ 천안선)	20	11	10
중부선(대전 ~ 통영선)	29	17	17
평택충주선	17	0	0
중부내륙선	23	10	10
영동선	21	12	12
중앙선	6	14	14
동해선	6	4	4
서울 외곽순환선	1	0	0
마산외곽선	3	0	0
남해 제2지선	1	0	0
제2경인선	1	0	0
경인선	3	0	0
호남선의 지선	2	2	2
대전남부순환선	2	0	0
구미선	3	2	2
중앙선의 지선	2	0	0
합계	241	140	136

〈보기〉

㉠ 휴게소가 있는 노선에는 반드시 주유소가 있다.
㉡ 휴게소가 없는 노선은 영업소의 수가 3개 이하이다.
㉢ 휴게소의 수와 주유소의 수가 일치하지 않는 노선은 모두 3개이다.
㉣ [(휴게소)/(영업소)] 비율이 가장 높은 노선은 경부선이다.
㉤ 영업소, 휴게소, 주유소 모두 경부선이 가장 많다.

① ㉠, ㉡
② ㉠, ㉢
③ ㉡, ㉢
④ ㉡, ㉣
⑤ ㉣, ㉤

15 다음 〈보기〉의 조직에 대한 감정 중 소외형에 해당하는 것을 모두 고르면?

〈보기〉

㉠ 조직이 나의 아이디어를 원치 않는다고 느낀다.
㉡ 리더는 항상 자기 마음대로 한다고 느낀다.
㉢ 자신을 인정해 주지 않는다고 느낀다.
㉣ 적절한 보상이 없다고 느낀다.
㉤ 불공정하고 문제가 있다고 느낀다.

① ㉠, ㉡, ㉢
② ㉠, ㉢, ㉣
③ ㉡, ㉢, ㉣
④ ㉡, ㉣, ㉤
⑤ ㉢, ㉣, ㉤

16 다음은 S공사의 사보에 실린 '조직의 분쟁 해결을 위한 여섯 단계'를 설명하는 내용이다. 오늘 아침 회의시간에 성과급 기준과 관련하여 팀원 간의 갈등이 있었는데, 기사를 읽고 고려할 수 있는 갈등 해결 방안으로 옳지 않은 것은?

〈조직의 분쟁 해결을 위한 여섯 단계〉

1. 문제가 무엇이며, 분쟁의 원인이 무엇인지 명확히 정의하기
2. 공동의 목표 수립하기
3. 공동의 목표를 달성하는 방법에 대해 토론하기
4. 공동의 목표를 수립하는 과정에서 발생할 장애물 탐색하기
5. 분쟁을 해결하는 최선의 방법에 대해 협의하기
6. 합의된 해결 방안을 확인하고 책임 분할하기

① 성과급 기준에 대해 내가 원하는 점과 다른 사람이 원하는 점을 모두 생각해봐야지.
② 합의된 성과급 기준에서 발생할 수 있는 문제점들도 생각해봐야겠다.
③ 모두가 만족할 만한 해결 방안을 확인했으니, 팀장인 내가 책임감을 가지고 실행해야지.
④ 성과급 기준과 관련하여 팀원들과 갈등이 있었는데 원인을 찾아봐야겠다.
⑤ 팀원들 모두가 참여하는 가운데 조직 목표를 달성할 수 있는 방안에 대해 논의해야지.

17 다음 차트에 대한 설명으로 옳지 않은 것은?

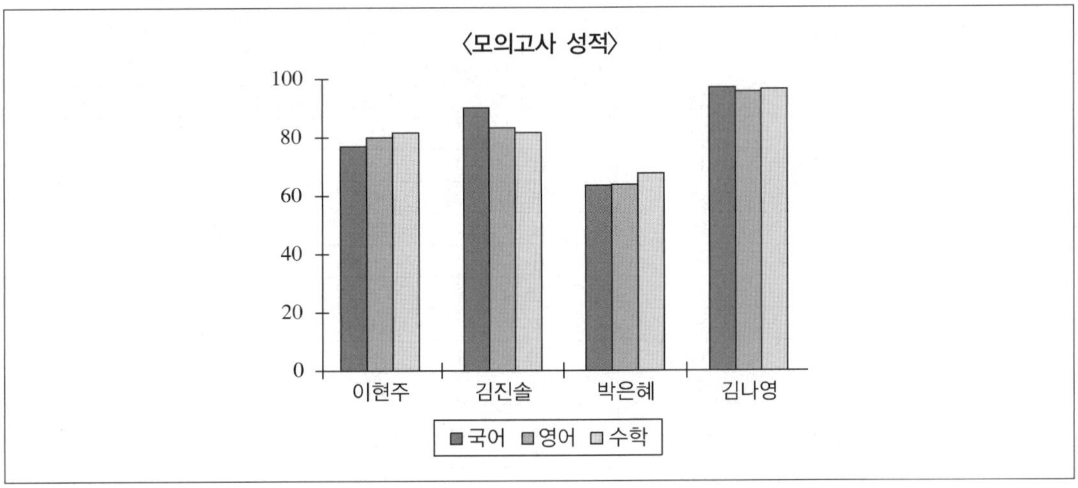

① 세로축의 주 단위가 20으로 설정되어 있다.
② 데이터 계열은 4개로 구성되어 있다.
③ 범례의 위치는 아래쪽에 있다.
④ 주 단위의 가로 눈금선이 표시되어 있다.
⑤ 2차원 세로 막대형 그래프이다.

18 다음 중 워크시트에 외부 데이터를 가져오는 방법이 아닌 것은?

① 데이터 연결 마법사
② Microsoft Query
③ 하이퍼링크
④ 웹
⑤ 텍스트

※ 다음은 2025년 상반기 S공사 인턴에 대한 업무능력을 평가한 자료이다. 이어지는 질문에 답하시오. **[19~20]**

	A	B	C	D	E	F
1	〈S공사 인턴 업무능력 평가〉					
2	이름	업무정확도	업무속도	근무태도	회사적응도	평균
3	고○○	8.5	5	8.5	8.5	
4	김○○	6	10	6.5	9	
5	김○○	6.5	8	10	8.5	
6	나○○	10	8	7.5	6	
7	도○○	8	6	8	9	
8	박○○	7	7.5	7.5	7.5	
9	신○○	8	7	8.5	10	
10	오○○	9.5	10	8	6.5	
11	유○○	7	8.5	10	10	
12	이○○	7	6	9	8.5	
13	이○○	5	9	6	8	
14	전○○	7.5	8.5	7.5	8	
15	차○○	10	6.5	9	10	
16	천○○	8	7.5	7	7.5	

19 인턴 14명의 평균을 구하고자 할 때, [F3]에 들어갈 함수식으로 옳은 것은?(단, 소수점 둘째 자리에서 버림한다)

① =AVERAGE(ROUNDDOWN(B3:E3),1)

② =AVERAGE(ROUNDDOWN(B3:E3,1))

③ =ROUNDDOWN(AVERAGE(B3:E3),1)

④ =ROUNDDOWN(AVERAGE(B3:E3,1))

⑤ =ROUNDDOWN(AVERAGE(B3:E3))

20 평균이 8.5점 이상인 인턴을 정직원으로 채용하고자 할 때, 채용 가능한 인원의 수를 구하는 함수식은?

① =SUMIF(F3:F16,"> =8.5")

② =SUMIF(F3:F16,> =8.5)

③ =COUNTIF(F3:F16,"> =8.5")

④ =COUNTIF(F3:F16,> =8.5)

⑤ =IF(F3:F16,"> =8.5")

※ 다음은 S공사의 윤리경영 추진 조직도이다. 이를 참고하여 이어지는 질문에 답하시오. **[21~22]**

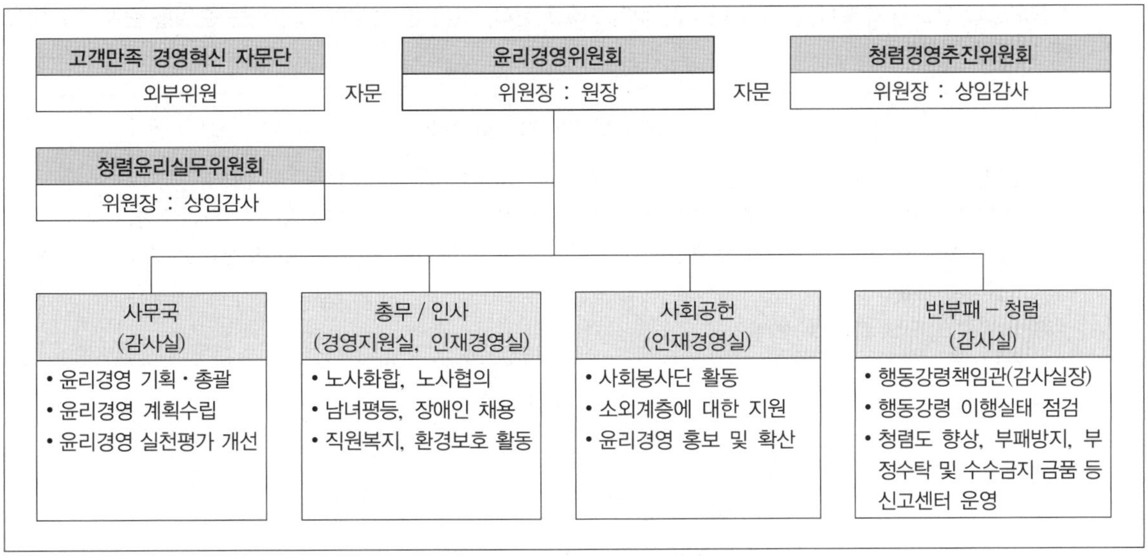

21 다음 〈보기〉에서 S공사의 윤리경영 추진 조직도를 바르게 이해한 사람을 모두 고르면?

〈보기〉

A : 윤리경영위원회 산하에는 청렴윤리실무와 청렴경영추진의 위원회가 있네.
B : 윤리경영위원회는 외부위원으로 이루어진 고객만족 경영혁신 자문단으로부터 자문을 받는군.
C : S공사의 원장이 윤리경영위원회의 위원장을 맡고 있어.
D : S공사의 상임감사는 반부패 – 청렴의 행동강령책임관을 맡고 있어.

① A, B
② A, C
③ B, C
④ B, D
⑤ C, D

22 다음 중 S공사의 윤리경영과 가장 관련이 적은 것은?

① 청렴 계약제
② 최고위자과정 교육
③ 지역사회 봉사활동
④ 공직자 선물신고 제도
⑤ 희귀난치병 환우 치료비 지원

23 S기업의 기획홍보부에 근무하는 P대리는 자신이 해야 할 일들을 아래와 같이 메모하였고, 일이 차질 없이 진행되도록 〈보기〉의 표에 업무를 나누어 적어보려고 한다. 다음 중 업무에 해당하는 순위를 순서대로 바르게 나열한 것은?

〈해야 할 일(1월 1일 기준)〉

㉠ 기획홍보부 신입사원 사내 기본교육 및 업무 인수인계 진행(다음 주까지)
㉡ 경쟁업체 신규 매장 오픈(4월 1일)으로 인한 경영전략 수립(3월 중 유통부와 공조하여 진행)
㉢ 3월 1일에 시작하는 봄맞이 프로모션 준비 : 할인 품목 및 할인율 재점검, 프로모션 전략 자료 준비(2월 1일까지 제출)
㉣ 어학학원 수강 신청 및 등록

〈보기〉

중요한 것

긴급하지 않은 것	2순위 계획하고 준비해야 할 문제	1순위 제일 먼저 해결해야 할 긴급하고 중요한 문제	긴급한 것
	4순위 상대적으로 하찮은 일	3순위 신속히 해결해야 할 문제	

중요하지 않은 것

	1순위	2순위	3순위	4순위
①	㉠	㉡	㉢	㉣
②	㉡	㉢	㉠	㉣
③	㉢	㉠	㉡	㉣
④	㉢	㉡	㉠	㉣
⑤	㉣	㉢	㉠	㉡

24 다음은 교육팀에서 근무하는 L사원이 직장동료에게 자신에 대한 평가결과를 이야기하는 내용이다. L사원의 자기개발 실패 원인으로 가장 적절한 것은?

"이번에 회사에서 사원 평가를 했잖아. 나보고 자기개발능력이 부족하다고 하네. 6시 퇴근시각에 바로 퇴근을 하더라도 집이 머니까 도착하면 8시고, 바로 씻고 저녁 먹고 잠깐 쉬면 금방 10시야. 방 정리하고 설거지하면 어느새 11시가 되는데, 어느 틈에 자기개발을 하라는 건지 이해도 잘 안 되고 답답하기만 해."

① 자기중심적이고 제한적인 사고
② 현재하고 있는 일을 지속하려는 습성
③ 자신의 주장과 반대되는 주장에 대한 배척
④ 자기개발 방법에 대한 정보 부족
⑤ 인간의 욕구와 감정의 작용

25 **다음 사례의 L씨가 경력개발 계획을 수립하고 실행하는 과정에서 나타나지 않은 단계는?**

> 자산관리 회사에서 근무 중인 L씨는 투자 전문가가 되고자 한다. L씨는 주변 투자 전문가를 보면서 그들이 높은 보수를 받고 있으며, 직업에 대한 만족도도 높다는 것을 알았다. 또한 얼마 전 실시했던 적성 검사 결과를 보니, 투자 전문가의 업무가 자신의 적성과 적합한 것 같았다. L씨는 투자 전문가가 되기 위해 본격적으로 알아본 결과 많은 경영학 지식과 관련 자격증이 필요하다는 것을 알게 되었다. 이를 위해 퇴근 후 저녁 시간을 활용하여 공부를 해야겠다고 다짐하면서 투자 전문가 관련 자격증을 3년 내에 취득하는 것을 목표로 설정하였다.

① 직무정보 탐색
② 자기 탐색
③ 경력목표 설정
④ 경력개발 전략 수립
⑤ 환경 탐색

26 **다음 사례에서 B사원에게 결여된 덕목과 그에 따른 A부장의 조언으로 가장 적절한 것은?**

> 평소 지각이 잦은 편인 B사원은 어제 퇴근 후 참석한 모임에서 무리하게 술을 마셨고, 결국 오늘도 지각을 했다. 그동안 B사원의 지각을 눈감아 주었던 A부장은 오늘은 B사원에게 꼭 한마디를 해야겠다고 생각했다.

① 정직 : 근무 시간에 거짓말을 하고 개인적인 용무를 보지 않아야 합니다.
② 정직 : 비록 실수를 하였더라도, 정직하게 밝혀야 합니다.
③ 책임 : 내가 해야 할 일이라면, 개인적인 일을 포기하고 먼저 해야 합니다.
④ 근면 : 나에게 이익이 되는 일보다는 옳은 일을 해야 합니다.
⑤ 근면 : 출근 시간을 엄수하고, 술자리를 적당히 절제하여야 합니다.

27 A ~ G 6명은 각각 차례대로 바이올린, 첼로, 콘트라베이스, 플루트, 클라리넷, 바순, 심벌즈를 연주하고 악기 연습을 위해 연습실 1, 2, 3을 빌렸다. 다음 〈조건〉을 만족할 때, 연습 장소와 시간을 확정하기 위해 추가로 필요한 조건은?

〈조건〉

- 연습실은 오전 9시에서 오후 6시까지 운영하고 모든 시간에 연습이 이루어진다.
- 각각 적어도 3시간 이상, 한 번 연습을 한다.
- 연습실 1에서는 현악기를 연습할 수 없다.
- 연습실 2에서 D가 두 번째로 5시간 동안 연습을 한다.
- 연습실 3에서 처음 연습하는 사람이 연습하는 시간은 연습실 2에서 D가 연습하는 시간과 2시간이 겹친다.
- 연습실 3에서 두 번째로 연습하는 사람은 첼로를 켜고, 타악기 연습시간과 겹치면 안 된다.

① E는 연습실 운영시간이 끝날 때까지 연습한다.
② C는 A보다 오래 연습한다.
③ E는 A와 연습 시간이 같은 시간에 끝난다.
④ A와 F의 연습 시간은 3시간이 겹친다.
⑤ A는 연습실 2를 사용한다.

28 다음 사례에서 L사원이 가장 먼저 해야 할 일로 가장 적절한 것은?

현재 직장에 근무한 지 3년 차인 L사원은 그동안 단순 반복되는 업무를 맡아왔다. 얼마 전 새로 입사한 신입사원을 보면서 자신이 신입사원으로 들어왔을 때를 떠올렸다. 그때는 나름 힘찬 포부와 커다란 목표를 가지고 있었는데, 지금은 업무에 시달리다 보니 아무런 목표 의식 없이 주어진 일을 끝내기에만 바빴다. 신입사원보다 자신의 능력이 부족하다는 것을 느끼게 되었고, 마침내 자신의 전문성을 신장시켜야겠다고 결심했다.

① 반성 및 피드백을 한다.
② 일정을 수립한다.
③ 수행해야 할 과제를 발견한다.
④ 비전과 목표를 수립한다.
⑤ 자신의 흥미 · 적성 등을 파악한다.

29 다음에서 제시된 조직의 특성으로 가장 적절한 것은?

> 서울교통공사의 사내 봉사 동아리에 소속된 70여 명의 임직원이 연탄 나르기 봉사 활동을 펼쳤다. 이날 임직원들은 지역 주민들이 보다 따뜻하게 겨울을 날 수 있도록 연탄 총 3,000장과 담요를 직접 전달했다. 사내 봉사 동아리에 소속된 문대리는 "매년 진행하는 연말 연탄 나눔 봉사활동을 통해 지역사회에 도움의 손길을 전할 수 있어 기쁘다."라며 "오늘의 작은 손길이 큰 불씨가 되어 많은 분들이 따뜻한 겨울을 보내길 바란다." 라고 말했다.

① 인간관계에 따라 형성된 자발적인 조직

② 이윤을 목적으로 하는 조직

③ 규모와 기능 그리고 규정이 조직화되어 있는 조직

④ 조직 구성원들의 행동을 통제할 장치가 마련되어 있는 조직

⑤ 공익을 요구하지 않는 조직

30 다음 A~C의 비윤리적 행위에 대한 원인이 바르게 연결된 것은?

> • A는 영화관 내 촬영이 금지된 것을 모르고 영화 관람 중 스크린을 동영상으로 촬영하였고, 이를 인터넷에 올렸다가 저작권 위반으로 벌금이 부과되었다.
> • B는 얼마 전 친구에게 인터넷 도박 사이트를 함께 운영하자는 제안을 받았고, 그러한 행위가 불법인 줄 알았음에도 불구하고 많은 돈을 벌 수 있다는 친구의 말에 제안을 바로 수락했다.
> • 평소에 화를 잘 내지 않는 C는 만취한 상태로 편의점에 들어가 물건을 구매하는 과정에서 직원과 말다툼을 하다가 화를 주체하지 못하고 주먹을 휘둘렀다.

	A	B	C
①	무절제	무지	무관심
②	무관심	무지	무절제
③	무관심	무절제	무지
④	무지	무관심	무절제
⑤	무지	무절제	무관심

31 다음 대화 내용을 읽고 B선임이 〈보기〉의 ⓐ～ⓔ 중에서 취했어야 하는 행동을 순서대로 바르게 나열한 것은?

> A팀장 : B선임은 정신이 있는 겁니까, 없는 겁니까? 임원회의에서 PT를 맡은 사람이 지각하면 어떡합니까? 그러고도 프로젝트 관리자라고 할 수 있겠어요?
> B선임 : 죄송합니다. 하지만 어쩔 수 없는 사정이 있었습니다.
> A팀장 : 무슨 큰일이라도 있었나요?
> B선임 : 출근길에 앞서 가던 할머니께서 계단을 오르다 심하게 넘어지셔서 병원에 모셔다 드릴 수밖에 없었습니다.

〈보기〉

ⓐ 구급대원의 도착을 확인하고 회사로 이동한다.
ⓑ 가장 가까운 병원을 검색한다.
ⓒ 상사에게 상황을 보고하고 조치한다.
ⓓ 할머니를 최대한 빨리 병원으로 모시고 간다.
ⓔ 119에 신고한다.

① ⓑ－ⓒ－ⓓ
② ⓑ－ⓒ－ⓔ
③ ⓒ－ⓑ－ⓓ
④ ⓔ－ⓑ－ⓐ
⑤ ⓔ－ⓒ－ⓐ

32 다음 중 〈보기〉의 사례와 직업의 특성이 바르게 연결된 것은?

〈보기〉

㉠ 단기간의 아르바이트와 달리 일정 기간 수행되어야 한다.
㉡ 직업을 통해 사회 구성원의 필요를 충족시키며, 사회에 봉사하게 된다.
㉢ 직업을 통해 일정한 수입을 얻고, 경제발전에 기여하여야 한다.

	㉠	㉡	㉢
①	연속성	봉사성	수익성
②	연속성	봉사성	경제성
③	지속성	공공성	경제성
④	계속성	사회성	경제성
⑤	계속성	사회성	수익성

33 S기업 총무부에서 근무하는 P대리는 다음 업무를 처리해야 한다. 각 업무들의 기한과 P대리의 업무처리 정보가 다음과 같을 때, P대리가 업무들에 착수할 순서로 가장 적절한 것은?

〈업무처리 정보〉

- P대리는 동시에 최대 두 가지 업무를 수행할 수 있다.
- P대리는 중요한 일보다 긴급한 일에 먼저 착수하고자 한다.
- 현재는 2월 17일이다.
- 같은 날에 하는 업무라도 업무 착수 순서는 구별한다.

〈처리필요 업무 리스트〉

- 본부에서 이번 분기에 가장 중요한 사업으로 지정한 A사업안의 계획안을 2월 24일까지 검토하여야 하며, 검토에는 6일이 소요된다.
- 총무부 내 업무분장 갱신안 B를 2월 19일까지 제출하여야 하며, 갱신안 구상에는 3일이 소요된다.
- B대리는 개인적 부탁 C를 2월 22일까지 해줄 것을 부탁하였으며, 일 완료에는 3일이 소요된다.
- 총무부 내 비품을 2월 19일까지 파악하여 보고서 D를 작성하여야 하며, 비품 파악에 1일, 이후 보고서 작성에 1일이 소요된다.

① A－B－D－C
② B－A－C－D
③ B－D－A－C
④ C－A－D－B
⑤ C－D－A－B

34 귀하는 휴대전화를 구입하기 위하여 A ~ C 세 상품에 대해 다음과 같이 만족도를 조사하였다. 다음 중 경제적 의사결정과 관련하여 옳은 설명은?(단, 만족도 1단위는 화폐 1만 원의 가치와 같다)

〈A ~ C상품의 만족도 조사〉

(단위 : 점)

상품	가격 \ 만족도	광고의 호감도 (5)	디자인 (12)	카메라 기능 (8)	단말기 크기 (9)	A/S (6)
A	35만 원	5	10	6	8	5
B	28만 원	4	9	6	7	5
C	25만 원	3	7	5	6	4

※ (　　) 안은 만족도의 만점임

① 합리적으로 선택한다면 상품 B를 구입할 것이다.
② 단말기 크기보다 카메라 기능을 더 중시하고 있다.
③ 만족도가 가장 큰 대안을 선택하는 것이 가장 합리적이다.
④ 예산을 25만 원으로 제한하면 휴대전화 구입을 포기할 것이다.
⑤ 구매 선택의 기준으로 휴대전화의 성능을 지나치게 중시하고 있다.

35 S공사 인사팀에는 팀장 1명, 과장 2명과 A대리가 있다. 팀장과 과장 2명은 4월 안에 휴가를 다녀와야 하고, 팀장이나 과장이 한 명이라도 없는 경우, A대리는 자리를 비울 수 없다. 다음 〈조건〉을 고려했을 때, A대리의 연수 마지막 날짜는?

〈조건〉

- 4월 1일은 월요일이며, S공사는 주5일제이다.
- 마지막 주 금요일에는 중요한 세미나가 있어 그 주에는 모든 팀원이 자리를 비울 수 없다.
- 팀장은 첫째 주 화요일부터 3일 동안 휴가를 신청했다.
- B과장은 둘째 주 수요일부터 5일 동안 휴가를 신청했다.
- C과장은 셋째 주에 2일간의 휴가를 마치고 금요일부터 출근할 것이다.
- A대리는 주말 없이 진행되는 연수에 5일 연속 참여해야 한다.

① 8일
② 9일
③ 23일
④ 24일
⑤ 30일

36 다음은 갈등의 유형 중 하나인 '불필요한 갈등'에 대한 설명이다. 이를 이해한 내용으로 적절하지 않은 것은?

> 개개인이 저마다의 문제를 다르게 인식하거나 정보가 부족한 경우, 또한 편견 때문에 발생한 의견 불일치로 적대적 감정이 생길 때 '불필요한 갈등'이 일어난다.

① 근심, 걱정, 스트레스, 분노 등의 부정적인 감정으로 나타날 수 있다.
② 두 사람의 정반대되는 욕구나 목표, 가치, 이해를 통해 발생할 수 있다.
③ 잘못 이해하거나 부족한 정보 등 전달이 불분명한 커뮤니케이션으로 나타날 수 있다.
④ 변화에 대한 저항, 항상 해오던 방식에 대한 거부감 등에서 나오는 의견 불일치가 원인이 될 수 있다.
⑤ 관리자의 신중하지 못한 태도로 인해 불필요한 갈등은 더 심각해질 수 있다.

37 다음은 초·중·고교생 스마트폰 중독 현황에 대한 자료이다. 이에 대한 〈보기〉의 설명으로 옳지 않은 것을 모두 고르면?

〈초·중·고생 스마트폰 중독 비율〉

(단위 : %)

구분		전체	초등학생 (9 ~ 11세)	중·고생 (12 ~ 17세)
아동성별	남성	32.88	33.35	32.71
	여성	31.83	29.58	32.72
가구소득별	기초수급	30.91	30.35	31.05
	차상위	30.53	24.21	30.82
	일반	32.46	31.56	32.81
거주지역별	대도시	31.95	30.80	32.40
	중소도시	32.49	32.00	32.64
	농어촌	34.50	32.84	35.07
가족유형별	양부모	32.58	31.75	32.90
	한부모·조손	31.16	28.83	31.79
전체		32.38	31.51	32.71

※ 각 항목의 전체 인원은 그 항목에 해당하는 초등학생 수와 중·고생 수의 합을 말함

〈보기〉

ㄱ. 초등학생과 중·고생 모두 남성의 스마트폰 중독비율이 여성의 스마트폰 중독비율보다 높다.
ㄴ. 한부모·조손 가족의 스마트폰 중독 비율은 초등학생의 경우가 중·고생 중독 비율의 70% 이상이다.
ㄷ. 조사대상 중 대도시에 거주하는 초등학생 수는 중·고생 수보다 많다.
ㄹ. 초등학생과 중·고생 모두 기초수급가구의 경우가 일반가구의 경우보다 스마트폰 중독 비율이 높다.

① ㄴ
② ㄱ, ㄷ
③ ㄱ, ㄹ
④ ㄱ, ㄷ, ㄹ
⑤ ㄴ, ㄷ, ㄹ

※ 사내 급식소를 운영하는 P씨는 냉장고를 새로 구입하였다. 다음 설명서를 읽고, 이어지는 질문에 답하시오. [38~40]

■ 설치 주의사항

– 바닥이 튼튼하고 고른지 확인하십시오(진동과 소음의 원인이 되며, 문의 개폐 시 냉장고가 넘어져 다칠 수 있습니다).
– 주위와 적당한 간격을 유지해 주십시오(주위와의 간격이 좁으면 냉각력이 떨어지고 전기료가 많이 나오게 됩니다).
– 열기가 있는 곳은 피하십시오(주위 온도가 높으면 냉각력이 떨어지고 전기료가 많이 나오게 됩니다).
– 습기가 적고 통풍이 잘되는 곳에 설치해 주십시오(습한 곳이나 물이 묻기 쉬운 곳은 제품이 녹이 슬거나 감전의 원인이 됩니다).
– 누전으로 인한 사고를 방지하기 위해 반드시 접지하십시오.

> ※ 접지단자가 있는 경우 : 별도의 접지가 필요 없습니다.
> ※ 접지단자가 없는 경우 : 접지단자가 없는 AC220V의 콘센트에 사용할 경우는 구리판에 접지선을 연결한 후 땅속에 묻어주세요.
> ※ 접지할 수 없는 장소의 경우 : 식당이나 지하실 등 물기가 많거나 접지할 수 없는 곳에는 누전차단기(정격전류 15mA, 정격부동작 전류 7.5mA)를 구입하여 콘센트에 연결하여 사용하세요.

■ 고장신고 전 확인사항

증상	확인	해결
냉동, 냉장이 전혀 되지 않을 때	정전이 되지 않았습니까?	다른 제품의 전원을 확인하세요.
	전원 플러그가 콘센트에서 빠져 있지 않습니까?	전원코드를 콘센트에 바르게 연결해 주세요.
냉동, 냉장이 잘 되지 않을 때	냉장실 온도조절이 '약'으로 되어 있지 않습니까?	온도조절을 '중' 이상으로 맞춰 주세요.
	직사광선을 받거나 가스레인지 등 열기구 근처에 있지 않습니까?	설치 장소를 확인해 주세요.
	뜨거운 식품을 식히지 않고 넣지 않았습니까?	뜨거운 음식은 곧바로 넣지 마시고 식혀서 넣어 주세요.
	식품을 너무 많이 넣지 않았습니까?	식품은 적당한 간격을 두고 넣어주세요.
	문은 완전히 닫혀 있습니까?	보관 음식이 문에 끼이지 않게 한 후 문을 꼭 닫아 주세요.
	냉장고 주위에 적당한 간격이 유지되어 있습니까?	주위에 적당한 간격을 주세요.
냉장실 식품이 얼 때	냉장실 온도조절이 '강'에 있지 않습니까?	온도조절을 '중' 이하로 낮춰 주세요.
	수분이 많고 얼기 쉬운 식품을 냉기가 나오는 입구에 넣지 않았습니까?	수분이 많고 얼기 쉬운 식품은 선반의 바깥쪽에 넣어 주세요.
소음이 심하고 이상한 소리가 날 때	냉장고 설치장소의 바닥이 약하거나, 불안정하게 설치되어 있습니까?	바닥이 튼튼하고 고른 곳에 설치하세요.
	냉장고 뒷면이 벽에 닿지 않았습니까?	주위에 적당한 간격을 주세요.
	냉장고 뒷면에 물건이 떨어져 있지 않습니까?	물건을 치워 주세요.
	냉장고 위에 물건이 올려져 있지 않습니까?	무거운 물건을 올리지 마세요.

38 **P씨는 설명서를 참고하여, 냉장고를 급식소에 설치하고자 한다. 다음 중 장소 선정 시 고려해야 할 사항으로 가장 적절한 것은?**

① 접지단자가 있는지 확인하고, 접지단자가 없으면 누전차단기를 준비한다.
② 접지단자가 있는지 확인하고, 접지할 수 없는 장소일 경우 구리판을 준비한다.
③ 냉장고를 설치할 주변의 온도가 어느 정도인지 확인한다.
④ 빈틈없이 냉장고가 들어갈 수 있는 공간이 있는지 확인한다.
⑤ 습기가 적고, 외부의 바람이 완전히 차단되는 곳인지 확인한다.

39 **P씨는 냉장고 사용 중에 심한 소음과 함께 이상한 소리를 들었다. 설명서를 참고했을 때, 소음이 심하고 이상한 소리가 나는 원인이 될 수 있는 것은?**

① 보관음식이 문에 끼여서 문이 완전히 닫혀 있지 않았다.
② 냉장고 뒷면이 벽에 닿아 있었다.
③ 냉장실 온도조절이 '약'으로 되어 있었다.
④ 뜨거운 식품을 식히지 않고 넣었다.
⑤ 냉장실 온도조절이 '강'으로 되어 있었다.

40 **P씨는 39번 문제에서 찾은 원인에 따라 조치를 취했지만 여전히 소음이 심하고 이상한 소리가 났다. 추가적인 해결 방법으로 가장 적절한 것은?**

① 전원코드를 콘센트에 바르게 연결하였다.
② 온도조절을 '중' 이하로 낮추었다.
③ 냉장고를 가득 채운 식품을 정리하여 적당한 간격을 두고 넣었다.
④ 냉장고를 안정적이고 튼튼한 바닥에 재설치하였다.
⑤ 뜨거운 음식은 곧바로 넣지 않고 식혀서 넣었다.

| 01 | 행정학

01 다음 중 정책평가 방법에 대한 설명으로 옳지 않은 것은?

① 진실험설계는 정책을 집행하는 실험집단과 집행하지 않는 통제집단을 구성하되, 두 집단이 동질적인 집단이 되도록 한다.
② 진실험설계는 외적 타당성과 실행 가능성은 낮지만, 내적 타당성은 높다.
③ 정책의 실험 과정에서 실험대상자와 통제대상자들이 서로 접촉하는 경우에는 모방 효과가 나타날 수 있다.
④ 준실험설계는 짝짓기(Mmatching) 방법으로 실험집단과 통제집단을 구성하여 정책 영향을 평가하거나, 시계열적인 방법으로 정책 영향을 평가한다.
⑤ 준실험설계는 자연과학 실험과 같이 대상자들을 격리시켜 실험하기 때문에 호손 효과(Hawthorne Effects)를 강화시킨다.

02 신뢰보호의 원칙은 신뢰의 대상이라 할 수 있는 선행조치가 있어야 한다. 다음 중 이와 관련한 설명으로 옳지 않은 것은?

① 행정지도 등 비권력적 행위와 사실행위 등도 신뢰보호의 대상이 된다.
② 신뢰보호는 무효인 행정행위에도 적용이 된다.
③ 공익에 반하는 경우에는 신뢰보호의 제한을 받는다.
④ 선행조치에 대한 입증은 신뢰이익을 주장하는 개인이 책임을 진다.
⑤ 선행조치는 법령, 행정계획 등을 포함한다.

03 **다음 중 블라우와 스콧이 주장한 조직 유형에 대한 설명으로 옳지 않은 것을 〈보기〉에서 모두 고르면?**

〈보기〉

ㄱ. 호혜조직의 1차적 수혜자는 조직 내 의사결정에의 참여를 보장받는 구성원이며, 은행, 유통업체 등이 해당된다.
ㄴ. 사업조직의 1차적 수혜자는 조직의 소유자이며, 이들의 주 목적은 이윤 추구이다.
ㄷ. 봉사조직의 1차적 수혜자는 이들을 지원하는 후원조직으로서, 서비스 제공을 위한 인프라 및 자금조달을 지원한다.
ㄹ. 공공조직의 1차적 수혜자는 공공서비스의 수혜자인 일반대중이며, 경찰, 소방서, 군대 등이 공공조직에 해당된다.

① ㄱ, ㄴ
② ㄱ, ㄷ
③ ㄱ, ㄹ
④ ㄴ, ㄷ
⑤ ㄷ, ㄹ

04 **다음 중 행정개혁의 접근 방법에 대한 설명으로 옳지 않은 것은?**

① 사업 중심적 접근 방법은 행정 활동의 목표를 개선하고 서비스의 양과 질을 개선하려는 접근 방법으로, 분권화의 확대, 권한 재조정, 명령계통 수정 등에 관심을 갖는다.
② 과정적 접근 방법은 행정체제의 과정 또는 일의 흐름을 개선하려는 접근 방법이다.
③ 행태적 접근 방법은 조직의 목표에 개인의 성장 의욕을 결부시킴으로써 조직을 개혁하려는 접근 방법이다.
④ 구조적 접근 방법에는 기능중복의 제거, 기구・직제・계층의 간소화 등의 원리 전략이 있다.
⑤ 종합적 접근 방법은 개혁 대상의 구성요소들을 보다 포괄적으로 관찰하고, 여러 가지 분화된 접근 방법을 통합하여 해결 방안을 탐색한다.

05 **다음 〈보기〉 중 하위정부 모형에서 동맹이 형성되는 집단을 모두 고르면?**

〈보기〉

ㄱ. 대통령
ㄴ. 이익집단
ㄷ. 관료조직
ㄹ. 의회의 해당 위원회
ㅁ. 정당

① ㄱ, ㄴ, ㄷ
② ㄱ, ㄹ, ㅁ
③ ㄴ, ㄷ, ㄹ
④ ㄴ, ㄹ, ㅁ
⑤ ㄷ, ㄹ, ㅁ

06 다음 〈보기〉 중 정책집행의 상향식 접근(Bottom – up Approach)에 대한 설명으로 옳은 것을 모두 고르면?

〈보기〉

ㄱ. 합리모형의 선형적 시각을 반영한다.
ㄴ. 집행이 일어나는 현장에 초점을 맞춘다.
ㄷ. 일선공무원의 전문지식과 문제해결능력을 중시한다.
ㄹ. 고위직보다는 하위직에서 주도한다.
ㅁ. 공식적인 정책목표가 중요한 변수로 취급되므로 집행실적의 객관적 평가가 용이하다.

① ㄱ, ㄴ, ㄷ
② ㄱ, ㄷ, ㅁ
③ ㄴ, ㄷ, ㄹ
④ ㄴ, ㄹ, ㅁ
⑤ ㄷ, ㄹ, ㅁ

07 다음 중 행정부 소속 소청심사위원회에 대한 설명으로 옳지 않은 것은?

① 심사의 결정을 하기 위해서는 재적위원 3분의 1 이상의 출석이 필요하며, 심사의 결정은 출석위원의 과반수의 합의에 따른다.
② 강임 · 휴직 · 직위해제 · 면직 처분을 받은 공무원은 처분사유 설명서를 받은 후 30일 이내에 심사청구를 할 수 있다.
③ 소청심사위원회는 인사혁신처 소속이며 그 위원장은 정무직으로 보한다.
④ 원징계처분보다 무거운 징계를 부과하는 결정을 할 수 없다.
⑤ 위원장 1인을 포함한 5명 이상 7명 이하의 상임위원과 상임위원 수의 2분의 1 이상의 비상임위원으로 구성되어 있다.

08 다음 중 우리나라 행정조직에 대한 설명으로 옳지 않은 것은?

① 책임운영기관은 정부조직법에 의하여 설치되고 운영된다.
② 행정기관 소속 위원회의 설치 · 운영에 관한 법률상 위원회 소속 위원 중 공무원이 아닌 위원의 임기는 대통령령으로 정하는 특별한 경우를 제외하고는 3년을 넘지 아니하도록 하여야 한다.
③ 특별지방행정기관으로는 서울지방국세청, 중부지방고용노동청이 있다.
④ 실, 국, 과는 부처 장관을 보조하는 기관으로 계선 기능을 담당하고, 참모 기능은 차관보, 심의관 또는 담당관 등의 조직에서 담당한다.
⑤ 중앙선거관리위원회와 공정거래위원회는 행정위원회에 속한다.

09 **다음 중 지방자치법 및 주민소환에 관한 법률상 주민소환제도에 대한 설명으로 옳지 않은 것은?**

① 시·도지사의 소환청구 요건은 주민투표권자 총수의 100분의 10 이상이다.
② 비례대표의원은 주민소환의 대상이 아니다.
③ 주민소환투표권자의 연령은 주민소환투표일 현재를 기준으로 계산한다.
④ 주민소환투표권자의 4분의 1 이상이 투표에 참여해야 한다.
⑤ 주민소환이 확정된 때에는 주민소환투표대상자는 그 결과가 공표된 시점부터 그 직을 상실한다.

10 **다음 중 행태주의와 제도주의에 대한 설명으로 옳은 것은?**

① 행태주의에서는 인간의 자유와 존엄과 같은 가치를 강조한다.
② 제도주의에서는 사회과학도 엄격한 자연과학의 방법을 따라야 한다고 본다.
③ 각국에서 채택된 정책의 상이성과 효과를 역사적으로 형성된 제도에서 찾으려는 것은 제도주의 접근의 한 방식이다.
④ 행태주의에서는 시대적 상황에 적합한 학문의 실천력을 중시한다.
⑤ 제도의 변화와 개혁을 지향한다는 점에서 행태주의와 제도주의는 같다.

11 **다음 중 정책평가에서 인과관계의 타당성을 저해하는 여러 가지 요인들에 대한 설명으로 옳지 않은 것은?**

① 성숙효과 : 정책으로 인하여 그 결과가 나타난 것이 아니라 그냥 가만히 두어도 시간이 지나면서 자연스럽게 변화가 일어나는 경우
② 회귀인공요소 : 정책대상의 상태가 정책의 영향력과는 관계없이 자연스럽게 평균값으로 되돌아가는 경향
③ 호손효과 : 정책효과가 나타날 가능성이 높은 집단을 의도적으로 실험집단으로 선정함으로써 정책의 영향력이 실제보다 과대평가되는 경우
④ 혼란변수 : 정책 이외에 제3의 변수도 결과에 영향을 미치는 경우 정책의 영향력을 정확히 평가하기 어렵게 만드는 변수
⑤ 허위변수 : 정책과 결과 사이에 아무런 인과관계가 없으나 마치 정책과 결과 사이에 인과관계가 존재하는 것처럼 착각하게 만드는 변수

12 **다음 중 광역행정에 대한 설명으로 옳지 않은 것은?**

① 광역행정의 방식 중 통합 방식에는 합병, 일부사무조합, 도시공동체가 있다.
② 광역행정은 지방자치단체 간의 재정 및 행정서비스의 형평적 배분을 도모한다.
③ 광역행정은 규모의 경제를 실현할 수 있다.
④ 광역행정은 지방자치단체 간의 갈등 해소와 조정의 기능을 수행한다.
⑤ 행정협의회에 의한 광역행정은 지방자치단체 간의 동등한 지위를 기초로 상호협조에 의하여 광역행정사무를 처리하는 방식이다.

13 **다음 글의 빈칸에 들어갈 내용으로 옳은 것은?**

________________은 재정권을 독점한 정부에서 정치가나 관료들이 독점적 권력을 국민에게 남용하여 재정규모를 과도하게 팽창시키는 행위를 의미한다는 내용을 담고 있다.

① 로머와 로젠탈(Tomas Romer & Howard Rosenthal)의 회복수준 이론
② 파킨슨(Cyril N. Parkinson)의 법칙
③ 니스카넨(William Niskanen)의 예산극대화 가설
④ 지대추구 이론
⑤ 리바이어던(Leviathan) 가설

14 **다음 중 탈신공공관리론(Post－NPM)에서 강조하는 행정개혁 전략으로 옳지 않은 것은?**

① 분권화와 집권화의 조화
② 민간－공공부문 간 파트너십 강조
③ 규제 완화
④ 인사관리의 공공책임성 중시
⑤ 정치적 통제 강조

15 다음 중 정책의제 설정에 대한 설명으로 옳지 않은 것은?

① 정책대안이 아무리 훌륭하더라도 정책문제를 잘못 인지하고 채택하여 정책문제가 여전히 해결되지 않은 상태로 남아있는 현상을 2종 오류라 한다.

② 일반적으로 정책의제는 정치성, 주관성, 동태성 등의 성격을 가진다.

③ 킹던(Kingdon)의 정책의 창 모형은 정책문제의 흐름, 정책대안의 흐름, 정치의 흐름이 어떤 계기로 서로 결합함으로써 새로운 정책의제로 형성되는 것을 말한다.

④ 콥(R. W. Cobb)과 엘더(C. D. Elder)의 이론에 의하면 정책의제 설정 과정은 사회문제 – 사회적 이슈 – 체제의제 – 제도의제의 순서로 정책의제로 선택됨을 설명하고 있다.

⑤ 정책의제의 설정은 목표설정기능 및 적절한 정책수단을 선택하는 기능을 하고 있다.

16 다음 글의 빈칸 ㉠, ㉡에 들어갈 내용을 바르게 짝지은 것은?

> ___㉠___은(는) 지출이 직접 수입을 수반하는 경비로서 기획재정부장관이 지정하는 것을 의미하며 전통적 예산원칙 중 ___㉡___의 예외에 해당한다.

	㉠	㉡
①	수입금마련경비	통일성의 원칙
②	수입대체경비	통일성의 원칙
③	수입금마련지출	한정성의 원칙
④	수입대체경비	한정성의 원칙
⑤	수입금마련지출	통일성의 원칙

17 다음 중 행정통제에 대한 설명으로 옳지 않은 것은?

① 사전적 통제는 어떤 행동이 통제기준에서 이탈되는 결과를 발생시킬 때까지 기다리지 않고 그러한 결과의 발생을 유발할 수 있는 행동이 나타날 때마다 교정해 나간다.

② 통제주체에 의한 통제 분류의 대표적인 예는 외부적 통제와 내부적 통제이다.

③ 외부적 통제의 대표적인 예는 국회, 법원, 국민 등에 의한 통제이다.

④ 사후적 통제는 목표수행 행동의 결과가 목표 기준에 부합되는가를 평가하여 필요한 시정조치를 취하는 통제이다.

⑤ 부정적 환류통제는 실적이 목표에서 이탈된 것을 발견하고 후속되는 행동이 전철을 밟지 않도록 시정하는 통제이다.

18 다음 조직 이론 중 동기부여 이론에 대한 설명으로 옳지 않은 것은?

① 앨더퍼(Alderfer)의 ERG 이론 : 상위욕구가 만족되지 않거나 좌절될 때 하위 욕구를 더욱 충족시키고자 한다는 좌절－퇴행 접근법을 주장한다.

② 아담스(Adams)의 형평성 이론 : 자신의 노력과 그 결과로 얻게 되는 보상과의 관계를 다른 사람의 것과 비교해 상대적으로 느끼는 공평한 정도가 행동동기에 영향을 준다고 주장한다.

③ 맥클리랜드(McClelland)의 성취동기 이론 : 동기는 학습보다는 개인의 본능적 특성이 중요하게 작용하며 사회문화와 상호작용하는 과정에서 취득되는 것으로 친교욕구, 성취욕구, 성장욕구가 있다고 보았다.

④ 브룸(Vroom)의 기대 이론 : 동기부여의 정도는 사람들이 선호하는 결과를 가져올 때, 자신의 특정한 행동이 그 결과를 가져오는 수단이 된다고 믿는 정도에 따라 달라진다고 본다.

⑤ 로크(Locke)의 목표설정 이론 : 구체적이고 어려운 목표의 설정과 목표성취도에 대한 환류의 제공이 업무담당자의 동기를 유발하고 업무 성취를 향상시킨다고 본다.

19 다음 〈보기〉 중 국세이며 간접세인 것을 모두 고르면?

〈보기〉

ㄱ. 자동차세	ㄴ. 주세
ㄷ. 담배소비세	ㄹ. 부가가치세
ㅁ. 개별소비세	ㅂ. 종합부동산세

① ㄱ, ㄴ, ㄷ　　② ㄱ, ㄹ, ㅂ

③ ㄴ, ㄷ, ㅁ　　④ ㄴ, ㄹ, ㅁ

⑤ ㄷ, ㄹ, ㅁ

20 다음 중 위원회조직에 대한 설명으로 옳지 않은 것은?

① 의결위원회는 의사결정의 구속력과 집행력을 가진다.

② 자문위원회는 의사결정의 구속력이 없다.

③ 토론과 타협을 통해 운영되기 때문에 상호 협력과 조정이 가능하다.

④ 위원 간 책임이 분산되기 때문에 무책임한 의사결정이 발생할 수 있다.

⑤ 다양한 정책전문가들의 지식을 활용할 수 있으며 이해관계자들의 의견 개진이 비교적 용이하다.

21 다음 중 우리나라 공공기관에 대한 설명으로 옳은 것은?

① 정부기업은 정부가 소유권을 가지고 운영하는 공기업으로서 정부조직에 해당되지 않는다.
② 국가공기업과 지방공기업은 공공기관의 운영에 관한 법률의 적용을 받는다.
③ 준정부기관은 총수입 중 자체수입의 비율이 50% 이상인 공공기관을 의미한다.
④ 위탁집행형 준정부기관의 사례로는 도로교통공단이 있다.
⑤ 공기업의 기관장은 인사 및 조직운영의 자율성이 없으며 관할 행정부처의 통제를 받는다.

22 다음 중 균형성과표(BSC; Balanced Score Card)에 대한 설명으로 옳지 않은 것은?

① 재무적 관점의 성과지표로는 매출, 자본수익률, 예산 대비 차이 등이 있다.
② 정부는 성과평가에 있어서 재무적 관점보다는 국민이 원하는 정책을 개발하고 재화와 서비스를 제공하는지에 대한 고객의 관점을 중요한 위치에 놓는다.
③ 학습과 성장의 관점은 민간 부문과 정부 부문이 큰 차이를 둘 필요가 없는 부분이다.
④ 업무처리 관점은 정부 부문에서 정책결정 과정, 정책집행 과정, 재화와 서비스의 전달 과정 등을 포괄하는 넓은 의미를 가진다.
⑤ 고객 관점은 BSC의 4가지 관점 중에서 행동지향적 관점에 해당한다,

23 다음 중 행정책임과 행정통제에 대한 설명으로 옳지 않은 것은?

① 행정통제의 중심과제는 궁극적으로 민주주의와 관료제 간의 조화 문제로 귀결된다.
② 행정통제는 설정된 행정목표와 기준에 따라 성과를 측정하는 데 초점을 맞추면 별도의 시정 노력은 요구되지 않는 특징이 있다.
③ 행정책임은 행정관료가 도덕적·법률적 규범에 따라 행동해야 하는 국민에 대한 의무이다.
④ 행정통제란 어떤 측면에서는 관료로부터 재량권을 빼앗는 것이다.
⑤ 행정책임은 국가적 차원에서 국민에 대한 국가 역할의 정당성을 확인하는 것이다.

24 다음 중 현행 행정규제기본법에서 규정하고 있는 내용으로 옳지 않은 것은?

① 규제는 법률에 근거를 두어야 한다.

② 규제를 정하는 경우에도 그 본질적 내용을 침해하지 않도록 하여야 한다.

③ 규제의 존속기한은 원칙적으로 5년을 초과할 수 없다.

④ 심사기간의 연장이 불가피한 경우 규제개혁위원회의 결정으로 15일을 넘지 않는 범위에서 한 차례만 연장할 수 있다.

⑤ 규제개혁위원회는 위원장 1명을 포함한 20명 이상 25명 이하의 위원으로 구성된다.

25 다음 중 예산분류 방식의 특징에 대한 설명으로 옳은 것은?

① 기능별 분류는 시민을 위한 분류라고도 하며 행정수반의 사업계획 수립에 도움이 되지 않는다.

② 조직별 분류는 부처 예산의 전모를 파악할 수 있어 지출의 목적이나 예산의 성과 파악이 용이하다.

③ 품목별 분류는 사업의 지출 성과와 결과에 대한 측정이 곤란하다.

④ 경제 성질별 분류는 국민소득, 자본형성 등에 관한 정부활동의 효과를 파악하는 데 한계가 있다.

⑤ 품목별 분류는 예산집행기관의 재량을 확대하는 데 유용하다.

26 다음 중 공공 부문 성과연봉제 보수체계 설계 시 성과급 비중을 설정하는 데 적용할 수 있는 동기부여 이론은?

① 애덤스(Adams)의 형평성 이론

② 허즈버그(Herzberg)의 욕구충족 이원론

③ 앨더퍼(Alderfer)의 ERG(존재, 관계, 성장) 이론

④ 매슬로(Maslow)의 욕구 5단계론

⑤ 해크만(Hackman)과 올드햄(Oldham)의 직무특성 이론

27 다음 중 리더십 이론에 대한 설명으로 옳지 않은 것은?

① 로쉬(J. W. Lorsch)와 블랜차드(K. H. Blanchard)는 상황변수를 강조하였다.

② 행태론적 접근은 리더의 행위에 초점을 둔다.

③ 리더십의 특성 이론에서는 지적 능력을 중요시하지 않는다.

④ 변혁적 리더십은 가치관이 중요하다고 본다.

⑤ 브룸(V. Vroom)은 규범적 리더십 모형을 제시하였다.

28 **다음 중 대표관료제에 대한 설명으로 옳지 않은 것은?**

① 대표관료제는 정부관료제가 그 사회의 인적 구성을 반영하도록 구성함으로써 관료제 내에 민주적 가치를 반영시키려는 의도에서 발달하였다.
② 크랜츠(Kranz)는 대표관료제의 개념을 비례대표로까지 확대하여 관료제 내의 출신 집단별 구성 비율이 총인구 구성 비율과 일치해야 할 뿐만 아니라 나아가 관료제 내의 모든 직무 분야와 계급의 구성 비율까지도 총인구 비율에 상응하게 분포되어 있어야 한다고 주장한다.
③ 대표관료제의 장점은 사회의 인구 구성적 특징을 반영하는 소극적 측면의 확보를 통해서 관료들이 출신 집단의 이익을 위해 적극적으로 행동하는 적극적 측면을 자동적으로 확보하는 데 있다.
④ 대표관료제는 할당제를 강요하는 결과를 초래해 현대 인사행정의 기본 원칙인 실적주의를 훼손하고 행정능률을 저해할 수 있다는 비판을 받는다.
⑤ 우리나라의 양성평등채용목표제나 지역인재추천채용제는 관료제의 대표성을 제고하기 위해 도입된 제도로 볼 수 있다.

29 **다음 중 신공공관리(NPM; New Public Management)와 뉴거버넌스의 특징에 대한 설명으로 옳지 않은 것은?**

① NPM이 정부 내부 관리의 문제를 다루는 반면 뉴거버넌스는 시장 및 시민사회와의 관계에서 정부의 역할과 기능을 다룬다.
② 뉴거버넌스는 NPM에 비해 자원이나 프로그램 관리의 효율성보다 국가 차원에서의 민주적 대응성과 책임성을 강조한다.
③ NPM과 뉴거버넌스는 모두 방향 잡기(Steering) 역할을 중시하며 NPM에서는 기업을 방향 잡기의 중심에, 뉴거버넌스에서는 정부를 방향 잡기의 중심에 놓는다.
④ 뉴거버넌스는 정부 영역과 민간 영역을 상호 배타적이고 경쟁적인 관계로 보지 않는다.
⑤ NPM은 경쟁과 계약을 강조하는 반면에 뉴거버넌스는 네트워크나 파트너십을 강조하고 신뢰를 바탕으로 한 상호존중을 중시한다.

30 **행정기관이 그 소관 사무의 범위에서 일정한 행정목적을 실현하기 위하여 특정인에게 일정한 행위를 하거나 하지 아니하도록 지도, 권고, 조언 등을 하는 행정작용은 무엇인가?**

① 행정예고　② 행정지도
③ 행정계획　④ 의견제출
⑤ 행정소송

31 다음 중 사회적 자본(Social Capital)에 대한 설명으로 옳지 않은 것은?

① 사회적 자본은 사회 내 신뢰 강화를 통해 거래비용을 감소시킨다.
② 사회적 자본은 경제적 자본에 비해 형성 과정이 불투명하고 불확실하다.
③ 사회적 자본은 사회적 규범 또는 효과적인 사회적 제재력를 제공한다.
④ 사회적 자본은 동조성(Conformity)을 요구하면서 개인의 행동이나 사적 선택을 적극적으로 촉진시킨다.
⑤ 사회적 자본은 집단 결속력으로 인해 다른 집단과의 관계에 있어서 부정적 효과를 나타낼 수도 있다.

32 다음 중 (A)에 대한 설명으로 옳지 않은 것은?

일반적으로 규제의 주체는 당연히 정부이다. 그러나 예외적으로 규제의 주체가 정부가 아니라 피규제산업 또는 업계가 되는 경우가 있는데, 이를 ___(A)___라 한다.

① 규제기관이 행정력 부족으로 인하여 실질적으로 기업들의 규제순응 여부를 추적·점검하기 어려운 경우에 (A)의 방법을 취할 수 있다.
② (A)는 피규제집단의 고도의 전문성을 기반으로 하기 때문에 소비자단체의 참여를 보장하는 직접규제이다.
③ 규제기관의 기술적 전문성이 피규제집단에 비해 현저히 낮을 경우 불가피하게 (A)에 의존하게 되는 경우도 존재한다.
④ 피규제집단은 여론 등이 자신들에게 불리하게 형성되어 자신들에 대한 규제의 요구가 거세질 경우 규제 이슈를 선점하기 위하여 자발적으로 (A)를 시도하기도 한다.
⑤ (A)의 기준을 정하는 과정에서 영향력이 큰 기업들이 자신들에게 일방적으로 유리한 기준을 설정함으로써 공평성이 침해되는 경우가 발생할 수 있다.

33 다음 중 우리나라 지방자치단체의 자치권에 대한 설명으로 옳지 않은 것은?

① 지방자치단체는 자치재정권이 인정되어 조례를 통해서 독립적인 지방 세목을 설치할 수 있다.
② 행정기구의 설치는 대통령령이 정하는 범위 안에서 지방자치단체의 조례로 정한다.
③ 자치사법권이 부여되어 있지 않다.
④ 중앙정부가 분권화시킨 결과가 지방정부의 자치권 확보라고 할 수 있다.
⑤ 중앙과 지방의 기능 배분에 있어서 포괄적 예시형 방식을 적용한다.

34 다음 중 예산제도에 대한 설명으로 옳은 것을 〈보기〉에서 모두 고르면?

〈보기〉

ㄱ. 품목별 예산제도(LIBS) : 지출의 세부적인 사항에만 중점을 두므로 정부활동의 전체적인 상황을 알 수 없다.
ㄴ. 성과주의 예산제도(PBS) : 예산배정 과정에서 필요사업량이 제시되지 않아서 사업계획과 예산을 연계할 수 없다.
ㄷ. 기획예산제도(PPBS) : 모든 사업이 목표달성을 위해 유기적으로 연계되어 있어 부처 간의 경계를 뛰어넘는 자원배분의 합리화를 가져올 수 있다.
ㄹ. 영기준예산제도(ZBB) : 모든 사업이나 대안을 총체적으로 분석하므로 시간이 많이 걸리고 노력이 과중할 뿐만 아니라 과도한 문서자료가 요구된다.
ㅁ. 목표관리제도(MBO) : 예산결정 과정에 관리자의 참여가 어렵다는 점에서 집권적인 경향이 있다.

① ㄱ, ㄷ, ㄹ
② ㄱ, ㄷ, ㅁ
③ ㄴ, ㄷ, ㄹ
④ ㄱ, ㄴ, ㄹ, ㅁ
⑤ ㄴ, ㄷ, ㄹ, ㅁ

35 다음 중 딜레마 이론에 대한 설명으로 옳은 것은?

① 정부활동의 기술적・경제적 합리성을 중시하고 정부가 시장의 힘을 활용하는 촉매자 역할을 한다는 점을 강조하는 이론이다.
② 전략적 합리성을 중시하고, 공유된 가치 창출을 위한 시민과 지역공동체 집단들 사이의 이익을 협상하고 중재하는 정부 역할을 강조하는 행정 이론이다.
③ 정부신뢰를 강조하고, 정부신뢰가 정부와 시민의 협력을 증진시키며 정부의 효과성을 높이는 가장 중요한 요인이 된다고 주장하는 행정 이론이다.
④ 시차를 두고 변화하는 사회현상을 발생시키는 주체들의 속성이나 행태의 연구가 행정 이론 연구의 핵심이 된다고 주장하고, 이를 행정현상 연구에 적용하였다.
⑤ 상황의 특성, 대안의 성격, 결과가치의 비교평가, 행위자의 특성 등 상황이 야기되는 현실적 조건하에서 대안의 선택 방법을 규명하는 것을 통해 행정 이론 발전에 기여하였다.

36 다음 중 Cook과 Cambell이 분류한 정책타당도에 대한 설명으로 옳지 않은 것은?

① 내적 타당도는 정책수단과 정책효과 사이의 인과관계를 파악할 수 있게 한다.
② 외적 타당도는 정책이 다른 상황에서도 실험에서 발견된 효과들이 그대로 나타날 수 있는가이다.
③ 구성 타당도(개념적 타당도)란 처리, 결과, 상황 등에 대한 이론적 구성 요소들이 성공적으로 조직화된 정도를 말한다.
④ 결론 타당도(통계적 타당도)란 정책 실시와 영향의 관계에서 정확도를 의미한다.
⑤ 크리밍(Creaming) 효과, 호손(Hawthorne) 효과는 내적 타당도를 저해하는 요인이다.

37 정부는 공공서비스를 효율적으로 공급하기 위한 방법의 하나로서 민간위탁 방법을 사용하기도 한다. 다음 중 민간위탁 방식에 해당하지 않는 것은?

① 면허 방식
② 이용권(바우처) 방식
③ 보조금 방식
④ 책임경영 방식
⑤ 자조활동 방식

38 다음 중 예산성과금에 대한 설명으로 옳지 않은 것은?

① 각 중앙관서의 장은 예산낭비신고센터를 설치·운영하여야 한다.
② 각 중앙관서의 장은 예산의 집행 방법 또는 제도의 개선 등으로 인하여 수입이 증대되거나 지출이 절약된 때에는 이에 기여한 자에게 성과금을 지급할 수 있다.
③ 각 중앙관서의 장은 직권으로 성과금을 지급하거나 절약된 예산을 다른 사업에 사용할 수 있다.
④ 예산낭비신고, 예산절감과 관련된 제안을 받은 중앙관서의 장 또는 기금관리 주체는 그 처리 결과를 신고 또는 제안을 한 자에게 통지하여야 한다.
⑤ 예산낭비를 신고하거나 예산낭비 방지 방안을 제안한 일반 국민도 성과금을 받을 수 있다.

39 다음 중 국가재정법상 정부가 국회에 제출하는 예산안에 첨부하는 서류가 아닌 것은?

① 세입세출예산 총계표 및 순계표
② 세입세출예산사업별 설명서
③ 국고채무부담행위 설명서
④ 예산정원표와 예산안편성기준단가
⑤ 국가채무관리계획

40 다음 중 사이어트(R. Cyert)와 마치(J. March)가 주장한 회사모형(Firm Model)의 내용이 아닌 것은?

① 조직의 전체적 목표 달성의 극대화를 위하여 장기적 비전과 전략을 수립·집행한다.
② 조직 내 갈등의 완전한 해결은 불가능하며 타협적 준해결에 불과하다.
③ 정책결정 능력의 한계로 인하여 관심이 가는 문제 중심으로 대안을 탐색한다.
④ 조직은 반복적인 의사결정의 경험을 통하여 결정의 수준이 개선되고 목표달성도가 높아진다.
⑤ 표준 운영절차(SOP; Standard Operation Procedure)를 적극적으로 활용한다.

| 02 | 경영학

01 다음 글을 참고하여 반품 충당부채를 계산하면 얼마인가?

> • S기업의 2024년 매출은 5억 원이며, 매출 중 4%는 반품을 예상하고 있다.
> • 매출원가율은 40%이다.
> • 예상 반품비용은 300만 원이다.

① 8,000,000원
② 10,000,000원
③ 12,000,000원
④ 15,000,000원
⑤ 17,500,000원

02 다음 중 비유동부채에 해당하지 않는 것은?

① 임대보증금
② 장기차입금
③ 이연법인세부채
④ 미지급비용
⑤ 장기매입채무

03 다음 중 금융 및 증권업계에서 자산 유동화를 위해 설립한 페이퍼 컴퍼니로, 특별한 목적을 수행하기 위해 일시적으로 만든 회사는?

① AMC(Asset Management Company)
② PFV(Project Financing Vehicle)
③ SPV(Special Purpose Vehicle)
④ PEF(Private Equity Fund)
⑤ POF(Public Offering Fund)

04 **다음 중 협동조합의 장·단점에 대한 내용으로 옳지 않은 것은?**

① 이윤을 목적으로 운영되지 않으므로 조합의 이익은 조합원에게 배분되지 않는다.
② 잉여금이 기업의 이윤과 같으나 조합원이 잉여금의 배분을 받아도 세금을 부과하지 않는다.
③ 조합원들이 상부상조함으로써 상호 이익을 얻을 수 있다.
④ 일반기업에 비하여 이윤을 증대시키려는 유인이 부족하다.
⑤ 협동조합은 합의를 하는 데 시간과 비용이 더 들어갈 수 있다.

05 **다음 중 소비자의 비합리적 구매를 유도하여 기업이 이익을 취하는 행태를 뜻하는 것은?**

① 닻내림 효과(Anchoring Effect)
② 휴리스틱(Heuristics)
③ 넛지(Nudge)
④ 다크 패턴(Dark Patterns)
⑤ 다크 넛지(Dark Nudge)

06 **다음 중 기계적 조직과 유기적 조직에 대한 설명으로 옳지 않은 것은?**

① 기계적 조직은 공식화 정도가 낮고, 유기적 조직은 공식화 정도가 높다.
② 기계적 조직은 경영관리 위계가 수직적이고, 유기적 조직은 경영관리 위계가 수평적이다.
③ 기계적 조직은 직무 전문화가 높고, 유기적 조직은 직무 전문화가 낮다.
④ 기계적 조직은 의사결정권한이 집중화되어 있고, 유기적 조직은 의사결정권한이 분권화되어 있다.
⑤ 기계적 조직은 수직적 의사소통이고, 유기적 조직은 수평적 의사소통이다.

07 다음 중 홉스테드(G. Hofstede)의 국가 간 문화차이 연구에서 문화차원(Cultural Dimensions)에 해당하지 않는 것은?

① 권력의 거리(Power Distance)
② 불확실성 회피성(Uncertainty Avoidance)
③ 남성성 – 여성성(Masculinity – Femininity)
④ 민주주의 – 독재주의(Democracy – Autocracy)
⑤ 개인주의 – 집단주의(Individualism – Collectivism)

08 다음 중 평가센터법에 대한 설명으로 옳지 않은 것은?

① 한 번에 1명의 피평가자를 다수의 평가자들이 평가한다.
② 피평가자들에게 주어지는 조건들은 가급적 동등하며, 보통 피평가자들의 행동을 주로 평가한다.
③ 평가의 기준이 사전에 정해져 있어, 평가자의 주관적 판단을 감소시킨다.
④ 실용성을 최대화하기 위해 평가자와 피평가자가 모두 사전에 철저한 훈련을 받는다.
⑤ 실제로 담당할 직무와 관련성이 높은 행동들 위주로 평가하기 때문에 예측타당성이 큰 편이다.

09 다음 〈보기〉 중 가격책정 방법에 대한 설명으로 옳은 것을 모두 고르면?

〈보기〉

㉠ 준거가격이란 구매자가 어떤 상품에 대해 지불할 용의가 있는 최고가격을 의미한다.
㉡ 명성가격이란 가격–품질 연상관계를 이용한 가격책정 방법이다.
㉢ 단수가격이란 판매가격을 단수로 표시하여 가격이 저렴한 인상을 소비자에게 심어주어 판매를 증대시키는 방법이다.
㉣ 최저수용가격이란 심리적으로 적당하다고 생각하는 가격 수준을 의미한다.

① ㉠, ㉡
② ㉠, ㉢
③ ㉡, ㉢
④ ㉡, ㉣
⑤ ㉢, ㉣

10 다음 수요예측 기법 중 성격이 다른 하나를 고르면?

① 델파이 기법
② 역사적 유추법
③ 시계열 분석 방법
④ 시장조사법
⑤ 라이프사이클 유추법

11 다음 중 소비자의 구매의사결정과정을 순서대로 바르게 나열한 것은?

① 정보탐색 → 문제인식 → 구매 → 대안평가 → 구매 후 행동
② 문제인식 → 정보탐색 → 대안평가 → 구매 → 구매 후 행동
③ 문제인식 → 대안평가 → 구매 → 정보탐색 → 구매 후 행동
④ 정보탐색 → 문제인식 → 대안평가 → 구매 → 구매 후 행동
⑤ 대안평가 → 정보탐색 → 문제인식 → 구매 → 구매 후 행동

12 다음 중 수직적 통합의 이유로 옳은 것은?

① 대기업이 시장점유율을 높여 가격선도자 역할을 하기 위해
② 중소기업이 생산규모를 확대하고, 판매망을 강화하기 위해
③ 원료부터 제품까지의 기술적 일관성을 위해
④ 대규모 구조조정을 통한 경영혁신을 위해
⑤ 규모의 경제 확보를 위해

13 다음 중 자재소요계획(MRP)에 대한 설명으로 옳은 것은?

① MRP는 풀 생산 방식(Pull System)에 속하며 시장 수요가 생산을 촉발시키는 시스템이다.
② MRP는 독립수요를 갖는 부품들의 생산수량과 생산시기를 결정하는 방법이다.
③ 자재명세서의 각 부품별 계획 주문 발주시기를 근거로 MRP를 수립한다.
④ 생산 일정계획의 완제품 생산일정(MPS), 자재명세서(BOM), 재고기록철(IR) 정보를 근거로 MRP를 수립한다.
⑤ MRP는 필요할 때마다 요청해서 생산하는 방식이다.

14 다음 중 작업 우선순위 결정 규칙에 대한 설명으로 옳지 않은 것은?

① 최소작업시간(SPT) : 작업시간이 짧은 순서대로 처리한다.
② 최소여유시간(STR) : 납기일까지 남은 시간이 적은 순서대로 처리한다.
③ 최소납기일(EDD) : 납기일이 빠른 순서대로 처리한다.
④ 선입선출(FCFS) : 먼저 도착한 순서대로 처리한다.
⑤ 후입선출(LCFS) : 늦게 도착한 순서대로 처리한다.

15 다음을 활용하여 경제적 주문량(EOQ)을 고려한 연간 총재고비용을 구하면?[단, 기준은 (총재고비용)=(주문비)+(재고유지비)이다]

- 연간 부품 수요량 : 1,000개
- 1회 주문비 : 200원
- 단위당 재고 유지비 : 40원

① 500원
② 1,000원
③ 2,000원
④ 3,000원
⑤ 4,000원

16 다음 중 재무제표에 대한 설명으로 옳지 않은 것은?

① 재무제표는 재무상태표, 포괄손익계산서, 자본변동표, 현금흐름표, 그리고 주석으로 구성된다.
② 재무제표는 적어도 1년에 한 번은 작성한다.
③ 현금흐름에 대한 정보를 제외하고는 발생기준의 가정하에 작성한다.
④ 기업이 경영활동을 청산 또는 중단할 의도가 있더라도, 재무제표는 계속기업의 가정하에 작성한다.
⑤ 재무제표 요소의 측정기준은 역사적 원가와 현행가치 등으로 구분된다.

17 다음 중 브랜드 전략에 대한 설명으로 옳지 않은 것은?

① 브랜드 확장은 다른 상품 범주에 속하는 신상품에 기존 브랜드를 붙이는 것으로 카테고리 확장이라고도 한다.
② 하향 확장의 경우 기존 브랜드의 고급 이미지를 희석시키는 희석 효과를 초래할 수 있다.
③ 같은 브랜드의 상품이 서로 다른 유통경로로 판매될 경우 경로 간의 갈등은 발생하지 않는다.
④ 신규 브랜드 전략은 새로운 제품 범주에서 출시하고자 하는 신제품을 대상으로 새 브랜드를 개발하는 것이다.
⑤ 라인 확장 전략이란 동일한 제품 범주 내에서 새로운 제품을 추가시키면서 기존의 브랜드를 이용하는 전략이다.

18 S회사는 2024년 초 지방자치단체로부터 무이자조건의 자금 ₩100,000을 차입(2027년 말 전액 일시상환)하여 기계장치(취득원가 ₩100,000, 내용연수 4년, 잔존가치 ₩0, 정액법 상각)를 취득하는 데 전부 사용하였다. 2024년 말 기계장치 장부금액은 얼마인가?(단, S회사가 2024년 초 금전대차 거래에서 부담할 시장이자율은 연 8%이고, 정부보조금을 자산의 취득원가에서 차감하는 원가 차감법을 사용한다)

기간	단일금액 ₩1의 현재가치(할인율=8%)
4	0.7350

① ₩48,500 ② ₩54,380
③ ₩55,125 ④ ₩75,000
⑤ ₩81,625

19 다음 자료를 이용하여 계산한 회사의 주식가치는 얼마인가?

- 사내유보율=30%
- 자기자본이익률(ROE)=10%
- 자기자본비용=20%
- 당기의 주당순이익=3,000원

① 12,723원 ② 13,250원
③ 14,500원 ④ 15,670원
⑤ 16,500원

20 다음 중 재무레버리지에 대한 설명으로 옳은 것은?

① 재무레버리지란 자산을 획득하기 위해 조달한 자금 중 재무고정비를 수반하는 자기자본이 차지하는 비율이다.
② 재무고정비로 인한 영업이익의 변동률에 따른 주당순자산(BPS)의 변동폭은 확대되어 나타난다.
③ 재무고정비에는 부채뿐만 아니라 보통주배당도 포함된다.
④ 재무레버리지도(DFL; Degree of Financial Leverage)는 영업이익의 변동에 따른 주당이익(EPS)에 미치는 영향을 분석한 것이다.
⑤ 다른 조건이 동일하다면 재무고정비가 클수록 영업이익의 변동에 따른 주당이익의 변동폭은 그만큼 더 작게 된다.

21 다음 설명에 해당하는 5가지 성격 특성 요소(Big Five Personality Traits) 중 하나를 고르면?

과제 및 목적 지향성을 촉진하는 속성과 관련된 것으로, 심사숙고, 규준이나 규칙의 준수, 계획 세우기, 조직화, 과제의 준비 등과 같은 특질을 포함한다.

① 개방성(Openness to Experience)
② 성실성(Conscientiousness)
③ 외향성(Extraversion)
④ 수용성(Agreeableness)
⑤ 안정성(Emotional Stability)

22 다음 중 ISO에서 제정한 환경경영시스템에 대한 국제표준규격은?

① ISO 5000
② ISO 9000
③ ISO 14000
④ ISO 18000
⑤ ISO 20000

23 다음 중 과학적 경영 전략에 대한 설명으로 옳지 않은 것은?

① 테일러의 과학적 관리법은 시간 연구와 동작 연구를 통해 노동자의 심리상태와 보상심리를 적용한 효과적인 과학적 경영 전략을 제시하였다.
② 포드 시스템은 노동자의 이동경로를 최소화하며 물품을 생산하거나, 고정된 생산라인에서 노동자가 계속해서 생산하는 방식을 통하여 불필요한 절차와 행동 요소들을 없애 생산성을 향상하였다.
③ 호손 실험은 생산성에 비공식적 조직이 영향을 미친다는 사실을 밝혀낸 연구이다.
④ 목표설정 이론은 인간이 합리적으로 행동한다는 기본적인 가정에 기초하여, 개인이 의식적으로 얻으려고 설정한 목표가 동기와 행동에 영향을 미친다는 이론이다.
⑤ 직무특성 이론은 기술된 핵심 직무 특성이 종업원의 주요 심리 상태에 영향을 미치며, 이것이 다시 종업원의 직무 성과에 영향을 미친다고 주장한다.

24 다음 중 기업합병에 대한 설명으로 옳지 않은 것은?

① 기업합병이란 두 독립된 기업이 법률적·실질적으로 하나의 기업실체로 통합되는 것이다.
② 기업합병에는 흡수합병과 신설합병이 있으며, 흡수합병의 경우 한 회사는 존속하고 다른 회사의 주식은 소멸한다.
③ 기업인수는 한 기업이 다른 기업의 지배권을 획득하기 위하여 주식이나 자산을 취득하는 것이다.
④ 기업매각은 사업부문 중의 일부를 분할한 후 매각하는 것으로, 기업의 구조를 재편성하는 것이다.
⑤ 수평적 합병은 기업의 생산이나 판매 과정 전후에 있는 기업 간의 합병으로, 주로 원자재 공급의 안정성 등을 목적으로 한다.

25 다음 〈보기〉 중 맥그리거(McMgregor)의 XY이론에서 X이론적 인간관과 동기부여 전략에 해당하는 것을 모두 고르면?

〈보기〉

ㄱ. 천성적 나태
ㄴ. 변화지향적
ㄷ. 자율적 활동
ㄹ. 민주적 관리
ㅁ. 어리석은 존재
ㅂ. 타율적 관리
ㅅ. 변화에 저항적
ㅇ. 높은 책임감

① ㄱ, ㄴ, ㄷ, ㄹ
② ㄱ, ㄴ, ㄹ, ㅁ
③ ㄱ, ㅁ, ㅂ, ㅅ
④ ㄴ, ㄷ, ㄹ, ㅇ
⑤ ㄴ, ㅁ, ㅂ, ㅅ

26 다음 중 터크만(Tuckman)의 집단 발달의 5단계 모형에서 집단구성원들 간에 집단의 목표와 수단에 대해 합의가 이루어지고 응집력이 높아지며 구성원들의 역할과 권한 관계가 정해지는 단계는?

① 형성기(Forming)
② 격동기(Storming)
③ 규범기(Norming)
④ 성과달성기(Performing)
⑤ 해체기(Adjourning)

27 다음 중 행동기준고과법(BARS)에 대한 설명으로 옳지 않은 것은?

① 전통적인 인사평가 방법에 비해 평가의 공정성이 증가하는 장점이 있다.
② 평정척도법과 중요사건기록법을 혼용하여 평가직무에 직접 적용되는 행동패턴을 척도화하여 평가하는 방법이다.
③ 다양하고 구체적인 직무에 적용이 가능하다는 장점이 있다.
④ 어떤 행동이 목표달성과 관련이 있는지 인식하여 목표관리의 일환으로 사용이 가능하다.
⑤ 점수를 통해 등급화하기보다는 개별 행위를 빈도를 나눠서 측정하기 때문에 풍부한 정보를 얻을 수 있지만 종업원의 행동 변화를 유도하기 어렵다는 단점이 있다.

28 다음 중 인적자원관리(HRM)에 대한 내용으로 옳지 않은 것은?

① 직무분석이란 적재적소에 인적자원을 배치하기 위하여 직무 관련 정보를 수집하는 절차이다.
② 직무분석의 방법으로 면접법, 관찰법, 중요사건법 등이 있다.
③ 직무분석의 결과로 직무기술서와 직무명세서가 만들어진다.
④ ‘동일노동 동일임금’의 원칙을 실현하는 직무급을 도입하기 위한 기초 작업으로 직무평가가 실시된다.
⑤ 직무평가 방법으로는 서열법, 요소비교법, 질문지법 등이 있다.

29 **푸시 앤 풀(Push and Pull) 기법 중 푸시 전략에 대한 설명으로 옳은 것을 〈보기〉에서 모두 고르면?**

〈보기〉

㉠ 제조업자가 중간상을 대상으로 적극적인 촉진전략을 사용하여 도매상, 소매상들이 자사의 제품을 소비자에게 적극적으로 판매하도록 유도하는 방법이다.
㉡ 인적판매와 중간상 판촉의 중요성이 증가하게 되고, 최종소비자를 대상으로 하는 광고의 중요성은 상대적으로 감소하게 된다.
㉢ 제조업자가 최종소비자를 대상으로 적극적인 촉진을 사용하여 소비자가 자사의 제품을 적극적으로 찾게 함으로써 중간상들이 자발적으로 자사 제품을 취급하게 만드는 전략이다.
㉣ 최종소비자를 대상으로 하는 광고와 소비자 판촉의 중요성이 증가하게 된다.

① ㉠, ㉡
② ㉠, ㉣
③ ㉡, ㉢
④ ㉡, ㉣
⑤ ㉢, ㉣

30 **다음 중 인간의 감각이 느끼지 못할 정도의 자극을 주어 잠재의식에 호소하는 광고는?**

① 애드버커시 광고
② 서브리미널 광고
③ 리스폰스 광고
④ 키치 광고
⑤ 티저 광고

31 **다음 글에서 프랑스 맥도날드사의 마케팅 기법으로 옳은 것은?**

2002년 프랑스 맥도날드에서는 "어린이들은 일주일에 한 번만 오세요!"라는 어린이들의 방문을 줄이기 위한 광고 카피를 선보였다. 맥도날드는 시민들에게 '맥도날드는 소비자의 건강을 생각하는 회사'라는 긍정적인 이미지를 심어주기 위해 이러한 광고를 내보낸 것으로 밝혔다. 결과는 어땠을까? 놀랍게도 성공적이었다. 광고 카피와는 반대로 소비자들의 맥도날드 방문 횟수가 더욱 늘어났고, 광고가 반영된 그해 유럽지사 중 가장 높은 실적을 이루는 놀라운 결과를 얻었다.

① PPL 마케팅(PPL Marketing)
② 노이즈 마케팅(Noise Marketing)
③ 퍼포먼스 마케팅(Performance Marketing)
④ 집중적 마케팅
⑤ 디마케팅(Demarketing)

32 **다음 중 시장세분화에 대한 설명으로 옳은 것은?**

① 인구통계적 세분화는 나이, 성별, 가족규모, 소득, 직업, 종교, 교육수준 등을 바탕으로 시장을 나누는 것이다.
② 사회심리적 세분화는 추구하는 편익, 사용량, 상표애호도, 사용 여부 등을 바탕으로 시장을 나누는 것이다.
③ 시장표적화는 시장경쟁이 치열해졌거나 소비자의 욕구가 급격히 변할 때 저가격으로 설정하는 전략 방법이다.
④ 시장포지셔닝은 세분화된 시장의 좋은 점을 분석한 후 진입할 세분시장을 선택하는 것이다.
⑤ 행동적 세분화는 구매자의 사회적 위치, 생활습관, 개인 성격을 바탕으로 시장을 나누는 것이다.

33 **다음 중 공급사슬관리(SCM)의 목적으로 옳은 것은?**

① 제품 생산에 필요한 자재의 소요량과 소요시기를 결정한다.
② 기업 내 모든 자원의 흐름을 정확히 파악하여 자원을 효율적으로 배치한다.
③ 자재를 필요한 시각에 필요한 수량만큼 조달하여 낭비 요소를 근본적으로 제거한다.
④ 자재의 흐름을 효과적으로 관리하여 불필요한 시간과 비용을 절감한다.
⑤ 조직의 인적 자원이 축적하고 있는 개별적인 지식을 체계화하고 공유한다.

34 **다음 중 품질비용에 대한 설명으로 옳지 않은 것은?**

① 품질비용은 100% 완전하지 못한 제품 생산으로 인한 비용이다.
② 평가비용은 검사, 측정, 시험 등에 대한 비용이다.
③ 통제비용은 생산 흐름으로부터 불량을 제거하기 위한 활동에 대한 비용이다.
④ 실패비용은 완성된 제품의 품질이 일정한 수준에 미달함으로써 발생하는 비용이다.
⑤ 외부실패비용은 폐기, 재작업, 등급 저하에 대한 비용이다.

35 다음 중 자금, 인력, 시설 등 모든 제조자원을 통합하여 계획 및 통제하는 관리시스템은?

① MRP
② MRP Ⅱ
③ JIT
④ FMS
⑤ BPR

36 다음 중 재고자산에 대한 설명으로 옳은 것은?(단, 재고자산감모손실 및 재고자산평가손실은 없다)

① 선입선출법 적용 시 물가가 지속적으로 상승한다면, 계속기록법에 의한 기말재고자산금액이 실지재고조사법에 의한 기말재고자산 금액보다 작다.
② 선입선출법 적용 시 물가가 지속적으로 상승한다면, 계속기록법에 의한 기말재고자산금액이 실지재고조사법에 의한 기말재고자산 금액보다 크다.
③ 재고자산 매입 시 부담한 매입운임은 운반비로 구분하여 비용처리한다.
④ 부동산 매매기업이 정상적인 영업과정에서 판매를 목적으로 보유하는 건물은 재고자산으로 구분한다.
⑤ 재고자산을 순실현가능가치로 감액한 평가손실과 모든 감모손실은 감액이나 감모가 발생한 다음 기간에 매출원가로 인식한다.

37 다음은 S기업의 2024년 세무조정사항 등 법인세 계산 자료이다. S기업의 2024년도 법인세비용은?

- 접대비 한도초과액은 ₩24,000이다.
- 감가상각비 한도초과액은 ₩10,000이다.
- 2024년 초 전기이월 이연법인세자산은 ₩7,500이고, 이연법인세부채는 없다.
- 2024년도 법인세비용차감전순이익은 ₩150,000이고, 이후에도 매년 이 수준으로 실현될 가능성이 높다.
- 과세소득에 적용될 세율은 25%이고, 향후에도 변동이 없다.

① ₩37,500
② ₩40,500
③ ₩43,500
④ ₩45,500
⑤ ₩48,500

38 S기업은 고객에게 상품을 판매하고 약속어음(액면금액 ₩5,000,000, 만기 6개월, 표시이자율 연 6%)을 받았다. S기업은 동 어음을 3개월간 보유한 후 은행에 할인하면서 은행으로부터 ₩4,995,500을 받았다. 동 어음에 대한 은행의 연간 할인율은?(단, 이자는 월할계산한다)

① 8%
② 10%
③ 12%
④ 14%
⑤ 16%

39 다음 중 기업에서 수행하는 PR(Public Relations)에 해당하는 것을 모두 고르면?

〈보기〉

ㄱ. 제품홍보
ㄴ. 로비활동
ㄷ. 교차촉진
ㄹ. 언론관계

① ㄱ, ㄴ
② ㄱ, ㄷ
③ ㄱ, ㄴ, ㄷ
④ ㄱ, ㄴ, ㄹ
⑤ ㄴ, ㄷ, ㄹ

40 다음 중 대량 맞춤화(Mass Customization)에 대한 내용으로 옳지 않은 것은?

① 개별 고객을 만족시키기 위한 제품 맞춤화이다.
② 소프트웨어 융합을 통한 맞춤화가 실현된다.
③ 전용설비를 사용한 소품종 대량생산화가 가능하다.
④ IT기술과 3D 프린터를 이용한 개별 생산이 가능하다.
⑤ 일대일 마케팅이 현실화된다.

| 03 | 법학

01 **우리나라 상표법상 상표로서 등록되기 위해서는 반드시 상품의 이것을 가져야 함을 규정하고 있고 이것을 갖추지 못한 경우 상표등록이 거절된다. 다음 중 이에 해당하는 것은 무엇인가?**

① 경제력
② 생산력
③ 식별력
④ 영향력
⑤ 추진력

02 **다음 중 상법상 자기명의로써 타인의 계산으로 물건 또는 유가증권의 매매를 영업으로 하는 자는?**

① 중개업자
② 위탁매매인
③ 대리상
④ 운송주선인
⑤ 운송인

03 **다음 〈보기〉에서 형법상 몰수가 되는 것은 모두 몇 개인가?**

〈보기〉

- 범죄행위에 제공한 물건
- 범죄행위에 제공하려고 한 물건
- 범죄행위로 인하여 생긴 물건
- 범죄행위로 인하여 취득한 물건
- 범죄행위의 대가로 취득한 물건

① 1개
② 2개
③ 3개
④ 4개
⑤ 5개

04 **다음 중 법률 용어에 대한 설명으로 옳은 것은?**

① 권능이란 권리의 내용을 이루는 각개의 법률상의 작용을 말한다.
② 권원이란 일정한 법률상 또는 사실상 행위의 결과로 나타나는 효과를 말한다.
③ 반사적 이익이란 특정인이 법률규정에 따라 일정한 행위를 하였을 때 그 법률상 이익을 직접 누릴 수 있는 권리를 말한다.
④ 법인의 대표이사가 정관 규정에 의하여 일정한 행위를 할 수 있는 힘을 반사적 이익이라 한다.
⑤ 권한이란 법이 일정한 사실을 금지하거나 명하고 있는 결과, 어떤 사람이 저절로 받게 되는 이익을 말한다.

05 다음 중 지방자치단체에 대한 설명으로 옳지 않은 것은?

① 지방자치단체는 독자적으로 자치권을 행사하는 공법인이다.
② 지방자치단체는 관할 구역, 주민, 위임사무를 구성의 3대 요소로 한다.
③ 지방자치단체는 행정 주체로서 권한을 행사하고 의무를 진다.
④ 지방자치단체의 종류는 법률로 정한다.
⑤ 시・군 및 자치구는 해당 구역을 관할하는 시・도의 조례를 위반하여 사무를 처리할 수 없다.

06 법의 성격에 대한 다음 설명 중 옳지 않은 것은?

① 자연법론자들은 법과 도덕은 그 고유한 영역을 가지고 있지만 도덕을 법의 상위개념으로 본다.
② 법은 타율성에, 도덕은 자율성에 그 실효성의 연원을 둔다.
③ 법은 인간행위에 대한 당위의 법칙이 아니라 필연의 법칙이다.
④ 법은 국가권력에 의하여 보장되는 사회규범의 하나이다.
⑤ 법은 그 위반의 경우에 타율적・물리적 강제를 통하여 원하는 상태와 결과를 실현하는 강제규범이다.

07 다음 중 법의 목적에 대한 설명이 잘못 연결된 것은?

① 칸트 – 인격의 완성
② 루소 – 국가이익의 추구
③ 예링 – 생활이익의 확보
④ 벤담 – 최대다수의 최대행복
⑤ 플라톤 – 도덕생활의 실현

08 다음 중 아리스토텔레스의 정의론에 대한 설명으로 옳지 않은 것은?

① 정의를 인간의 선한 성품인 덕성이라는 관점에서 보았다.
② 정의에는 준법성을 지향하는 것과 균등을 원리로 하는 것의 두 가지가 있다고 보았다.
③ 광의의 정의는 법과 도덕이 미분화된 상태의 관념에 따른 것이다.
④ 광의의 정의는 평균적 정의와 배분적 정의로 나누어진다.
⑤ 평균적 정의는 정치・사법 분야에서 강하게 적용된다.

09 **다음 중 법원(法源)에 대한 설명으로 옳지 않은 것은?**

① 법관이 재판을 할 때 있어서 적용하여야 할 기준이다.
② 죄형법정주의에 따라 관습형법은 인정되지 않는다.
③ 대통령령은 헌법에 근거를 두고 있다.
④ 민사에 관하여 법률에 규정이 없으면 관습법에 의하고, 관습법이 없으면 조리에 의한다.
⑤ 영미법계 국가에서는 판례의 법원성이 부정된다.

10 **다음 중 법원(法源)으로서 조례(條例)에 대한 설명으로 옳은 것은?**

① 조례는 규칙의 하위규범이다.
② 국제법상의 기관들은 자체적으로 조약을 체결할 수 없다.
③ 시의회가 법률의 위임 범위 안에서 제정한 규범은 조례에 해당한다.
④ 재판의 근거로 사용된 조리(條理)는 조례가 될 수 있다.
⑤ 의원 발의의 경우 재적의원 1/3 이상 또는 5인 이상의 의원의 연서가 필요하다.

11 **다음 중 민법에 대한 설명으로 옳지 않은 것은?**

① 민법은 실체법이다.
② 민법은 재산·신분에 대한 법이다.
③ 민법은 민간 상호 간에 대한 법이다.
④ 민법은 특별사법이다.
⑤ 민법은 재산관계와 가족관계를 규율하는 법이다.

12 **다음 중 소유권 절대의 원칙과 가장 깊은 관계가 있는 것은?**

① 계약체결의 자유
② 물권적 청구권
③ 자기책임주의
④ 권리남용의 금지
⑤ 과실책임주의

13 **다음 중 추정과 간주에 대한 설명으로 옳은 것은?**

① 사실의 확정에 있어서 '추정'보다는 '간주'의 효력이 훨씬 강하다.

② 우리 민법에서 "~한 것으로 본다."라고 규정하고 있으면 이는 추정규정이다.

③ 우리 민법 제28조에서는 "실종선고를 받은 자는 전조의 규정이 만료된 때에 사망한 것으로 추정한다."라고 규정하고 있다.

④ '간주'는 편의상 잠정적으로 사실의 존부를 인정하는 것이므로, 간주된 사실과 다른 사실을 주장하는 자가 반증을 들면 간주의 효과는 발생하지 않는다.

⑤ '추정'은 일종의 법의 의제로서 그 사실이 진실이냐 아니냐를 불문하고 권위적으로 그렇다고 단정해 버리고, 거기에 일정한 법적 효과를 부여하는 것을 의미한다.

14 **다음 중 민법의 효력에 대한 설명으로 옳지 않은 것은?**

① 민법에서는 법률불소급의 원칙이 형법에 있어서처럼 엄격하게 지켜지지 않는다.

② 민법은 성별·종교 또는 사회적 신분에 관계없이 모든 국민에게 적용된다.

③ 민사에 관하여는 속지주의가 지배하므로, 외국에 있는 대한민국 국민에 대해서는 우리 민법이 적용되지 않는다.

④ 법률불소급의 원칙은 법학에 있어서의 일반적 원칙이기는 하지만 민법은 소급효를 인정하고 있다.

⑤ 민법은 대한민국 전 영토에 걸쳐서 효력이 미친다.

15 **다음 중 자연인의 권리능력에 대한 설명으로 옳지 않은 것은?**

① 자연인의 권리능력은 사망에 의해서만 소멸된다.

② 피성년후견인의 권리능력은 제한능력자에게도 차등이 없다.

③ 실종선고를 받으면 권리능력을 잃는다.

④ 우리 민법은 태아에 대해 개별적 보호주의를 취하고 있다.

⑤ 자연인은 출생과 동시에 권리능력을 가진다.

16 **다음 중 제한능력자의 법률행위에 대한 설명으로 옳지 않은 것은?**

① 피성년후견인이 법정대리인의 동의를 얻어서 한 재산상 법률행위는 유효하다.
② 법정대리인이 대리한 피한정후견인의 재산상 법률행위는 유효하다.
③ 법정대리인이 범위를 정하여 처분을 허락한 재산은 미성년자가 임의로 처분할 수 있다.
④ 제한능력자가 속임수로써 자기를 능력자로 믿게 한 경우 그 법률행위를 취소할 수 없다.
⑤ 가정법원은 피한정후견인이 한정후견인의 동의를 받아야 하는 행위의 범위를 정할 수 있다.

17 **다음 중 제한능력자 제도에 대한 설명으로 옳지 않은 것은?**

① 19세에 이르면 성년이 된다.
② 제한능력자가 법정대리인의 동의 없이 한 법률행위는 무효이다.
③ 미성년자라도 혼인을 하면 성년이 된 것으로 본다.
④ 피성년후견인은 일상생활에 필요하고 그 대가가 과도하지 않은 법률행위를 독자적으로 할 수 있다.
⑤ 가정법원은 취소할 수 없는 피성년후견인의 법률행위의 범위를 정할 수 있다.

18 **다음 중 미성년자가 단독으로 유효하게 할 수 없는 행위는?**

① 부담 없는 증여를 받는 것
② 채무의 변제를 받는 것
③ 근로계약과 임금청구
④ 허락된 재산의 처분행위
⑤ 허락된 영업에 대한 행위

19 **다음 중 우리나라의 민법상 주소, 거소, 가주소에 대한 설명으로 옳지 않은 것은?**

① 민법에서는 객관주의와 복수주의를 택한다.
② 국내에 주소가 없거나 주소를 알 수 없을 때에는 거소를 주소로 본다.
③ 법인의 주소 효력은 주된 사무소의 소재지로부터 생긴다.
④ 현재지가 주소로서의 효력을 가지는 경우 등의 예외는 있다.
⑤ 어디를 가주소로 정하는지는 당사자의 자유이며, 실제 생활과는 아무 관계없이 임의로 정할 수 있다.

20 다음 중 민법상 법인의 설립요건이 아닌 것은?

① 주무관청의 허가
② 영리 아닌 사업을 목적으로 할 것
③ 설립신고
④ 정관작성
⑤ 설립등기

21 다음 중 상법에 대한 특징으로 옳지 않은 것은?

① 영리성
② 집단성
③ 통일성
④ 개인책임의 가중과 경감
⑤ 기업의 유지 강화

22 다음 중 상업등기에 대한 설명으로 옳지 않은 것은?

① 영업에 대한 중요한 사항을 상법의 규정에 의하여 상업등기부에 등기하는 것을 말한다.
② 상인과 제3자와의 이해관계 있는 일정사항을 공시함으로써 거래의 안전을 도모하는 동시에 상인의 신용을 유지하기 위하여 마련한 제도이다.
③ 상업등기부에는 상호, 성년자, 법정대리인, 지배인, 합명회사, 합자회사, 무한회사, 주식회사, 외국회사 등에 대한 9종이 있다.
④ 등기사항은 등기와 공고 후가 아니면 선의의 제3자에게 대항하지 못하고, 등기・공고가 있으면 제3자에게 대항할 수 있다.
⑤ 등기사항은 각종의 상업등기부에 의하여 따로 정해지고, 반드시 등기할 것을 요하느냐의 여부에 따라 절대적 사항과 상대적 사항으로 구분된다.

23 다음 중 상법상 주식회사에 대한 설명으로 옳지 않은 것은?

① 회사가 공고를 하는 방법은 정관의 절대적 기재사항이다.
② 회사가 가진 자기주식에도 의결권이 있다.
③ 각 발기인은 서면에 의하여 주식을 인수하여야 한다.
④ 창립총회에서는 이사와 감사를 선임하여야 한다.
⑤ 정관은 공증인의 인증을 받음으로써 효력이 생긴다.

24 다음 중 행정처분에 대한 설명으로 옳지 않은 것은?

① 행정처분은 행정청이 행하는 공권력 작용이다.
② 행정처분에는 조건을 부가할 수 없다.
③ 경미한 하자 있는 행정처분에는 공정력이 인정된다.
④ 행정처분에 대해서만 항고소송을 제기할 수 있다.
⑤ 법규에 위반하면 위법처분으로서 행정심판·행정소송의 대상이 된다.

25 다음 중 행정행위의 특징으로 옳지 않은 것은?

① 행정처분에 대한 내용적인 구속력인 기판력
② 일정 기간이 지나면 그 효력을 다투지 못하는 불가쟁성
③ 당연무효를 제외하고는 일단 유효함을 인정받는 공정력
④ 법에 따라 적합하게 이루어져야 하는 법적합성
⑤ 일정한 행정행위의 경우 그 성질상 행정청 스스로도 직권취소나 변경이 제한되는 불가변성

26 다음 중 행정주체와 국민과의 관계를 가장 잘 나타낸 것은?

① 권력관계이다.
② 공법관계이다.
③ 사법관계이다.
④ 근로관계이다.
⑤ 사법관계일 때도 있고 공법관계일 때도 있다.

27 다음 중 행정행위로 옳은 것은?

① 도로의 설치
② 건축허가
③ 국유재산의 매각
④ 토지수용에 대한 협의
⑤ 자동차의 처분

28 권력관계에 있어서 국가와 기타 행정주체의 의사는 비록 설립에 흠이 있을지라도 당연무효의 경우를 제외하고는 일단 적법 · 유효하다는 추정을 받으며, 권한 있는 기관이 직권 또는 쟁송절차를 거쳐 취소하기 전에는 누구라도 이에 구속되고 그 효력을 부정하지 못하는 우월한 힘이 있다. 이를 행정행위의 무엇이라고 하는가?

① 확정력
② 불가쟁력
③ 공정력
④ 강제력
⑤ 불가변력

29 우리나라 헌법은 1948년 이후 몇 차례의 개정이 있었는가?

① 5차
② 7차
③ 8차
④ 9차
⑤ 10차

30 다음 중 우리나라 헌법에 대한 설명으로 옳지 않은 것은?

① 대통령의 계엄선포권을 규정하고 있다.
② 국무총리의 긴급재정경제처분권을 규정하고 있다.
③ 국가의 형태로서 민주공화국을 채택하고 있다.
④ 국제평화주의를 규정하고 있다.
⑤ 실질적 의미의 헌법은 국가의 통치조직 · 작용의 기본원칙에 대한 규범을 총칭한다.

31 다음 설명 중 근대 입헌주의적 의미의 헌법에 해당하는 것은?

① 권력분립과 기본권 보장이 없는 국가는 헌법이 없다.
② 영국을 제외하고 모든 나라는 헌법을 가지고 있다.
③ 국가라고 하는 법적 단체가 있는 곳에는 헌법이 있다.
④ 공산주의 국가에도 헌법은 있다.
⑤ 헌법을 불문화할 필요가 있다.

32 **다음 중 헌법제정권력에 대한 설명으로 옳지 않은 것은?**

① 민주국가에서는 국민이 그 주체가 된다.
② 제도적 권리이므로 자연법상의 원리에 의한 제약은 받지 않는다.
③ 시원적이며, 자율성을 갖는다.
④ 헌법개정권력에 우선한다.
⑤ 우리 현행헌법은 헌법제정권이 국민에게 있음을 선언하였다.

33 **다음 중 헌법개정에 대한 설명으로 옳지 않은 것은?**

① 헌법에 규정된 개정절차에 따라야 한다.
② 국민투표를 요구하는 방법, 특별헌법회의를 필요로 하는 방법 등을 볼 수 있다.
③ 헌법의 형식이나 내용에 변경을 가하는 것이다.
④ 헌법의 파괴는 개정이 아니다.
⑤ 헌법의 기본적 동일성이 변경되는 것이다.

34 **헌법의 개정과 유사한 개념 중에서 기존 헌법을 배제하고 수평적 헌법전의 교체가 이루어지는 것은?**

① 헌법의 폐지
② 헌법의 파괴
③ 헌법의 정지
④ 헌법의 침해
⑤ 헌법의 개정

35 다음 중 헌법상 헌법개정에 대한 설명으로 옳은 것은?

① 헌법개정은 국회 재적의원 과반수 또는 정부의 발의로 제안된다.
② 대통령의 임기연장 또는 중임변경에 관해서는 이를 개정할 수 없다.
③ 헌법개정이 확정되면 대통령은 즉시 이를 공포하여야 한다.
④ 헌법개정안에 대한 국회의결은 출석의원 3분의 2 이상의 찬성을 얻어야 한다.
⑤ 국회는 헌법개정안이 공고된 날로부터 90일 이내에 의결하여야 한다.

36 다음 중 우리나라 헌법의 기본 원리라고 볼 수 없는 것은?

① 국민주권의 원리
② 법치주의
③ 문화국가의 원리
④ 사회적 민주주의
⑤ 국제평화주의

37 다음 중 헌법전문에 대한 설명으로 옳지 않은 것은?

① 전문에 선언된 헌법의 기본원리는 헌법해석의 기준이 된다.
② 우리 헌법전문은 헌법제정권력의 소재를 밝힌 전체적 결단으로서 헌법의 본질적 부분을 내포하고 있다.
③ 헌법전의 일부를 구성하며 당연히 본문과 같은 법적 성질을 내포한다.
④ 헌법전문은 전면 개정을 할 수 없으며 일정한 한계를 갖는다.
⑤ 헌법전문은 모든 법령에 대하여 우월한 효력을 가지고 있다.

38 다음 중 우리나라의 헌법에 대한 설명으로 옳지 않은 것은?

① 국가의사의 최종 결정권력이 국민에게 있다는 원리를 국민주권의 원리라 한다.
② 우리 헌법상 국민주권의 원리를 구현하기 위한 제도로는 대표민주제, 복수정당제, 국민투표제 등이 있다.
③ 모든 폭력적인 지배와 자의적인 지배를 배제하고, 그때그때의 다수의 의사와 자유 및 평등에 의거한 국민의 자기결정을 토대로 하는 법치국가적 통치질서를 자유민주적 기본질서라 한다.
④ 자유민주적 기본질서의 내용으로는 기본적 인권의 존중, 권력분립주의, 법치주의, 사법권의 독립, 계엄선포 및 긴급명령권, 복수정당제 등이 있다.
⑤ 주권을 가진 국민이 스스로 나라를 다스려야 한다는 원리를 국민 자치의 원리라 한다.

39 다음 중 형법상 위법성조각사유에 대한 설명으로 옳지 않은 것은?

① 자구행위는 사후적 긴급행위이다.
② 정당방위에 대해 정당방위를 할 수 있다.
③ 긴급피난에 대해 긴급피난을 할 수 있다.
④ 정당행위는 위법성이 조각된다.
⑤ 피해자의 승낙에 의해 위법성이 조각된다.

40 다음 중 구속적부심사의 청구권자로 옳지 않은 것은?

① 구속된 피의자
② 변호인
③ 피의자의 친구
④ 피의자의 직계친족
⑤ 피의자의 고용주

| 04 | 경제학

01 어떤 한 국가의 명목 GDP는 1,650조 원이고, 통화량은 2,500조 원이라고 하자. 이 국가의 물가수준은 2% 상승하고, 실질 GDP는 3% 증가할 경우에 적정 통화공급 증가율은 얼마인가?(단, 유통속도 변화 ΔV= 0.0033이다)

① 3.5%
② 4.0%
③ 4.5%
④ 5.0%
⑤ 5.5%

02 다음 중 인플레이션이 발생했을 때 경제에 미치는 영향으로 옳은 것은?

① 완만하고 예측 가능한 인플레이션은 소비 감소를 일으킬 수 있다.
② 인플레이션은 수입을 저해하고 수출을 촉진시켜 무역수지와 국제수지를 상승시킨다.
③ 인플레이션을 통해 화폐를 저축하는 것에 대한 기회비용이 증가한다.
④ 인플레이션은 기업가로부터 다수의 근로자에게로 소득을 재분배하는 효과를 가져 온다.
⑤ 인플레이션은 채무자에게는 손해를, 채권자에게는 이익을 준다.

03 다음 중 실업급여에 대한 설명으로 옳은 것은?

① 구직급여는 퇴직 다음 날로부터 12개월이 경과하면 더 이상 지급받을 수 없다.
② 구직급여는 이직일 이전 1년 동안의 피보험단위 기간이 통산 180일 이상이어야 지급받을 수 있다.
③ 본인의 중대한 귀책 사유로 해고된 경우에도 구직급여를 받을 수 있다.
④ 실업급여 신청 시 최소 240일 동안 급여를 받을 수 있다.
⑤ 자영업자의 경우 실업급여를 신청할 수 없다.

04 다음 중 경제 분야에서 심각한 세계경제 위기를 비유적으로 일컫는 용어는?

① 회색 코뿔소
② 퍼펙트 스톰
③ 어닝 쇼크
④ 블랙 스완
⑤ 퀀텀 점프

05 다음 중 그린 본드(Green Bond)에 대한 설명으로 옳은 것은?

① 영국의 채권시장에서 외국의 정부나 기업이 발행하는 파운드화 표시 채권
② 신용등급이 낮은 기업이 발행하는 고위험·고수익 채권
③ 지진과 홍수 등 재산상 큰 피해가 예상되는 자연재해에 대비해 발행하는 보험연계증권
④ 국내에서 발행하는 외화표시 채권
⑤ 환경 친화적인 프로젝트에 투자할 자금을 마련하기 위해 발행하는 채권

06 다음 자료에 대한 옳은 설명을 〈보기〉에서 모두 고르면?

• A팀장 : 이봐, K사원. ⓐ 저번 달에 가격을 조금 내리면 판매 수입이 증가할 거라며? 이게 뭐야, 판매 수입이 오히려 줄었잖아. 수요 예측도 못하고 도대체 잘하는 게 뭐야?
• K사원 : 그래요? ⓑ 팀장님이 저보다 뭐든지 잘한다 이겁니까? ⓒ 그렇게 잘하면 팀장님이 다 하시지, 왜 저한테 일을 시키십니까? ⓓ 다른 직장을 알아보든가 해야겠네요.

〈보기〉

㉠ ⓐ로부터 K 사원은 수요가 가격에 비해 비탄력적이라고 생각했음을 알 수 있다.
㉡ ⓑ는 비교우위의 개념과 관련된다.
㉢ ⓒ는 기회비용의 관점에서 옳지 않다.
㉣ ⓓ를 이유로 K사원이 현재 다니던 직장을 그만두면 마찰적 실업에 해당된다.

① ㉠, ㉡
② ㉠, ㉢
③ ㉡, ㉢
④ ㉡, ㉣
⑤ ㉢, ㉣

07 다음은 정부의 민간 공급 마스크에 대한 자료이다. 정부가 민간 공급 마스크의 최고가격을 170으로 지정하였을 때, 최고가격제 도입 후 소비자잉여는 어떻게 변하는가?

> 기획재정부 차관이 공적 마스크 80%를 제외한 민간 공급 물량 20%에 대해 시장 교란 행위가 발생하면 지체 없이 최고 가격을 지정하겠다고 밝혔다. 정부서울청사에서 '제3차 혁신성장 전략 점검회의 및 정책 점검회의'를 주재한 차관은 "마스크 전체 생산량 중 80%를 공적 배분하고 나머지 20%는 업무상 마스크 사용이 필수인 수요자들을 위해 최소한의 시장 기능을 열어뒀다."며 이같이 말했다. 차관은 "축소된 시장 기능을 악용해 사익을 추구하려는 부류도 있을 수 있고, 가격이 폭등할 것을 예상하고 사재기와 매점매석으로 의도적인 재고를 쌓아 둘 수도 있다."며 "정부는 이런 시장 교란 행위를 절대 좌시하지 않겠다."라고 경고했다.

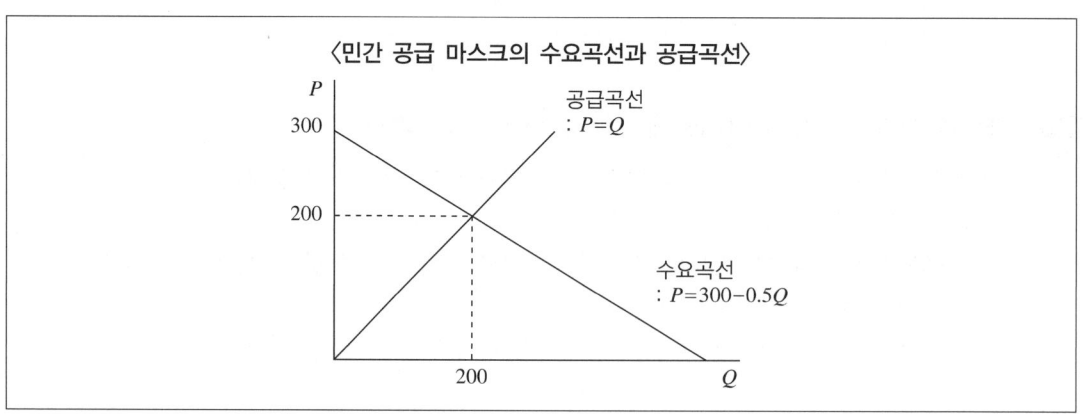

〈민간 공급 마스크의 수요곡선과 공급곡선〉

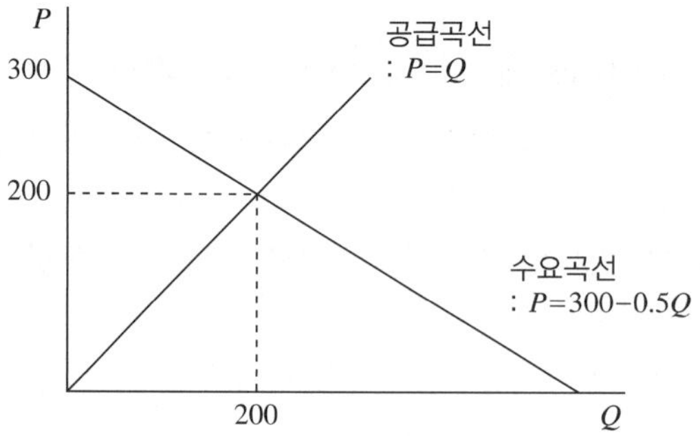

① 2,775 감소
② 675 증가
③ 4,875 증가
④ 6,900 증가
⑤ 불변

08 정부가 상품 공급자에게 일정한 금액의 물품세를 부과하는 경우 조세부담의 귀착에 대한 다음 설명 중 옳지 않은 것은?(단, 조세부과 이전의 균형 가격과 수급량은 모두 같고 다른 조건은 일정하다)

① 공급곡선의 기울기가 가파를수록 정부의 조세수입은 더 증가한다.
② 공급곡선의 기울기가 완만할수록 공급자의 조세부담이 더 작아진다.
③ 수요곡선의 기울기가 가파를수록 정부의 조세수입은 더 작아진다.
④ 수요곡선의 기울기가 가파를수록 소비자의 조세부담이 더 커진다.
⑤ 조세가 부과되면 균형 수급량은 감소한다.

09 다음 중 리카도 대등정리(Ricardian Equivalence Theorem)에 대한 설명으로 옳은 것은?

① 국채 발행을 통해 재원이 조달된 조세삭감은 소비에 영향을 미치지 않는다.
② 국채 발행이 증가하면 이자율이 하락한다.
③ 경기침체 시에는 조세 대신 국채 발행을 통한 확대재정정책이 더 효과적이다.
④ 소비이론 중 절대소득가설에 기초를 두고 있다.
⑤ 소비자들이 유동성 제약에 직면해 있는 경우 이 이론의 설명력이 더 커진다.

10 소비자 이론에 대한 다음 설명 중 옳지 않은 것은?

① 두 개의 재화만 생산하는 경제의 생산가능곡선이 원점에 대하여 오목한 경우, 한 재화의 생산을 줄이고 다른 재화의 생산을 늘릴 때, 한계변화율(MRT; Marginal Rate of Transformation)은 체증한다.
② 기펜재(Giffen Goods)의 경우 대체효과와 소득효과가 함께 작용하며, 소득효과의 절대값이 대체효과의 절대값보다 작기 때문에 수요량의 변화와 가격의 변화가 같은 방향으로 움직이게 한다.
③ 재화의 가격이 하락하는 경우 대체효과는 가격변화 전보다는 그 재화를 더 많이 소비하게 한다.
④ 정상재의 가격이 하락하는 경우 소득효과로 인하여 소비자들은 그 재화를 더 많이 소비하게 될 것이다.
⑤ 열등재의 가격이 상승하는 경우 소득효과로 인하여 소비자들은 그 재화의 소비를 늘릴 것이다.

11 다음 중 솔로우(Solow)의 성장 모형에 대한 설명으로 옳은 것은?

① 생산요소 간의 비대체성을 전제로 한다.
② 인구증가율이 높아질 경우 새로운 정상상태(Steady－state)의 1인당 산출량은 증가한다.
③ 저축률은 1인당 자본량을 증가시키므로 항상 저축률이 높을수록 좋다.
④ 기술진보는 균형성장경로의 변화 요인이다.
⑤ 기술진보는 경험을 통한 학습효과 등 경제 내에서 내생적으로 결정된다.

12 다음 중 통화정책과 재정정책에 대한 설명으로 옳지 않은 것은?

① 경제가 유동성 함정에 빠져 있을 경우에는 통화정책보다는 재정정책이 효과적이다.
② 전통적인 케인스 경제학자들은 통화정책이 재정정책보다 더 효과적이라고 주장했다.
③ 재정정책과 통화정책을 적절히 혼합하여 사용하는 것을 정책혼합(Policy Mix)이라고 한다.
④ 화폐공급의 증가가 장기에서 물가만을 상승시킬 뿐 실물변수에는 아무런 영향을 미치지 못하는 현상을 화폐의 장기중립성이라고 한다.
⑤ 정부지출의 구축효과란 정부지출을 증가시키면 이자율이 상승하여 민간 투자지출이 감소하는 효과를 말한다.

13 다음은 구축효과에 대한 설명이다. Ⓐ ~ Ⓓ에 해당하는 용어를 바르게 나열한 것은?

> 구축효과에 의하면 정부지출 증가가 Ⓐ를(을) 통해 민간의 Ⓑ를(을) 유발한다. Ⓒ 학파 이론에서는 구축효과가 큰 반면에 Ⓓ 학파 이론에서는 구축효과가 작다.

	Ⓐ	Ⓑ	Ⓒ	Ⓓ
①	소득 증가	소비수요 증가	고전	케인스
②	소득 증가	소비수요 증가	케인스	고전
③	이자율 상승	투자수요 증가	고전	케인스
④	이자율 상승	투자수요 증가	고전	케인스
⑤	이자율 하락	투자수요 증가	케인스	고전

14 케인스학파 경제학자들이 경기침체기에 금융정책이 효과를 나타내지 못한다고 생각하는 이유로 옳은 것은?

① 화폐수요와 투자수요 모두 이자율에 대해 상당히 탄력적이다.
② 화폐수요와 투자수요 모두 이자율에 대해 상당히 비탄력적이다.
③ 화폐수요와 투자수요 모두 이자율에 대해 완전 비탄력적이다.
④ 화폐수요는 이자율에 대해 상대적으로 비탄력적이며 투자수요는 이자율에 대해 상대적으로 탄력적이다.
⑤ 화폐수요는 이자율에 대해 상대적으로 탄력적이며 투자수요는 이자율에 대해 상대적으로 비탄력적이다.

15 다음 〈보기〉 중 주어진 물가수준에서 총수요곡선을 오른쪽으로 이동시키는 원인으로 옳은 것을 모두 고르면?

〈보기〉

ㄱ. 개별소득세 인하
ㄴ. 장래 경기에 대한 낙관적인 전망
ㄷ. 통화량 감소에 따른 이자율 상승
ㄹ. 해외경기 침체에 따른 순수출의 감소

① ㄱ, ㄴ
② ㄴ, ㄷ
③ ㄷ, ㄹ
④ ㄱ, ㄴ, ㄷ
⑤ ㄴ, ㄷ, ㄹ

16 **다음 중 시장실패에 대한 설명으로 옳지 않은 것은?**

① 시장실패를 교정하려는 정부의 개입으로 인하여 오히려 사회적 비효율이 초래되는 정부실패가 나타날 수 있다.

② 타 산업에 양(+)의 외부효과를 초래하는 재화의 경우에 수입관세를 부과하는 것보다 생산보조금을 지불하는 것이 시장실패를 교정하기 위해 더 바람직한 정책이다.

③ 공공재의 경우에 무임승차의 유인이 존재하므로 사회적으로 바람직한 수준보다 적게 생산되는 경향이 있다.

④ 거래비용의 크기에 관계없이 재산권이 확립되어 있으면 당사자 간 자발적인 협상을 통하여 외부효과에 따른 시장실패를 해결할 수 있다.

⑤ 사회적 비용이 사적 비용을 초과하는 외부성이 발생하면 시장의 균형생산량은 사회적으로 바람직한 수준보다 크다.

17 **다음 중 완전경쟁산업 내의 한 개별 기업에 대한 설명으로 옳지 않은 것은?**

① 한계수입은 시장가격과 일치한다.

② 이 개별 기업이 직면하는 수요곡선은 우하향한다.

③ 시장가격보다 높은 가격을 책정하면 시장점유율은 없다.

④ 이윤극대화 생산량에서는 시장가격과 한계비용이 일치한다.

⑤ 장기에 개별 기업은 장기평균비용의 최저점인 최적시설규모에서 재화를 생산하며, 정상이윤만 획득한다.

18 **소규모 개방경제에서 국내 생산자들을 보호하기 위해 X재의 수입에 대하여 관세를 부과할 때, 다음 설명 중 옳은 것은?(X재에 대한 국내 수요곡선은 우하향하고 국내공급곡선은 우상향한다.)**

① X재의 국내 생산이 감소한다.

② 국내 소비자잉여가 증가한다.

③ 국내 생산자잉여가 감소한다.

④ 관세부과로 인한 경제적 손실 크기는 X재에 대한 수요와 공급의 가격탄력성과 관계없다.

⑤ X재에 대한 수요와 공급의 가격탄력성이 낮을수록 관세부과로 인한 자중손실이 작아진다.

19 기업은 가격차별을 통해 보다 많은 이윤을 획득하고자 한다. 다음 중 기업이 가격차별을 할 수 있는 환경이 아닌 것은?

① 제품의 재판매가 용이하다.
② 소비자들의 특성이 다양하다.
③ 기업의 독점적 시장지배력이 높다.
④ 분리된 시장에서 수요의 가격탄력성이 서로 다르다.
⑤ 시장 분리 비용이 가격차별에 따른 이윤 증가보다 적다.

20 다음 중 경기가 불황임에도 불구하고 물가가 상승하는 현상은?

① 애그플레이션
② 하이퍼인플레이션
③ 에코플레이션
④ 스태그플레이션
⑤ 차이나플레이션

21 전력 과소비의 원인 중 하나로 낮은 전기료가 지적되고 있다. 다음 중 전력에 대한 수요곡선을 이동시키는 요인이 아닌 것은?

① 소득의 변화
② 전기요금의 변화
③ 도시가스의 가격 변화
④ 전기 기기에 대한 수요 변화
⑤ 기온의 변화

22 다음 중 독점에 대한 내용으로 옳지 않은 것은?

① 독점기업의 총수입을 극대화하기 위해서는 수요의 가격탄력성이 1인 점에서 생산해야 한다.
② 원자재 가격의 상승은 평균비용과 한계비용을 상승시키므로 독점기업의 생산량이 감소하고 가격은 상승한다.
③ 독점의 경우 자중손실(Deadweight Loss)과 같은 사회적 순후생손실이 발생하기 때문에 경쟁의 경우에 비해 효율성이 떨어진다고 볼 수 있다.
④ 독점기업은 시장지배력을 갖고 있기 때문에 제품 가격과 공급량을 각각 원하는 수준으로 결정할 수 있다.
⑤ 특허권 보장기간이 길어질수록 기술개발에 대한 유인이 증가하므로 더 많은 기술개발이 이루어질 것이다.

23 **다음 사례들은 시장에서 기업들이 하는 행위이다. 이에 대한 설명으로 옳지 않은 것은?**

- A백화점은 휴대폰으로 백화점 어플을 설치하면 구매 금액의 5%를 할인해주는 정책을 시행하고 있다.
- B교육업체는 일찍 강의를 수강신청하고 결제하면 강의료의 10% 할인해주는 얼리버드 마케팅을 진행하고 있다.
- C전자회사는 해외에서 자사 제품을 국내보다 더 낮은 가격으로 판매하고 있다.

① 소비자후생이 감소하여 사회후생이 줄어든다.
② 기업은 이윤을 증대시키는 것이 목적이다.
③ 기업이 소비자를 지급용의에 따라 분리할 수 있어야 한다.
④ 소비자들 간에 차익거래가 이뤄지지 않도록 하는 것이 중요하다.
⑤ 일정 수준의 시장지배력이 있어야 이런 행위가 가능하다.

24 **다음 〈보기〉 중 항상소득이론에 근거한 설명으로 옳은 것을 모두 고르면?**

〈보기〉

가. 직장에서 승진하여 소득이 증가하였으나 이로 인한 소비는 증가하지 않는다.
나. 경기호황기에는 임시소득이 증가하여 저축률이 상승한다.
다. 항상소득에 대한 한계소비성향이 임시소득에 대한 한계소비성향보다 더 작다.
라. 소비는 현재소득뿐 아니라 미래소득에도 영향을 받는다.

① 가, 나
② 가, 라
③ 나, 다
④ 나, 라
⑤ 다, 라

25 **A지역의 자동차 공급은 가격에 대해 매우 탄력적인 반면, B지역의 자동차 공급은 가격에 대해 상대적으로 비탄력적이라고 한다. 두 지역의 자동차 수요가 동일하게 증가하였을 경우 다음 중 옳은 것은?**

① A지역의 자동차 가격이 B지역 자동차 가격보다 더 크게 상승한다.
② B지역의 자동차 가격이 A지역 자동차 가격보다 더 크게 상승한다.
③ A지역의 자동차 가격은 상승하지만 B지역 자동차 가격은 상승하지 않는다.
④ B지역의 자동차 가격은 상승하지만 A지역 자동차 가격은 상승하지 않는다.
⑤ 두 지역 모두 자동차 가격이 상승하지 않는다.

26 중국과 인도 근로자 한 사람의 시간당 의복과 자동차 생산량은 다음과 같다. 리카도(D. Ricardo)의 비교우위 이론에 따르면, 양국은 어떤 제품을 수출하는가?

구분	중국	인도
의복(벌)	40	30
자동차(대)	20	10

① 중국 : 의복, 인도 : 자동차
② 중국 : 자동차, 인도 : 의복
③ 중국 : 의복과 자동차, 인도 : 수출하지 않음
④ 중국 : 수출하지 않음, 인도 : 자동차와 의복
⑤ 두 국가 모두 교역을 하지 않음

27 IS－LM 모형에서 유동성함정에 빠져 있을 때 통화량 공급 증가와 재정지출 확대에 따른 각각의 정책 효과에 대한 설명으로 옳은 것은?

① 통화량 공급 증가는 이자율을 낮추고, 재정지출 확대는 소득을 증가시킨다.
② 통화량 공급 증가는 소득을 증가시키고, 재정지출 확대는 이자율을 낮춘다.
③ 통화량 공급 증가와 재정지출 확대는 모두 소득을 증가시킨다.
④ 통화량 공급 증가와 재정지출 확대는 모두 이자율 변동에 영향을 미치지 않는다.
⑤ 통화량 공급 증가는 소득을 증가시키고, 재정지출 확대는 이자율 변동에 영향을 주지 않는다.

28 다음 〈보기〉 중 환경오염대책인 교정적 조세(피구조세)와 오염배출권거래제도에 대한 설명으로 옳은 것을 모두 고르면?

〈보기〉

가. 오염배출권거래제도를 이용하면 최초에 오염배출권이 기업들에게 어떻게 배분되는가와 관계없이 오염배출량은 효율적인 수준이 된다.
나. 교정적 조세는 시장에서 거래될 수 있는 오염배출권이라는 희소자원을 창조한다.
다. 교정적 조세를 이용하든 오염배출권제도를 이용하든 오염배출량은 항상 동일한 수준에서 결정된다.
라. 교정적 조세를 부과할 때에 오염배출권의 공급은 가격에 대해 완전비탄력적이다.
마. 시장에서 자유롭게 거래될 수 있는 오염배출권거래제도는 오염배출권만 있으면 오염물질을 방출할 수 있으므로 환경문제를 심화시킨다.

① 가, 라
② 가, 마
③ 나, 다
④ 나, 라
⑤ 다, 마

29 **다음 중 무차별곡선에 대한 설명으로 옳지 않은 것은?**

① 무차별곡선은 동일한 효용 수준을 제공하는 상품묶음들의 궤적이다.
② 무차별곡선의 기울기는 한계대체율이며 두 재화의 교환비율이다.
③ 무차별곡선이 원점에 대해 오목하면 한계대체율은 체감한다.
④ 완전대체재관계인 두 재화에 대한 무차별곡선은 직선의 형태이다.
⑤ 모서리해를 제외하면 무차별곡선과 예산선이 접하는 점이 소비자의 최적점이다.

30 **다음 대화에서 밑줄 친 부분에 해당하는 사례는 무엇인가?**

- 선생님 : 실업에는 어떤 종류가 있는지 한 번 말해볼까?
- 학생 : 네, 선생님. 실업은 발생하는 원인에 따라 <u>경기적 실업</u>과 계절적 실업, 그리고 구조적 실업과 마찰적 실업으로 분류할 수 있습니다.

① 총수요의 부족으로 발생하는 실업이 발생했다.
② 더 나은 직업을 탐색하기 위해 기존에 다니던 직장을 그만두었다.
③ 남해바다 해수욕장의 수영 강사들이 겨울에 일자리가 없어서 쉬고 있다.
④ 산업구조가 제조업에서 바이오기술산업으로 재편되면서 대량실업이 발생하였다.
⑤ 디지털 카메라의 대중화로 필름회사 직원들이 일자리를 잃었다.

31 **다음 표는 기업 甲과 乙의 초기 보수행렬이다. 오염물을 배출하는 乙은 제도 변화 후, 배출량을 1톤에서 2톤으로 증가하는데 甲에게 보상금 5를 지불하게 되어 보수행렬이 변화했다. 보수행렬 변화 전과 후에 관한 설명으로 옳은 것은?(단, 1회성 게임이며, 보수행렬 (　　) 안 왼쪽은 甲, 오른쪽은 乙의 것이다)**

구분		乙	
		1톤 배출	2톤 배출
甲	조업 중단	(0, 4)	(0, 8)
	조업 가동	(10, 4)	(3, 8)

① 초기 상태의 내시균형은 (조업 중단, 2톤 배출)이다.
② 초기 상태의 甲과 乙의 우월전략은 없다.
③ 제도 변화 후 甲의 우월전략은 있으나 乙의 우월전략은 없다.
④ 제도 변화 후 甲과 乙의 전체 보수는 감소했다.
⑤ 제도 변화 후 오염물질의 총배출량은 감소했다.

32 다음 〈보기〉 중 실제GDP가 잠재GDP 수준보다 낮은 상태의 경제에 대한 설명으로 옳은 것을 모두 고르면?

〈보기〉

가. 디플레이션갭(불황갭)이 존재한다.
나. 실제실업률이 자연실업률보다 높다.
다. 노동시장에서 임금의 하락 압력이 발생한다.
라. 인플레이션 압력이 발생한다.
마. 단기총공급곡선이 점차 오른쪽으로 이동하게 된다.

① 가, 나, 다
② 가, 다, 마
③ 나, 라, 마
④ 가, 나, 다, 마
⑤ 나, 다, 라, 마

33 여러 학파의 통화정책에 대한 다음 견해 중 옳지 않은 것은?

① 통화주의학파는 통화정책의 시차가 길고 가변적이므로 준칙에 입각한 정책의 실시를 주장한다.
② 새고전학파는 경제주체의 기대가 합리적이면 통화정책의 효과가 줄어든다고 주장한다.
③ 실물경기변동학파는 통화공급의 내생성을 이유로 재량적인 통화정책을 반대한다.
④ 케인스학파는 유동성함정이 있는 경우에 통화정책의 효과가 없다고 주장한다.
⑤ 새케인스학파는 상품시장의 불완전한 정보 때문에 통화정책의 효과가 크지 않다고 주장한다.

34 기업 甲의 생산함수는 $Q=2L^{0.5}$이며, 가격은 4, L의 가격은 0.25이다. 이윤을 극대화하는 甲의 (ㄱ) 노동투입량과 (ㄴ) 균형산출량은?(단, L은 노동, Q는 산출물이며, 산출물시장과 노동시장은 완전경쟁적이다)

	(ㄱ)	(ㄴ)
①	64	2
②	64	4
③	128	4
④	128	16
⑤	256	32

35 어느 나라 국민의 50%는 소득이 전혀 없고, 나머지 50%는 모두 소득 100을 균등하게 가지고 있다면 지니계수의 값은 얼마인가?

① 0
② 1
③ $\frac{1}{2}$
④ $\frac{1}{4}$
⑤ $\frac{1}{5}$

36 다음 중 거시경제의 총수요와 총공급에 대한 설명으로 옳은 것은?

① 명목임금 경직성하에서 물가수준이 하락하면 기업이윤이 줄어들어서 기업들의 재화와 서비스 공급이 감소하므로 단기총공급곡선은 왼쪽으로 이동한다.
② 폐쇄경제에서 확장적 재정정책의 구축효과는 변동환율제도에서 동일한 정책의 구축효과보다 더 크게 나타날 수 있다.
③ 케인스의 유동성선호 이론에 의하면 경제가 유동성함정에 빠지는 경우 추가적 화폐공급이 투자적 화폐수요로 모두 흡수된다.
④ 장기균형 상태에 있던 경제에 원유가격이 일시적으로 상승하면 장기적으로 물가는 상승하고 국민소득은 감소한다.
⑤ 단기 경기변동에서 소비와 투자가 모두 경기순응적이며, 소비의 변동성은 투자의 변동성보다 크다.

37 솔로우(R. Solow)의 경제성장 모형에서 1인당 생산함수는 $y=2k^{0.5}$, 저축률은 30%, 자본의 감가상각률은 25%, 인구증가율은 5%라고 가정한다. 균제상태(Steady State)에서의 1인당 생산량 및 자본량은?(단, y는 1인당 생산량, k는 1인당 자본량이다)

	y	k
①	1	1
②	2	2
③	3	3
④	4	4
⑤	5	5

38 한계소비성향이 0.8이라면 국민소득을 500만큼 증가시키기 위해서는 정부지출을 어느 정도 늘려야 하는가?

① 100
② 200
③ 300
④ 400
⑤ 500

39 보수 행렬이 아래와 같은 전략형 게임(Strategic Form Game)에서 보수 a값의 변화에 따른 설명으로 옳은 것은?(단, 보수 행렬의 괄호 안 첫 번째 값은 甲의 보수, 두 번째 값은 乙의 보수이다)

구분		乙	
		인상	인하
甲	인상	(a, a)	(−5, 5)
	인하	(5, −5)	(−1, −1)

① a > 5 이면, (인상, 인상)이 유일한 내시균형이다.
② −1 < a < 5 이면, 인상은 甲의 우월전략이다. 기업은 서로 담합하여 가격의 안정성을 확보한다.
③ a < −5 이면, 내시균형이 두 개 존재한다.
④ a < 5 이면, (인하, 인하)가 유일한 내시균형이다.
⑤ a = 5인 경우와 a < 5인 경우의 내시균형은 동일하다.

40 다음은 농산물 시장 개방에 따른 이득과 손실을 나타낸 그래프이다. 이에 대한 설명으로 〈보기〉에서 옳은 것을 모두 고르면?

〈농산물 시장 개방의 이득과 손실〉

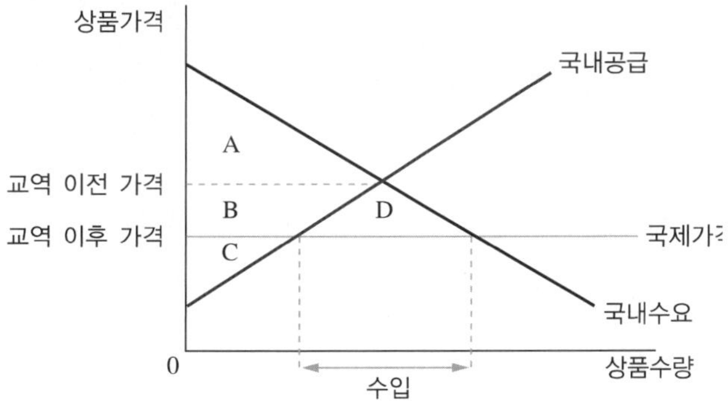

〈보기〉

가. 교역 이전 가격에서의 소비자 잉여는 A이다.
나. 교역 이전 가격에서의 사회적 잉여는 A+B+C이다.
다. 교역 이후 가격 하락으로 농민들이 입는 손해가 소비자들이 얻는 이익보다 크다.
라. 교역 이후 가격 하락으로 사회적 잉여는 감소한다.

① 가, 나
② 가, 다
③ 가, 라
④ 나, 다
⑤ 다, 라

2권

제2회 서울교통공사 사무직

NCS 직업기초능력평가 +직무수행능력평가

〈문항 및 시험시간〉

평가영역	문항 수	시험시간	비고	모바일 OMR 답안채점/성적분석 서비스
직업기초능력평가 + 직무수행능력평가 (행정학/경영학/법학/경제학)	80문항	90분	5지선다	행정학 경영학 법학 경제학

서울교통공사 사무직 신입사원 필기시험

제2회 모의고사

문항 수 : 80문항
응시시간 : 90분

제 1 영역 직업기초능력평가

01 S사원은 직장 내에서의 의사소통능력 향상 방법에 대한 강연을 들으면서 다음과 같이 메모하였다. 다음 ㉠~㉤ 중 S사원이 잘못 작성한 내용은 모두 몇 개인가?

〈2025년 8월 11일 의사소통능력 향상 방법 강연을 듣고 나서〉

• 의사소통의 저해 요인

… 중략 …

• 의사소통에 있어 자신이나 타인의 느낌을 건설적으로 처리하는 방법
㉠ 얼굴을 붉히는 것과 같은 간접적 표현을 피한다.
㉡ 자신의 감정을 주체하지 못하고 과격한 행동을 하지 않는다.
㉢ 자신의 감정 상태에 대한 책임을 타인에게 전가하지 않는다.
㉣ 자신의 감정을 조절하기 위하여 상대방으로 하여금 그의 행동을 변하도록 강요하지 않는다.
㉤ 자신의 감정을 명확하게 하지 못할 경우라도 즉각적인 의사소통이 될 수 있도록 노력한다.

① 1개
② 2개
③ 3개
④ 4개
⑤ 5개

02 직무 전결 규정상 전무이사가 전결인 '과장의 국내출장 건'의 결재를 시행하고자 한다. 박기수 전무이사가 해외출장으로 인해 부재중이어서 직무대행자인 최수영 상무이사가 결재하였다. 이와 관련하여 적절하지 않은 것을 〈보기〉에서 모두 고르면?

〈보기〉

ㄱ. 최수영 상무이사가 결재한 것은 전결이다.
ㄴ. 공문의 결재표 상에는 '과장 최경옥, 부장 김석호, 상무이사 전결, 전무이사 최수영'이라고 표시되어 있다.
ㄷ. 박기수 전무이사가 출장에서 돌아와서 해당 공문을 검토하는 것은 후결이다.
ㄹ. 위임 전결받은 사항에 대해서는 원결재자인 대표이사에게 후결을 받는 것이 원칙이다.

① ㄱ, ㄴ
② ㄱ, ㄹ
③ ㄱ, ㄴ, ㄹ
④ ㄴ, ㄷ, ㄹ
⑤ ㄱ, ㄴ, ㄷ, ㄹ

03 다음 중 승진을 하면 할수록 무능력하게 되는 현상으로 가장 적절한 것은?

① 피터의 법칙
② 샐리의 법칙
③ 무어의 법칙
④ 머피의 법칙
⑤ 파킨스의 법칙

04 다음 대화를 읽고 조직목표의 기능과 특징으로 적절하지 않은 것은?

이대리 : 박부장님께서 우리 회사의 목표가 무엇인지 생각해 본 적 있냐고 하셨을 때 당황했어. 평소에 딱히 생각하고 지내지 않았던 것 같아.
김대리 : 응, 그러기 쉽지. 개인에게 목표가 있어야 그것을 위해서 무언가를 하는 것처럼 당연히 조직에도 목표가 있어야 하는데 조직에 속해 있으면 당연히 알아두어야 한다고 생각해.

① 조직이 존재하는 정당성을 제공한다.
② 의사결정을 할 때뿐만 아니라 하고 나서의 기준으로도 작용한다.
③ 공식적 목표와 실제적 목표는 다를 수 있다.
④ 동시에 여러 개를 추구하는 것보다 하나씩 순차적으로 처리해야 한다.
⑤ 목표 간에는 위계 관계와 상호 관계가 공존한다.

05 K씨는 곧 있을 발표를 위해 다음 글을 기반으로 PT용 자료를 만들고자 한다. K씨가 만든 자료 중 적절하지 않은 것은?

〈저탄소 에너지 저감형 도시 계획 요소〉

1. **토지이용 및 교통부문**

토지이용 및 교통부문에 해당하는 저탄소 에너지 저감 도시 계획 요소로는 기능집약형 토지이용 요소, 환경친화적 공간 계획 요소, 에너지 저감형 교통 계획 요소 등이 있다. 기능집약형 토지이용은 도시 시설의 고밀 이용, 직주근접형 토지 이용과 공간 계획 등을 통하여 교통 수요를 저감시켜 에너지 소비를 줄이게 되는데, 이는 적정규모 밀도 개발, 지역 역량을 고려한 개발지역 선정 등을 통하여 실현될 수 있다. 환경친화적 공간 계획은 충분한 오픈스페이스 확보, 바람길 활용을 위한 건물 배치, 우수한 자연환경의 보전 등을 통하여 환경에 대한 부정적 영향을 최소화하는 동시에 에너지 및 탄소 저감을 위한 도시 형성에 기여한다. 에너지 저감형 교통 계획의 경우 대중교통 중심의 교통 네트워크를 강화하고 보행 및 자전거 이용을 촉진하여 교통 부문의 에너지 소비를 저감하는 데 그 목적이 있다. 주요 계획 요소로는 자전거 도로 설치, 대중교통 지향형 개발, 보행자 전용도로 설치 등이 있다.

2. **건축부문**

건축부문의 에너지 저감을 위해서는 고단열 및 고기밀 자재 사용을 통해 에너지 투입이 최소화되도록 하며, 자연 채광과 자연 환기가 되도록 건축물의 평면과 입면 계획, 배치 계획을 유도하는 것이 필요하다. 이를 통해 기존 건물의 에너지 손실이 많은 천정, 바닥, 벽개구부 등의 단열 및 기밀성을 향상하고 단열재의 성능을 개선하여 건물의 에너지 효율을 증가시키고 에너지 저감형 건축이 가능하도록 한다.

3. **녹지부문**

저탄소 에너지 저감을 위한 녹지부문의 도시 계획 요소로는 그린네트워크 및 생태녹화시스템 요소, 인공 지반 및 건물 녹화 요소 등이 있다. 그린네트워크 시스템은 기존 녹지 보전 및 새로운 녹지 조성을 통한 그린네트워크 조성, 녹지공간 확충, 보행녹도, 생태면적율 확대 등을 통해 실현하며, 인공 지반 및 건물 녹화의 경우 입체 녹화, 투수성 주차장 조성, 사면 생태 녹화 등을 통해 이루어질 수 있다. 이는 탄소 흡수를 통한 온실가스 저감과 함께 대기 기후 온도를 낮추는 데 기여하여 도시의 쾌적한 환경을 조성하고 건물에서의 냉방 에너지 소비 수요를 줄이는 데 기여한다.

4. **에너지부문**

에너지 생산과 관련된 에너지부문에서는 신재생 에너지 생산 및 이용 확대, 집단 에너지 이용 요소 등이 주요한 저탄소 에너지 저감 도시 계획 요소이다. 신재생 에너지 생산 및 이용 확대는 태양열 및 태양광 시스템, 풍력 에너지 이용 시스템, 지열 환경 시스템 등의 신규 설치 및 용량 확대를 통해 이루어질 수 있다. 집단 에너지의 경우 열병합 발전소, 자원 회수시설 등 1개소 이상의 에너지 생산시설에서 생산되는 복수의 에너지를 공급하는 것으로 최근 분산형 에너지 시스템의 확대와 함께 늘어나고 있는 경향이다.

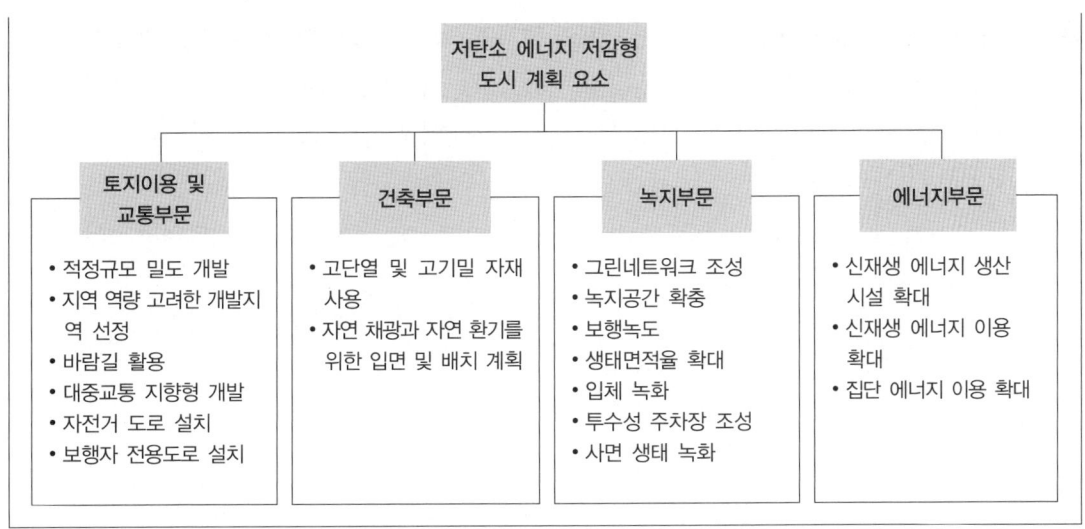

저탄소 에너지 저감형 도시 계획 요소

토지이용 및 교통부문
- 적정규모 밀도 개발
- 지역 역량 고려한 개발지역 선정
- 바람길 활용
- 대중교통 지향형 개발
- 자전거 도로 설치
- 보행자 전용도로 설치

건축부문
- 고단열 및 고기밀 자재 사용
- 자연 채광과 자연 환기를 위한 입면 및 배치 계획

녹지부문
- 그린네트워크 조성
- 녹지공간 확충
- 보행녹도
- 생태면적율 확대
- 입체 녹화
- 투수성 주차장 조성
- 사면 생태 녹화

에너지부문
- 신재생 에너지 생산시설 확대
- 신재생 에너지 이용 확대
- 집단 에너지 이용 확대

① 없음
② 토지이용 및 교통부문
③ 건물부문
④ 녹지부문
⑤ 에너지부문

06 **S기업에 근무하는 A씨는 최근 회사 윤리교육 시간에 감정은행계좌에 대한 강의를 들었다. 다음 강의에 대한 A씨의 답변으로 적절하지 않은 것은?**

> S기업 직원 여러분, 안녕하십니까? 오늘 윤리교육 시간에는 감정은행계좌에 대해 강의를 해볼까 합니다. 감정은행계좌는 금품이 아닌 우리의 감정을 예입하는 것입니다. 즉, 인간관계에서 구축하는 신뢰의 정도를 은유적으로 표현한 것이지요. 만약 우리가 다른 사람의 입장을 먼저 이해하고 배려하며, 친절하고 정직하게 약속을 지킨다면 우리는 감정을 저축하는 셈이 됩니다. 그렇다면 감정은행계좌를 적립하기 위한 예입 수단으로는 무엇이 있을까요? A씨가 대답해 주시겠습니까?

① 나 자신보다 상대방의 입장을 이해하고 양보할 줄 알아야 합니다.
② 개인의 사생활을 위해 사소한 일에 관심 갖지 말아야 합니다.
③ 실수를 저지를 수는 있으나, 그것을 인정할 줄 알아야 합니다.
④ 작은 칭찬과 배려, 감사하는 마음을 항상 가지고 있어야 합니다.
⑤ 자신이 스스로 한 약속을 항상 지키는 습관을 가져야 합니다.

07 다음 중 전자우편을 보낼 때, 동일한 내용의 편지를 여러 사람에게 보낼 수 있는 기능은?

① 메일머지(Mail Merge)
② 인덱스(Index)
③ 시소러스(Thesaurus)
④ 액세스(Access)
⑤ 디더링(Dithering)

08 S공사에 근무하는 근무하는 A사원은 다음 시트에서 생년월일이 표시된 [B2:B5] 영역을 이용하여 [C2:C5] 영역에 다음과 같이 팀원들의 나이를 표시하였다. [C2] 셀에 입력된 수식으로 옳은 것은?

	A	B	C
1	성명	생년월일	나이
2	김기수	19930627	27
3	최선하	19920712	28
4	이아름	19950328	25
5	강윤정	19960725	24

① =2019−LEFT(B2,4)+1
② =2019−LEFT(B2,4)
③ =2019−RIGHT(B2,4)+1
④ =2019−RIGHT(B2,4)
⑤ =2019−MID(B2,4,2)+1

※ 다음 글을 읽고 이어지는 질문에 답하시오. [9~10]

세계 표준시가 정해지기 전 사람들은 태양이 가장 높게 뜬 시간을 정오로 정하고, 이를 해당 지역의 기준 시간으로 삼았다. 그러다 보니 수많은 태양 정오 시간(자오시간)이 생겨 시간의 통일성을 가질 수 없었고, 다른 지역과 시간을 통일해야 한다는 필요성도 느끼지 못했다. 그러나 이 세계관은 철도의 출현으로 인해 무너졌다.
1969년 미국 최초의 대륙 횡단 철도가 개통되었다. 당시 미국 대륙 철도역에서 누군가가 현재 시각을 물으면 대답하는 사람은 한참 망설여야 했다. 각기 다른 여러 시간이 공존했기 때문이다. 시간의 혼란은 철도망이 확장될수록 점점 더 심각해졌다. 이에 따라 캐나다 태평양 철도 건설을 진두지휘한 샌퍼드 플레밍은 자신의 고국인 영국에서 철도 시간 때문에 겪었던 불합리한 경험을 토대로 세계 표준시를 정하는 데 온 힘을 쏟았다.
지구를 경도에 따라 15도씩 나눠 15도마다 1시간씩 시간 간격을 두고, 이를 24개 시차 구역으로 구별한 플레밍의 제안은 1884년 미국 전역에 도입되었다. 이는 다시 1884년 10월 워싱턴에서 열린 '국제자오선 회의'로 이어졌고, 각국이 영국 그리니치 천문대를 통과하는 자오선을 본초자오선으로 지정하는 데 동의했다.
워싱턴에서 열린 회의의 주제는 본초자오선, 즉 전 세계 정오의 기준선이 되는 자오선을 어디로 설정해야 하는가에 대한 것이었다. 3주간의 일정으로 시작된 본초자오선 회의는 영국과 프랑스의 대결이었다. 어떻게든 그리니치가 세계 표준시의 기준으로 채택되는 것을 관철하려는 영국, 그리고 이를 막고 파리 본초자오선을 세계 기준으로 삼으려는 프랑스의 외교 전쟁이 불꽃을 튀겼다. 마침내 지루한 회의와 협상 끝에 1884년 10월 13일 그리니치가 세계 표준시로 채택됐다. 지구상의 경도마다 난립했던 각각의 지역 표준시들이 사라지고 하나의 시간 틀에 인류가 속하게 된 것이다.
우리나라는 대한제국 때인 1908년 세계 표준시를 도입했다. 한반도 중심인 동경 127.5도 기준으로, 세계 표준시의 기준인 영국보다 8시간 30분 빨랐다. 하지만 일제강점기인 1912년 일본의 총독부는 우리의 표준시를 동경 135도를 기준으로 하는 일본 표준시로 변경하였다. 광복 후 1954년에는 주권 회복 차원에서 127.5도로 환원했다가 1961년 박정희 정부 때 다시 국제 교역 문제로 인해 135도로 변경되었다.

09 다음 중 윗글의 서술상의 특징으로 가장 적절한 것은?

① 구체적인 사례를 들어 세계 표준시에 대한 이해를 돕고 있다.
② 세계 표준시에 대한 여러 가지 견해를 소개하고 이를 비교, 평가하고 있다.
③ 세계 표준시가 등장하게 된 배경을 구체적으로 소개하고 있다.
④ 세계 표준시의 변화 과정과 그것의 문제점을 언급하고 있다.
⑤ 권위 있는 학자의 견해를 들어 세계 표준시의 정당성을 입증하고 있다.

10 다음 중 윗글의 내용으로 적절하지 않은 것은?

① 표준시가 정해지기 전에는 수많은 시간이 존재하였다.
② 철도의 발달이 세계 표준시 정립에 결정적인 역할을 하였다.
③ 영국과 프랑스는 본초자오선 설정을 두고 치열하게 대립했다.
④ 현재 우리나라의 시간은 대한제국 때 지정한 시각보다 30분 느리다.
⑤ 우리나라의 표준시는 도입 이후 총 3번의 변화를 겪었다.

※ 다음 글을 읽고 이어지는 질문에 답하시오. [11~12]

A대리는 국내 유명 자동차 회사에 근무 중이다. 월요일부터 금요일까지 아침 9시가 되면 어김없이 출근해서 12시까지 일을 하고 점심을 먹는다. 점심식사 이후에 오후 1시부터 6시까지 하루 8시간 근무를 한다. A대리가 하는 일은 조립된 자동차의 안전점검을 하는 것이다. 하지만 요새 회사 실적이 안 좋아져 안전점검을 받는 차량이 부쩍 적어졌다. A대리는 부쩍 줄어든 일거리 때문에 근무시간에 책을 본다거나 컴퓨터 게임 등을 하며 소일하고 있다. 그럴 때마다 한편으로는 '이러다 회사가 심하게 안 좋아지면 어떡하나!' 하며 내심 불안해한다.

11 다음 중 A대리가 근무 시간에 여유가 생겼을 때 조직인으로서 실천할 수 있는 행동으로 가장 적절한 것은?

① 자신의 직무 능력을 향상시키는 역량개발 활동
② 은퇴 이후의 직업 설계와 관련된 공부
③ 모바일 메신저를 이용한 친구들과의 대화
④ 다른 팀원들과 잡담을 통한 친목
⑤ 미래를 위해 다른 기업으로 이직 준비

12 다음 중 조직인으로서 공동체 의식 함양을 위해 A대리가 보완해야 할 요소로 적절하지 않은 항목은?

① 핵심가치 공유
② 경력 설계
③ 신뢰
④ 성실
⑤ 도덕

※ 다음 자료를 참고하여 이어지는 질문에 답하시오. [13~14]

	A	B	C	D	E	F	G
1							
2		구분	매입처수	매수	공급가액(원)	세액(원)	합계
3		전자세금계산서	12	8	11,096,174	1,109,617	12,205,791
4		수기종이계산서	1	0	69,180		76,098
5		합계	13	8	11,165,354	1,116,535	

13 귀하는 VAT(부가가치세) 신고를 준비하기 위해 엑셀 파일을 정리하고 있다. 세액은 공급가액의 10%이다. 수기종이계산서의 '세액(원)'인 [F4]셀에 필요한 수식은?

① =E3*0.1
② =E3*0.001
③ =E4+0.1
④ =E3*10%
⑤ =E4*0.1

14 총 합계인 [G5]셀에 입력해야 할 함수식과 그 결괏값으로 바르게 짝지어진 것은?

① =AVERAGE(G3:G4) / 12,281,890
② =SUM(G3:G4) / 12,281,889
③ =AVERAGE(E5:F5) / 12,281,890
④ =SUM(E3:F5) / 12,281,889
⑤ =SUM(E5:F5) / 12,281,888

15 다음 글을 바탕으로 고소 작업자들에게 주의를 환기시킬 수 있는 표어로 가장 적절한 것은?

> 고소 작업이란 '고소(高所)'에서 바로 알 수 있듯이 높은 곳에서의 작업이다. 조금 더 정확하게 정의하면 넘어져 땅에 떨어질 때 부상의 위험이 있는 장소에서의 작업을 일컬으며, 보통 2m 이상에서의 작업을 고소 작업으로 본다.
> 고소 작업을 진행할 때에는 다양한 작업대를 사용하게 되며, 안전에 유의하지 않고 사용할 때 부상을 입을 수 있고 심각한 경우 사망에 이를 수 있다. 작업대 위에서의 추락, 작업대와 작업 공간 등의 사이에서 끼임, 작업대 자체의 넘어짐 등 고소 작업대로 인한 다양한 사고는 끊임없이 발생하고 있다.
> 고용노동부와 한국산업안전보건공단에서 2016년부터 2024년까지 발생한 고소 작업대 사고를 집계하여 발표한 〈고소 작업대 안전관리 매뉴얼〉에 따르면 추락 사고는 100건 넘게 집계되었으며, 끼임 사고는 약 40건이 집계되었고, 작업대가 넘어지면서 발생한 사고도 약 20건으로 집계되었다고 한다. 추락 사고는 대개 안전 난간의 관리 소홀로 인한 사고로 밝혀졌으며, 끼임 사고는 대개 작업자의 부주의로 인한 사고로 밝혀졌다.
> 이런 사고를 예방하기 위해서 임대인은 기구의 유지·보수에 힘써야 하며, 기기 조작자가 적절한 자격을 갖춘 자인지 철저하게 확인하고 작업 내용, 연락 및 신호 방법 등의 주의 사항을 알려야 할 의무가 있고, 대여 사항을 반드시 별도로 기록 및 보존하도록 산업안전보건법으로 규정하고 있다.
> 관리자는 작업대가 넘어지지 않도록 작업 장소의 지반을 확인하고 작업 계획서를 작성 및 확인하여 작업 구역을 구획하고 필요한 경우 통제 및 유도 차량을 배치해야 한다. 조종자는 작업 시작 전, 기기에 안전장치(안전 난간 등)를 반드시 확인하고 보호구를 착용해야 한다. 가장 중요한 점은 절대로 유도자 없이 혼자서 기기를 작동해선 안 된다는 것이다. 탑승자 또한 보호구를 반드시 착용해야 하며 정원, 적정 무게를 확인하고 탑승 후 고압선 등에 접근하지 않도록 유의한다.

① 점심에 마신 술, 마지막 점심이 될 수도
② 높은 곳으로 가려다 가장 높은 곳으로
③ 버튼 한 번 누르기 전, 주변 둘러보기 한 번
④ 기계도 사람도 모두 잠깐의 휴식이 필요합니다
⑤ 당신이 버린 불씨, 불시에 재앙으로 다가온다

16 S사원은 최근 S기업의 빔프로젝터를 구입하였으며, 빔프로젝터 고장 신고 전 확인사항 자료를 확인하였다. 이를 토대로 할 때, 빔프로젝터의 증상과 그에 따른 확인 및 조치사항으로 적절한 것은?

〈빔프로젝터 고장 신고 전 확인사항〉

분류	증상	확인 및 조치사항
설치 및 연결	전원이 들어오지 않음	• 제품 배터리의 충전 상태를 확인하세요. • 만약 그래도 제품이 전혀 동작하지 않는다면 제품 옆면의 'Reset' 버튼을 1초간 누르시기 바랍니다.
	전원이 자동으로 꺼짐	• 본 제품은 약 20시간 지속 사용 시 제품의 시스템 보호를 위해 전원이 자동 차단될 수 있습니다.
	외부기기가 선택되지 않음	• 외부기기 연결선이 신호 단자에 맞게 연결되었는지 확인하고, 연결 상태를 점검해 주시기 바랍니다.
메뉴 및 리모컨	리모컨이 동작하지 않음	• 리모컨의 건전지 상태 및 건전지가 권장 사이즈에 부합하는지 확인해 주세요. • 리모컨 각도와 거리가(10m 이하) 적당한지, 제품과 리모컨 사이에 장애물이 없는지 확인해 주세요.
	메뉴가 선택되지 않음	• 메뉴의 글자가 회색으로 나와 있지 않은지 확인해 주세요. 회색의 글자 메뉴는 선택되지 않습니다.
화면 및 소리	영상이 희미함	• 리모컨 메뉴창의 초점 조절 기능을 이용하여 초점을 조절해 주세요. • 투사거리가 초점에서 너무 가깝거나 멀리 떨어져 있지 않은지 확인해 주세요(권장거리 1 ~ 3m).
	제품에서 이상한 소리가 남	• 이상한 소리가 계속해서 발생할 경우 사용을 중지하고 서비스 센터로 문의해 주시기 바랍니다.
	화면이 안 나옴	• 제품 배터리의 충전 상태를 확인해 주세요. • 본체의 발열이 심할 경우 화면이 나오지 않을 수 있습니다.
	화면에 줄, 잔상, 경계선 등이 나타남	• 일정시간 정지된 영상을 지속적으로 표시하면 부분적으로 잔상이 발생합니다. • 영상의 상하 · 좌우의 경계선이 고정되어 있거나 빛의 투과량이 서로 상이한 영상을 장시간 시청 시 경계선에 자국이 발생할 수 있습니다.

① 영화를 보는 중에 갑자기 전원이 꺼진 것은 본체의 발열이 심해서 그런 것이므로 약 20시간 동안 사용을 중지하였다.

② 메뉴가 선택되지 않아 외부기기와 연결선이 제대로 연결되었는지 확인하였다.

③ 일주일째 이상한 소리가 나 제품 배터리가 충분히 충전된 상태인지 살펴보았다.

④ 언젠가부터 화면에 잔상이 나타나 제품과 리모콘 배터리의 충전 상태를 확인하였다.

⑤ 영상이 너무 희미해 초점과 투사거리를 확인하여 조절하였다.

17 다음은 사내 비즈니스 예절 교육에 참여한 신입사원들의 대화 내용이다. 명함 교환 예절에 대해 잘못 설명하고 있는 사람은?

> A사원 : 앞으로는 바지 주머니가 아닌 상의 주머니에 명함을 넣어야겠어.
> B사원 : 명함을 줄 때에는 일어선 상태에서 건네는 것이 좋겠어.
> C사원 : 타 업체를 방문할 때는 그 업체의 직원에게 먼저 명함을 건네야 해.
> D사원 : 상대에게 명함을 받는다면 반드시 나도 명함을 줘야 하는군.
> E사원 : 앉은 상태에서는 명함을 테이블 위에 놓고 손으로 밀어 건네는 것이 예의이군.

① A사원
② B사원
③ C사원
④ D사원
⑤ E사원

18 다음 중 밑줄 친 ㉠의 이유로 적절하지 않은 것은?

> 샐러던트(Saladent)란 '샐러리맨(Salary man)'과 '학생'을 뜻하는 '스튜던트(Student)'가 합쳐져서 만들어진 신조어로, ㉠ <u>현재 직장에 몸담고 있으면서 지속적으로 현 분야 또는 새로운 분야에 대해서 공부를 하는</u> 직장인을 의미한다.

① 업무의 성과 향상을 위해
② 변화하는 환경에 적응하기 위해
③ 회사가 추구하는 목표를 성취하기 위해
④ 긍정적인 인간관계를 형성하기 위해
⑤ 삶의 질을 향상시키고, 보람된 삶을 살기 위해

19 A사원은 회사 내에서 성과가 좋은 D사원의 행동을 관찰해 보기로 하였다. 다음 중 A사원이 관찰한 D사원의 모습으로 옳지 않은 것은?

① 업무 성과가 좋은 상사를 롤모델로 삼고 관찰한다.
② 비슷한 업무를 묶어서 한꺼번에 처리한다.
③ 회사와 팀의 업무 지침을 지키며 업무를 수행한다.
④ 상사의 업무 방식과 동일한 방식으로 일한다.
⑤ 일을 미루지 않고 가장 중요한 일을 먼저 처리한다.

※ 다음은 관세청의 해외여행자 휴대품 면세 범위 조건을 정리한 것이다. 이어지는 질문에 답하시오. **[20~22]**

◎ 1인당 휴대품 면세 범위(과세 대상 : 국내면세점 및 해외 구입물품)
- 주류 1병(1리터, 미화 400달러 이하)
- 향수 60mL
- 담배 200개피(1보루)
- 기타 합계 미화 600달러 이하의 물품

※ 단, 농림축산물, 한약재 등은 10만 원 이하로 한정하며, 품목별로 수량 또는 중량에 제한이 있음

◎ 면세 범위 초과물품 예상세액 조회
- 예상세액은 총 구입물품 가격에서 1인 기본 면세 범위 미화 600달러를 선공제하고 각각의 관세율을 적용해 계산한 금액의 합산액을 기준으로 합니다.
- 자진신고 시 관세의 30%(15만 원 한도)가 감면되는 혜택을 받을 수 있으며, 신고 미이행 시에는 납부세액의 40% 또는 60%(반복적 신고 미이행자)의 가산세가 부과됩니다.

◎ 단일세율 : 의류 등 [물품설명]에서 단일세율 적용 대상이라고 명시된 물품들은 합계 미화 1,000달러까지 아래의 예시처럼 본래의 세율보다 낮은 단일세율(20%)을 적용받을 수 있습니다.

예 모피제품(30%) 800달러 1개, 의류(25%) 150달러 1개, 신발(25%) 70달러 1개인 경우 : 모피제품 단일세율 1개 20% 적용, 의류 단일세율 20% 적용, 신발은 본래의 세율 25% 적용(단일세율이 950달러밖에 적용되지 않았지만 신발의 단가가 미화 50달러를 초과하여 합계 1,000달러를 초과하게 되면 신발은 단일세율을 적용받지 못한다)

◎ 제한물품 안내 : 물품에 따라서는 면세 범위에 포함되지 않거나 다른 법령에 의하여 반입이 제한될 수 있습니다. 농축산물, 멸종위기에 처한 동식물관련 제품, 한약재, 성분 미상 의약품, 과일류 등은 제한 사항이 많으므로 자세한 내용은 관세청에 문의하시기 바랍니다.

20 갑돌이는 해외여행을 다녀오고 꽤 많은 물품들을 구매하였다. 아래는 갑돌이가 구매한 물품 내역서이다. 이 중 면세 물품에 포함되는 것은?

	물품 종류	구매가격	용량 및 크기	구매 장소
①	향수	$50	100mL	인천 면세점
②	GUCCY 가방	$1,400	500g	이탈리아 시내
③	양주 1병	$200	1,000mL	이탈리아 면세점
④	NICE 신발	$70	80g	인천 면세점
⑤	담배	$400	2보루	프랑스

21 K씨는 이번 면세점에서 100달러 시계 1개, 350달러 포도주(400mL) 1병, 40달러 백팩 1개, 개당 200달러인 골프채 2개, 70달러 향수(100mL) 1개, 125달러 코트, 130달러 담배 1보루를 샀다. 아래 각각의 세율에 관한 사항을 참고하여, K씨가 자진납세할 경우 지불해야 할 관세는 얼마인가?(단, 환율은 1,100원/달러로 계산한다)

〈구입 품목별 세율 세부사항〉

품목	적용 세율
시계	개별소비세 적용 대상 물품이다. 총 세율은 1,852,000원까지는 20%이고, 초과되는 금액 부분은 50%이다.
향수	이 항목에는 방향성 화장품은 모두 해당된다. 총 세율은 간이세율 20%이다. 일반적으로 향수(Perfume)와 오데 퍼퓸(Eau de Perfume), 오데 토일렛(Eau de Toilette), 오데 코롱(Eau de Cologne) 등 향수, 코롱, 분말향, 향낭 등이 모두 포함된다.
담배	이 항목에는 일반적으로 통용되는 필터담배가 포함된다. 1보루는 10갑이다. 총 세액은 1보루당 관세(구입금액의 40%)+개별소비세(1갑당 594원) 5,940원+부가세{(구입금액+관세+개별소비세)×10%}+지방세 14,490원(담배소비세 : 1갑당 1,007원+지방교육세 : 담배소비세의 43.99%)
백팩	이 항목에는 가방 또는 지갑이 해당된다. 개별소비세 적용 대상 물품이다. 총 세율은 1,852,000원까지는 20%이고, 초과되는 금액 부분은 50%이다.
골프채	이 항목에는 거의 대부분의 운동기구, 운동용품, 레저용품 등이 해당된다. 총 세율은 간이세율 20%이다. 단, 스포츠 의류, 신발 등은 제외된다.
주류	이 항목에는 포도주를 비롯하여 대부분의 발효 과실주가 포함된다. 총 세율은 약 68% 정도이다.

① 95,000원
② 103,950원
③ 116,850원
④ 128,000원
⑤ 132,050원

22 을순이는 한국으로 돌아오는 비행기에서 해외에서 산 물품을 자진신고를 할지 말지 고민 중이다. 만약 성실신고를 하지 않으면, 을순이는 신고 미이행특별부과세 40%가 추가로 가산됨을 알고 있다. 을순이의 선택 및 납부해야 될 금액은 얼마인가?(단, 을순이는 반복적 신고 미이행자가 아니다)

〈구매한 품목 내역〉

물품명	수량(개)	금액(유로)
LANQIN 향수 100mL	1	80
GUCCY 가방	1	1,400
PRADD 지갑	1	350
VALENCIANA 팔찌	1	100
BOSSI 벨트	1	150

※ 계산의 편의성을 위해 환율은 '1,300원/유로, 1,100원/달러'로 계산함. 또한 팔찌는 25%의 관세율이며 단일세율 적용 품목 대상임. 이 밖의 물품은 모두 20%라고 가정함

※ 을순이는 이전 과거 기록을 통해 자신이 걸릴 확률을 80%, 걸리지 않을 확률을 20%라고 확신하고 있음

※ 을순이는 성실신고를 하지 않을 경우 발생한 기댓값 계산을 통해 20만 원을 초과하면 자진신고를 할 생각임

	신고 여부	관세 금액
①	자진신고를 한다.	122,640원
②	자진신고를 안 한다.	0원
③	자진신고를 한다.	408,800원
④	자진신고를 한다.	286,160원
⑤	자진신고를 안 한다.	408,800원

23 S기업의 신사업추진위원회는 유망한 새로운 에너지 부문으로 진출할 계획을 세우고 있다. 이에 대한 설명으로 옳지 않은 것은?

〈국내 최종에너지원별 소비량〉

(단위 : 천 TOE)

구분	4월	5월	6월	7월	8월
합계	19,051	17,902	17,516	18,713	19,429
석탄	2,661	2,694	2,641	2,655	2,747
석유	9,520	9,115	9,045	10,028	10,305
천연가스	179	156	181	209	206
도시가스	2,135	1,580	1,311	1,244	1,157
전력	3,650	3,501	3,493	3,695	4,090
열	193	100	73	75	65
신재생	713	756	772	807	859

〈S기업의 에너지 신사업추진 평가 결과〉

부문	진입 시 추가확충 필요자금	규제 완화 정도	1위 기업의 현재 시장점유율	진입 후 흑자전환 소요기간
석탄	600억 원	84점	55%	4년
천연가스	1,240억 원	37점	72%	5년
열	360억 원	22점	66%	3년
신재생	430억 원	48점	35%	6년

※ 규제의 완화 정도는 점수가 높을수록 자유도 또한 높음

① 열 에너지 부문으로 진출하는 경우, 신재생 에너지로 진출하는 경우에 비해서는 소비량이 작을 것이다.

② 진입 시 제도적 장애물에 가장 자주 부딪히게 될 부문은 열 에너지이다.

③ 진입 시 S기업이 추가로 확충해야 하는 자금의 규모가 작을수록 흑자전환에 소요되는 기간도 짧을 것이다.

④ 신재생 에너지 부문보다는 천연가스 에너지 부문에 진입 시 S기업이 진입 시 초기 시장점유율을 확보하기 어려울 것이다.

⑤ S기업이 신사업으로 제도적 규제를 가장 적게 받을 수 있는 에너지 부문의 국내 최종에너지원 소비량은 5월부터 7월까지 3위를 기록했다.

24 S기업 직원 A, B, C, D, E, F, G, H 8명이 농구, 축구, 족구를 하기 위해 운동장에 나왔다. 〈조건〉에 따라 팀을 배치할 수 있는 경우의 수는 몇 가지인가?

〈조건〉

- 각 종목은 적어도 두 사람 이상이 해야 하고, 축구는 짝수의 인원으로만 할 수 있다.
- A는 C와 같은 종목의 운동을 한다.
- G는 농구를 싫어한다.
- B, F가 참가한 종목은 사람 수가 가장 많다.
- D는 축구를 한다.
- E와 B는 같은 종목에 참가하지 않는다.
- D와 G는 같은 종목에 참가하지 않는다.

① 4가지
② 5가지
③ 6가지
④ 7가지
⑤ 8가지

25 다음 그림은 세계적 기업인 맥킨지(McKinsey)에 의해서 개발된 7-S 모형이다. ㉠, ㉡에 들어갈 요소로 옳은 것은?

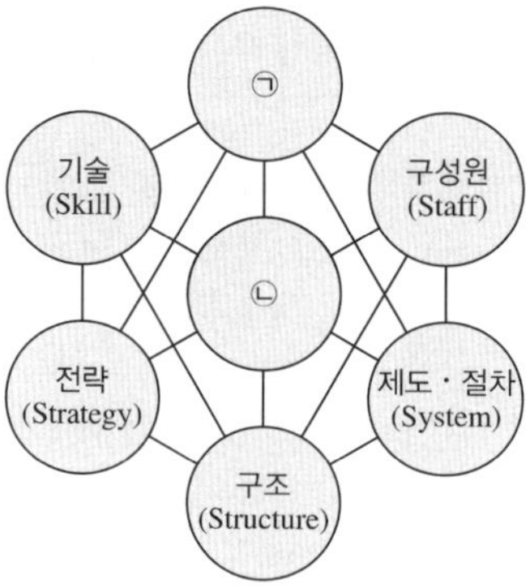

	㉠	㉡
①	리더십 스타일	공유가치
②	최고경영자	기술혁신
③	최고경영자	공유가치
④	기술혁신	리더십 스타일
⑤	공유가치	기술혁신

26 귀하는 자동차도로 고유번호 부여 규정을 근거로 하여 도로에 노선번호를 부여할 계획이다. 다음 그림에서 점선은 '영토'를, 실선은 '고속국도'를 표시한 것이며, (가) ~ (라)는 '간선노선'을, (마), (바)는 '보조간선노선'을 나타낸 것이다. 다음 중 노선번호를 바르게 부여한 것은?

〈자동차도로 고유번호 부여 규정〉

자동차도로는 관리상 고속국도, 일반국도, 특별광역시도, 지방도, 시도, 군도, 구도의 일곱 가지로 구분된다. 이들 각 도로에는 고유번호가 부여되어 있고, 이는 지형도 상의 특정 표지판 모양 안에 표시되어 있다. 그러나 군도와 구도는 구간이 짧고 노선 수가 많아 노선번호가 중복될 우려가 있어 표지 상에 번호를 표기하지 않는다.

고속국도 가운데 간선노선의 경우 두 자리 숫자를 사용하며, 남북을 연결하는 경우는 서에서 동으로 가면서 숫자가 증가하는데 끝자리에 5를 부여하고, 동서를 연결하는 경우는 남에서 북으로 가면서 숫자가 증가하는데 끝자리에 0을 부여한다.

보조간선노선은 간선노선 사이를 연결하는 고속국도로서 이 역시 두 자리 숫자로 표기한다. 그런데 보조간선노선이 남북을 연결하는 모양에 가까우면 첫자리는 남쪽 시작점의 간선노선 첫자리를 부여하고 끝자리는 5를 제외한 홀수를 부여한다. 한편 동서를 연결하는 모양에 가까우면 첫자리는 동서를 연결하는 간선노선 가운데 해당 보조간선노선의 바로 아래쪽에 있는 간선노선의 첫자리를 부여하며, 끝자리는 0을 제외한 짝수를 부여한다.

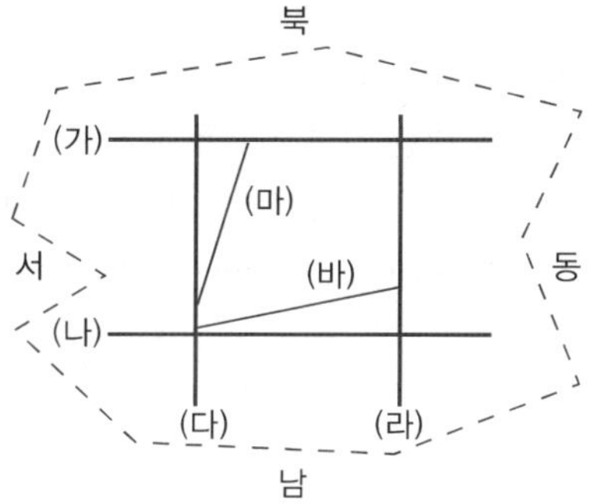

	(가)	(나)	(다)	(라)	(마)	(바)
①	25	15	10	20	19	12
②	20	10	15	25	18	14
③	25	15	20	10	17	12
④	20	10	15	25	17	12
⑤	20	15	15	25	17	14

27 다음 두 사례를 보고 팀워크에 대해 적절하지 않게 분석한 사람은?

〈A사의 사례〉

S기업은 2019년부터 2024년까지 품질과 효율 향상은 물론 생산 기간을 50%나 단축시키는 성과를 냈다. 모든 부서에서 품질 향상의 경쟁이 치열했고, 그 어느 때보다 좋은 팀워크가 만들어졌다고 평가되었다. 가장 성과가 우수하였던 부서는 미국의 권위 있는 볼드리지(Baldrige) 품질대상을 수상하기도 하였다. 그런데 이러한 개별 팀의 성과가 회사 전체의 성과나 주주의 가치로 잘 연결되지 못했던 것으로 분석되었다. 시장의 PC 표준 규격을 반영하지 않은 새로운 규격으로 인해 호환성 문제가 대두되었고, 대중의 외면을 받아야만 했다. 한 임원은 "아무리 빨리, 제품을 잘 만들어도 고객의 가치를 반영하지 못하거나, 시장에서 고객의 접촉이 제대로 이루어지지 않으면 의미가 없다는 첨을 배웠다."라고 말했다.

〈E병원의 사례〉

가장 정교하고 효과적인 팀워크가 요구되는 의료 분야에서 S병원은 최고의 의료 수준과 서비스로 명성을 얻고 있다. 이 병원의 조직 운영 기본 원칙에는 '우리 지역과 국가, 세계의 환자들의 니즈에 집중하는 최고의 의사, 연구원 및 의료 전문가의 협력을 기반으로 병원을 운영한다.'라고 명시되어 있다고 한다. 팀 사이의 협력은 물론 전 세계의 고객을 지향하는 웅대한 가치를 공유하고 있는 것이다. S병원이 최고의 명성과 함께 노벨상을 수상하는 실력을 갖출 수 있었던 데에는 이러한 팀워크가 중요한 역할을 하였다고 볼 수 있다.

① 재영 : 개별 팀의 팀워크가 좋다고 해서 반드시 조직의 성과로 이어지는 것은 아니군.
② 건우 : 팀워크는 공통된 비전을 공유하고 있어야 해.
③ 수정 : 개인의 특성을 이해하고 개인 간의 차이를 중시해야 해.
④ 유주 : 팀워크를 지나치게 강조하다 보면 외부에 배타적인 자세가 될 수 있어.
⑤ 지민 : 역시 팀워크는 성과를 만드는 데 중요한 역할을 하네.

28 다음 중 팀워크에 대한 설명으로 옳지 않은 것은?

① 조직에 대한 이해 부족은 팀워크를 저해하는 요소이다.
② 팀워크를 유지하기 위해 구성원은 공동의 목표의식과 강한 도전의식을 가져야 한다.
③ 공동의 목적을 달성하기 위해 상호관계성을 가지고 협력하여 업무를 수행하는 것이다.
④ 사람들이 집단에 머물도록 만들고, 집단의 멤버로서 계속 남아 있기를 원하게 만드는 힘이다.
⑤ 효과적인 팀은 갈등을 인정하고 상호 신뢰를 바탕으로 건설적으로 해결한다.

29 다음은 고객으로부터 사랑받는 브랜드의 요건을 나타낸 자료이다. 다음 브랜드의 요건에 빗대어 자신을 브랜드화하기 위한 전략을 세우고자 할 때, 옳지 않은 행동은?

〈사랑받는 브랜드의 요건〉

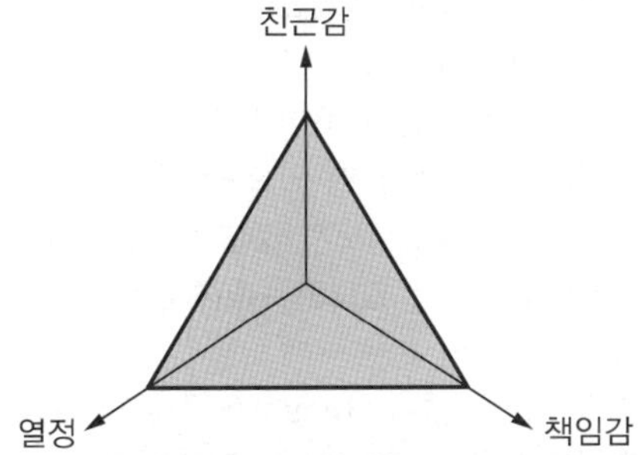

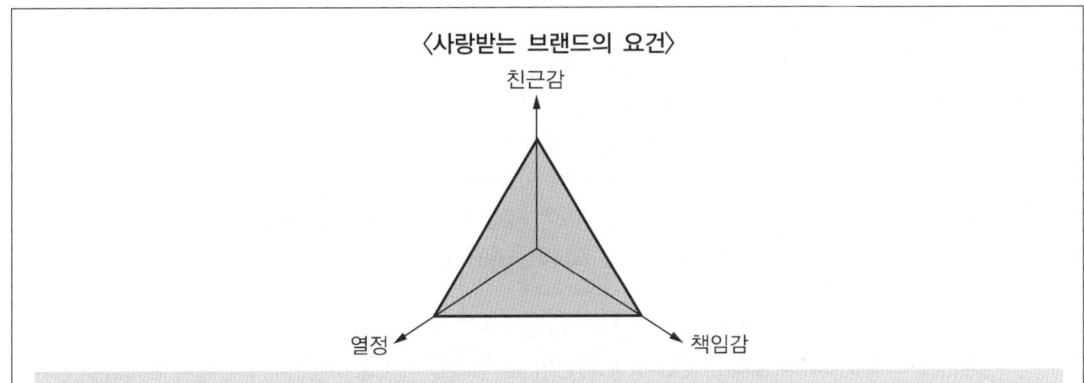

- 친근감 : 오랜 기간 관계를 유지한 브랜드에 대한 친숙한 느낌을 말한다.
- 열정 : 브랜드를 소유하거나 사용해보고 싶다는 동기를 유발하는 욕구이다.
- 책임감 : 소비자가 브랜드와 애정적 관계를 유지하겠다는 약속으로, 소비자에게 신뢰감을 주어 지속적인 소비가 가능하도록 하는 것이다.

① 자신의 내면을 관리하여 다른 사람과의 관계를 돈독히 유지해야 한다.
② 다른 사람과 같은 보편성을 가지기 위해 능력을 끊임없이 개발해야 한다.
② 자신이 할 수 있는 범위에서 최상의 생산성을 낼 필요가 있다.
④ 자기 PR을 통하여 지속적으로 자신을 다른 사람에게 알리도록 한다.
⑤ 지속적인 자기개발이 이루어질 수 있도록 장단기 계획을 수립해야 한다.

※ 서울교통공사에서는 직원의 휴식 시간을 위해 벽걸이 TV를 설치하고자 한다. 다음 설명서를 읽고, 이어지는 질문에 답하시오. [30~31]

■ 설치 시 주의사항

- 반드시 제공하는 구성품 및 부품을 사용해 주세요.
- 수직 벽면 이외의 장소에는 설치하지 마세요.
- 진동이나 충격이 가해질 염려가 있는 곳은 제품이 떨어질 수 있으므로 피하세요.
- 제품의 열을 감지하고 스프링클러가 작동할 수 있으므로 스프링클러 감지기 옆에는 설치하지 마세요.
- 고압 케이블의 간섭을 받아 화면이 제대로 나오지 않을 수 있으므로 고압 케이블 근처에는 설치하지 마세요.
- 난방기기 주변은 과열되어 고장의 염려가 있으므로 피하십시오.
- 벽면의 안정성을 확인하세요.
- 설치한 후 벽면과 제품 사이의 거리는 최소 15mm 이상 유지하세요.
- 제품 주변으로 10cm 이상의 공간을 두어 통풍이 잘 되도록 하세요. 제품 내부 온도의 상승은 화재 및 제품 고장의 원인이 될 수 있습니다.

■ 문제해결

고장	해결
전원이 켜지지 않아요.	• 전원코드가 잘 연결되어 있는지 확인하세요. • 안테나 케이블 연결이 제대로 되어 있는지 확인하세요. • 케이블 방송 수신기의 연결이 제대로 되어 있는지 확인하세요.
전원이 갑자기 꺼져요.	• 에너지 절약을 위한 '취침예약'이 설정되어 있는지 확인하세요. • 에너지 절약을 위한 '자동전원끄기' 기능이 설정되어 있는지 확인하세요.
제품에서 뚝뚝 소리가 나요.	• TV외관의 기구적 수축이나 팽창 때문에 나타날 수 있는 현상이므로 안심하고 사용하세요.
제품이 뜨거워요.	• 제품 특성상 장시간 시청 시 패널에서 열이 발생하므로 열이 발생하는 것은 결함이나 동작 사용상의 문제가 되는 것이 아니므로 안심하고 사용하세요.
리모컨 동작이 안 돼요.	• 새 건전지로 교체하세요.

※ 문제가 해결되지 않는다면 가까운 서비스센터로 문의하시기 바람

30 다음 중 벽걸이 TV를 설치하기 위한 장소 선정 시 고려해야 할 사항으로 적절하지 않은 것은?

① 전동안마기가 비치되어 있는 병실을 확인한다.
② 스프링클러 감지기가 설치되어 있는 곳을 확인한다.
③ 냉방기가 설치되어 있는 곳을 확인한다.
④ 도면으로 고압 케이블이 설치되어 있는 위치를 확인한다.
⑤ 벽면 강도가 약한 경우 벽면을 보강할 수 있는지 확인한다.

31 TV가 제대로 작동되지 않아 A/S를 요청하기 전 간단하게 문제를 해결해 보고자 한다. 다음 중 문제를 해결하기 위한 방법으로 가장 적절한 것은?

① 전원이 켜지지 않아 전원코드 및 안테나 케이블, 위성 리시버가 잘 연결되어 있는지 확인했다.
② 전원이 갑자기 꺼져 전력 소모를 줄일 수 있는 기능들이 설정되어 있는지 확인했다.
③ 제품에서 뚝뚝 소리가 나서 TV의 전원을 끄고 다시 켰다.
④ 제품이 뜨거워서 분무기로 물을 뿌리고, 마른 천으로 물기를 깨끗이 닦았다.
⑤ 리모컨이 작동하지 않아 분해 후 녹이 슬어 있는 곳이 있는지 확인했다.

32 다음은 우표 발행 현황에 대한 자료이다. 이에 대한 설명으로 옳은 것은?

〈우표 발행 현황〉

(단위 : 천 장)

구분	2020년	2021년	2022년	2023년	2024년
보통우표	163,000	164,000	69,000	111,000	105,200
기념우표	47,180	58,050	43,900	35,560	33,630
나만의 우표	7,700	2,368	1,000	2,380	1,908
합계	217,880	224,418	113,900	148,940	140,738

① 기념우표 발행 수가 나만의 우표 발행 수와 등락폭을 같이 한다는 점을 보면, 국가적 기념업적은 개인의 기념사안과 일치한다고 볼 수 있다.
② 세 가지 우표의 발행 수가 각각 가장 낮은 연도는 2022년이다.
③ 보통우표와 기념우표 발행 수가 가장 큰 차이를 보이는 해는 2020년이다.
④ 2022년 전체 우표 발행 수 대비 나만의 우표 발행 수의 비율은 1% 이상이다.
⑤ 2020년 대비 2022년 전체 우표 발행 수의 감소율은 50% 이상이다.

33 **다음의 상황에서 귀하가 갈등의 해결방법 중 하나인 '윈윈(Win – win) 관리법'으로 A사원과의 갈등을 해결하고자 할 때, A사원에게 제시할 수 있는 귀하의 제안으로 가장 적절한 것은?**

> S기업에 근무하는 귀하는 최근 매주 금요일 업무시간이 끝나고 한 번씩 진행해야 하는 바닥 청소 당번 문제를 두고 동료인 A사원과 갈등 중에 있다. 둘 중 한 명은 매주 바닥 청소를 해야 하는데, 금요일에 일찍 퇴근하기를 원하는 귀하와 A사원 모두 청소 당번에서 빠지고 싶어 하기 때문이다.

① 우리 둘 다 청소 당번을 피할 수는 없으니, 그냥 공평하게 같이 하죠.
② 제가 그냥 A사원 몫까지 매주 청소를 맡아서 할게요.
③ 저와 A사원이 번갈아가면서 청소를 맡도록 하죠.
④ 우선 금요일 업무시간 전에 청소를 할 수 있는지 확인해보도록 하죠.
⑤ 저는 절대 양보할 수 없으니, A사원이 그냥 맡아서 해주세요.

34 **김부장은 영업부서의 리더로서 팀원들의 자기개발이 필요함을 느끼고 있다. 따라서 면담을 통해 현재 어떻게 자기개발을 하고 있는지 알아보았다. 다음 중 잘못된 자기개발 방법을 사용하는 사람은?**

① A사원은 자신이 목표하는 것을 달성하기 위해 회사 동료들과의 사적인 인간관계를 멀리하고 혼자만의 공부시간을 갖고 있다.
② B사원은 자신의 영업 노하우를 향상시키기 위해 도움이 될 수 있는 강연, 특강 등을 수시로 찾아서 본다.
③ C사원은 영업부에서 주어진 자신의 업무를 수행하면서 자신의 업무에 있어서 성패 요인을 분석하기 위해 자료를 데이터화하고 있다.
④ D사원은 빠르게 변화하는 회사 정책에 뒤처지지 않기 위하여 수시로 회사와 관련된 자료를 수집하고 정보를 확보하여 업무에 활용하고 있다.
⑤ E사원은 회사에서 업무 성과가 뛰어난 상사를 역할 모델로 설정하여 상사의 업무 처리 방식 등을 관찰하고 있다.

※ 다음은 서울교통공사의 프로젝트 목록이다. 이어지는 질문에 답하시오. **[35~37]**

〈프로젝트별 진행 세부사항〉

프로젝트명	필요인원 (명)	소요기간 (개월)	기간	1인당 인건비 (만 원)	진행비 (만 원)
A	46	1	2월	130	20,000
B	42	4	2 ~ 5월	550	3,000
C	24	2	3 ~ 4월	290	15,000
D	50	3	5 ~ 7월	430	2,800
E	15	3	7 ~ 9월	400	16,200

※ 1인당 인건비는 프로젝트가 끝날 때까지의 1인당 총 인건비를 말함

35 모든 프로젝트를 완료하기 위해 필요한 최소 인원은 몇 명인가?(단, 프로젝트 참여자는 하나의 프로젝트를 끝내면 다른 프로젝트에 참여한다)

① 50명
② 65명
③ 92명
④ 107명
⑤ 117명

36 다음 중 서울교통공사의 A ~ E프로젝트를 인건비가 가장 적게 드는 것부터 순서대로 나열한 것은?

① A – C – E – D – B
② A – E – C – B – D
③ A – E – C – D – B
④ E – A – C – B – D
⑤ E – C – A – D – B

37 서울교통공사는 인건비와 진행비를 합산하여 프로젝트 비용을 산정하려고 한다. A ~ E프로젝트 중 총비용이 가장 적게 드는 것은 무엇인가?

① A프로젝트
② B프로젝트
③ C프로젝트
④ D프로젝트
⑤ E프로젝트

38 다음은 인터넷 공유활동 참여 현황을 정리한 자료이다. 이를 바르게 이해하지 못한 사람은 누구인가?

〈인터넷 공유활동 참여율(복수응답)〉

(단위 : %)

구분		커뮤니티 이용	퍼나르기	블로그 운영	댓글달기	UCC 게시
성별	남성	79.1	64.1	49.9	52.2	46.1
	여성	76.4	59.6	55.1	38.4	40.1
연령	10대	75.1	63.9	54.7	44.3	51.3
	20대	88.8	74.4	76.3	47.3	54.4
	30대	77.3	58.5	46.3	44.0	37.5
	40대	66.0	48.6	27.0	48.2	29.6

※ 성별, 연령별 조사인원은 동일함

① A사원 : 자료에 의하면 20대가 다른 연령대에 비해 인터넷상에서 공유활동을 활발히 참여하고 있네요.

② B주임 : 대체로 남성이 여성에 비해 상대적으로 활발한 활동을 하고 있는 것 같아요. 그런데 블로그 운영 활동은 여성이 더 많네요.

③ C대리 : 남녀 간의 참여율 격차가 가장 큰 영역은 댓글달기이네요. 반면에 커뮤니티 이용은 남녀 간의 참여율 격차가 가장 적네요.

④ D사원 : 10대와 30대의 공유활동 참여율을 크기순으로 나열하면 재미있게도 두 연령대의 활동 순위가 동일하네요.

⑤ E사원 : 40대는 대부분의 공유활동에서 모든 연령대의 참여율보다 낮지만, 댓글달기에서는 가장 높은 참여율을 보이고 있네요.

39 다음은 국가별 4차 산업혁명 기반산업 R&D 투자 현황에 대한 자료이다. 이를 보고 〈보기〉 중 옳지 않은 것을 모두 고르면?

〈국가별 4차 산업혁명 기반산업 R&D 투자 현황〉

(단위 : 억 달러)

국가	서비스				제조					
	IT서비스		통신 서비스		전자		기계장비		바이오·의료	
	투자액	상대수준	투자액	상대수준	투자액	상대수준	투자액	상대수준	투자액	상대수준
한국	3.4	1.7	4.9	13.1	301.6	43.1	32.4	25.9	16.4	2.3
미국	200.5	100.0	37.6	100.0	669.8	100.0	121.3	96.6	708.4	100.0
일본	30.0	14.9	37.1	98.8	237.1	33.9	125.2	100.0	166.9	23.6
독일	36.8	18.4	5.0	13.2	82.2	11.7	73.7	58.9	70.7	10.0
프랑스	22.3	11.1	10.4	27.6	43.2	6.2	12.8	10.2	14.2	2.0

※ 투자액은 기반산업별 R&D 투자액의 합계

※ 상대수준은 최대 투자국의 R&D 투자액을 100으로 두었을 때의 상대적 비율임

〈보기〉

ㄱ. 한국의 IT서비스 부문 투자액은 미국 대비 1.7%이다.

ㄴ. 미국은 모든 산업의 상대수준이다.

ㄷ. 한국의 전자 부문 투자액은 전자 외 부문 투자액을 모두 합한 금액의 6배 이상이다.

ㄹ. 일본과 프랑스의 부문별 투자액 순서는 동일하지 않다.

① ㄱ, ㄴ
② ㄴ, ㄷ
③ ㄱ, ㄷ
④ ㄴ, ㄹ
⑤ ㄷ, ㄹ

40 다음 중 개인윤리와 직업윤리의 조화로운 상황으로 옳지 않은 것은?

① 업무상 개인의 판단과 행동이 사회적 영향력이 큰 기업시스템을 통하여 다수의 이해관계자와 관련된다.
② 수많은 사람이 관련되어 고도화된 공동의 협력을 요구하므로 맡은 역할에 대한 책임 완수가 필요하고, 정확하고 투명한 일 처리가 요구된다.
③ 규모가 큰 공동의 재산, 정보 등을 개인의 권한하에 위임·관리하므로 높은 윤리 의식이 요구된다.
④ 팔은 안으로 굽는다는 속담은 직장 내에서도 활용된다.
⑤ 각각의 직무에서 오는 특수한 상황에서는 개인적 덕목 차원의 일반적인 상식과 기준으로는 규제할 수 없는 경우가 많다.

제2영역 직무수행능력평가

| 01 | 행정학

01 다음 중 빈칸 ㉠~㉡에 들어갈 단어로 옳은 것은?

> 통화정책 당국이 경제 상황을 진단한 후 적절한 대책을 마련하고 그 정책이 효과를 나타내기까지는 상당한 기간이 지나야 한다. 정책의 필요성이 발생한 시점과 당국이 정책을 입안 확정하기까지의 시차를 (㉠)라 하며, 그러한 정책이 시행되어 경제에 효과를 미치는 데 걸리는 시간을 (㉡)라 한다.

	㉠	㉡
①	인식 시차	외부 시차
②	내부 시차	인식 시차
③	인식 시차	내부 시차
④	내부 시차	외부 시차
⑤	외부 시차	인식 시차

02 다음 중 정보통신 기술을 잘 활용하여 최소의 비용으로 최고의 서비스를 생산하는 효율적인 정부를 일컫는 전자정부의 장점으로 옳지 않은 것은?

① 조직 및 절차가 간소화되고 신속한 업무 처리가 가능하게 됨으로써 생산성을 크게 높일 수 있다.
② 민원을 신청하면 정부 내 여러 부처를 연결해서 알아서 처리해주는 '원스톱' 서비스가 가능해진다.
③ 공무원의 부정부패가 사라지는 등 행정업무가 투명해지고 책임 소재도 분명해진다.
④ 행정사무의 자동화와 대민 서비스를 신속히 그리고 적시에 수행할 수 있게 된다.
⑤ 국민들의 개인정보가 내부인의 도덕적 해이나 외부 해커의 공격으로 인해 유출될 가능성이 없어진다.

03 다음 중 행정지도에 대한 설명으로 옳은 것은?

① 분쟁의 가능성이 낮다는 장점이 있다.
② 행정환경 변화에 대해 신속한 적용이 어렵다.
③ 행정지도는 행정 강제와 같이 강제력을 갖는 행위이다.
④ 행정지도를 통한 상대방의 행위에 대해 행정주체는 감독권한을 갖는다.
⑤ 행정지도는 상대방의 임의적 협력 또는 동의하에 일정 행정질서의 형성을 달성하기 위한 권력적 사실행위이다.

04 다음 정책결정 과정에 대한 〈보기〉의 설명 중 옳은 것은 모두 몇 개인가?

〈보기〉

ㄱ. 다원주의에서는 다양한 집단들의 선호를 반영하여 정책이 결정된다.
ㄴ. 바흐라흐(Bachrach) 등이 제시한 무의사결정론은 고전적 다원주의를 비판하며 등장한 신다원론에 해당한다.
ㄷ. 밀스(Mills)의 지위접근법은 사회적 명성이 있는 소수자들이 결정한 정책을 일반 대중이 수용한다는 입장이다.
ㄹ. 조합주의는 국가의 독자성, 지도적 · 개입적 역할을 강조한다.
ㅁ. 다원주의는 사회중심적 접근 방법이다.

① 1개
② 2개
③ 3개
④ 4개
⑤ 5개

05 다음 〈보기〉 중 조직 유형에 대한 설명으로 옳은 것을 모두 고르면?

〈보기〉

ㄱ. 민츠버그(Mintzberg)의 전문적 관료제는 낮은 공식화와 집권을 특성으로 가진다.
ㄴ. 콕스(Cox. Jr)의 다문화적 조직은 다른 문화적 입장을 가진 사람들을 포용하지만 집단간 갈등 수준은 상당히 높다.
ㄷ. 애드호크라시는 복잡성, 공식성, 집권성이 낮은 조직구조형태를 띠고 있다.
ㄹ. 정보화사회에서는 삼엽조직이나 공동화조직이 확대되고 기획 및 조정기능의 위임과 위탁을 통해 업무가 간소화되기도 한다.
ㅁ. 사업구조는 부서내 기능간 조정은 용이하나 부서간 조정이 곤란하여 사업영역 간 갈등이 발생한다.

① ㄱ, ㄴ
② ㄱ, ㄹ
③ ㄴ, ㄷ
④ ㄷ, ㅁ
⑤ ㄹ, ㅁ

06 다음 중 정책의제설정에 대한 설명으로 옳지 않은 것은?

① 정책의제설정은 다양한 사회문제 중 특정한 문제가 정부의 정책에 의해 해결되기 위해 하나의 의제로 채택되는 과정이다.
② 정책의제는 어떤 사회문제가 사회적으로 이슈화되어 정부의 정책적 고려의 대상이 되어야 할 단계에 이른 문제를 의미한다.
③ 공중의제는 일반공중이 실제로 정책대응을 위한 구체적인 논의의 대상으로 표명하고 있는 사회문제를 말한다.
④ 정책의제설정은 외부주도형, 동원형, 내부접근형 등의 유형이 있다.
⑤ 정책의제설정 과정에는 주도집단, 정책체제, 환경 등의 변수들이 중요하게 작용한다.

07 다음 중 지방세에 해당하지 않는 것은?

① 자동차세
② 재산세
③ 등록면허세
④ 취득세
⑤ 교육세

08 다음 중 점증주의의 이점으로 보기 어려운 것은?

① 타협의 과정을 통해 이해관계의 갈등을 조정하는 데 유리하다.
② 대안의 탐색과 분석에 소요되는 비용을 줄일 수 있다.
③ 예산결정을 간결하게 한다.
④ 합리적·총체적 관점에서 의사결정이 가능하다.
⑤ 중요한 정치적 가치들을 예산결정에서 고려할 수 있다.

09 다음 〈보기〉 중 지방자치법상 지방의회의 의결사항으로 옳은 것을 모두 고르면?

〈보기〉

ㄱ. 예산의 심의·확정
ㄴ. 법령에 규정된 수수료의 부과 및 징수
ㄷ. 외국 지방자치단체와의 교류협력에 관한 사항

① ㄱ, ㄴ
② ㄱ, ㄷ
③ ㄱ, ㄴ, ㄷ
④ ㄴ
⑤ ㄴ, ㄷ

10 다음 중 조직구조에 대한 설명으로 옳지 않은 것은?

① 공식화의 수준이 높을수록 조직구성원들의 재량이 증가한다.
② 통솔 범위가 넓은 조직은 일반적으로 저층구조의 형태를 보인다.
③ 집권화의 수준이 높은 조직의 의사결정권한은 조직의 상층부에 집중된다.
④ 명령체계는 조직 내 구성원을 연결하는 연속된 권한의 흐름으로, 누가 누구에게 보고하는지를 결정한다.
⑤ 복잡성은 조직 내 분화의 정도로, 수평적·수직적·공간적 분산에 의해 나타난다.

11 **다음 중 정부 성과평가에 대한 설명으로 옳지 않은 것은?**

① 성과평가는 개인의 성과를 향상시키기 위한 방법을 모색하기 위해서 사용될 수 있다.
② 총체적 품질관리(Total Quality Management)는 개인의 성과평가를 위한 도구로 도입되었다.
③ 관리자와 구성원의 적극적인 참여는 성과평가 성공에 있어서 중요한 역할을 한다.
④ 조직목표의 본질은 성과평가제도의 운영과 직접 관련성을 갖는다.
⑤ 성과평가에서는 평가의 타당성, 신뢰성, 객관성을 확보하는 것이 중요하다.

12 **다음은 동기부여 이론가들과 그 주장에 바탕을 둔 관리 방식을 연결한 것이다. 이들 중 동기부여 효과가 가장 낮다고 판단되는 것은?**

① 매슬로(Maslow) – 근로자의 자아실현 욕구를 일깨워 준다.
② 허즈버그(Herzberg) – 근로 환경 가운데 위생요인을 제거해 준다.
③ 맥그리거(McGregor) – 근로자들은 작업을 놀이처럼 즐기고 스스로 통제할 줄 아는 존재이므로 자율성을 부여한다.
④ 앨더퍼(Alderfer) – 개인의 능력개발과 창의적 성취감을 북돋운다.
⑤ 맥클리랜드(McClelland) – 적절히 도전적인 목표를 설정하여 수행하게 한다.

13 **다음은 정책과정을 바라보는 이론적 관점들 중 하나에 대한 글이다. 그 내용과 부합하는 것은?**

사회의 현존 이익과 특권적 분배 상태를 변화시키려는 요구가 표현되기도 전에 질식・은폐되거나, 그러한 요구가 국가의 공식 의사결정단계에 이르기 전에 소멸되기도 한다.

① 정책은 많은 이익집단의 경쟁과 타협의 산물이다.
② 정책 연구는 모든 행위자들이 이기적인 존재라는 기본 전제 하에서 경제학적인 모형을 적용한다.
③ 실제 정책 과정은 기득권의 이익을 수호하려는 보수적인 성격을 나타낼 가능성이 높다.
④ 정부가 단독으로 정책을 결정・집행하는 것이 아니라 시장(Market) 및 시민사회 등과 함께 한다.
⑤ 정부는 정책 과정에 대한 적극적인 시민참여의식을 촉진시키는 역할을 한다.

14 **다음 중 행정통제의 유형과 사례를 바르게 연결하지 않은 것은?**

① 외부・공식적 통제 – 국회의 국정감사
② 내부・비공식적 통제 – 국무조정실의 직무 감찰
③ 외부・비공식적 통제 – 시민단체의 정보공개 요구 및 비판
④ 내부・공식적 통제 – 감사원의 정기 감사
⑤ 외부・공식적 통제 – 선거관리위원회의 선거에 관한 사무

15 다음 중 지방자치의 한 계보로서 주민자치에 대한 설명으로 옳지 않은 것은?

① 지방주민의 의사와 책임하에 스스로 그 지역의 공공사무를 처리한다.
② 지방자치단체는 지방의 자치행정기관으로서 이중적 지위를 갖는다.
③ 지방의 공공사무를 결정하고 처리하는 데는 주민의 참여가 중요하다.
④ 지방사무에 관해 자치단체 고유사무와 중앙정부 위임사무를 구별하지 않는다.
⑤ 주민의 자치사무를 처리한다는 측면에서 정치적 의미가 강하다.

16 다음 〈보기〉 중 국가공무원법 및 지방공무원법상 특수경력직 공무원에 해당하는 사람을 모두 고르면?

〈보기〉

ㄱ. 파출소에 근무 중인 순경 甲
ㄴ. 국회의원 의원실에 근무 중인 비서관 乙
ㄷ. 국토교통부에서 차관으로 근무 중인 丙
ㄹ. 병무청에서 근무 중인 군무원 丁
ㅁ. 청와대에서 대통령비서실 민정수석비서관으로 근무하는 戊

① ㄱ, ㄴ, ㄷ
② ㄱ, ㄷ, ㄹ
③ ㄱ, ㄹ, ㅁ
④ ㄴ, ㄷ, ㅁ
⑤ ㄴ, ㄹ, ㅁ

17 다음 중 공무원의 행동규범에 대한 설명으로 옳지 않은 것은?

① 공직자가 공익을 현저히 침해하는 경우 대통령령으로 정하는 일정한 수 이상의 연서로 감사원에 감사를 청구할 수 있다.
② 우리나라의 공무원은 정치적 중립을 지키도록 법률로 명문화되어 있다.
③ 공직자윤리법에서는 부정부패를 방지하기 위해 공직자의 재산 등록 및 공개, 퇴직 공무원의 취업 제한 등을 규정하고 있다.
④ 공직자는 부패 사실을 알게 되었을 경우 부패행위를 신고하도록 의무화되어 있다.
⑤ 모든 공무원은 형의 선고·징계 처분 또는 국가공무원법에 정하는 사유에 의하지 아니하고는 그 의사에 반해 휴직·강임 또는 면직을 당하지 아니한다.

18 **다음 중 정부운영에서 예산이 가지는 특성에 대한 설명으로 옳지 않은 것은?**

① 예산 과정을 통해 정부정책의 산출을 평가하고 측정할 수 있다.
② 예산은 정부정책 중 보수적인 영역에 속한다.
③ 예산이 결정되는 과정에는 다양한 주체들의 상호작용이 끊임없이 발생한다.
④ 희소한 공공재원의 배분에서 기회비용이 우선 고려된다.
⑤ 정보를 제공하는 양식에 따라 예산제도는 품목별 예산, 프로그램 예산, 기획 예산, 성과주의 예산, 영기준 예산 등의 순으로 발전해 왔다.

19 **다음 중 갈등관리에 대한 설명으로 옳지 않은 것은?**

① 갈등해소 방법으로는 문제 해결, 상위 목표의 제시, 자원 증대, 태도 변화 훈련, 완화 등을 들 수 있다.
② 적절한 갈등을 조성하는 방법으로 의사전달 통로의 변경, 정보 전달 억제, 구조적 요인의 개편, 리더십 스타일 변경 등을 들 수 있다.
③ 1940년대 말을 기점으로 하여 1970년대 중반까지 널리 받아들여졌던 행태주의적 견해에 의하면 갈등이란 조직 내에서 필연적으로 발생하는 현상으로 보았다.
④ 마치(March)와 사이먼(Simon)은 개인적 갈등의 원인 및 형태를 비수락성, 비비교성, 불확실성으로 구분했다.
⑤ 유해한 갈등을 해소하기 위해 갈등상황이나 출처를 근본적으로 변동시키지 않고 거기에 적응하도록 하는 전략을 사용하기도 한다.

20 **다음 중 지방공기업에 대한 설명으로 옳지 않은 것은?**

① 자동차운송사업은 지방직영기업 대상에 해당된다.
② 지방공사의 자본금은 지방자치단체가 전액 출자한다.
③ 행정안전부장관은 지방공기업에 대한 평가를 실시하고 그 결과에 따라 필요한 조치를 하여야 한다.
④ 지방공사는 법인으로 한다.
⑤ 지방공사는 지방자치단체 외의 자(법인 등)가출자를 할 수 있지만 지방공사 자본금의 3분의 1을 넘지 못한다.

21 **다음 중 국민경제활동의 구성과 수준에 미치는 영향을 파악하고, 고위정책결정자들에게 유용한 정보를 제공해 주는 예산의 분류로 옳은 것은?**

① 기능별 분류
② 품목별 분류
③ 경제성질별 분류
④ 활동별 분류
⑤ 사업계획별 분류

22 **다음 중 지방분권과 지방자치 등의 추진을 위해 설치된 대통령 소속 위원회로 현재 운영 중인 것은?**

① 정부혁신지방분권위원회
② 지방자치발전위원회
③ 지방분권촉진위원회
④ 자치분권위원회
⑤ 지방이양추진위원회

23 **다음 중 예산분류 방식의 특징에 대한 설명으로 옳은 것은?**

① 기능별 분류는 시민을 위한 분류라고도 하며 행정수반의 사업계획 수립에 도움이 되지 않는다.
② 조직별 분류는 부처 예산의 전모를 파악할 수 있어 지출의 목적이나 예산의 성과 파악이 용이하다.
③ 품목별 분류는 사업의 지출 성과와 결과에 대한 측정이 곤란하다.
④ 경제 성질별 분류는 국민소득, 자본형성 등에 관한 정부활동의 효과를 파악하는 데 한계가 있다.
⑤ 품목별 분류는 예산집행기관의 재량을 확대하는 데 유용하다.

24 **조직 내의 갈등관리에 대한 설명으로 옳지 않은 것은?**

① 고전적 갈등관리 이론에서는 갈등의 유해성에 주목하고 그 해소 방법을 처방하는 데 몰두하였다.
② 갈등관리 전략으로서 조성전략은 갈등의 순기능적 측면에 입각해 있다.
③ 행태주의 관점의 갈등관리 이론에서는 갈등이 조직 발전의 원동력이 된다고 주장하였다.
④ 로빈스(Robbins)는 갈등관리를 전통주의자, 행태주의자, 상호작용주의자의 관점으로 구분하여 접근한다.
⑤ 행태주의에서는 갈등을 자연적이고 불가피한 것이라 여겼으며, 일부 행태주의자들은 갈등의 순기능을 인정하기도 하였다.

25 다음 중 규제에 대한 설명으로 옳지 않은 것은?

① 관리규제란 정부가 특정한 사회문제 해결에 대한 목표 달성 수준을 정하고 피규제자에게 이를 달성할 것을 요구하는 것이다.

② 규제의 역설은 기업의 상품정보공개가 의무화될수록 소비자의 실질적 정보량은 줄어든다고 본다.

③ 포획 이론은 정부가 규제의 편익자에게 포획됨으로써 일반 시민이 아닌 특정 집단의 사익을 옹호하는 것을 지적한다.

④ 지대추구 이론은 정부규제가 지대를 만들어내고 이해관계자 집단으로 하여금 그 지대를 추구하도록 한다는 점을 설명한다.

⑤ 윌슨(J. Wilson)에 따르면 규제로부터 감지되는 비용과 편익의 분포에 따라 각기 다른 정치 경제적 상황이 발생된다.

26 다음 중 한국의 대민 전자정부(G2C 또는 G2B)의 사례가 아닌 것은?

① 민원24

② 국민신문고

③ 전자조달 나라장터

④ 온－나라시스템

⑤ 전자통관시스템

27 다음 중 근무성적평정 방법에 대한 설명으로 옳지 않은 것은?

① 도표식 평정척도법은 전형적인 평정 방법으로 직관과 선험에 근거하여 평가요소를 결정하기 때문에 작성이 빠르고 쉬우며, 경제적이라는 장점이 있다.

② 도표식 평정척도법은 평정요소와 등급의 추상성이 높기 때문에 평정자의 자의적 해석에 의한 평가가 이루어지기 쉽다는 단점이 있다.

③ 집중화·관대화·엄격화 경향이란 각각 평정척도상의 중간 등급에 집중적으로 몰리거나 실제 실적 수준보다 후하거나 엄한 경향으로, 강제배분법을 사용함으로써 발생하는 오류이다.

④ 목표관리제 평정법에서는 목표 설정 과정에 개인의 능력 및 태도가 반영되지만 실제 평가에서는 활동 결과를 평가 대상으로 한다.

⑤ 다면평정법은 여러 사람을 평정자로 활용함으로써 소수 평정자의 주관과 편견, 그리고 이들 간의 개인편차를 줄여 공정성을 높일 수 있는 제도이다.

28 다음 중 직위분류제에 대한 설명으로 옳지 않은 것은?

① 계급제가 사람의 자격과 능력을 기준으로 한 계급구조라면 직위분류제는 사람이 맡아서 수행하는 직무와 그 직무 수행에 수반되는 책임을 기준으로 분류한 직위구조이다.

② 직위분류제는 책임명료화・갈등예방・합리적 절차수립을 돕는다는 장점이 있다.

③ 직무 수행의 책임도와 자격 요건이 다르지만, 직무의 종류가 유사해 동일한 보수를 지급할 수 있는 직위의 횡적 군을 등급이라고 한다.

④ 직위분류제는 인적자원 활용에 주는 제약이 크다는 비판을 받는다.

⑤ 직위분류제는 동일한 업무수행자에게 동일한 보수가 지급되므로 보수의 형평성을 확보할 수 있다

29 다음 〈보기〉 중 행정개혁의 저항을 줄이는 방법으로 옳은 것을 모두 고르면?

〈보기〉

ㄱ. 참여기회 제공	ㄴ. 포괄적 개혁 추진
ㄷ. 구성원의 부담 최소화	ㄹ. 외부집단에 의한 개혁 추진
ㅁ. 피개혁자 교육 및 홍보	ㅂ. 개혁안의 명료화

① ㄱ, ㄴ, ㄷ, ㅁ

② ㄱ, ㄷ, ㅁ, ㅂ

③ ㄱ, ㄴ, ㄷ, ㅁ, ㅂ

④ ㄱ, ㄷ, ㄹ, ㅁ, ㅂ

⑤ ㄱ, ㄴ, ㄷ, ㄹ, ㅁ, ㅂ

30 다음 중 행정의 가치에 대한 설명으로 옳지 않은 것은?

① 능률성(Efficiency)은 일반적으로 '투입에 대한 산출의 비율'로 정의된다.

② 대응성(Responsiveness)은 행정이 시민의 이익을 반영하고, 그에 반응하는 행정을 수행해야 한다는 것을 뜻한다.

③ 가외성의 특성 중 중첩성(Overlapping)은 동일한 기능을 여러 기관들이 독자적인 상태에서 수행하는 것을 뜻한다.

④ 사이먼(Simon)은 합리성을 목표와 행위를 연결하는 기술적・과정적 개념으로 이해하고, 내용적 합리성(Substantive Rationality)과 절차적 합리성(Procedural Rationality)으로 구분하였다.

⑤ 공익에 대한 과정설은 절차적 합리성을 강조하여 적법절차의 준수에 의해서 공익이 보장된다는 입장이다.

31 다음 중 정책결정의 혼합 모형(Mixed Scanning Model)에 대한 설명으로 옳은 것은?

① 비정형적인 결정의 경우 직관의 활용, 가치판단, 창의적 사고, 브레인스토밍(Brainstorming)을 통한 초합리적 아이디어까지 고려할 것을 주장한다.
② 거시적이고 장기적인 안목에서 대안의 방향성을 탐색하는 한편 그 방향성 안에서 심층적이고 대안적인 변화를 시도하는 것이 바람직하다.
③ 불확실성과 혼란이 심한 상태로 정상적인 권위구조와 결정규칙이 작동하지 않는 상황에 주로 적용된다.
④ 목표와 수단이 분리될 수 없으며 전체를 하나의 패키지로 하여 정치적 지지와 합의를 이끌어 내는 것이 중요하다.
⑤ 이상적인 상태를 고려한 최상의 결정은 아니지만 제약조건을 고려하여 충분히 만족할 만한 수준에서 현실적인 결정을 한다.

32 다음 중 주인-대리인 이론에 대한 설명으로 옳은 것은?

① 관료들이 피규제집단의 입장을 옹호하는 소위 관료포획 현상은 역선택의 사례이다.
② 도덕적 해이는 주인이 대리인의 업무처리 능력과 지식을 충분히 알지 못해 기준 미달의 대리인을 선택하는 현상이다.
③ 공기업의 민영화는 시장의 경쟁요소를 도입함으로써 역선택을 방지하고자 하는 노력의 일환이다.
④ 정보비대칭을 줄이기 위한 방안으로는 주민참여, 내부고발자 보호제도, 입법예고제도 등이 있다.
⑤ 주인 - 대리인 이론은 대리인의 책임성을 확보할 수 있는 방안을 주로 내부통제에서 찾고 있다.

33 다음 중 정책집행에 영향을 미치는 요인들에 대한 설명으로 옳지 않은 것은?

① 정책집행자의 전문성, 사기, 정책에 대한 인식 등이 집행효율성에 상당한 영향을 미친다.
② 정책결정자의 관심과 지도력은 정책집행의 성과에 큰 영향을 미친다.
③ 정책집행은 대상집단의 범위가 광범위하고 활동이 다양한 경우 더욱 용이하다.
④ 정책을 통해 해결하려는 문제가 정책집행 체계의 역량을 넘어서는 경우에는 정책집행이 지체된다.
⑤ 집행효율성은 정책문제를 해결할 수 있는 기술이 확보되어 있다면 높아질 수 있다.

34 다음 중 신제도주의에 대한 설명으로 옳지 않은 것은?

① 제도는 공식적·비공식적 제도를 모두 포괄한다.
② 개인의 선호는 제도에 의해서 제약이 되지만 제도가 개인들 간의 상호작용의 결과에 의해서 변화할 수도 있다고 본다.
③ 역사적 제도주의는 경로의존성에 의한 정책선택의 제약을 인정한다.
④ 사회학적 제도주의에서 제도는 개인들 간의 선택적 균형에 기반한 제도적 동형화 과정의 결과물로 본다.
⑤ 합리적 선택 제도주의는 개인의 합리적 선택과 전략적 의도가 제도 변화를 발생시킨다고 본다.

35 **다음 중 예산의 신축성을 유지하기 위한 장치에 대한 설명으로 옳지 않은 것은?**

① 총괄예산제도는 구체적인 용도를 제한하지 않고 신축적 집행을 인정하는 것이다.

② 계속비제도는 완공에 수년이 소요되는 대규모 공사・제조・연구개발 사업의 경우에 총액과 연부금을 정해 집행을 인정하는 것이다.

③ 이월제도는 예산을 당해 회계연도에 집행하지 않고 다음 연도에 넘겨 차기 회계연도의 예산으로 사용하는 것이다.

④ 회계연도 개시 전 예산배정제도는 회계연도 개시 전에 대통령이 정하는 바에 의해 기획재정부장관이 예산을 배정하는 것이다.

⑤ 수입대체경비는 과년도 수입과 지출금을 반납하는 것이다.

36 **다음 〈보기〉에서 우리나라 지방재정조정제도 중의 하나인 조정교부금 제도에 대한 설명으로 옳은 것을 모두 고르면?**

〈보기〉

ㄱ. 특별시・광역시 내 자치구 사이의 재정격차를 해소해 균형적인 행정서비스를 제공하기 위해 도입되었다.

ㄴ. 중앙정부가 지방정부의 재정수요와 재정수입을 비교하여 부족한 재원을 보전할 목적으로 내국세의 적정 비율에 해당하는 금액을 지방정부에 교부하는 것이다.

ㄷ. 지방정부가 수행하는 업무 중에서 국가사업과 지방 사업의 연계를 강화하고자, 중앙정부가 지방정부의 특정 사업에 대하여 경비 일부의 용도를 지정하여 부담한다.

ㄹ. 특별시장이나 광역시장은 시세 수입 중의 일정액을 확보하여 조례로 정하는 바에 따라 해당 지방자치단체의 관할 구역 안의 자치구 상호 간의 재원을 조정하여야 한다.

① ㄱ, ㄴ
② ㄱ, ㄷ
③ ㄱ, ㄹ
④ ㄴ, ㄷ
⑤ ㄷ, ㄹ

37 **다음 중 공공서비스에 대한 설명으로 옳지 않은 것은?**

① 의료, 교육과 같은 가치재(Worthy Goods)는 경합적이므로 시장을 통한 배급도 가능하지만 정부가 개입할 수도 있다.

② 공유재(Common Goods)는 정당한 대가를 지불하지 않는 사람들을 이용에서 배제하기 어렵다는 문제가 있다.

③ 노벨상을 수상한 오스트롬(E. Ostrom)은 정부의 규제에 의해 공유자원의 고갈을 방지할 수 있다는 보편적 이론을 제시하였다.

④ 공공재(Public Goods) 성격을 가진 재화와 서비스는 시장에 맡겼을 때 바람직한 수준 이하로 공급될 가능성이 높다.

⑤ 어획자 수나 어획량에 대해서 아무런 제한이 없는 개방어장의 경우 공유의 딜레마 또는 공유의 비극이라는 문제가 발생한다.

38 다음 〈보기〉 중 역량평가제에 대한 설명으로 옳은 것을 모두 고르면?

〈보기〉

ㄱ. 일종의 사전적 검증장치로 단순한 근무실적 수준을 넘어 공무원에게 요구되는 해당 업무 수행을 위한 충분한 능력을 보유하고 있는지에 대한 평가를 목적으로 한다.
ㄴ. 근무실적과 직무수행능력을 대상으로 정기적으로 이루어지며, 그 결과는 승진과 성과급 지급, 보직관리 등에 활용된다.
ㄷ. 조직 구성원으로 하여금 조직 내외의 모든 사람과 원활한 인간관계를 증진시키려는 강한 동기를 부여함으로써 업무 수행의 효율성을 제고할 수 있다.
ㄹ. 다양한 평가기법을 활용하여 실제 업무와 유사한 모의상황에서 나타나는 평가 대상자의 행동 특성을 다수의 평가자가 평가하는 체계이다.
ㅁ. 미래 행동에 대한 잠재력을 측정하는 것이며 성과에 대한 외부변수를 통제함으로써 객관적 평가가 가능하다.

① ㄱ, ㄴ, ㄷ
② ㄱ, ㄹ, ㅁ
③ ㄴ, ㄷ, ㄹ
④ ㄴ, ㄷ, ㅁ
⑤ ㄷ, ㄹ, ㅁ

39 우리나라 정부의 예산편성 절차를 순서대로 바르게 나열한 것은?

ㄱ. 예산편성지침 통보
ㄴ. 예산의 사정
ㄷ. 국무회의 심의와 대통령 승인
ㄹ. 중기사업계획서 제출
ㅁ. 예산요구서 작성 및 제출

① ㄱ－ㄹ－ㅁ－ㄴ－ㄷ
② ㄹ－ㄱ－ㅁ－ㄴ－ㄷ
③ ㄱ－ㅁ－ㄹ－ㄷ－ㄴ
④ ㄹ－ㄴ－ㄱ－ㅁ－ㄷ
⑤ ㄱ－ㄴ－ㄹ－ㅁ－ㄷ

40 다음 중 행정체제 내에서 조직의 임무수행에 필요한 행동규범이 예외적인 것으로 전락되고, 부패가 일상적으로 만연화되어 있는 상황을 지칭하는 부패의 유형은?

① 일탈형 부패
② 제도화된 부패
③ 백색 부패
④ 생계형 부패
⑤ 회색 부패

| 02 | 경영학

01 다음 중 막강한 경쟁자의 존재가 다른 경쟁자의 잠재력을 끌어올리는 효과로 옳은 것은?

① 풍선 효과(Balloon Effect)
② 낙수 효과(Trickle Down Effect)
③ 메기 효과(Catfish Effect)
④ 분수 효과(Trickle-up Effect)
⑤ 바넘 효과(Barnum Effect)

02 다음 중 스톡옵션에 대한 설명으로 옳지 않은 것은?

① 기업이 임직원에게 일정 수량의 자기회사 주식을 일정한 가격으로 매수할 수 있는 권리를 부여하는 제도이다.
② 임직원이 자사 기업의 주식을 액면가 또는 시세보다 낮은 가격으로 매입할 수 있다.
③ 임직원은 스톡옵션을 통해 보유한 자사의 주식을 처분할 때는 자사의 동의를 얻어야 한다.
④ 사업 전망이 밝은 기업일수록 스톡옵션은 임직원에게 유리하다.
⑤ 스톡옵션은 임직원의 근로의욕을 상승시킬 수 있는 효과적인 경영전략이 될 수 있다.

03 다음 중 조직수명주기의 단계를 순서대로 바르게 나열한 것은?

① 창업 단계 – 공식화 단계 – 공동체 단계 – 정교화 단계
② 공동체 단계 – 창업 단계 – 공식화 단계 – 정교화 단계
③ 창업 단계 – 공동체 단계 – 정교화 단계 – 공식화 단계
④ 공동체 단계 – 창업 단계 – 정교화 단계 – 공식화 단계
⑤ 창업 단계 – 공동체 단계 – 공식화 단계 – 정교화 단계

04 다음 중 공식적 권력에 대한 설명으로 옳은 것은?

① 인격, 기술, 능력 등 개개인의 특성에 근거한 권력을 말한다.
② 보상적 권력, 강제적 권력, 합법적 권력 등이 있다.
③ 업무의 노하우(Know–how)를 가지고 있을 때 생기는 권력을 말한다.
④ 권력 행사자가 매력을 가졌거나, 존경을 받는 경우 행기는 권력을 말한다.
⑤ 집단보다는 개인에게 주로 나타난다.

05 **다음 중 강화 이론에 대한 설명으로 옳지 않은 것은?**

① 적극적 강화는 관리자가 원하는 행동을 유도하기 위해 불리한 자극을 제거하는 방식으로, 작업환경 개선 등이 포함된다.
② 소거는 옳지 못한 행동을 줄이기 위한 방식으로 기존에 주어졌던 이익 등을 없애는 방식이다.
③ 벌에는 처벌 및 제재 규정이 있다.
④ 연속강화법은 바람직한 행동을 할 때마다 강화요인을 제공하는 방식이다.
⑤ 단속강화법에는 고정간격법, 고정비율법, 변동간격법, 변동비율법 등이 있다.

06 **다음 글에서 설명하는 현상은?**

• 응집력이 높은 집단에서 나타나기 쉽다. • 집단구성원들이 의견일치를 추구하려다가 잘못된 의사결정을 하게 된다. • 이에 대처하기 위해서는 자유로운 비판이 가능한 분위기 조성이 필요하다.

① 집단사고(Groupthink)
② 조직시민행동(Organizational Citizenship Behavior)
③ 임파워먼트(Empowerment)
④ 몰입상승(Escalation of Commitment)
⑤ 악마의 옹호자(Devil's Advocacy)

07 **다음 중 노동조합의 가입 방법에 대한 설명으로 옳지 않은 것은?**

① 클로즈드 숍(Closed Shop) 제도는 기업에 속해 있는 근로자 전체가 노동조합에 가입해야 할 의무가 있는 제도이다.
② 클로즈드 숍(Closed Shop) 제도에서는 기업과 노동조합의 단체협약을 통하여 근로자의 채용·해고 등을 노동조합의 통제하에 둔다.
③ 유니언 숍(Union Shop) 제도에서 신규 채용된 근로자는 일정 기간이 지나면 반드시 노동조합에 가입해야 한다.
④ 오픈 숍(Open Shop) 제도에서는 노동조합 가입 여부가 고용 또는 해고의 조건이 되지 않는다.
⑤ 에이전시 숍(Agency Shop) 제도에서는 근로자들의 조합 가입과 조합비 납부가 강제된다.

08 **다음 중 직무확대에 대한 설명으로 옳지 않은 것은?**

① 한 직무에서 수행되는 과업의 수를 증가시키는 것을 말한다.

② 종업원으로 하여금 중심과업에 다른 관련 직무를 더하여 수행하게 함으로써 개인의 직무를 넓게 확대한다.

③ 기업이 직원들의 능력을 개발하고 여러 가지 업무를 할 수 있도록 하여 인적자원의 운용 효율을 증가시킨다.

④ 근로자가 스스로 직무를 계획하고 실행하여 일의 자부심과 책임감을 가지게끔 한다.

⑤ 다양한 업무를 진행하며 종업원의 능력이 개발되고 종합적인 시각을 가질 수 있다는 장점이 있다.

09 **다음 중 SWOT분석 방법에서 관점이 다른 하나를 고르면?**

① 시장에서의 기술 우위

② 기업상표의 명성 증가

③ 해외시장의 성장

④ 기업이 보유한 자원 증가

⑤ 고품질 제품 보유

10 **다음 중 수요예측 기법의 시계열 분석법(Time Series Analysis)에 대한 설명으로 옳지 않은 것은?**

① 과거 수요를 분석하여 시간에 따른 수요의 패턴을 파악하고 이의 연장선상에서 미래 수요를 예측하는 방법이다.

② 과거의 수요 흐름으로부터 미래의 수요를 투영하는 방법으로 과거의 수요 패턴이 미래에도 지속된다는 시장의 안정성이 기본적인 가정이다.

③ 목측법, 이동평균법, 지수평활법, 최소자승법, 박스 – 젠킨스(Box – Jenkins)법, 계절지수법, 시계열 회귀분석법 등이 있다.

④ 시계열 자료수집이 용이하고 변화하는 경향이 뚜렷하여 안정적일 때 이를 기초로 미래의 예측치를 구할 수 있다.

⑤ 주로 중단기 예측에 이용되며, 비교적 적은 자료로도 정확한 예측이 가능하다.

11 **다음 중 소비자에게 제품의 가격이 낮게 책정되었다는 인식을 심어주기 위해 이용하는 가격설정 방법은?**

① 단수가격(Odd Pricing)

② 준거가격(Reference Pricing)

③ 명성가격(Prestige Pricing)

④ 관습가격(Customary Pricing)

⑤ 기점가격(Basing–Point Pricing)

12 **다음 중 제품수명주기(Product Life Cycle)에 대한 설명으로 옳지 않은 것은?**

① 도입기, 성장기, 성숙기, 쇠퇴기의 4단계로 나누어진다.
② 성장기에는 제품선호형 광고에서 정보제공형 광고로 전환한다.
③ 도입기에는 제품인지도를 높이기 위해 광고비가 많이 소요된다.
④ 성숙기에는 제품의 매출성장률이 점차적으로 둔화되기 시작한다.
⑤ 쇠퇴기에는 매출이 떨어지고 순이익이 감소하기 시작한다.

13 **다음 중 식스 시그마(6-sigma)에 대한 설명으로 옳지 않은 것은?**

① 프로세스에서 불량과 변동성을 최소화하면서 기업의 성과를 최대화하려는 종합적이고 유연한 시스템이다.
② 프로그램의 최고 단계 훈련을 마치고, 프로젝트 팀 지도를 전담하는 직원은 마스터 블랙벨트이다.
③ 통계적 프로세스 관리에 크게 의존하며, '정의 – 측정 – 분석 – 개선 – 통제(DMAIC)'의 단계를 걸쳐 추진된다.
④ 제조프로세스에서 기원하여 판매, 인적자원, 고객서비스, 재무서비스 부문까지 확대되고 있다.
⑤ 사무 부분을 포함한 모든 프로세스의 질을 높이고 업무 비용을 획기적으로 절감하여 경쟁력 향상을 목표로 한다.

14 **S기업의 균형성과평가제도를 적용한 다음 평가기준표에서 (A) ~ (D)에 들어갈 말을 순서대로 나열한 것은?**

구분	전략목표	주요 성공요인	주요 평가지표	목표	실행계획
(A) 관점	매출 확대	경쟁사 대비 가격 및 납기우위	평균 분기별 총매출, 전년 대비 총매출	평균 분기 10억 원 이상, 전년 대비 20% 이상	영업 인원 증원
(B) 관점	부담 없는 가격, 충실한 A/S	생산성 향상, 높은 서비스 품질	전년 대비 재구매 비율, 고객 만족도	전년 대비 10포인트 향상, 만족도 80% 이상	작업 순서 준수, 서비스 품질 향상
(C) 관점	작업 순서 표준화 개선 제안 및 실행	매뉴얼 작성 및 준수	매뉴얼 체크 회수 개선 제안 수 및 실행 횟수	1일 1회 연 100개 이상	매뉴얼 교육 강좌 개선, 보고회의 실시
(D) 관점	경험이 부족한 사원 교육	실천적 교육 커리큘럼 충실	사내 스터디 실시 횟수, 스터디 참여율	연 30회, 80% 이상	스터디 모임의 중요성 및 참여 촉진

	(A)	(B)	(C)	(D)
①	고객	업무 프로세스	학습 및 성장	재무
②	재무	학습 및 성장	업무 프로세스	고객
③	재무	고객	업무 프로세스	학습 및 성장
④	학습 및 성장	고객	재무	업무 프로세스
⑤	업무 프로세스	재무	고객	학습 및 성장

15 다음 중 대규모 데이터베이스에서 숨겨진 패턴이나 관계를 발견하여 의사결정 및 미래예측에 활용할 수 있도록 데이터를 모아서 분석하는 것은?

① 데이터 웨어하우스(Data Warehouse)
② 데이터 마이닝(Data Mining)
③ 데이터 마트(Data Mart)
④ 데이터 정제(Data Cleansing)
⑤ 데이터 세정(Data Scrubbing)

16 다음 중 공정가치 측정에 대한 설명으로 옳지 않은 것은?

① 공정가치란 측정일에 시장참여자 사이의 정상거래에서 자산을 매도할 때 받거나 부채를 이전할 때 지급하게 될 가격이다.
② 공정가치는 시장에 근거한 측정치이며 기업 특유의 측정치가 아니다.
③ 공정가치를 측정하기 위해 사용하는 가치평가기법은 관측할 수 있는 투입변수를 최소한으로 사용하고 관측할 수 없는 투입변수를 최대한으로 사용한다.
④ 기업은 시장참여자가 경제적으로 최선의 행동을 한다는 가정하에, 시장참여자가 자산이나 부채의 가격을 결정할 때 사용할 가정에 근거하여 자산이나 부채의 공정가치를 측정하여야 한다.
⑤ 비금융자산의 공정가치를 측정할 때는 자신이 그 자산을 최고 최선으로 사용하거나 최고 최선으로 사용할 다른 시장참여자에게 그 자산을 매도함으로써 경제적 효익을 창출할 수 있는 시장참여자의 능력을 고려한다.

17 다음의 특징을 모두 가지고 있는 자산은?

- 개별적으로 식별하여 별도로 인식할 수 없다.
- 손상징후와 관계없이 매년 손상검사를 실시한다.
- 손상차손환입을 인식할 수 없다.
- 사업결합 시 이전대가가 피취득자 순자산의 공정가치를 초과한 금액이다.

① 특허권
② 회원권
③ 영업권
④ 라이선스
⑤ 가상화폐

18 **S회사는 2024년 초 액면금액 ₩100,000인 전환상환우선주(액면배당률 연 2%, 매년 말 배당지급)를 액면발행하였다. 전환상환우선주 발행 시 조달한 현금 중 금융부채요소의 현재가치는 ₩80,000이고 나머지는 자본요소(전환권)이다. 전환상환우선주 발행시점의 금융부채요소 유효이자율은 연 10%이다. 2025년 초 전환상환우선주의 40%를 보통주로 전환할 때 S회사의 자본증가액은?**

① ₩32,000
② ₩34,400
③ ₩40,000
④ ₩42,400
⑤ ₩50,000

19 **다음 중 주가순자산비율(PBR)에 대한 설명으로 옳은 것은?**

① 주가를 주당순자산가치(BPS)로 나눈 비율로서 주가와 1주당 순자산가치를 비교한 수치이다.
② 주당순자산가치는 자기자본을 자산으로 나누어 계산한다.
③ 주가순자산비율(PBR)은 재무회계상 주가를 판단하는 기준지표로 성장성을 보여주는 지표이다.
④ 기업 청산 시 채권자가 배당받을 수 있는 자산의 가치를 의미하며 1을 기준으로 한다.
⑤ PBR이 1보다 클 경우 순자산보다 주가가 낮게 형성되어 저평가되었다고 판단한다.

20 **다음 중 이자율의 기간구조에 대한 설명으로 옳지 않은 것은?**

① 채권금리는 만기가 길수록 금리도 높아지는 우상향의 모양을 보인다.
② 기간에 따라 달라질 수 있는 이자율 사이의 관계를 이자율의 기간구조라고 부른다.
③ 이자율의 기간구조는 흔히 수익률곡선(yield curve)으로 나타낸다.
④ 장기이자율이 단기이자율보다 높으면 우하향곡선의 형태를 취한다.
⑤ 장기이자율이 단기이자율과 같다면 수평곡선의 형태를 취한다.

21 민츠버그(Mintzberg)는 여러 형태의 경영자를 조사하여 공통적으로 수행하는 경영자의 역할을 10가지로 정리하였다. 다음 글에서 설명하는 역할은?

> 경영자는 기업의 존속과 발전을 위해 조직과 환경을 탐색하고, 발전과 성장을 위한 의사결정을 담당하는 역할을 맡는다.

① 대표자 역할
② 연락자 역할
③ 정보수집자 역할
④ 대변자 역할
⑤ 기업가 역할

22 다음 〈보기〉에서 시스템 이론에 대해 바르지 않게 설명하는 사람은?

〈보기〉

- 창민 : 시스템 이론이란 자연과학에서 보편화되어 온 일반 시스템 이론을 경영학 연구에 응용한 것이다.
- 철수 : 시스템은 외부환경과 상호작용이 일어나느냐의 여부에 따라 개방시스템과 폐쇄시스템으로 나누어지는데, 일반적으로 시스템 이론은 개방시스템을 의미한다.
- 영희 : 시스템의 기본구조에 의하면 투입은 각종 자원을 뜻하는데, 인적자원과 물적자원, 재무자원, 정보 등 기업이 목적달성을 위해 투입하는 모든 에너지가 여기에 속한다.
- 준수 : 시스템 이론에서 조직이라는 것은 각종 상호의존적인 요인들의 총합체이므로, 관리자는 조직의 목표를 달성하기 위해 조직 내의 모든 요인들이 적절히 상호작용하고 조화로우며 균형을 이룰 수 있게 해야 한다.
- 정인 : 시스템 이론은 모든 상황에 동일하게 적용될 수 있는 이론은 없다고 보면서, 상황과 조직이 어떠한 관계를 맺고 있으며 이들 간에 어떠한 관계가 성립할 때 조직 유효성이 높아지는가를 연구하는 이론이다.

① 창민
② 철수
③ 영희
④ 준수
⑤ 정인

23 다음 중 기업신용평가등급표의 양적 평가요소에 해당하는 것은?

① 진입장벽
② 시장점유율
③ 재무비율 평가항목
④ 경영자의 경영능력
⑤ 은행거래 신뢰도

24 다음 중 자원기반관점(RBV)에 대한 설명으로 옳지 않은 것은?

① 인적자원은 기업의 지속적인 경쟁력 확보의 주요한 원천이라고 할 수 있다.
② 기업의 전략과 성과의 주요결정요인은 기업내부의 자원과 핵심역량의 보유라고 주장한다.
③ 경쟁우위의 원천이 되는 자원은 이질성(Heterogeneous)과 비이동성(Immobile)을 가정한다.
④ 기업이 보유한 가치(Value), 희소성(Rareness), 모방불가능(Inimitability), 대체불가능성(Non-Substitutability) 자원들은 경쟁우위를 창출할 수 있다.
⑤ 주요결정요인은 진입장벽, 제품차별화 정도, 사업들의 산업집중도 등이다.

25 다음 중 네트워크 조직(Network Organization)의 장점으로 옳지 않은 것은?

① 정보 공유의 신속성 및 촉진이 용이하다.
② 광범위한 전략적 제휴로 기술혁신이 가능하다.
③ 개방성 및 유연성이 뛰어나 전략과 상품의 전환이 빠르다.
④ 전문성이 뛰어나 아웃소싱 업체의 전문성 및 핵심역량을 활용하기 용이하다.
⑤ 관리감독자의 수가 줄어들게 되어 관리비용이 절감된다.

26 다음 중 리더의 구성원 교환이론(LMX; Leader Member Exchange Theory)에 대한 설명으로 옳지 않은 것은?

① 구성원들의 업무와 관련된 태도나 행동들은 리더가 그들을 다루는 방식에 달려 있다.
② 리더가 여러 구성원들을 동일하게 다루지 않는다고 주장한다.
③ LMX 이론의 목표는 구성원, 팀, 조직에 리더십이 미치는 영향을 설명하는 것이다.
④ 조직의 모든 구성원들은 동일한 차원으로 리더십에 반응한다.
⑤ 리더는 팀의 구성원들과 강한 신뢰감, 감정, 존중이 전제된 관계를 형성한다.

27 **다음 중 내부모집에 대한 설명으로 옳지 않은 것은?**

① 외부모집에 비해 비용이 적게 든다.
② 구성원의 사회화 기간을 단축시킬 수 있다.
③ 외부모집에 비해 지원자를 정확하게 평가할 가능성이 높다.
④ 빠르게 변화하는 환경에 적응하는 데 외부모집보다 효과적이다.
⑤ 모집 과정에서 탈락한 직원들은 사기가 저하될 수 있다.

28 **다음 중 직무평가방법에서 요소비교법(Factor Comparison Method)에 대한 설명으로 옳은 것은?**

① 기업 내의 각 직무를 그 상대적인 훈련, 노력, 책임, 작업조건 등과 같은 요소를 기준으로 종합적으로 판단하여, 높은 가치의 직무에서 낮은 가치의 직무 순서로 배열하는 방법이다.
② 사전에 분류할 직무의 등급(숙련 · 반숙련 · 미숙련 등)을 결정해 두고, 각각의 직무를 적절히 판정하여 해당 등급에 삽입하는 방법이다.
③ 직무의 상대적 가치를 결정함으로써 기업 내부의 임금격차를 합리적으로 결정하고, 직무급 정립과 직무별 계층제도를 확립하며, 나아가 인사관리 전반을 합리화한다.
④ 직무를 평가요소별로 분해하여 점수를 배정함으로써 각 직무를 구체적으로 결정하는 방법이다.
⑤ 직무를 평가요소별로 분해하고, 점수 대신 임률로 기준직무를 평가한 후, 타 직무를 기준직무에 비교하여 각각의 임률을 결정하는 방법이다.

29 **다음 〈보기〉 중 수직적 마케팅시스템(VMS; Vertical Marketing System)에 대한 설명으로 옳은 것을 모두 고르면?**

〈보기〉

ㄱ. 수직적 마케팅시스템은 유통조직의 생산시점과 소비시점을 하나의 고리형태로 유통계열화하는 것이다.
ㄴ. 수직적 마케팅시스템은 유통경로 구성원인 제조업자, 도매상, 소매상, 소비자를 각각 별개로 파악하여 운영한다.
ㄷ. 유통경로 구성원의 행동은 시스템 전체보다 각자의 이익을 극대화하는 방향으로 조정된다.
ㄹ. 수직적 마케팅시스템의 유형에는 기업적 VMS, 관리적 VMS, 계약적 VMS 등이 있다.
ㅁ. 프랜차이즈시스템은 계약에 의해 통합된 수직적 마케팅시스템이다.

① ㄱ, ㄴ, ㄷ
② ㄱ, ㄴ, ㄹ
③ ㄱ, ㄹ, ㅁ
④ ㄴ, ㄷ, ㄹ
⑤ ㄴ, ㄹ, ㅁ

30 다음 중 마일즈(Miles)와 스노우(Snow)의 전략유형에서 방어형의 특징으로 옳은 것은?

① 위험을 감수하고 혁신과 모험을 추구하는 적극적 전략
② 성과 지향적 인사고과와 장기적인 결과 중시
③ 먼저 진입하지 않고 혁신형을 관찰하다가 성공 가능성이 보이면 신속하게 진입하는 전략
④ 조직의 안정적 유지를 추구하는 소극적 전략
⑤ 진입장벽을 돌파하여 시장에 막 진입하려는 기업들이 주로 활용하는 전략

31 다음 중 마케팅에 대한 내용으로 옳지 않은 것은?

① 마케팅이란 소비자의 필요와 욕구를 충족시키기 위해 시장에서 교환이 일어날 수 있도록 계획하고 실행하는 과정이다.
② 미시적 마케팅이란 개별 기업이 기업의 목표를 달성하기 위한 수단으로 수행하는 마케팅 활동을 의미한다.
③ 선행적 마케팅이란 생산이 이루어지기 이전의 마케팅 활동을 의미하는 것으로, 대표적인 활동으로는 경로·가격·판촉 등이 해당한다.
④ 거시적 마케팅이란 사회적 입장에서 유통기구와 기능을 분석하는 마케팅 활동을 의미한다.
⑤ 고압적 마케팅이란 소비자의 욕구에 관계없이 기업의 입장에서 생산 가능한 제품을 강압적으로 판매하는 형태를 의미한다.

32 다음 중 기업이 상품을 판매할 때마다 수익의 일부를 기부하는 마케팅은?

① 그린 마케팅(Green Marketing)
② 앰부시 마케팅(Ambush Marketing)
③ 니치 마케팅(Niche Marketing)
④ 코즈 마케팅(Cause Marketing)
⑤ 프로보노(Pro Bono)

33 다음 대화의 빈칸에 공통으로 들어갈 단어는?

> • A이사 : 이번에 우리 회사에서도 ____시스템을 도입하려고 합니다. ____는 기업 전체의 의사결정권자와 사용자 모두가 실시간으로 정보를 공유할 수 있게 합니다. 또한 제조, 판매, 유통, 인사관리, 회계 등 기업의 전반적인 운영 프로세스를 통합하여 자동화할 수 있지요.
> • B이사 : 맞습니다. ____시스템을 통하여 기업의 자원관리를 보다 효율적으로 할 수 있어서, 조직 전체의 의사결정도 보다 신속하게 할 수 있을 것입니다.

① JIT
② MRP
③ MPS
④ ERP
⑤ APP

34 **다음 중 제품별 배치에 대한 설명으로 옳지 않은 것은?**

① 높은 설비이용률을 가진다.
② 낮은 제품단위당 원가로 경쟁우위를 점할 수 있다.
③ 수요 변화에 적응하기 어렵다.
④ 설비 고장에 큰 영향을 받는다.
⑤ 다품종 생산이 가능하다.

35 **다음 중 기업과 조직들이 중앙집중적 권한 없이 즉시 네트워크에서 거래를 생성하고 확인할 수 있는 분산 데이터베이스 기술은?**

① 빅데이터(Big Data)
② 클라우드 컴퓨팅(Cloud Computing)
③ 블록체인(Blockchain)
④ 핀테크(Fintech)
⑤ 사물인터넷(Internet of Things)

36 **다음 중 재무제표의 표시에 대한 설명으로 옳지 않은 것은?**

① 재무제표가 한국채택국제회계기준의 요구사항을 모두 충족한 경우가 아니라면 한국채택국제회계기준을 준수하여 작성되었다고 기재하여서는 안 된다.
② 기업이 재무상태표에 유동자산과 비유동자산으로 구분하여 표시하는 경우, 이연법인세자산은 유동자산으로 분류하지 아니한다.
③ 비용을 기능별로 분류하는 기업은 감가상각비, 기타 상각비와 종업원급여비용을 포함하여 비용의 성격에 대한 추가 정보를 공시한다.
④ 수익과 비용의 어느 항목은 포괄손익계산서 또는 주석에 특별손익항목으로 별도 표시한다.
⑤ 매출채권에 대한 대손충당금을 차감하여 관련 자산을 순액으로 측정하는 것은 상계표시에 해당하지 아니한다.

37 **다음 중 르윈(K. Lewin)의 3단계 변화모형에서 변화 과정을 순서대로 바르게 나열한 것은?**

① 각성(Arousal) → 해빙(Unfreezing) → 변화(Changing)
② 해빙(Unfreezing) → 변화(Changing) → 재동결(Refreezing)
③ 각성(Arousal) → 실행(Commitment) → 재동결(Refreezing)
④ 해빙(Unfreezing) → 실행(Commitment) → 수용(Acceptance)
⑤ 진단(Diagnosis) → 변화(Changing) → 수용(Acceptance)

38 다음 중 항목과 계정 분류의 연결이 적절하지 않은 것은?

① 직접 소유 또는 금융리스를 통해 보유하고 운용리스로 제공하고 있는 건물 – 재고자산
② 소유자가사용부동산 – 유형자산
③ 처분예정인 자가사용부등산 – 매각예정비유동자산
④ 통상적인 영업 과정에서 판매하기 위한 부동산이나 이를 위하여 건설 또는 개발 중인 부동산 – 재고자산
⑤ 장래 용도를 결정하지 못한 채로 보유하고 있는 토지 – 투자부동산

39 다음은 A주식의 정보이다. 자본자산가격결정모형(CAPM)을 이용하여 A주식의 기대수익률을 구하면?

• 시장무위험수익률 : 5%
• 시장기대수익률 : 18%
• 베타 : 0.5

① 9.35%
② 10.25%
③ 10.45%
④ 11.5%
⑤ 12.45%

40 다음 중 가중평균자본비용(WACC)에 대한 설명으로 옳지 않은 것은?

① 가중평균자본비용(WACC)은 기업의 자본비용을 시장가치 기준에 따라 총자본 중에서 차지하는 가중치로 가중 평균한 것이다.
② 일반적으로 기업의 자본비용은 가중평균자본비용을 의미한다.
③ 가중치를 시장가치 기준의 구성 비율이 아닌 장부가치 기준의 구성 비율로 하는 이유는 주주와 채권자의 현재 청구권에 대한 요구수익률을 측정하기 위해서이다.
④ 기업자산에 대한 요구수익률은 자본을 제공한 채권자와 주주가 평균적으로 요구하는 수익률을 의미한다.
⑤ 부채비율을 높임으로써 가중평균자본비용은 점차 떨어지게 되지만 일정한 선을 넘어 부채비율이 상승하면 가중평균자본비용은 상승한다.

| 03 | 법학

01 다음이 설명하고 있는 권리는 무엇인가?

> 타인의 물건 또는 유가증권을 점유한 자가 그 물건이나 유가증권에 관하여 생긴 채권(債權)을 가지는 경우에, 그 채권의 변제를 받을 때까지 그 물건 또는 유가증권을 유치할 수 있는 권리이다. 예를 들어, 시계수리상은 수리대금을 지급받을 때까지는 수리한 시계를 유치하여 그 반환을 거절할 수 있다.

① 점유권
② 저당권
③ 질권
④ 소유권
⑤ 유치권

02 다음은 법령에서 정하는 소비자의 기본적 권리 중 일부이다. 밑줄 친 부분에 저촉되는 사례로 옳은 것은?

> 〈소비자 기본법〉
>
> 제4조(소비자의 기본적 권리) 소비자는 다음 각 호의 기본적 권리를 가진다.
> 1. 물품 또는 용역(이하 "물품 등"이라 한다)으로 인한 생명・신체 또는 재산에 대한 위해로부터 보호받을 권리
> 2. 물품 등을 선택함에 있어서 필요한 지식 및 정보를 제공받을 권리
>
> … 이하 생략 …

① 음식점에서 식사를 한 후 식중독에 걸렸다.
② 어린이가 장난감의 품질 불량으로 인해 상해를 입었다.
③ 제약 회사의 과장 광고 제품을 구입하여 피해를 입었다.
④ 불량 상품에 대해 판매 회사에 환불을 요청하였으나 응하지 않았다.
⑤ 불량 상품을 판매한 회사의 홈페이지에 리콜을 요구하는 글을 남겼다.

03 다음 중 성문법에 포함되지 않는 것은 무엇인가?

① 명령
② 조약
③ 조리
④ 법률
⑤ 조례

04 **다음 빈칸 ㉠에 들어갈 용어로 옳은 것은?**

사소한 위법행위도 죄질이 나쁠 경우 엄격하게 처벌한다는 사법 원칙으로 아동·청소년 대상 성폭력범죄에서는 (㉠) 을/를 견지해 죄에 상응하는 형이 선고될 수 있도록 하고 있다.

① 하인리히 법칙
② 무관용 원칙
③ 깨진 유리창 법칙
④ 착한 사마리아인 법
⑤ 제노비스 신드롬

05 **다음 중 헌법상 기본권 보장의 대전제가 되는 최고의 원리는 무엇인가?**

① 생명권의 보호
② 근로3권의 보장
③ 사유재산권의 보호
④ 인간의 존엄과 가치
⑤ 경제권의 보호

06 **다음 중 법의 분류에 대한 설명으로 옳지 않은 것은?**

① 자연법은 시·공간을 초월하여 보편적으로 타당한 법을 의미한다.
② 임의법은 당사자의 의사에 의하여 그 적용이 배제될 수 있는 법을 말한다.
③ 부동산등기법은 사법이며, 실체법이다.
④ 오늘날 국가의 개입이 증대되면서 '사법의 공법화' 경향이 생겼다.
⑤ 민사소송법, 형사소송법, 행정소송법은 절차법에 해당된다.

07 **공법과 사법으로 분류할 때, 다음 중 공법으로만 나열된 것은?**

① 사회보장법, 형법
② 상법, 근로기준법
③ 어음법, 수표법
④ 민법, 부동산등기법
⑤ 형사소송법, 민사소송법

08 다음 중 공법과 사법의 구별 기준에 대한 학설의 내용으로서 거리가 먼 것은?

① 공익을 위한 것인가 사익을 위한 것인가에 따라 구별한다.
② 권력적인 것인가의 여부에 따라 구별한다.
③ 권력의무의 주체에 따라 구별한다.
④ 법규의 명칭에 따라 구별한다.
⑤ 법이 통치권 발동에 대한 것인지, 아닌지에 따라 구별한다.

09 다음 중 법의 해석에 대한 설명으로 옳지 않은 것은?

① 법해석의 방법은 해석의 구속력 여부에 따라 유권해석과 학리해석으로 나눌 수 있다.
② 법해석의 목표는 법적 안정성을 저해하지 않는 범위 내에서 구체적 타당성을 찾는 데 두어야 한다.
③ 법의 해석에 있어 법률의 입법취지도 고려의 대상이 된다.
④ 민법, 형법, 행정법에서는 유추해석이 원칙적으로 허용된다.
⑤ 법에 내재해 있는 법의 이념과 목적, 그리고 사회적인 가치합리성에 기초한 입법의 정신 등을 객관화해야 한다.

10 다음 중 사회법에 대한 설명으로 옳지 않은 것은?

① 공법 영역에 사법적 요소를 가미하는 제3의 법영역이다.
② 노동법, 경제법, 사회보장법은 사회법에 속한다.
③ 자본주의의 부분적 모순을 수정하기 위한 법이다.
④ 사회적・경제적 약자의 이익 보호를 목적으로 한다.
⑤ 사회주의, 단체주의, 적극국가, 실질적 평등을 원리로 한다.

11 다음 중 법인에 대한 설명으로 옳지 않은 것은?

① 사단법인의 정관의 필요적 기재사항으로는 목적, 명칭, 사무소 소재지, 자산에 대한 규정, 이사의 임면, 사원의 자격, 존립시기나 해산사유를 정할 때의 그 시기 또는 사유 등이 있다.
② 법인의 이사가 수인인 경우에 사무집행은 정관의 규정에 따른다.
③ 재단법인은 법률, 정관, 목적, 성질, 그 외에 주무관청의 감독, 허가조건 등에 의하여 권리능력이 제한된다.
④ 사원총회는 법인사무 전반에 관하여 결의권을 가진다.
⑤ 법인의 해산이유로는 존립기간의 만료, 정관에 정한 해산사유의 발생, 목적인 사업의 성취나 불능 등을 볼 수 있다.

12 다음 중 민법상의 제한능력자가 아닌 자는?

① 상습도박자
② 19세 미만인 자
③ 의사능력이 없는 자
④ 정신병자로서 성년후견이 개시된 자
⑤ 장애 및 노령으로 한정후견이 개시된 자

13 다음 중 미성년자가 법정대리인의 동의 없이 유효한 법률행위를 할 수 있는 경우가 아닌 것은?

① 혼인과 같은 신분행위
② 권리만을 얻거나 의무만을 면하는 행위
③ 범위를 정하여 처분을 허락한 재산의 처분
④ 영업이 허락된 미성년자가 그 영업에 관하여 하는 행위
⑤ 취직을 했을 때 임금을 청구하는 행위

14 다음 중 민법상 과실(果實)에 해당하지 않는 것은?

① 지상권의 지료
② 임대차에서의 차임
③ 특허권의 사용료
④ 젖소로부터 짜낸 우유
⑤ 과수원에서 재배한 사과

15 다음 중 민법상 용익물권인 것은?

① 질권
② 지역권
③ 유치권
④ 저당권
⑤ 상사질권

16 다음 중 우리 민법이 의사표시의 효력발생시기에 대하여 채택하고 있는 원칙적인 입장은?

① 발신주의(發信主義)
② 도달주의(到達主義)
③ 요지주의(了知主義)
④ 공시주의(公示主義)
⑤ 속지주의(屬地主義)

17 **다음 중 의사표시의 효력발생에 대한 설명으로 옳지 않은 것은?**

① 격지자 간의 계약은 승낙의 통지를 발한 때에 성립한다.
② 우리 민법은 도달주의를 원칙으로 하고 예외적으로 발신주의를 택하고 있다.
③ 의사표시의 부도착(不到着)의 불이익은 표의자가 입는다.
④ 표의자가 그 통지를 발한 후 도달하기 전에 사망하면 그 의사표시는 무효이다.
⑤ 상대방과 통정한 허위의 의사표시는 무효로 한다.

18 **다음 중 대리가 허용될 수 있는 행위는 어느 것인가?**

① 사실행위
② 유언
③ 불법행위
④ 매매계약
⑤ 신분법상 행위

19 **다음 중 법률행위의 취소와 추인에 대한 설명으로 옳지 않은 것은?**

① 취소할 수 있는 법률행위를 취소할 수 있는 자는 무능력자, 하자 있는 의사표시를 한 자, 그 대리인 또는 승계인이며, 추인할 수 있는 자도 같다.
② 취소할 수 있는 법률행위의 추인은 무권대리행위의 추인과는 달리 추인의 소급효는 문제되지 않는다.
③ 추인은 취소의 원인이 종료한 후에 하여야 효력이 있는데, 다만 법정대리인이 추인하는 경우에는 그렇지 않다.
④ 취소권자가 전부나 일부의 이행, 이행의 청구, 담보의 제공 등을 한 경우에는 취소의 원인이 종료되기 전에 한 것이라도 추인한 것으로 보아야 한다.
⑤ 취소된 법률행위는 처음부터 무효인 것으로 본다. 다만, 제한능력자는 그 행위로 인하여 받은 이익이 현존하는 한도에서 상환할 책임이 있다.

20 **다음 중 법률효과가 처음부터 발생하지 않는 것은 어느 것인가?**

① 착오
② 취소
③ 무효
④ 사기
⑤ 강박

21 **다음 중 주식회사에 대한 설명으로 옳지 않은 것은?**

① 자본금은 특정 시점에서 회사가 보유하고 있는 재산의 현재가치로서 주식으로 균등하게 분할되어 있다.
② 무액면주식의 발행도 허용되며, 액면주식이 발행되는 경우 1주의 금액은 100원 이상 균일하여야 한다.
③ 주주는 주식의 인수가액을 한도로 출자의무를 부담할 뿐, 회사의 채무에 대하여 책임을 지지 않는다.
④ 주권 발행 이후 주주는 자신의 주식을 자유롭게 양도 및 처분을 할 수 있다.
⑤ 주식이 수인의 공유에 속하는 때에 공유자는 주주의 권리를 행사할 자 1인을 정하여야 한다.

22 **다음 중 회사의 해산사유로 옳지 않은 것은?**

① 사장단의 동의 또는 결의
② 존립기간의 만료
③ 정관으로 정한 사유의 발생
④ 법원의 해산명령・해산판결
⑤ 회사의 합병・파산

23 **다음 중 회사의 종류에 따른 지배인의 선임 방법으로 옳지 않은 것은?**

① 합명회사 – 총사원 과반수의 결의
② 합자회사 – 무한책임사원 과반수의 결의
③ 주식회사 – 사원총회의 결의
④ 유한회사 – 이사 과반수 결의 또는 사원총회의 보통결의
⑤ 유한책임회사 – 정관 또는 총사원의 동의

24 **다음 중 지방자치단체의 조직에 대한 설명으로 옳지 않은 것은?**

① 지방자치단체에 주민의 대의기관인 의회를 둔다.
② 지방자치단체의 장은 주민이 보통・평등・직접・비밀선거에 따라 선출한다.
③ 지방자치단체의 장은 법령의 범위 안에서 자치에 대한 조례를 제정할 수 있다.
④ 지방자치단체의 종류는 법률로 정한다.
⑤ 지방의회의원의 임기는 4년으로 한다.

25 법무부장관이 외국인 A에게 귀화를 허가한 경우, 선거관리위원장은 귀화 허가가 무효가 아닌 한 귀화 허가에 하자가 있더라도 A가 한국인이 아니라는 이유로 선거권을 거부할 수 없다. 이처럼 법무부장관의 귀화 허가에 구속되는 행정행위의 효력은 무엇인가?

① 공정력
② 구속력
③ 형식적 존속력
④ 구성요건적 효력
⑤ 실질적 존속력

26 다음 중 행정기관에 대한 설명으로 옳은 것은?

① 다수 구성원으로 이루어진 합의제 행정청이 대표적인 행정청의 형태이며, 지방자치단체의 경우 지방의회가 행정청이다.
② 감사기관은 다른 행정기관의 사무나 회계처리를 검사하고 그 적부에 관해 감사하는 기관이다.
③ 자문기관은 행정청의 내부 실・국의 기관으로 행정청의 권한 행사를 보좌한다.
④ 의결기관은 행정청의 의사결정에 참여하는 권한을 가진 기관이지만 행정청의 의사를 법적으로 구속하지는 못한다.
⑤ 집행기관은 채권자의 신청에 의하여 강제집행을 실시할 직무를 갖지 못한다.

27 다음 중 국가공무원법에 명시된 공무원의 복무의무로 옳지 않은 것은?

① 범죄 고발의 의무
② 친절・공정의 의무
③ 비밀엄수의 의무
④ 정치운동의 금지
⑤ 복종의 의무

28 다음 중 국가배상에 대한 설명으로 옳은 것은?

① 도로건설을 위해 자신의 토지를 수용당한 개인은 국가배상청구권을 가진다.
② 공무원이 직무수행 중에 적법하게 타인에게 손해를 입힌 경우 국가가 배상책임을 진다.
③ 도로・하천 등의 설치 또는 관리에 하자가 있어 손해를 받은 개인은 국가가 배상책임을 진다.
④ 공무원은 어떤 경우에도 국가배상청구권을 행사할 수 없다.
⑤ 국가배상법에서 규정하고 있는 손해배상은 손실보상으로도 볼 수 있다.

29 다음 중 자유민주적 기본질서의 원리와 거리가 먼 것은?

① 법치주의
② 권력분립주의
③ 의회민주주의
④ 포괄위임입법주의
⑤ 국민주권주의

30 다음 중 현행 헌법상 정당설립과 활동의 자유에 대한 설명으로 옳지 않은 것은?

① 정당의 설립은 자유이며, 복수정당제는 보장된다.
② 정당은 그 목적, 조직과 활동이 민주적이어야 한다.
③ 정당의 목적과 활동이 민주적 기본질서에 위배될 때에는 국회는 헌법재판소에 그 해산을 제소할 수 있다.
④ 국가는 법률이 정하는 바에 의하여 정당의 운영에 필요한 자금을 보조할 수 있다.
⑤ 정당은 국민의 정치적 의사형성에 참여하는 데 필요한 조직을 가져야 한다.

31 다음 중 소선거구제에 대한 설명으로 옳지 않은 것은?

① 선거 비용을 절약할 수 있다.
② 군소정당이 난립하여 정국이 불안정하다.
③ 지연·혈연이 작용할 수 있다.
④ 후보자 파악이 쉽다.
⑤ 사표가 많이 발생할 수 있다.

32 다음 중 비례대표제에 대한 설명으로 옳지 않은 것은?

① 사표를 방지하여 소수자의 대표를 보장한다.
② 군소정당의 난립이 방지되어 정국의 안정을 가져온다.
③ 득표수와 정당별 당선의원의 비례관계를 합리화시킨다.
④ 그 국가의 정당사정을 고려하여 채택하여야 한다.
⑤ 명부의 형태에 따라 고정명부식, 가변명부식, 자유명부식으로 구분할 수 있다.

33 **다음 중 기본권의 효력에 대한 설명으로 옳지 않은 것은?**

① 기본권의 효력은 대국가적 효력을 갖는 것이 원칙이다.
② 기본권의 제3자적 효력에서 평등권은 간접 적용된다고 볼 수 있다.
③ 기본권의 사인(私人) 간의 직접적 효력을 헌법이 명문으로 규정한 예로, 근로3권과 언론・출판에 의한 명예 또는 권리침해 금지가 있다.
④ 기본권의 사인 간의 효력은 헌법이 직접적 효력을 규정함이 원칙이나 예외적으로 간접적 효력을 갖는 경우도 있다.
⑤ 청구권적 기본권이나 사회권적 기본권은 그것이 법률로써 규정되었을 때 국가에 대하여 직접 그 권리를 행사할 수 있다.

34 **다음 중 우리 헌법재판소가 목적의 정당성, 방법의 적절성, 피해의 최소성, 법익의 균형성 등으로 기본권의 침해 여부를 심사하는 위헌판단 원칙은?**

① 과잉금지원칙
② 헌법유보원칙
③ 의회유보원칙
④ 포괄위임입법금지원칙
⑤ 법률불소급원칙

35 **다음 중 헌법 제37조 제2항에 의한 기본권의 제한에 대한 설명으로 옳지 않은 것은?**

① 국회의 형식적 법률에 의해서만 제한할 수 있다.
② 처분적 법률에 의한 제한은 원칙적으로 금지된다.
③ 국가의 안전보장과 질서유지를 위해서만 제한할 수 있다.
④ 기본권의 본질적 내용은 침해할 수 없다.
⑤ 노동기본권의 제한에 대한 법적 근거를 밝히고 있다.

36 **다음 중 법 앞의 평등에 대한 설명으로 옳지 않은 것은?**

① 법 앞의 평등은 절대적인 것이 아니고 상대적인 것이다.
② 법의 적용뿐만 아니라 법 내용의 평등까지 요구한다.
③ 독일에서는 자의의 금지를, 미국에서는 합리성을 그 기준으로 들고 있다.
④ 차별금지사유인 성별, 종교, 사회적 신분 등은 열거적 규정이다.
⑤ 모든 사람은 보통법 아래에서 평등하다는 것이다.

37 다음 중 자유권적 기본권이 아닌 것은?

① 신체의 자유
② 종교의 자유
③ 직업선택의 자유
④ 청원권의 보장
⑤ 재산권의 보장

38 다음 인권선언과 관계된 사건들을 시간 순서대로 바르게 나열한 것은?

① 권리청원 → 마그나 카르타 → 미국의 독립선언 → 프랑스의 인권선언
② 마그나 카르타 → 프랑스의 인권선언 → 연방헌법 → 영국의 권리장전
③ 버지니아 권리장전 → 마그나 카르타 → 프랑스의 인권선언 → 영국의 인신보호법
④ 마그나 카르타 → 영국의 권리장전 → 미국의 독립선언 → 프랑스의 인권선언
⑤ 버지니아 권리장전 → 영국의 인신보호법 → 마그나 카르타 → 프랑스의 인권선언

39 다음 중 형사소송법상 공소기각의 판결을 해야 하는 경우로 옳지 않은 것은?

① 피고인에 대하여 재판권이 없는 때
② 친고죄 사건에 대하여 고소의 취소가 있는 때
③ 공소가 취소되었을 때
④ 공소제기의 절차가 법률의 규정에 위반하여 무효일 때
⑤ 공소가 제기된 사건에 대하여 다시 공소가 제기되었을 때

40 다음 중 죄형법정주의의 내용으로 옳지 않은 것은?

① 소급효 금지의 원칙
② 관습형법 금지의 원칙
③ 유추해석 금지의 원칙
④ 상대적 부정기형 금지의 원칙
⑤ 명확성의 원칙

| 04 | 경제학

01 다음의 내용과 관계가 깊은 것은?

> 환율이 1달러당 1,250원일 때 ○○날드의 A버거가 미국에서는 2.5달러에 판매되고, 한국에서는 2,500원에 판매된다.

① 원화의 평가절하로 우리나라의 햄버거 구매력 지수가 미국보다 상대적으로 낮다.
② 원화의 평가절상으로 우리나라의 햄버거 구매력 지수가 미국보다 상대적으로 높다.
③ 미국의 2.5달러를 기준으로 한국에서 판매할 경우 최소한 3천 원에 팔아야 한다.
④ 위 조건이라면 한국보다 미국은 대일(對日) 수입이 유리하다.
⑤ 햄버거 구매력 지수 비교는 차익거래를 가정하고 만들어졌다.

02 S공사의 사원들이 경제 뉴스에서 본 내용을 이야기하고 있다. 다음 대화 중 경제 상식에 대해 잘못 알고 있는 사람은 누구인가?

> • A사원 : 주식을 볼 때, 미국은 나스닥, 일본은 자스닥, 한국은 코스닥을 운영하고 있던가?
> • B사원 : 응, 국가마다 기준이 다른데 MSCI 지수를 통해 상호 비교할 수 있어.
> • C사원 : 그렇지 그리고 요즘 기축통화에 대해 들었어? 한국의 결제나 금융거래에서 기본이 되는 화폐인데 이제 그 가치가 더 상승한대.
> • D사원 : 그래? 고도의 경제성장률을 보이는 이머징마켓에 속한 국가들 때문에 그런가?

① A사원
② B사원
③ C사원
④ D사원
⑤ 모두 옳다.

03 다음 상황과 관련이 있는 용어로 옳은 것은?

> 서울 시내의 어떤 치킨집의 매출을 조사했더니, 올림픽 기간에 치킨 판매량이 큰 폭으로 증가하였고 동시에 맥주 판매량 또한 소폭 증가한 것을 알 수 있었다. 반면, 연일 뉴스에 음주에 의한 질병 문제가 나왔던 기간에는 맥주 판매량과 함께 치킨 판매량도 감소했다는 것을 알 수 있었다. 이처럼 어떤 한 재화의 수요가 늘거나 줄어들 때, 함께 수요가 같은 방향으로 변하는 재화를 경제적 용어로 무엇이라 하는가?

① 대체재
② 보완재
③ 독립재
④ 절대재
⑤ 열등재

04 다음 상황에 대한 설명으로 옳은 것은?

> S전자에서는 새 학기를 맞아 가격이 100만 원인 노트북을 구매하면 카메라를 20만 원에 구입할 수 있는 행사를 진행하고 있다. 효미는 노트북과 카메라를 구입하였고, 동주는 둘 다 구매하지 않았다(단, 효미와 동주는 모두 합리적인 선택을 하고 있다).

① 상품 구매에 대한 기회 비용은 효미가 동주보다 크다.
② 동주와 효미는 모두 형평성에 근거하여 판단을 하였다.
③ 동주에게 20만 원은 매몰 비용이다.
④ 상품 구매에 대한 편익은 효미가 동주보다 작다.
⑤ 효미의 선택에 따른 편익은 120만 원보다 크다.

05 다음 ㉮ ~ ㉱에 나타난 시장의 종류와 상업의 기능에 대한 설명으로 옳은 것을 〈보기〉에서 모두 고르면?

> 옛날 ㉮ 시골 장터는 교통의 중심지에 위치하여 많은 사람들이 모일 수 있었다. 장이 서는 날이면 풍물패들은 공연으로 흥을 돋우며 ㉯ 오랜만에 만난 친지들과 소식을 주고받고, 물물 교환을 하거나 ㉰ 물건을 사고팔기도 하였다. 또한 평소 ㉱ 보기 힘든 진귀한 물건들을 구경할 수 있는 기회를 가지기도 하였다.

〈보기〉

㉠ ㉮는 레몬 시장에 가깝다.
㉡ ㉯와 ㉰의 공통적인 기능은 물적 유통 기능이다.
㉢ ㉰는 직접 매매를 통한 소유권 이전 기능이 주가 된다.
㉣ ㉱를 뜻하는 말로 화씨지벽(和氏之璧)이 있다.

① ㉠, ㉡
② ㉠, ㉣
③ ㉡, ㉢
④ ㉢, ㉣
⑤ ㉡, ㉢, ㉣

06 효용을 극대화하는 A의 효용함수는 $U(x, y) = \min[x, y]$이다. 소득이 1,800, X재와 Y재의 가격이 각각 10이다. X재의 가격만 8로 하락 할 때, 옳은 것을 모두 고르면?(단, x는 X재의 소비량, y는 Y재의 소비량)

> ㄱ. X재의 소비량 변화 중 대체효과는 0이다.
> ㄴ. X재의 소비량 변화 중 소득효과는 10이다.
> ㄷ. 한계대체율은 하락한다.
> ㄹ. X재 소비는 증가하고, Y재 소비는 감소한다.

① ㄱ, ㄴ
② ㄱ, ㄷ
③ ㄴ, ㄷ
④ ㄴ, ㄹ
⑤ ㄷ, ㄹ

07 **시장에서 어떤 상품의 가격이 상승하면서 동시에 거래량이 증가하였다. 다음 중 이러한 변화를 가져올 수 있는 요인은?(단, 이 재화는 정상재이다)**

① 이 상품의 생산과 관련된 기술의 진보
② 이 상품과 보완관계에 있는 상품의 가격 하락
③ 이 상품과 대체관계에 있는 상품의 가격 하락
④ 이 상품을 주로 구매하는 소비자들의 소득 감소
⑤ 이 상품의 생산에 투입되는 노동자들의 임금 하락

08 **다음은 불평등지수에 대한 설명이다. ㉮~㉰에 들어갈 내용으로 옳은 것은?**

- 지니계수가 ㉮ 수록, 소득불평등 정도가 크다.
- 십분위분배율이 ㉯ 수록, 소득불평등 정도가 크다.
- 앳킨슨지수가 ㉰ 수록, 소득불평등 정도가 크다.

	㉮	㉯	㉰
①	클	클	클
②	클	클	작을
③	클	작을	클
④	작을	클	클
⑤	작을	클	작을

09 **다음 중 탄력성에 대한 설명으로 옳은 것은?**

① 가격이 1% 상승할 때 수요량이 2% 감소했다면 수요의 가격탄력성은 0.5이다.
② 소득이 5% 상승할 때 수요량이 1%밖에 증가하지 않았다면 이 상품은 기펜재(Giffen Goods)이다.
③ 잉크젯프린터와 잉크카트리지 간의 수요의 교차탄력성은 0보다 크다.
④ 수요의 소득탄력성은 항상 0보다 크다.
⑤ 수요의 가격탄력성이 0보다 크고 1보다 작으면 가격이 상승함에 따라 소비자의 총지출은 증가한다.

10 아래 그래프는 A국과 B국의 2016년과 2024년의 자동차와 TV 생산에 대한 생산가능곡선을 나타낸 그래프이다. 다음 중 그래프에 대한 설명으로 옳은 것은?

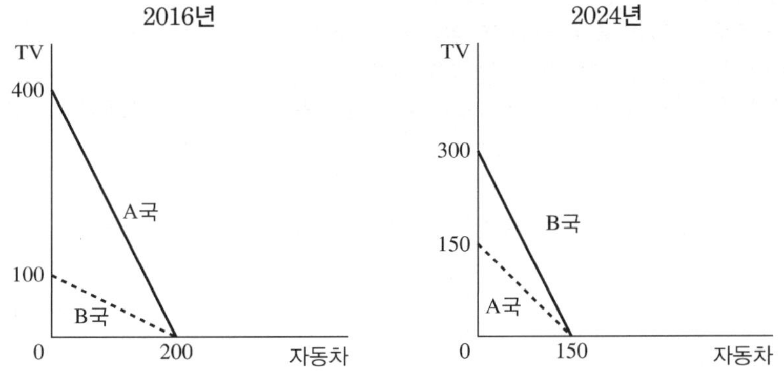

① 2016년도 자동차 수출국은 A국이다.
② B국의 자동차 1대 생산 기회비용은 감소하였다.
③ 두 시점의 생산가능곡선 변화 원인은 생산성 향상 때문이다.
④ 2024년도에 자동차 1대가 TV 2대와 교환된다면 무역의 이익은 B국만 갖게 된다.
⑤ 2016년도 A국이 생산 가능한 총 생산량은 TV 400대와 자동차 200대이다.

11 어떤 재화의 수요곡선은 우하향하고 공급곡선은 우상향한다고 가정한다. 이 재화의 공급자에 대해 재화 단위당 일정액의 세금을 부과했을 때의 효과에 대한 분석으로 옳은 것은?

① 단위당 부과하는 세금액이 커지면 자중적 손실(Deadweight Loss)은 세금액 증가와 동일하다.
② 다른 조건이 일정할 때 수요가 가격에 탄력적일수록 소비자가 부담하는 세금의 비중은 더 커진다.
③ 다른 조건이 일정할 때 수요가 가격에 탄력적일수록 세금부과에 따른 자중적 손실(Deadweight Loss)은 적다.
④ 세금부과 후에 시장가격은 세금부과액과 동일한 금액만큼 상승한다.
⑤ 과세부과에 따른 자중적 손실(Deadweight Loss)의 최소화를 기하는 것은 효율성 측면과 관련이 있다.

12 다음 〈보기〉 중 내생적 성장 이론에서 주장하는 내용으로 옳지 않은 것을 모두 고르면?

〈보기〉

가. 금융시장이 발달하면 투자의 효율성이 개선되어 경제성장이 촉진된다.
나. 연구 부문의 고용비율이 높아지면 성장률이 장기적으로 높아질 수 있다.
다. 외부효과를 갖는 지식의 경우에는 수확체감의 법칙이 적용되지 않는다.
라. 자본의 한계생산이 체감하지 않으므로 국가 간 소득수준의 수렴이 빠르게 발생한다.

① 다
② 라
③ 가, 나
④ 나, 다
⑤ 가, 다, 라

13 다음 중 IS곡선에 대한 설명으로 옳지 않은 것은?

① IS곡선 하방의 한 점은 생산물시장이 초과수요 상태임을 나타낸다.
② 한계저축성향(s)이 클수록 IS곡선은 급경사이다.
③ 정부지출과 조세가 동액만큼 증가하더라도 IS곡선은 우측으로 이동한다.
④ 피구(Pigou)효과를 고려하게 되면 IS곡선의 기울기는 보다 가팔라진다.
⑤ 수입은 소득의 증가함수이므로 개방경제하의 IS곡선은 폐쇄경제하의 IS곡선보다 가파르다.

14 항상소득 가설에 의하면 다음 중 소비에 미치는 영향이 가장 큰 소득의 변화는?

① 직장에서 과장으로 승진해 월급이 올랐다.
② 로또에서 3등으로 당첨돼 당첨금을 받았다.
③ 감기로 인한 결근으로 급여가 일시적으로 감소했다.
④ 휴가를 최대한 사용해 미사용 연차휴가수당이 줄었다.
⑤ 일시적인 수요 증가로 초과 근무가 늘어나고 초과 수당이 증가했다.

15 다음 글의 의미를 설명한 내용으로 옳은 것은?

조세 부과로 인해 발생하는 조세의 비효율성인 자중손실의 크기는 수요 및 공급의 가격탄력성에 의존한다.

① 수요자 및 공급자가 가격의 변화에 민감하게 반응할수록 시장 왜곡이 더 커진다.
② 수요자 및 공급자가 가격의 변화에 적절히 반응하지 않을수록 시장 왜곡이 더 커진다.
③ 수요곡선 및 공급곡선의 이동이 클수록 시장 균형이 더 크게 영향을 받는다.
④ 수요곡선 및 공급곡선의 이동이 적절히 발생하지 않을수록 시장 균형이 더 크게 영향을 받는다.
⑤ 수요곡선 및 공급곡선의 이동이 작을수록 시장 균형이 더 크게 영향을 받는다.

16 다음 〈보기〉 중 단기총공급곡선이 우상향하는 이유, 즉 물가 상승 시 생산이 증가하는 경우를 모두 고르면?

〈보기〉

ㄱ. 물가 상승 시 기업들은 자사제품의 상대가격이 상승했다고 오인하여 생산을 늘린다.
ㄴ. 노동자가 기업에 비해 물가 상승을 과소예측하면 노동공급은 증가한다.
ㄷ. 물가상승에도 불구하고 메뉴비용이 커서 가격을 올리지 않는 기업의 상품 판매량이 증가한다.
ㄹ. 명목임금이 경직적이면 물가 상승에 따라 고용이 증가한다.

① ㄴ, ㄷ
② ㄱ, ㄴ, ㄷ
③ ㄱ, ㄷ, ㄹ
④ ㄴ, ㄷ, ㄹ
⑤ ㄱ, ㄴ, ㄷ, ㄹ

17 2019년과 2024년 빅맥 가격이 다음과 같다. 일물일가의 법칙이 성립할 때, 이에 대한 설명으로 옳지 않은 것은?(단, 환율은 빅맥 가격을 기준으로 표시한다)

2019년		2024년	
원화 가격	달러 가격	원화 가격	달러 가격
5,000원	5달러	5,400원	6달러

① 빅맥의 원화 가격은 두 기간 사이에 8% 상승했다.
② 빅맥의 1달러 당 원화 가격은 두 기간 사이에 10% 하락했다.
③ 달러 대비 원화의 가치는 두 기간 사이에 10% 상승했다.
④ 달러 대비 원화의 실질환율은 두 기간 사이에 변하지 않았다.
⑤ 2024년 원화의 명목환율은 구매력평가 환율보다 낮다.

18 다음 중 일반적인 필립스곡선에 나타나는 실업률과 인플레이션의 관계에 대해 가장 거리가 먼 것은?

① 장기적으로 인플레이션과 실업률 사이에 특별한 관계가 없다.
② 실업률을 낮추기 위하여 확장적인 통화정책을 사용하는 경우 인플레이션이 일어난다.
③ 단기적으로는 인플레이션율과 실업률이 반대방향으로 움직이는 경우가 대부분이다.
④ 인플레이션에 대한 높은 기대 때문에 인플레이션이 나타난 경우에도 실업률은 하락한다.
⑤ 원자재 가격이 상승하는 경우 실업률이 감소하지 않더라도 인플레이션이 심화된다.

19 다음 중 소비자잉여와 생산자잉여에 대한 설명으로 옳지 않은 것은?

① 소비자잉여는 소비자의 선호 체계에 의존한다.

② 완전경쟁일 때보다 기업이 가격차별을 실시할 경우 소비자잉여가 줄어든다.

③ 완전경쟁시장에서는 소비자잉여와 생산자잉여의 합인 사회적 잉여가 극대화된다.

④ 독점시장의 시장가격은 완전경쟁시장의 가격보다 높게 형성되지만 소비자잉여는 줄어들지 않는다.

⑤ 소비자잉여는 어떤 상품에 소비자가 최대한으로 지급할 용의가 있는 가격에서 실제 지급한 가격을 차감한 차액이다.

20 다음 중 효율적 자원배분 및 후생에 대한 설명으로 옳은 것은?

① 후생경제학 제1정리는 효율적 자원배분이 독점시장인 경우에도 달성될 수 있음을 보여준다.

② 후생경제학 제2정리는 소비와 생산에 있어 규모의 경제가 있으면 완전경쟁을 통해 효율적 자원배분을 달성할 수 있음을 보여준다.

③ 차선의 이론에 따르면 효율적인 자원배분을 위해 필요한 조건을 모두 충족하지 못한 경우, 더 많은 조건을 충족하면 할수록 더 효율적인 자원배분이다.

④ 롤스의 주장에 따르면 사회가 2인(A와 B)으로 구성되고 각각의 효용을 U_A, U_B라 할 경우 사회후생함수(SW)는 $SW=\min[U_A,\ U_B]$로 표현된다.

⑤ 공리주의 주장에 따르면 사회가 2인(A와 B)으로 구성되고 각각의 효용을 U_A, U_B라 할 경우 사회후생함수(SW)는 $SW=U_A \cdot U_B$로 표현된다.

21 다음 중 화폐에 대한 설명으로 옳은 것은?

① 상품화폐의 내재적 가치는 변동하지 않는다.

② 광의의 통화(M2)는 준화폐(Near Money)를 포함하지 않는다.

③ 불태환화폐(Flat Money)는 내재적 가치를 갖는 화폐이다.

④ 가치 저장수단의 역할로 소득과 지출의 발생 시점을 분리시켜 준다.

⑤ 다른 용도로 사용될 수 있는 재화는 교환의 매개 수단으로 활용될 수 없다.

22 다음 〈보기〉 중 통화정책의 단기적 효과를 높이는 요인으로 옳은 것을 모두 고르면?

〈보기〉

ㄱ. 화폐수요의 이자율 탄력성이 높은 경우
ㄴ. 투자의 이자율 탄력성이 높은 경우
ㄷ. 한계소비성향이 높은 경우

① ㄱ
② ㄴ
③ ㄱ, ㄴ
④ ㄴ, ㄷ
⑤ ㄱ, ㄴ, ㄷ

23 기업의 생산함수가 $Y=200N-N^2$이고(이때, Y는 생산량, N은 노동시간이다), 근로자의 여가 1시간당 가치가 40이다. 상품시장과 생산요소시장이 완전경쟁시장이고, 생산물의 가격이 1일 때, 균형노동시간은?

① 25시간
② 75시간
③ 80시간
④ 95시간
⑤ 125시간

24 수요함수가 $q=10-p$로 주어진 생산물시장에서 두 기업 1과 2가 쿠르노 경쟁(Cournot Competition)을 하고 있다. 기업 1의 비용함수는 $c_1(q_1)=3q_1$이고 기업 2의 비용함수는 $c_2(q_2)=2q_2$라 할 때, 다음 설명 중 옳은 것은?

① 균형에서 시장생산량은 5이다.
② 균형에서 기업 1의 생산량은 기업 2의 생산량의 절반이다.
③ 만약 기업 1이 독점기업이면 시장생산량은 4이다.
④ 만약 두 기업이 완전경쟁기업으로 행동한다면 시장생산량은 6이다.
⑤ 만약 두 기업이 베르트랑 경쟁(Bertrand Competition)을 한다면 기업 1이 모든 시장수요를 차지할 것이다.

25 국민소득, 소비, 투자, 정부지출, 순수출, 조세를 각각 Y, C, I, G, NX, T라고 표현한다. 국민경제의 균형이 다음과 같이 결정될 때, 균형재정승수(Balanced Budget Multiplier)는?

$C=100+0.8(Y-T)$
$Y=C+I+G+NX$

① 0.8
② 1
③ 4
④ 5
⑤ 7

26 다음 〈보기〉 중 가격차별 행위로 보기 어려운 것을 모두 고르면?

〈보기〉

가. 전월세 상한제
나. 학생과 노인에게 극장표 할인
다. 수출품 가격과 내수품 가격을 다르게 책정
라. 전력 사용량에 따라 단계적으로 다른 가격 적용
마. 대출 최고 이자율 제한

① 가, 마
② 다, 라
③ 나, 다, 라
④ 나, 다, 마
⑤ 다, 라, 마

27 다음 중 인플레이션에 의해 나타날 수 있는 현상으로 보기 어려운 것은?

① 구두창 비용의 발생
② 메뉴비용의 발생
③ 통화가치 하락
④ 총요소생산성의 상승
⑤ 단기적인 실업률 하락

28 다음 〈보기〉 중 도덕적 해이(Moral Hazard)를 해결하는 방안에 해당하는 것을 모두 고르면?

〈보기〉

가. 스톡옵션(Stock Option)
나. 은행담보대출
다. 자격증 취득
라. 전자제품 다년간 무상수리
마. 사고 건수에 따른 보험료 할증

① 가, 나
② 가, 라
③ 다, 마
④ 가, 나, 마
⑤ 나, 라, 마

29 다음 중 어떤 산업이 자연독점화되는 이유로 옳은 것은?

① 고정비용의 크기가 작은 경우
② 최소효율규모의 수준이 매우 큰 경우
③ 다른 산업에 비해 규모의 경제가 작게 나타나는 경우
④ 생산량이 증가함에 따라 평균비용이 계속 늘어나는 경우
⑤ 기업 수가 증가할수록 산업의 평균 생산비용이 감소하는 경우

30 甲국과 乙국 두 나라만 존재하며 재화는 TV와 쇠고기, 생산요소는 노동뿐이며, 두 나라에서 재화 1단위 생산에 필요한 노동량은 다음과 같다. 이때 리카도(D. Ricardo)의 비교우위론에 입각한 설명으로 옳은 것은?

구분	甲국	乙국
TV	3	2
쇠고기	10	4

① 乙국이 두 재화 모두 甲국에 수출한다.
② 甲국은 쇠고기를 乙국은 TV를 상대국에 수출한다.
③ 국제거래가격이 TV 1단위당 쇠고기 0.2단위면, 甲국은 TV를 수출한다.
④ 국제거래가격은 쇠고기 1단위당 TV 0.3단위와 0.5단위 사이에서 결정된다.
⑤ 자유무역이 이루어질 경우, 甲국은 TV만 생산할 때 이익이 가장 크다.

31 상품 A의 가격을 10% 인상하였더니 상품 A의 판매량이 5% 감소하였다면 다음 중 옳은 것은?

① 공급의 가격탄력성은 1이다.
② 공급의 가격탄력성은 1보다 크다.
③ 공급의 가격탄력성이 1보다 작다.
④ 수요의 가격탄력성이 1보다 크다.
⑤ 수요의 가격탄력성이 1보다 작다.

32 다음 중 생산자의 단기 생산 활동에 대한 설명으로 옳지 않은 것은?

① 가변요소의 투입량이 증가할 때 평균생산성은 증가하다가 감소한다.
② 가변요소의 투입량이 증가할 때 한계생산성은 증가하다가 감소한다.
③ 수확체감의 법칙은 한계생산성이 지속적으로 감소하는 구간에서 발생한다.
④ 평균생산성이 증가하는 구간에서 한계생산성은 평균생산성보다 크다.
⑤ 한계생산물곡선은 평균생산물곡선의 극대점을 통과하므로 한계생산물과 평균생산물이 같은 점에서는 총생산물이 극대가 된다.

33 **다음 중 산업 내 무역에 대한 설명으로 옳은 것은?**

① 산업 내 무역은 규모의 경제와 관계없이 발생한다.
② 산업 내 무역은 부존자원의 상대적인 차이 때문에 발생한다.
③ 산업 내 무역은 경제 여건이 다른 국가 사이에서 이루어진다.
④ 산업 내 무역은 유럽연합 국가들 사이의 활발한 무역을 설명할 수 있다.
⑤ 산업 내 무역은 무역으로 인한 소득재분배가 발생한다.

34 **다음 〈보기〉 중 외부효과로 인한 시장의 문제점을 해결하기 위한 방법으로 제시된 코즈의 정리에 대한 설명으로 옳은 것을 모두 고르면?**

〈보기〉

가. 외부효과를 발생시키는 재화에 대해 시장을 따로 개설해 주면 시장의 문제가 해결된다.
나. 외부효과를 발생시키는 재화에 대해 조세를 부과하면 시장의 문제가 해결된다.
다. 외부효과를 발생시키는 재화의 생산을 정부가 직접 통제하면 시장의 문제가 해결된다.
라. 외부효과를 발생시키는 재화에 대해 소유권을 인정해주면 이해당사자들의 협상을 통하여 시장의 문제가 해결된다.
마. 코즈의 정리와 달리 현실에서는 민간주체들이 외부효과 문제를 항상 해결할 수 있는 것은 아니다.

① 가, 다
② 라, 마
③ 나, 다, 마
④ 가, 나, 라
⑤ 다, 라, 마

35 **다음 중 우상향하는 총공급곡선(AS)을 왼쪽으로 이동시키는 요인으로 옳은 것은?**

① 임금 상승
② 통화량 증가
③ 독립투자 증가
④ 정부지출 증가
⑤ 수입원자재 가격 하락

36 **다음 〈보기〉 중 국내총생산(GDP) 통계에 대한 설명으로 옳은 것을 모두 고르면?**

〈보기〉

가. 여가가 주는 만족은 삶의 질에 매우 중요한 영향을 미치므로 GDP에 반영된다.
나. 환경오염으로 파괴된 자연을 치유하기 위해 소요된 지출은 GDP에 포함된다.
다. 우리나라의 지하경제 규모는 엄청나므로 한국은행은 이것을 포함하여 GDP를 측정한다.
라. 가정주부의 가사노동은 GDP에 불포함되지만 가사도우미의 가사노동은 GDP에 포함된다.

① 가, 다
② 가, 라
③ 나, 다
④ 나, 라
⑤ 다, 라

37 **다음 〈보기〉 중 내생적 경제성장 이론에 대한 설명으로 옳은 것을 모두 고르면?**

〈보기〉

가. 인적자본의 축적이나 연구개발은 경제성장을 결정하는 중요한 요인이다.
나. 정부의 개입이 경제성장에 중요한 역할을 한다.
다. 자본의 한계생산은 체감한다고 가정한다.
라. 선진국과 후진국 사이의 소득격차가 줄어든다.

① 가, 나
② 가, 다
③ 나, 다
④ 나, 라
⑤ 다, 라

38 **다음 중 파레토효율성에 대한 설명으로 옳지 않은 것은?**

① 어느 한 사람의 효용을 감소시키지 않고서는 다른 사람의 효용을 증가시킬 수 없는 상태를 파레토효율적이라고 한다.
② 일정한 조건이 충족될 때 완전경쟁시장에서의 일반균형은 파레토효율적이다.
③ 파레토효율적인 자원배분이 평등한 소득분배를 보장해주는 것은 아니다.
④ 파레토효율적인 자원배분하에서는 항상 사회후생이 극대화된다.
⑤ 파레토효율적인 자원배분은 일반적으로 무수히 많이 존재한다.

39 다음 〈보기〉 중 소비의 항상소득 가설과 생애주기 가설에 대한 설명으로 옳은 것을 모두 고르면?

〈보기〉

가. 소비자들은 가능한 한 소비수준을 일정하게 유지하려는 성향이 있다.
나. 생애주기 가설에 의하면 고령인구의 비율이 높아질수록 민간 부문의 저축률이 하락할 것이다.
다. 프리드먼의 항상소득 가설에 의하면 높은 소득의 가계가 평균적으로 낮은 평균소비성향을 갖는다.
라. 케인스는 항상소득 가설을 이용하여 승수효과를 설명하였다.

① 가, 나
② 가, 라
③ 나, 다
④ 가, 나, 다
⑤ 나, 다, 라

40 다음 중 자국의 실물시장 균형을 나타내는 IS곡선에 대한 설명으로 옳지 않은 것은?(단, IS곡선의 기울기는 세로축을 이자율, 가로축을 소득으로 하는 그래프상의 기울기를 말한다)

① 자국의 한계소비성향이 커지면 IS곡선의 기울기가 완만해진다.
② 자국의 정부지출이 증가하면 IS곡선은 오른쪽으로 이동한다.
③ 자국의 한계수입성향이 커질수록 IS곡선의 기울기는 가팔라진다.
④ 해외교역국의 한계수입성향이 커질수록 IS곡선의 기울기는 완만해진다.
⑤ 자국의 소득증가로 인한 한계유발투자율이 증가하면 IS곡선의 기울기가 완만해진다.

3권

제3회 서울교통공사 사무직

NCS 직업기초능력평가 +직무수행능력평가

〈문항 및 시험시간〉

평가영역	문항 수	시험시간	비고	모바일 OMR 답안채점/성적분석 서비스
직업기초능력평가+ 직무수행능력평가 (행정학/경영학/법학/경제학)	80문항	90분	5지선다	행정학 경영학 법학 경제학

서울교통공사 사무직 신입사원 필기시험

제3회 모의고사

문항 수 : 80문항
응시시간 : 90분

제1영역 직업기초능력평가

01 다음은 철도안전법과 철도안전법 시행규칙의 일부 내용이다. 디젤차량 운전면허 소지자인 A씨가 별도의 교육훈련 없이 운전할 수 있는 철도차량을 〈보기〉에서 모두 고르면?

〈철도안전법〉

철도차량 운전면허(제10조)

① 철도차량을 운전하려는 사람은 국토교통부장관으로부터 철도차량 운전면허(이하 "운전면허"라 한다)를 받아야 한다. 다만, 제16조에 따른 교육훈련 또는 제17조에 따른 운전면허시험을 위하여 철도차량을 운전하는 경우 등 대통령령으로 정하는 경우에는 그러하지 아니하다.

② 〈도시철도법〉 제2조 제2호에 따른 노면전차를 운전하려는 사람은 제1항에 따른 운전면허 외에 〈도로교통법〉 제80조에 따른 운전면허를 받아야 한다.

③ 제1항에 따른 운전면허는 대통령령으로 정하는 바에 따라 철도차량의 종류별로 받아야 한다.

〈철도안전법 시행규칙〉

[별표1의2] 철도차량 운전면허 종류별 운전이 가능한 철도차량(제11조 관련)

운전면허의 종류	운전할 수 있는 철도차량의 종류
1. 고속철도차량 운전면허	㉮ 고속철도차량 ㉯ 철도장비 운전면허에 따라 운전할 수 있는 차량
2. 제1종 전기차량 운전면허	㉮ 전기기관차 ㉯ 철도장비 운전면허에 따라 운전할 수 있는 차량
3. 제2종 전기차량 운전면허	㉮ 전기동차 ㉯ 철도장비 운전면허에 따라 운전할 수 있는 차량
4. 디젤차량 운전면허	㉮ 디젤기관차 ㉯ 디젤동차 ㉰ 증기기관차 ㉱ 철도장비 운전면허에 따라 운전할 수 있는 차량

5. 철도장비 운전면허	㉮ 철도건설과 유지・보수에 필요한 기계나 장비 ㉯ 철도시설의 검측장비 ㉰ 철도・도로를 모두 운행할 수 있는 철도복구장비 ㉱ 전용철도에서 시속 25킬로미터 이하로 운전하는 차량 ㉲ 사고복구용 기중기 ㉳ 입환(入換)작업을 위해 원격제어가 가능한 장치를 설치하여 시속 25킬로미터 이하로 운전하는 동력차
6. 노면전차 운전면허	노면전차

[비고]

1. 시속 100킬로미터 이상으로 운행하는 철도시설의 검측장비 운전은 고속철도차량 운전면허, 제1종 전기차량 운전면허, 제2종 전기차량 운전면허, 디젤차량 운전면허 중 하나의 운전면허가 있어야 한다.

… (중략) …

5. 철도차량 운전면허(철도장비 운전면허는 제외한다) 소지자는 철도차량 종류에 관계없이 차량기지 내에서 시속 25킬로미터 이하로 운전하는 철도차량을 운전할 수 있다. 이 경우 다른 운전면허의 철도차량을 운전하는 때에는 국토교통부장관이 정하는 교육훈련을 받아야 한다.

… (이하 생략) …

〈보기〉

㉠ 고속철도차량
㉡ 전기기관차
㉢ 디젤기관차
㉣ 증기기관차
㉤ 사고복구용 기중기
㉥ 노면전차

① ㉠, ㉡, ㉢
② ㉡, ㉢, ㉤
③ ㉢, ㉣, ㉤
④ ㉢, ㉤, ㉥
⑤ ㉣, ㉤, ㉥

02 다음 제시된 협상 대화에서 가장 적절하게 대답한 사람은?

S기업 : 안녕하세요? 다름이 아니라 현재 단가로는 더 이상 귀사에 납품하는 것이 어려울 것 같아 자재의 단가를 조금 올리고 싶어서요. 이에 대해 어떻게 생각하시나요?

대 답 : ______________________________

〈보기〉

A : 지난달 자재의 불량률이 너무 높은데 단가를 더 낮춰야 할 것 같습니다.
B : 저희도 이 정도 가격은 꼭 받아야 해서요, 단가를 지금 이상 드리는 것은 불가능합니다.
C : 불량률을 3% 아래로 낮춰서 납품해 주시면 단가를 조금 올리도록 하겠습니다.
D : 단가를 올리면 저희 쪽에서 주문하는 수량이 줄어들 텐데, 귀사에서 괜찮을까요?
E : 단가에 대한 협상은 귀사의 사장님과 해 봐야 할 것 같네요.

① A
② B
③ C
④ D
⑤ E

※ 다음은 전열 난방기구의 설명서이다. 이어지는 질문에 답하시오. **[3~4]**

1. **설치 방법**

[스탠드형]

ⓐ 제품 밑 부분이 위를 향하게 하고, 스탠드와 히터의 나사 구멍이 일치하도록 맞추세요.
ⓑ 십자드라이버를 사용해 스탠드 조립용 나사를 단단히 고정시켜 주세요.
ⓒ 스탠드 2개를 모두 조립한 후 제품을 똑바로 세워놓고 흔들리지 않는지 확인합니다.

[벽걸이형]

ⓐ 벽걸이용 거치대를 본체에서 분리해 주세요.
ⓑ 벽걸이용 거치대 양쪽 구멍의 거리에 맞춰 벽에 작은 구멍을 냅니다(단단한 콘크리트나 타일이 있을 경우 전동드릴로 구멍을 내면 좋습니다).
ⓒ 제공되는 나사를 이용해 거치대를 벽에 고정시켜 줍니다.
ⓓ 양손으로 본체를 들어서 평행을 맞춰 거치대에 제품을 고정합니다.
ⓔ 거치대의 고정 나사를 단단히 조여 흔들리지 않도록 고정시킵니다.

2. **사용 방법**

ⓐ 전원선을 콘센트에 연결합니다.
ⓑ 전원 버튼을 누르면 작동을 시작합니다.
ⓒ 1단(750W), 2단(1,500W)의 출력 조절 버튼을 터치해 출력을 조절할 수 있습니다.
ⓓ 온도 조절 버튼을 터치하여 온도를 조절할 수 있습니다.
- 설정 가능한 온도 범위는 15 ~ 40℃입니다.
- 에너지 절약을 위해 실내 온도가 설정 온도에 도달하면 자동으로 전원이 차단됩니다.
- 실내 온도가 설정 온도보다 약 2 ~ 3℃ 내려가면 다시 작동합니다.

ⓔ 타이머 버튼을 터치하여 작동 시간을 설정할 수 있습니다.
ⓕ 출력 조절 버튼을 5초 이상 길게 누르면 잠금 기능이 활성화됩니다.

3. **주의 사항**

ⓐ 제품을 사용하지 않을 때나 제품을 점검할 때는 전원 코드를 반드시 콘센트에서 분리하세요.
ⓑ 사용자가 볼 수 있는 위치에서만 사용하세요.
ⓒ 사용 시에 화상을 입을 수 있으니 손을 대지 마세요.
ⓓ 바닥이 고르지 않은 곳에서는 사용하지 마세요.
ⓔ 젖은 수건, 의류 등을 히터 위에 올려놓지 마세요.
ⓕ 장난감, 철사, 칼, 도구 등을 넣지 마세요.
ⓖ 제품 사용 중 이상이 발생한 경우 분해하지 마시고, A/S센터에 문의해 주세요.
ⓗ 본체 가까이에서 스프레이 캔이나 인화성 위험물을 사용하지 않습니다.
ⓘ 휘발유, 신나, 벤젠, 등유, 알칼리성 비눗물, 살충제 등을 이용하여 청소하지 마세요.
ⓙ 제품을 물에 담그지 마세요.
ⓚ 젖은 손으로 전원 코드, 본체, 콘센트 등을 만지지 마세요.
ⓛ 전원 케이블이 과도하게 꺾이거나 피복이 벗겨진 경우에는 전원을 연결하지 마시고, A/S센터로 문의하시기 바랍니다.

※ 주의 : 주의 사항을 지키지 않을 경우 고장 및 감전, 화재의 원인이 될 수 있음

03 **작업장에 벽걸이형 난방기구를 설치하고자 한다. 다음 중 벽걸이형 난방기구의 설치 방법으로 가장 적절한 것은?**

① 벽걸이용 거치대의 양쪽 구멍과 상단 구멍의 위치에 맞게 벽에 작은 구멍을 낸다.
② 스탠드 2개를 조립한 후 벽걸이형 거치대를 본체에서 분리한다.
③ 벽이 단단한 콘크리트로 되어 있을 경우 거치대를 따로 고정하지 않아도 된다.
④ 거치대를 벽에 고정시킨 뒤, 평행을 맞추어 거치대에 제품을 고정시킨다.
⑤ 스탠드의 고정 나사를 조여 제품이 흔들리지 않는지 확인한다.

04 **다음 중 난방기 사용 방법으로 적절하지 않은 것은?**

① 전원선을 콘센트에 연결 후 전원 버튼을 누른다.
② 출력 조절 버튼을 터치하여 출력을 1단으로 낮춘다.
③ 히터를 작동시키기 위해 설정 온도를 현재 실내 온도인 20℃로 조절하였다.
④ 전기료 절감을 위해 타이머를 1시간으로 맞추어 놓고 사용하였다.
⑤ 잠금 기능을 활성화하기 위해 출력 조절 버튼을 5초 이상 길게 눌렀다.

05 **다음은 S공사의 L팀장이 오전 10시에 K대리에게 남긴 음성메시지이다. L팀장의 업무 지시에 따라 K대리가 가장 먼저 해야 할 일과 가장 나중에 해야 할 일을 순서대로 바르게 나열한 것은?**

> K대리님, 저 L팀장입니다. 오늘 중요한 미팅 때문에 K대리님이 제 업무를 조금 도와주셔야 할 것 같습니다. 제가 미팅 후 회식을 가야 하는데 제가 회사 차를 가지고 왔습니다. 이따가 K대리님이 잠깐 들러 회사 차를 반납해 주세요. 아! 차 안에 S은행 P팀장에게 제출해야 할 서류가 있는데 회사 차를 반납하기 전에 그 서류를 대신 제출해 주시겠어요? S은행 P팀장은 4시에 퇴근하니까 3시까지는 S은행으로 가셔야 할 것 같습니다. 그리고 오늘 5시에 팀장 회의가 있는데 제 책상 위의 회의 자료를 영업팀 C팀장에게 전달해 주시겠어요? C팀장이 오늘 오전 반차를 써서 아마 1시쯤에 출근할 것 같습니다. 급한 사안이니 최대한 빨리 전달 부탁드려요. 그런데 혹시 지금 대표님께서 출근하셨나요? 오전 중으로 대표님께 결재를 받아야 할 사항이 있는데 제 대신 결재 부탁드리겠습니다.

① 대표에게 결재받기, C팀장에게 회의 자료 전달
② 대표에게 결재받기, 회사 차 반납
③ C팀장에게 회의 자료 전달, S은행 P팀장에게 서류 제출
④ C팀장에게 회의 자료 전달, 회사 차 반납
⑤ S은행 P팀장에게 서류 제출, 회사 차 반납

※ 다음은 2024년 주당 근무시간에 대한 자료이다. 이어지는 질문에 답하시오. **[6~7]**

〈2024년 주당 근무시간〉

(단위 : %)

특성별		사례 수(명)	주 40시간 이하	주 41 ~ 52시간 이하	주 53시간 이상
전체	소계	50,091	52.3	27.2	20.5
성별	남성	28,612	48.1	28.7	23.2
	여성	21,478	58.0	25.0	17.0
종사상 지위별	고용원이 없는 자영업자	7,677	27.6	26.0	46.4
	고용원이 있는 자영업자 / 사업주	2,993	28.3	30.0	41.7
	임금근로자	37,073	59.7	27.4	12.9
	무급가족종사자	2,149	46.0	24.0	30.0
	그외종사자	200	61.6	19.8	18.6
직업별	관리자	291	63.6	30.1	6.3
	전문가 및 관련종사자	10,017	64.5	26.5	9.0
	사무종사자	9,486	70.8	25.0	4.2
	서비스종사자	6,003	39.6	21.9	38.5
	판매종사자	6,602	34.7	29.1	36.2
	농림어업 숙련종사자	2,710	54.8	24.5	20.7
	기능원 및 관련기능종사자	4,853	35.1	37.1	27.8
	장치, 기계조작 및 조립종사자	5,369	41.8	32.2	26.0
	단순노무종사자	4,642	57.4	21.9	20.7
	군인	118	71.9	23.8	4.3

06 다음 〈보기〉 중 자료에 대한 설명으로 적절하지 않은 것을 모두 고르면?

〈보기〉

ㄱ. 판매종사자 중 주 52시간 이하로 근무하는 비율은 60%를 넘는다.
ㄴ. 남성과 여성 모두 주 41 ~ 52시간 이하로 근무하는 비율이 가장 높다.
ㄷ. 응답자 중 무급가족종사자의 절반 이상은 주 40시간 이하로 근무한다.
ㄹ. 농림어업 숙련종사자 중 주 40시간 이하로 근무하는 응답자의 수는 1,000명이 넘는다.

① ㄱ, ㄴ
② ㄱ, ㄷ
③ ㄴ, ㄷ
④ ㄴ, ㄹ
⑤ ㄷ, ㄹ

07 다음 중 고용원이 없는 자영업자와 고용원이 있는 자영업자 / 사업주에서 주 40시간 이하로 근무하는 응답자의 비율의 합으로 옳은 것은?

① 0.7%p
② 37.6%p
③ 54.9%p
④ 55.9%p
⑤ 58.0%p

08 다음 워크시트에서 '박성미'의 결석 값을 찾기 위한 함수식은?

	A	B	C	D
1	성적표			
2	이름	중간	기말	결석
3	김남재	86	90	4
4	이정한	70	80	2
5	박성미	95	85	5

① =VLOOKUP("박성미",$A$3:$D$5,4,1)
② =VLOOKUP("박성미",$A$3:$D$5,4,0)
③ =HLOOKUP("박성미",$A$3:$D$5,4,0)
④ =HLOOKUP("박성미",$A$3:$D$5,4,1)
⑤ =HLOOKUP("박성미",$A$3:$D$5,4,2)

09 왼쪽 워크시트의 성명 데이터를 오른쪽 워크시트와 같이 성과 이름 두 개의 열로 분리하기 위해 [텍스트 나누기] 기능을 사용하고자 한다. 다음 중 [텍스트 나누기]의 분리 방법으로 가장 적절한 것은?

	A
1	김철수
2	박선영
3	최영희
4	한국인

	A	B
1	김	철수
2	박	선영
3	최	영희
4	한	국인

① 열 구분선을 기준으로 내용 나누기
② 구분 기호를 기준으로 내용 나누기
③ 공백을 기준으로 내용 나누기
④ 탭을 기준으로 내용 나누기
⑤ 행 구분선을 기준으로 내용 나누기

10 다음 중 엑셀에 입력했을 때, 기본적으로 셀의 왼쪽으로 정렬되지 않는 것은?

① “2025”
② 2025-01-01
③ 2,000원
④ FIFA2026
⑤ 2025년

11 **A씨는 취업 스터디에서 기업 분석을 하다가 다음과 같이 기업의 경영 전략을 정리하였다. 이에 대한 사례로 적절한 것을 〈보기〉에서 골라 바르게 연결한 것은?**

- 차별화 전략 : 가격 이상의 가치로 브랜드 충성심을 이끌어 내는 전략
- 원가우위 전략 : 업계에서 가장 낮은 원가로 우위를 확보하는 전략
- 집중화 전략 : 특정 세분시장만 집중공략하는 전략

〈보기〉

㉠ S기업은 S/W에 집중하기 위해 H/W의 한글 전용 PC 분야를 한국계 기업과 전략적으로 제휴하고 회사를 설립해 조직체에 위양하였으며 이후 고유 분야였던 S/W에 자원을 집중하였다.
㉡ S마트는 재고 네트워크를 전산화해 원가를 절감하고 양질의 제품을 최저 가격에 판매하고 있다.
㉢ S호텔은 5성급 호텔로 하루 숙박비용이 상당히 비싸지만, 환상적인 풍경과 더불어 친절한 서비스를 제공하고 객실 내 제품이 모두 최고급으로 비치되어 있어 이용객들에게 높은 만족도를 준다.

	차별화 전략	원가우위 전략	집중화 전략
①	㉠	㉡	㉢
②	㉠	㉢	㉡
③	㉡	㉠	㉢
④	㉢	㉠	㉡
⑤	㉢	㉡	㉠

12 **다음 중 직업윤리에 대한 설명으로 적절하지 않은 것은?**

① 각자가 직업에 종사하는 과정에서 요구되는 특수한 윤리규범이다.
② 개인윤리를 바탕으로 성립되며, 개인윤리의 연장선이라 할 수 있다.
③ 원만한 직업생활을 하기 위해 필요한 마음가짐과 태도를 의미한다.
④ 개인윤리보다 좀 더 구체적 상황에서 요구되는 실천규범이다.
⑤ 어느 직장에 다니느냐에 따라 구분되는 윤리규범이다.

※ 다음은 제습기 사용과 보증기간에 대한 설명이다. 이어지는 질문에 답하시오. **[13~14]**

〈사용 전 알아두기〉

- 제습기의 적정 사용온도는 18℃ ~ 35℃입니다.
  - 18℃ 미만에서는 냉각기에 결빙이 시작되어 제습량이 줄어들 수 있습니다.
- 제습 운전 중에는 컴프레서 작동으로 실내 온도가 올라갈 수 있습니다.
- 설정한 희망 습도에 도달하면 운전을 멈추고 실내 습도가 높아지면 자동 운전을 다시 시작합니다.
- 물통이 가득 찰 경우 제습기 작동이 멈춥니다.
- 안전을 위하여 제습기 물통에 다른 물건을 넣지 마십시오.
- 제습기가 작동하지 않거나 아무 이유 없이 작동을 멈추는 경우 다음 사항을 확인하세요.
  - 전원플러그가 제대로 끼워져 있는지 확인하십시오.
  - 위의 사항이 정상인 경우, 전원을 끄고 10분 정도 경과 후 다시 전원을 켜세요.
  - 여전히 작동이 안 되는 경우, 판매점 또는 서비스 센터에 연락하시기 바랍니다.
- 현재 온도 / 습도는 설치장소 및 주위 환경에 따라 실제와 차이가 있을 수 있습니다.

〈보증기간 안내〉

- 보증기간 산정 기준
  - 품목별 소비자 피해 보상규정에 의거 아래와 같이 제품에 대한 보증을 실시합니다.
- 제품 산정 기준
  - 제품 보증기간이라 함은 제조사 또는 제품 판매자가 소비자에게 정상적인 상태에서 자연 발생한 품질 성능 기능 하자에 대하여 무료 수리해 주겠다고 약속한 기간을 말합니다.
  - 제품 보증기간은 구입일자를 기준으로 산정하며 구입일자의 확인은 제품보증서를 기준으로 합니다. 단, 보증서가 없는 경우는 제조일(제조번호 검사필증)로부터 3개월이 경과한 날부터 보증기간을 계산합니다.
  - 중고품(전파상 구입, 모조품) 구입 시 보증기간은 적용되지 않으며 수리 불가의 경우 피해보상을 책임지지 않습니다.
- 당사와의 계약을 통해 납품되는 제품의 보증은 그 계약내용을 기준으로 합니다.
- 제습기 보증기간은 일반제품으로 1년으로 합니다.
  - 2017년 1월 이전 구입분은 2년 적용

〈제습기 부품 보증기간〉

- 인버터 컴프레서(2016년 1월 이후 생산 제품) : 10년
- 컴프레서(2018년 1월 이후 생산 제품) : 4년
- 인버터 컴프레서에 한해서 5년 차부터 부품대만 무상 적용함

13 다음 중 제습기 구매자가 서비스센터에 연락해야 할 상황은 무엇인가?

① 실내 온도가 17℃일 때 제습량이 줄어들었다.
② 제습기 사용 후 실내 온도가 올라갔다.
③ 물통에 물이 $\frac{1}{2}$ 정도 들어있을 때 작동이 멈췄다.
④ 제습기가 갑자기 작동되지 않아 잠시 10분 꺼두었다가 다시 켰더니 작동하였다.
⑤ 희망 습도에 도달하니 운전을 멈추었다.

14 다음 중 제습기 사용자가 잘못 이해한 내용은 무엇인가?

① 제품 보증서가 없는 경우, 구매자가 영수증에 찍힌 구입한 날짜부터 계산한다.
② 보증기간 무료 수리는 정상적인 상태에서 자연 발생한 품질 성능 기능 하자가 있을 때이다.
③ 제습기 보증기간은 구입일로부터 1년이다.
④ 2017년 이전에 구입한 제습기는 보증기간이 2년 적용된다.
⑤ 2016년에 생산된 인버터 컴프레서의 보증기간은 10년이다.

15 다음 사례에서 K씨가 자신의 목표를 달성하지 못한 이유로 가장 적절한 것은?

> 영화관에서 근무하는 K씨는 '친절사원'으로 선발된 다른 직원들을 보면서 자신도 이달의 친절왕이 되겠다는 목표를 설정하고, 여러 정보들을 수집하여 구체적인 계획을 세웠다. 그러나 K씨의 무뚝뚝한 표정과 말투로 인해 친절왕은커녕 고객들의 불평・불만만 쌓여갔다. 사실 K씨는 오래전부터 사람을 대하는 서비스업이 자신에게 적합하지 않다는 생각을 하고 있었다.

① 자신감이 부족하여 자기개발과 관련된 결정을 제대로 하지 못하였다.
② 회사 내의 경력기회 및 직무 가능성 등에 대해 충분히 알아보지 않았다.
③ 다른 직업이나 회사 밖의 기회에 대해 충분히 알아보지 않았다.
④ 자신의 흥미・적성 등을 제대로 파악하지 못하였다.
⑤ 둘러싼 주변상황의 제약으로 인해 어려움을 겪었다.

16 다음 중 '조하리의 창(Johari's Window)' 속 자아와 〈보기〉의 사례를 바르게 연결한 것은?

〈보기〉

㉠ A는 평소 활발하고 밝은 성격으로, 주변 사람들도 모두 A를 쾌활한 사람으로 알고 있다.
㉡ 그러나 A는 자신이 혼자 있을 때 그 누구보다 차분하고 냉정한 편이라고 생각한다.
㉢ 하지만 A를 오랫동안 알고 지낸 친구들은 A가 정이 많으며, 결코 냉정한 성격은 아니라고 말한다.

	㉠	㉡	㉢
①	아무도 모르는 자아	숨겨진 자아	눈먼 자아
②	눈먼 자아	공개된 자아	아무도 모르는 자아
③	눈먼 자아	숨겨진 자아	공개된 자아
④	공개된 자아	눈먼 자아	숨겨진 자아
⑤	공개된 자아	숨겨진 자아	눈먼 자아

17 다음 중 자기개발이 필요한 이유가 같은 사람끼리 묶은 것은?

㉠ IT회사에 재직 중인 A사원은 새로운 기술이 도입됨에 따라 자신의 업무 방식에 변화가 필요하다는 것을 깨달았다.
㉡ 반도체 회사에 근무 중인 B사원은 올해 안에 새로운 제품을 개발하고, 이를 출시하는 것을 목표로 삼았다.
㉢ 의류업체에 다니고 있는 C사원은 업무 처리 과정에서의 잦은 실수로 인해 본인의 능력에 대한 자신감을 잃었다.
㉣ 자동차 공장에서 일하고 있는 D사원은 본인이 수행하던 작업을 점차 기계가 대신하는 모습을 보면서 심각한 고민에 빠졌다.

① ㉠, ㉡
② ㉠, ㉣
③ ㉡, ㉢
④ ㉡, ㉣
⑤ ㉢, ㉣

18 H팀은 정기행사를 진행하기 위해 공연장을 대여하려 한다. H팀의 상황을 고려하여 공연장을 대여한다고 할 때, 총비용은 얼마인가?

〈공연장 대여비용〉

구분	공연 준비비	공연장 대여비	소품 대여비	보조진행요원 고용비
단가	50만 원	20만 원(1시간)	5만 원(1세트)	5만 원(1인, 1시간)
할인	총비용 150만 원 이상 : 10%	2시간 이상 : 3% 5시간 이상 : 10% 12시간 이상 : 20%	3세트 : 4% 6세트 : 10% 10세트 : 25%	2시간 이상 : 5% 4시간 이상 : 12% 8시간 이상 : 25%

※ 할인은 각 품목마다 개별적으로 적용됨

〈H팀 상황〉

A : 저희 총예산은 수입보다 많으면 안 됩니다. 티켓은 4만 원이고, 50명 정도 관람할 것으로 예상됩니다.
B : 공연은 2시간이고, 리허설 시간으로 2시간이 필요하며, 공연 준비 및 정리를 하려면 공연 앞뒤로 1시간씩은 필요합니다.
C : 소품은 공연 때 2세트 필요한데, 예비로 1세트 더 준비하도록 하죠.
D : 진행은 저희끼리 다 못하니까 주차장을 관리할 인원 1명을 고용해서 공연 시간 동안과 공연 앞뒤 1시간씩 공연장 주변을 정리하도록 합시다. 총예산이 모자라면 예비 소품 1세트 취소, 보조진행요원 미고용, 리허설 시간 1시간 축소 순서로 줄이도록 하죠.

① 1,800,000원
② 1,850,000원
③ 1,900,000원
④ 2,050,000원
⑤ 2,100,000원

19 다음 〈보기〉 중 직장 내 성예절에 대한 설명으로 적절한 것을 모두 고르면?

〈보기〉

ㄱ. 성희롱에는 육체적·언어적 행위뿐만 아니라 정보기기를 이용하여 음란물을 보내는 행위도 포함된다.
ㄴ. 성희롱을 경험한 개인은 외부단체에 도움을 요청하기보다는 직장 내에서의 조직적 대응을 요청하는 것이 더욱 효과적이다.
ㄷ. 직장은 성희롱 경험에 대해 신고 및 조치를 요청한 개인의 개인정보 유출을 철저히 방지하여야 한다.
ㄹ. 직장은 성희롱 가해자에 대하여 납득할 만한 수준의 조치를 취하고, 결과를 피해자에게 통지한다.

① ㄱ, ㄷ
② ㄱ, ㄴ, ㄷ
③ ㄱ, ㄴ, ㄹ
④ ㄱ, ㄷ, ㄹ
⑤ ㄴ, ㄷ, ㄹ

20 다음 〈보기〉 중 예절에 대한 설명으로 적절하지 않은 것을 모두 고르면?

〈보기〉

ㄱ. 예절은 사회계약적 특성을 지닌다.
ㄴ. 예절은 언어문화권 내에서는 동일하지만, 국가 간에는 차이가 있을 수 있다.
ㄷ. 예절이란 특정 생활문화권의 생활양식을 통해 장기간에 걸쳐 정립된 관습적 생활규범이다.
ㄹ. 현대 에티켓은 타인에게 폐를 끼치지 않는 것뿐 아니라 호감을 주는 것도 포함한다.

① ㄱ
② ㄴ
③ ㄱ, ㄹ
④ ㄴ, ㄷ
⑤ ㄴ, ㄷ, ㄹ

21 다음 〈보기〉 중 서비스(SERVICE)의 7가지 의미에 해당되는 것은 모두 몇 개인가?

〈보기〉

㉠ 고객에게 효과적인 도움을 제공할 수 있어야 한다.
㉡ 고객에게 예의를 갖추고 서비스를 제공하여야 한다.
㉢ 고객에게 좋은 이미지를 심어주어야 한다.
㉣ 고객에게 정서적 감동을 제공할 수 있어야 한다.
㉤ 고객에게 탁월한 수준으로 지원이 제공되어야 한다.

① 1개
② 2개
③ 3개
④ 4개
⑤ 5개

22 다음은 암 발생률 추이에 대한 자료이다. 이에 대한 설명으로 옳은 것은?

〈암 발생률 추이〉

(단위 : %)

구분	2018년	2019년	2020년	2021년	2022년	2023년	2024년
위암	31.5	30.6	28.8	25.5	23.9	24.0	24.3
간암	24.1	23.9	23.0	21.4	20.0	20.7	21.3
폐암	14.4	17.0	18.8	19.4	20.6	22.1	24.4
대장암	4.5	4.6	5.6	6.3	7.0	7.9	8.9
유방암	1.7	1.9	1.9	2.2	2.1	2.4	4.9
자궁암	7.8	7.5	7.0	6.1	5.6	5.6	5.6

① 위암의 발생률은 점차 감소하는 추세를 보이고 있다.
② 폐암의 경우 발생률이 계속적으로 증가하고 있으며, 전년 대비 2024년 암 발생률 증가폭이 다른 암에 비해서 가장 크다.
③ 2018년 대비 2024년에 발생률이 증가한 암은 폐암, 대장암, 유방암이다.
④ 2024년에 위암으로 죽은 사망자 수가 가장 많으며, 이러한 추세는 지속될 것으로 보인다.
⑤ 자궁암의 발생률은 계속 감소하는 추세를 보이고 있다.

23 방대한 양의 납품 자료를 한눈에 파악할 수 있게 데이터를 요약해서 보내라는 연락을 받았다. 이러한 상황에 대응하기 위한 엑셀 사용 방법으로 가장 적절한 것은?

① 매크로 기능을 이용한다.
② 조건부 서식 기능을 이용한다.
③ 피벗 테이블 기능을 이용한다.
④ 유효성 검사 기능을 이용한다.
⑤ 필터 검사 기능을 이용한다.

※ S공사 A직원은 철도차량 중정비에 대한 자료를 살펴보고 있다. 이어지는 질문에 답하시오. **[24~25]**

〈철도차량 중정비〉

▶ **중정비 정의 및 개요**

• 철도차량 전반의 주요 시스템과 부품을 차량으로부터 분리하여 점검하고 교체·검사하는 것으로, 철도차량 정비창에 입장하여 시행하는 검수이다.

• 철도차량 분리와 장치 탈거, 부품 분해, 부품 교체, 시험 검사 및 측정, 시험 운전 등 전 과정을 시행한다.

• 3～4년 주기로 실시하며, 약 한 달간의 기간이 소요된다.

• 이 기간 중 차량 운행을 불가능하다.

▶ **필요성**

• 철도차량의 사용기간이 경화함에 따라 차량을 구성하고 있는 각 부품의 상태와 성능이 점차 저하되고 있다. 따라서 일정 사용기간이 경과하면 이에 대한 검수가 반드시 필요하다.

분해 및 부품 교체	시험 검사 및 측정
• 부품 취거 • 배유 및 분해 • 각 부품 정비 • 검사 • 부품 조립	• 절연저항 시험 • 논리회로 분석기 • 고저온 시험기 • 열화상 카메라 • 제동거리 측정기

※ 고저온 시험기와 열화상 카메라는 온도를 사용하는 기기임

▶ **절차**

구분	내용
1단계	기능 및 상태 확인
2단계	정비개소 유지보수 시행 및 보고
3단계	기능시험 및 출장검사
4단계	본선 시운전
5단계	보완사항 점검 조치
6단계	최종 확인 및 결제
7단계	운용소속 인계

▶ **최근 유지·보수 시스템**

• RAMS 기술을 활용한 RAM 기반 철도차량 유지·보수 모니터링 시스템을 활용한다.

• 디지털 트윈 기술을 활용해 철도차량 운행상태를 수집하여 3차원 디지털 정보로 시각화한다.

• 데이터에 기반한 사전 혹은 실시간 유지·보수가 가능하다.

▶ **중정비 정기 점검 기준**

운행 연차	정기 점검 산정 방식
5년 초과	(열차 등급별 정기 점검 산정 횟수)×5
3년 이상 5년 이하	(열차 등급별 정기 점검 산정 횟수)×3
3년 미만	(열차 등급별 정기 점검 산정 횟수)×2

※ 열차 등급별 정기 점검 산정 횟수 : A등급의 경우 1회/년, B등급의 경우 2회/년, C등급의 경우 3회/년

24 다음 중 A직원이 자료를 이해한 내용으로 적절하지 않은 것은?

① 중정비 중인 열차는 운행할 수 없다.
② 온도와 관련된 기기를 사용하여 시험 검사 및 측정을 실시한다.
③ 중정비 절차는 총 7단계로, 기능시험 및 출장검사는 3단계이다.
④ 중정비는 철도차량 전체의 주요 시스템과 부품을 점검하는 작업이다.
⑤ 철도차량 운행상태를 3차원 디지털 정보로 시각화하는 기술은 RAMS 기술이다.

25 C등급의 열차가 4년째 운행 중일 때, 다음 중 해당 열차가 1년 동안 받아야 할 정기 점검 산정 횟수로 옳은 것은?

① 1회
② 3회
③ 5회
④ 9회
⑤ 12회

26 다음은 에너지원별 판매단가 및 CO_2 배출량에 대한 자료이다. 이에 대한 설명으로 적절하지 않은 것은?

〈에너지원별 판매단가 및 CO_2 배출량〉

구분	판매단가(원/kWh)	CO_2 배출량(g-CO_2/kWh)
원자력	38.42	9
유연탄	38.56	968
중유	115.32	803
LPG	132.45	440

① LPG 판매단가는 원자력 판매단가의 약 3.4배이다.
② 유연탄 CO_2 배출량은 원자력 CO_2 배출량의 약 97배이다.
③ LPG는 두 번째로 CO_2 배출량이 낮다.
④ 원자력은 판매단가 대비 CO_2 배출량이 가장 낮다.
⑤ 판매단가가 두 번째로 높은 에너지원은 CO_2 배출량도 두 번째로 높다.

27 다음 상황에 대해 K대리가 G대리에게 해줄 수 있는 조언으로 가장 적절한 것은?

> G대리 : 나 참, A과장님 왜 그러시는지 이해를 못하겠네.
> K대리 : 무슨 일이야?
> G대리 : 아니 어제 내가 회식 자리에서 A과장님께 장난을 좀 쳤거든. 그런데 A과장님이 내 장난을 잘 받아 주시길래 아무렇지 않게 넘어갔는데, 오늘 A과장님이 나에게 어제 일로 화를 내시는 거 있지?

① 부하 직원인 우리가 참고 이해하는 것이 좋을 것 같아.
② 본인이 실수했다고 느꼈을 때 바로 사과하는 것이 중요해.
③ A과장님께 본인이 무엇을 잘못했는지 확실히 물어보는 것이 어때?
④ 직원회의 시간에 이 문제에 대해 확실히 짚고 넘어가는 것이 좋겠어.
⑤ 업무에 성과를 내서 A과장님 기분을 풀어드리는 것이 좋을 것 같아.

28 H사원은 자기관리 계획을 수립하기로 하였다. 다음 중 H사원이 세워야 할 자기관리 단계를 바르게 나열한 것은?

> ㉠ 반성 및 피드백　　㉡ 과제 발견
> ㉢ 비전 및 목적 정립　　㉣ 일정 수립
> ㉤ 수행

① ㉡ → ㉢ → ㉣ → ㉤ → ㉠　　② ㉡ → ㉣ → ㉢ → ㉤ → ㉠
③ ㉢ → ㉡ → ㉣ → ㉤ → ㉠　　④ ㉢ → ㉣ → ㉡ → ㉤ → ㉠
⑤ ㉢ → ㉣ → ㉤ → ㉡ → ㉠

29 **어떤 것에 대해 결정을 내릴 때, 혼자 하는 것 못지않게 여럿이 함께 하는 상황도 적지 않다. 주변에서 예를 찾아보면 팀 · 조직 안에서 의사 결정을 하는 것이 해당된다. 이러한 집단 의사 결정의 특징으로 옳지 않은 것은?**

① 한 사람이 가진 지식보다 집단의 지식과 정보가 더 많기 때문에 보다 효과적인 결정을 할 확률이 높다.
② 의사를 결정하는 과정에서 구성원 간의 갈등은 불가피하다.
③ 여럿의 의견을 일련의 과정을 거쳐 모은 것이기 때문에 결과는 얻을 수 있는 것 중 최선이다.
④ 구성원 각자의 시각으로 문제를 바라보기 때문에 다양한 견해를 가지고 접근할 수 있다.
⑤ 의견이 불일치하는 경우 오히려 특정 구성원에 의해 의사 결정이 독점될 가능성이 있다.

30 **다음 (가), (나)의 사례에 대한 상대방 설득 방법으로 적절하지 않은 것은?**

(가) A사의 제품은 현재 매출 1위이며 소비자들의 긍정적인 평판을 받고 있다. A사는 이 점을 내세워 B사와 다음 신제품과 관련하여 계약을 맺고 싶어 하지만 B사는 A사의 주장을 믿지 않아 계약이 보류된 상황이다. A사는 최근 신제품에 필요한 기술을 확보하고 있는 B사가 꼭 필요한 협력업체이기 때문에 고심하고 있다.
(나) 플라스틱을 제조하는 C사는 최근 테니스 라켓, 욕조, 배의 선체 등 다양한 곳에 사용되는 탄소섬유강화 플라스틱 사업의 전망이 밝다고 생각하여 탄소섬유를 다루는 D사와 함께 사업하길 원하고 있다. 하지만 D사는 C사의 사업 전망에 대해 믿지 못하고 있는 상황이어서 사업은 보류된 상태이다.

① (가)의 경우 매출 1위와 관련된 데이터를 시각화하여 B사가 직접 보고 느끼게 해주는 게 좋을 것 같아.
② (나)의 경우 호혜관계를 설명하면서 D사가 얻을 수 있는 혜택도 설명해 주는 게 좋겠어.
③ (가)의 경우 A사 제품을 사용한 소비자들의 긍정적인 후기를 B사에 보여주는 것은 어때?
④ (가)의 경우 B사에 대기업인 점을 앞세워서 공격적으로 설득하는 것이 좋겠어.
⑤ (나)의 경우 D사에 탄소섬유강화플라스틱의 효과에 대해 공동 평가할 수 있는 기회를 주는 것은 어때?

※ 다음은 철도안전법 시행규칙 중 일부 내용이다. 이어지는 질문에 답하시오. [31~32]

안전관리체계의 유지·검사 등(제6조)

① 국토교통부장관은 법 제8조 제2항에 제1호에 따른 정기검사를 1년마다 1회 실시해야 한다.

② 국토교통부장관은 법 제8조 제2항에 따른 정기검사 또는 수시검사를 시행하려는 경우에는 검사 시행일 7일 전까지 다음 각 호의 내용이 포함된 검사계획을 검사 대상 철도운영자 등에게 통보해야 한다. 다만, 철도사고, 철도준사고 및 운행장애(이하 철도사고 등이라 한다)의 발생 등으로 긴급히 수시검사를 실시하는 경우에는 사전 통보를 하지 않을 수 있고, 검사 시작 이후 검사계획을 변경할 사유가 발생한 경우에는 철도운영자 등과 협의하여 검사계획을 조정할 수 있다.

1. 검사반의 구성
2. 검사 일정 및 장소
3. 검사 수행 분야 및 검사 항목
4. 중점 검사 사항
5. 그 밖에 검사에 필요한 사항

③ 국토교통부장관은 다음 각 호의 사유로 철도운영자 등이 안전관리체계 정기검사의 유예를 요청한 경우에 검사 시기를 유예하거나 변경할 수 있다.

1. 검사 대상 철도운영자 등이 사법기관 및 중앙행정기관의 조사 및 감사를 받고 있는 경우
2. 항공·철도 사고조사에 관한 법률 제4조 제1항에 따른 항공·철도사고조사위원회가 같은 법 제19조에 따라 철도사고에 대한 조사를 하고 있는 경우
3. 대형 철도사고의 발생, 천재지변, 그 밖의 부득이한 사유가 있는 경우

④ 국토교통부장관은 정기검사 또는 수시검사를 마친 경우에는 다음 각 호의 사항이 포함된 검사 결과보고서를 작성하여야 한다.

1. 안전관리체계의 검사 개요 및 현황
2. 안전관리체계의 검사 과정 및 내용
3. 법 제8조 제3항에 따른 시정조치 사항
4. 제6항에 따라 제출된 시정조치계획서에 따른 시정조치명령의 이행 정도
5. 철도사고에 따른 사망자·중상자의 수 및 철도사고 등에 따른 재산피해액

⑤ 국토교통부장관은 법 제8조 제3항에 따라 철도운영자 등에게 시정조치를 명하는 경우에는 시정에 필요한 적정한 기간을 주어야 한다.

⑥ 철도운영자 등이 법 제8조 제3항에 따라 시정조치명령을 받은 경우에 14일 이내에 시정조치계획서를 작성하여 국토교통부장관에게 제출하여야 하고, 시정조치를 완료한 경우에는 지체 없이 그 시정내용을 국토교통부장관에게 통보하여야 한다.

⑦ 제1항부터 제6항까지의 규정에서 정한 사항 외에 정기검사 또는 수시검사에 관한 세부적인 기준·방법 및 절차는 국토교통부장관이 정하여 고시한다.

안전관리체계 승인의 취소 등 처분기준(제7조)

법 제9조에 따른 철도운영자 등의 안전관리체계 승인의 취소 또는 업무의 제한·정지 등의 처분기준은 별표 1과 같다.

철도운영자 등에 대한 안전관리 수준평가의 대상 및 기준 등(제8조)
① 법 제9조의3 제1항에 따른 철도운영자 등의 안전관리 수준에 대한 평가의 대상 및 기준은 다음 각 호와 같다. 다만, 철도시설관리자에 대해서 안전관리 수준평가를 하는 경우 제2호를 제외하고 실시할 수 있다.
1. 사고 분야
가. 철도교통사고 건수
나. 철도안전사고 건수
다. 운행장애 건수
라. 사상자 수
2. 철도안전투자 분야 : 철도안전투자의 예산 규모 및 집행 실적
3. 안전관리 분야
가. 안전성숙도 수준
나. 정기검사 이행실적
4. 그 밖에 안전관리 수준평가에 필요한 사항으로서 국토교통부장관이 정해 고시하는 사항
② 국토교통부장관은 매년 3월 말까지 안전관리 수준평가를 실시한다.
③ 안전관리 수준평가는 서면평가의 방법으로 실시한다. 다만, 국토교통부장관이 필요하다고 인정하는 경우에는 현장평가를 실시할 수 있다.
④ 국토교통부장관은 안전관리 수준평가 결과를 해당 철도운영자 등에게 통보해야 한다. 이 경우 해당 철도운영자 등이 지방공기업법에 따른 지방공사인 경우에는 같은 법 제73조 제1항에 따라 해당 지방공사의 업무를 관리·감독하는 지방자치단체의 장에게도 함께 통보할 수 있다.
⑤ 제1항부터 제4항까지에서 규정한 사항 외에 안전관리 수준평가의 기준, 방법 및 절차 등에 관해 필요한 사항은 국토교통부장관이 정해 고시한다.

31 다음 〈보기〉 중 철도운영자 등이 안전관리체계 정기검사의 유예를 요청할 수 있는 경우를 모두 고르면?

〈보기〉
ㄱ. 검사 대상 철도운영자 등이 사법기관 및 중앙행정기관의 조사 및 감사를 받고 있는 경우
ㄴ. 항공·철도사고조사위원회가 철도사고에 대한 조사를 하고 있는 경우
ㄷ. 철도운영자의 승계나 건강상 문제로 부득이한 사유가 있는 경우
ㄹ. 대형 철도사고의 발생, 천재지변, 그 밖의 부득이한 사유가 있는 경우
ㅁ. 정기검사 기간 전 수시검사를 받은 지 1개월 이내인 경우

① ㄱ, ㄴ, ㄷ
② ㄱ, ㄴ, ㄹ
③ ㄴ, ㄷ, ㄹ
④ ㄴ, ㄷ, ㅁ
⑤ ㄷ, ㄹ, ㅁ

32 다음 중 철도운영자 등에 관한 사고 분야 안전관리 수준평가의 대상 및 기준이 아닌 것은?

① 철도교통사고 건수
② 철도안전사고 건수
③ 철도차량정비 건수
④ 운행장애 건수
⑤ 사상자 수

33 S공사의 안전혁신본부의 Y책임연구원은 VOC에 접수된 내용에 답변하라는 업무지시를 받았다. VOC에 접수된 내용은 매일 열차를 이용해야 하는 상황인데 사고위험 때문에 두렵다는 고객의 하소연이었다. 다음은 고객의 질문에 대한 Y책임연구원의 답변이다. 빈칸에 들어갈 내용으로 가장 적절한 것은?

> 안녕하세요, 고객님.
> 열차는 한 번에 많은 승객을 수송하기 때문에 사고가 날 경우에는 큰 피해가 발생할 수도 있습니다. 아마도 이 점 때문에 고객님께서 열차 이용에 두려움을 가지셨으리라 추측됩니다. 그러나 현재 사고를 예방하기 위한 여러 기술적 노력이 이루어졌고 그 결과 열차는 지상 교통수단 중 가장 높은 안전도를 확보하게 되었습니다.
> 첫째, 열차의 모든 시스템은 고장과 사고를 대비한 안전유지 체계를 가지고 있습니다. 'Fail - safe(고장 시 안전확보)'라는 이 개념은 고장이 발생해도 다른 열차에 미치는 영향을 최소화하고 사고로까지 이어지지 않도록 하는 것입니다.
> 둘째, ______________________ 만약 열차 운행 중 고장이 발생하거나 앞차와의 간격유지를 위해 서행 운전하는 경우 후속열차에 의한 충돌이 발생할 수도 있기 때문입니다. 열차는 24시간 운영되는 종합 관제실에서 열차 위치를 실시간으로 파악하고 선로를 신호등처럼 이용해 후속열차의 속도를 제어합니다. 이 과정은 자동화 시스템을 통해 이루어지며 설사 비상상황이 발생하여 기관사가 정지명령을 내리지 못하더라도 열차에 설치된 자동 열차제어장치가 강제로 제동장치를 작동시킵니다.
> 셋째, 우리나라의 열차 안전도는 높은 수준에 속합니다. 최근 10년간 국내 여객수송 분담률과 사망자 누계를 토대로 도출된 상대적 사망률을 비교해보면 열차 사망률을 1이라 가정했을 때 자동차 사망률은 25.3, 항공사고 사망률은 10.4배입니다. 해외국가들과 비교해도 한국 열차사고 발생건수는 낮은 편에 속합니다.
> 이제 편안한 마음으로 열차를 이용하시기 바랍니다. 감사합니다.

① 열차의 제동장치는 어떠한 상황에서도 작동합니다.
② 열차는 어떤 상황에서도 안전거리를 유지합니다.
③ 열차의 모든 시스템은 고장 및 사고를 대비해 안전유지 체계를 가지고 있습니다.
④ 24시간 운영되는 관제실에서 열차 위치를 실시간으로 파악합니다.
⑤ 우리나라의 열차 안전도는 다른 교통수단과 비교해 높은 수준입니다.

※ S공사에서 일하는 A씨는 해외 출장을 앞두고 이용할 항공사의 초과수하물 규정을 찾아보았다. 이어지는 질문에 답하시오. **[34~35]**

〈미주 출발 · 도착 초과수하물 규정〉

무료 허용량
- 기내수하물 : 12kg(초과 불가능)
- 위탁수하물 : 각 20kg, 최대 2개

구분	위탁수하물 1개 초과 시	21 ~ 34kg	35 ~ 45kg	45kg 초과
초과요금	개당 20만 원	15만 원	20만 원	불가능

〈유럽 출발 · 도착 초과수하물 규정〉

무료 허용량
- 기내수하물 : 8kg(초과 불가능)
- 위탁수하물 : 23kg, 최대 1개

구분	위탁수하물 1개 초과 시	24 ~ 34kg	35 ~ 45kg	45kg 초과
초과요금	개당 15만 원	15만 원	23만 원	불가능

34 미국 출장을 가는 A씨의 가방 무게는 기내용이 1kg, 위탁용이 각각 3kg, 4kg이다. 가방 무게를 제외한 짐의 총 무게가 60kg일 때, 가장 저렴한 가격으로 짐을 보내려면 어떻게 나누어 담아야 하는가?(단, 짐은 1kg 단위로 나누고 가방의 용량은 고려하지 않는다)

	기내용 1kg	위탁용 3kg	위탁용 4kg
①	10kg	33kg	17kg
②	10kg	18kg	32kg
③	11kg	29kg	20kg
④	11kg	33kg	16kg
⑤	11kg	19kg	32kg

35 A씨의 출장지가 미국에서 유럽으로 바뀌었다. 수하물의 총무게와 가방 무게가 변함이 없다고 한다면, 유럽으로 보내는 수하물 요금과 미국으로 보내는 수하물 요금의 차이는 얼마인가?(단, 둘 다 최저요금으로 산정한다)

① 10만 원
② 13만 원
③ 15만 원
④ 18만 원
⑤ 20만 원

36 **귀하는 S공사에서 고객 상담 업무를 담당하고 있다. 고객이 찾아와 화를 내며 불만을 말할 때 귀하가 대응해야 할 방법으로 가장 옳은 것은?**

① 회사 규정을 말하며 변명을 한다.
② 고객의 불만을 먼저 들은 후에 사과를 한다.
③ 어떠한 비난도 하지 않고 문제를 해결한다.
④ 일단 당장 화를 가라앉히기 위해 터무니없는 약속을 해 둔다.
⑤ 내 잘못이 아니라는 것을 확인시켜 주고 문제를 해결한다.

37 **자선 축구대회에 한국, 일본, 중국, 미국 대표팀이 초청되었다. 각 팀은 다음 〈조건〉에 따라 월요일부터 금요일까지 서울, 수원, 인천, 대전 경기장을 돌아가며 사용한다고 할 때, 옳지 않은 것은?**

〈조건〉

- 각 경기장에는 한 팀씩 연습하며 연습을 쉬는 팀은 없다.
- 모든 팀은 모든 구장에서 적어도 한 번 이상 연습을 해야 한다.
- 외국에서 온 팀의 첫 훈련은 공항에서 가까운 수도권 지역에 배정한다.
- 이동거리 최소화를 위해 각 팀은 한 번씩 경기장 한 곳을 두 번 연속해서 사용해야 한다.
- 미국은 월요일, 화요일에 수원에서 연습을 한다.
- 목요일에 인천에서는 아시아 팀이 연습을 할 수 없다.
- 금요일에 중국은 서울에서, 미국은 대전에서 연습을 한다.
- 한국은 인천에서 연속으로 연습을 한다.

① 목요일, 금요일에 연속으로 같은 지역에서 연습하는 팀은 없다.
② 수요일에 대전에서는 일본이 연습을 한다.
③ 대전에서는 한국, 중국, 일본, 미국의 순서로 연습을 한다.
④ 한국은 화요일, 수요일에 같은 지역에서 연습을 한다.
⑤ 미국과 일본은 한 곳을 연속해서 사용하는 날이 같다.

38 **다음 중 고객서비스 시 금지되는 행위가 아닌 것은?**

① 고객을 방치한 채 업무자끼리 대화하는 행위
② 고객 앞에서 서류를 정리하는 행위
③ 옷을 벗거나 부채질을 하는 행위
④ 고객이 보이는 곳에서 흡연을 하는 행위
⑤ 관련 업무의 전화 통화를 하는 행위

39 콩쥐, 팥쥐, 향단, 춘향 네 사람은 함께 마을 잔치에 참석하기로 했다. 족두리, 치마, 고무신을 빨간색, 파란색, 노란색, 검은색 색깔별로 총 12개의 물품을 공동으로 구입하여, 다음 〈조건〉에 따라 각자 다른 색의 족두리, 치마, 고무신을 하나씩 빠짐없이 착용하기로 했다. 예를 들어, 어떤 사람이 빨간색 족두리, 파란색 치마를 착용한다면, 고무신은 노란색 또는 검은색으로 착용해야 한다. 다음 중 항상 참인 것은?

〈조건〉

- 선호하는 것을 배정받고, 싫어하는 것은 배정받지 않는다.
- 콩쥐는 빨간색 치마를 선호하고, 파란색 고무신을 싫어한다.
- 팥쥐는 노란색을 싫어하고, 검은색 고무신을 선호한다.
- 향단이는 검은색 치마를 싫어한다.
- 춘향이는 빨간색을 싫어한다.

① 콩쥐는 검은색 족두리를 착용한다.
② 팥쥐는 노란색 족두리를 착용한다.
③ 향단이는 파란색 고무신을 착용한다.
④ 춘향이는 검은색 치마를 착용한다.
⑤ 빨간색 고무신을 착용하는 사람은 파란색 족두리를 착용한다.

40 S공사 전략기획본부 직원 A ~ G 7명은 신입사원 입사 기념으로 단체로 영화관에 갔다. 다음 〈조건〉에 따라 자리에 앉는다고 할 때, 항상 옳은 것은?(단, 가장 왼쪽부터 첫 번째 자리로 한다)

〈조건〉

- 7명은 한 열에 나란히 앉는다.
- 한 열에는 7개의 좌석이 있다.
- 양 끝자리 옆에는 비상구가 있다.
- D와 F는 나란히 앉는다.
- A와 B 사이에는 한 명이 앉아 있다.
- G는 왼쪽에 사람이 있는 것을 싫어한다.
- C와 G 사이에는 한 명이 앉아 있다.
- G는 비상구와 붙어 있는 자리를 좋아한다.

① E는 D와 F 사이에 앉는다.
② G와 가장 멀리 떨어진 자리에 앉는 사람은 D이다.
③ C의 옆에는 A와 B가 앉는다.
④ D는 비상구와 붙어 있는 자리에 앉는다.
⑤ 두 번째 자리에는 B가 앉는다.

| 01 | 행정학

01 다음 중 공간정보화 사업를 통해 정부의 정책을 지원하는 내용으로 옳지 않은 것은?

① 택지정보 시스템 운영 지원
② 공간빅데이터 체계 구축 지원
③ 건축행정 시스템 운영 지원
④ 토지적성평가 수행
⑤ 주거급여정보 시스템

02 다음 〈보기〉 중 거시조직이론에 대한 설명으로 옳지 않은 것은 몇 개인가?

〈보기〉

㉠ 분석 수준에 따라 조직군 이론으로 조직군생태학 이론, 조직경제학 이론, 공동체생태학 이론, 전략적 선택 이론이 있다.
㉡ 구조적 상황 이론과 조직경제학 이론, 조직군생태론은 결정론이다.
㉢ 대리인 이론은 조직경제학 이론으로 본인과 대리인 간의 상충적인 이해관계로 대리손실이 발생한다.
㉣ 오우치는 여러 가지 조직구조 중 사업부제 조직 모형인 M형 구조가 U형 구조보다 효율적이라고 주장한다.
㉤ 조직군이란 특정 환경하에서 생존을 유지하는 동종의 집합, 즉 유사한 조직구조를 갖는 조직들을 의미한다.

① 1개
② 2개
③ 3개
④ 4개
⑤ 5개

03 다음 중 귤릭(Gulick)의 POSDCoRB에 해당되지 않는 것은?

① 기획(Planning)
② 운영(Operating)
③ 보고(Reporting)
④ 예산(Budgeting)
⑤ 지휘(Directing)

04 다음 중 미국 행정학의 특징을 시대적 순서대로 나열한 것은?

〈보기〉

ㄱ. 가치 중립적인 관리론보다는 민주적 가치 규범에 입각한 정책연구를 지향한다.
ㄴ. 행정학은 이론과 법칙을 정립하는 데 목적을 두어야 하며 사실판단의 문제를 연구대상으로 삼아야 한다.
ㄷ. 과업별로 가장 효율적인 표준시간과 동작을 정해서 수행할 필요가 있다.
ㄹ. 정부는 공공재의 생산·공급자이며 국민을 만족시킬 수 있는 최선의 제도적 장치를 설계해야 한다.
ㅁ. 조직 구성원의 생산성은 조직의 관리통제보다는 조직 구성원 간의 관계에 더 많은 영향을 받는다.

① ㄴ－ㄷ－ㄱ－ㄹ－ㅁ
② ㄴ－ㄷ－ㅁ－ㄱ－ㄹ
③ ㄷ－ㅁ－ㄱ－ㄹ－ㄴ
④ ㄷ－ㅁ－ㄴ－ㄱ－ㄹ
⑤ ㄷ－ㅁ－ㄴ－ㄹ－ㄱ

05 어떤 지방자치단체가 일시적인 여유자금 10억 원을 금융자산에 투자하려고 하는데 투자대안으로는 예금, 채권, 주식이 있다. 각 금융상품은 미래 경기상황(경기호황, 경기보통, 경기침체)에 따라 다음 표와 같이 상이한 기대수익을 발생시킨다. 만약 경기상황을 예측하기 힘들다면 의사결정자의 성향에 따라 투자 방식이 달라질 수 있다. 의사결정자가 기대수익이 높은 자산에 투자한다고 할 때, 예상할 수 있는 경우가 아닌 것은?

(단위 : 억 원)

투자대안 \ 경기상황	호황	보통	침체
예금	2	2	2
채권	3	2.5	1
주식	6	3	−2

예 경기호황 시 예금의 기회손실은 4억 원(6−2=4)임

① 의사결정자가 향후 경기가 침체될 것이라고 예상한다면, 각 대안 중에서 예금에 투자하려고 할 것이다.
② 의사결정자가 향후 경기가 호황일 것이라고 예상한다면, 각 대안 중에서 주식에 투자하려고 할 것이다.
③ 의사결정자가 각 대안들의 최대기회손실이 최소인 대안을 선택하고자 한다면 각 대안 중에서 채권에 투자하려고 할 것이다.
④ 각각의 경기상황 발생 확률이 1/3이라고 한다면 각 대안 중에서 주식에 투자하려고 할 것이다.
⑤ 의사결정자의 경기호황에 대한 기대성향이 0.3이고 경기보통에 대한 기대성향이 0.5, 경기침체에 대한 기대성향이 0.2라면, 각 대안 중에서 예금에 투자하려고 할 것이다.

06 다음 중 조직 진단의 대상과 범위에 있어서 종합적 조직 진단에 포함되지 않는 것은?

① 관리 부문 진단
② 서비스와 프로세스 진단
③ 조직문화와 행태 진단
④ 재정 진단
⑤ 인력 진단

07 다음 중 미래예측기법에 대한 설명으로 옳지 않은 것은?

① 비용·편익분석은 정책의 능률성 내지 경제성에 초점을 맞춘 정책분석의 접근 방법이다.
② 판단적 미래예측에서는 경험적 자료나 이론이 중심적인 역할을 한다.
③ 추세연장적 미래예측 기법들 중 하나인 검은 줄 기법(Black Thread Technique)은 시계열적 변동의 굴곡을 직선으로 표시하는 기법이다.
④ 교차영향분석은 연관사건의 발생 여부에 따라 대상사건이 발생할 가능성에 관한 주관적 판단을 구하고 그 관계를 분석하는 기법이다.
⑤ 이론적 미래예측은 인과관계 분석이라고도 하며 선형계획, 투입·산출분석, 회귀분석 등을 예로 들 수 있다.

08 다음 중 정책집행의 하향식 접근과 상향식 접근에 대한 설명으로 옳지 않은 것은?

① 상향식 접근은 정책문제를 둘러싸고 있는 행위자들의 동기, 전략, 행동, 상호작용 등에 주목하며 일선공무원들의 전문지식과 문제해결능력을 중시한다.
② 상향식 접근은 집행이 일어나는 현장에 초점을 맞추고 그 현장을 미시적이고 현실적이며 상호작용적인 차원에서 관찰한다.
③ 하향식 접근은 하나의 정책에만 초점을 맞추므로 여러 정책이 동시에 집행되는 경우를 설명하기 곤란하다.
④ 하향식 접근의 대표적인 것은 전방향접근법(Forward Mapping)이며 집행에서 시작하여 상위계급이나 조직 또는 결정단계로 거슬러 올라가는 방식이다.
⑤ 하향식 접근은 정책결정을 정책집행보다 선행하는 것이고 상위의 기능으로 간주한다.

09 **다음 중 공공선택론에 대한 설명으로 옳지 않은 것은?**

① 정부를 공공재의 생산자로 규정하며, 시민들을 공공재의 소비자로 규정한다.
② 자유시장의 논리를 공공 부문에 도입함으로써 시장실패라는 한계를 안고 있다.
③ 시민 개개인의 선호와 선택을 존중하며 경쟁을 통해 서비스를 생산하고 공급함으로써 행정의 대응성이 높아진다.
④ 뷰캐넌(J. Buchanan)이 창시하고 오스트롬(V. Ostrom)이 발전시킨 이론으로 정치학적인 분석도구를 중시한다.
⑤ 개인의 기득권을 계속 유지하려는 보수적인 접근이라는 비판이 있다.

10 **다음 중 행정가치에 대한 설명으로 옳은 것은?**

① 공익에 대한 실체설에서는 공익을 현실의 실체로 존재하는 사익들의 총합으로 이해한다.
② 행정의 민주성이란 정부가 국민의사를 존중하고 수렴하는 책임행정의 구현을 의미하며 행정조직 내부 관리 및 운영과는 관계없는 개념이다.
③ 수익자부담 원칙은 수평적 형평성, 대표관료제는 수직적 형평성과 각각 관계가 깊다.
④ 장애인들에게 특별한 세금감면 혜택을 부여하는 것은 모든 국민이 동등한 서비스를 제공받아야 한다는 사회적 형평성에 어긋나는 제도이다.
⑤ 가외성의 장치로는 법원의 3심제도, 권력분립, 만장일치, 계층제 등이 있다.

11 **다음 중 헨리(N. Henry)의 정책결정 모형 유형론에 대한 설명으로 옳은 것은?**

① 점증주의적 패러다임은 지식·정보의 완전성과 미래예측의 확실성을 전제한다.
② 체제 모형, 제도 모형, 집단 모형은 합리주의적 패러다임의 범주에 포함되는 정책결정 모형의 예이다.
③ 신제도 모형은 정책유형과 조직 내외의 상황적 조건을 결부시켜 정부개입의 성격을 규명하려 한다.
④ 기술평가·예측 모형은 전략적 계획 패러다임의 범주에 포함된다.
⑤ 합리주의적 패러다임은 정책결정을 전략적 계획의 틀에 맞추어 이해한다.

12 **다음 중 조직의 상황적 요인과 구조적 특성의 관계에 대한 설명으로 옳은 것은?**

① 조직의 규모가 커짐에 따라 복잡성이 감소할 것이다.
② 환경의 불확실성이 높아질수록 조직의 공식화 수준은 높아질 것이다.
③ 조직의 규모가 커짐에 따라 조직의 공식화 수준은 낮아질 것이다.
④ 일상적 기술일수록 분화의 필요성이 높아져서 조직의 복잡성이 높아질 것이다.
⑤ 조직의 규모가 커짐에 따라 조직의 분권화가 촉진될 것이다.

13 **다음 중 정책결정 모형 가운데 드로(Y. Dror)의 최적 모형에 대한 설명으로 옳지 않은 것은?**

① 합리적 정책결정 모형 이론이 과도하게 계량적 분석에 의존해 현실 적합성이 떨어지는 한계를 보완하기 위해 제시되었다.
② 정책결정자의 직관적 판단도 중요한 요소로 간주한다.
③ 경제적 합리성의 추구를 기본 원리로 삼는다.
④ 느슨하게 연결되어 있는 조직의 결정을 다룬다.
⑤ 양적 분석과 함께 질적 분석 결과도 중요한 고려 요인으로 인정한다.

14 **다음 중 우리나라 책임운영기관에 대한 설명으로 옳지 않은 것은?**

① 행정자치부장관은 5년 단위로 책임운영기관의 관리 및 운영 전반에 관한 기본계획을 수립하여야 한다.
② 책임운영기관은 기관의 지위에 따라 소속책임운영기관과 중앙책임운영기관으로 구분된다.
③ 중앙책임운영기관의 장의 임기는 2년으로 하되, 한 차례만 연임할 수 있다.
④ 소속책임운영기관의 장의 채용기간은 2년의 범위에서 소속중앙행정기관의 장이 정한다.
⑤ 책임운영기관운영위원회는 위원장 및 부위원장 각 1명을 포함한 15명 이내의 위원으로 구성한다.

15 **다음 중 관료제의 병리와 역기능에 대한 설명으로 옳지 않은 것은?**

① 셀즈닉(P. Selznik)에 따르면 최고관리자의 관료에 대한 지나친 통제가 조직의 경직성을 초래하여 관료제의 병리 현상이 나타난다.
② 관료들은 상관의 권위에 무조건적으로 의존하는 경향이 있다.
③ 관료들은 보수적이며 변화와 혁신에 저항하는 경향이 있다.
④ 파킨슨의 법칙은 업무량과는 상관없이 기구와 인력을 팽창시키려는 역기능을 의미한다.
⑤ 굴드너(W. Gouldner)는 관료들의 무사안일주의적 병리 현상을 지적한다.

16 다음 중 코터(J. P. Kotter)의 변화관리 모형의 8단계를 순서대로 바르게 나열한 것은?

① 위기감 조성 → 변화추진팀 구성 → 비전 개발 → 비전 전달 → 임파워먼트 → 단기성과 달성 → 지속적 도전 → 변화의 제도화
② 위기감 조성 → 비전 개발 → 비전 전달 → 임파워먼트 → 단기성과 달성 → 변화의 제도화 → 변화추진팀 구성 → 지속적 도전
③ 단기성과 달성 → 위기감 조성 → 변화추진팀 구성 → 비전 개발 → 비전 전달 → 임파워먼트 → 지속적 도전 → 변화의 제도화
④ 변화추진팀 구성 → 비전 개발 → 비전 전달 → 임파워먼트 → 단기성과 달성 → 지속적 도전 → 위기감 조성 → 변화의 제도화
⑤ 위기감 조성 → 변화추진팀 구성 → 단기성과 달성 → 비전 개발 → 비전 전달 → 임파워먼트 → 지속적 도전 → 변화의 제도화

17 다음 〈보기〉 중 분배정책과 재분배정책에 대한 설명으로 옳은 것을 모두 고르면?

〈보기〉

ㄱ. 분배정책에서는 로그롤링(Log Rolling)이나 포크배럴(Pork Barrel)과 같은 정치적 현상이 나타나기도 한다.
ㄴ. 분배정책은 사회계급적인 접근을 기반으로 이루어지기 때문에 규제정책보다 갈등이 더 가시적이다.
ㄷ. 재분배정책에는 누진소득세, 임대주택 건설사업 등이 대표적이다.
ㄹ. 재분배정책에서는 자원배분에 있어서 이해당사자들 간의 연합이 분배정책에 비하여 안정적으로 이루어진다.

① ㄱ, ㄴ
② ㄱ, ㄷ
③ ㄴ, ㄷ
④ ㄴ, ㄹ
⑤ ㄷ, ㄹ

18 다음 중 조직 이론에 대한 설명으로 옳지 않은 것은?

① 상황 이론은 유일한 최선의 대안이 존재한다는 것을 부정한다.
② 조직군생태론은 횡단적 조직분석을 통하여 조직의 동형화(Isomorphism)를 주로 연구한다.
③ 거래비용 이론의 조직 가설에 따르면, 정보의 비대칭성과 기회주의에 의한 거래비용의 증가 때문에 계층제가 필요하다.
④ 자원의존 이론은 조직이 주도적·능동적으로 환경에 대처하며 그 환경을 조직에 유리하도록 관리하려는 존재로 본다.
⑤ 전략적 선택 이론은 조직구조의 변화가 외부환경 변수보다는 조직 내 정책결정자의 상황 판단과 전략에 의해 결정된다고 본다.

19 **다음 중 정보화 및 전자민주주의에 대한 설명으로 옳지 않은 것은?**

① 전자민주주의의 부정적 측면으로 전자전제주의(Telefascism)가 나타날 수 있다.
② 정보의 비대칭성이 발생하지 않도록 정보관리는 배제성의 원리가 적용되어야 한다.
③ 우리나라 정부는 지능정보화 기본법에 의해 3년마다 국가 정보화 기본계획을 수립하여야 한다.
④ 전자민주주의는 정치의 투명성 확보를 용이하게 한다.
⑤ 전자민주주의의 사례로 사이버 국회, 전자 공청회, 인터넷을 통한 선거홍보, 캠페인 활동 등을 들 수 있다.

20 **다음 중 우리나라 정부회계에 대한 설명으로 옳지 않은 것은?**

① 기획재정부장관은 회계연도마다 중앙관서 결산보고서를 통합하여 국가의 결산보고서를 작성한 후 국무총리의 승인을 받아야 한다.
② 재무제표는 재정상태표, 재정운영표, 순자산변동표로 구성되며, 재무제표에 대한 주석을 포함한다.
③ 재정운영표의 모든 수익과 비용은 발생주의 원칙에 따라 거래나 사실이 발생한 기간에 표시한다.
④ 재정상태표는 재정상태표일 현재의 자산과 부채의 명세 및 상호관계 등 재정상태를 나타내는 재무제표로서 자산, 부채 및 순자산으로 구성된다.
⑤ 정부의 예산, 결산 및 기금에 관한 사무는 기획재정부장관이 관장한다.

21 **다음 〈보기〉 중 동기부여 이론과 학자에 대한 내용으로 옳은 것을 모두 고르면?**

〈보기〉

ㄱ. 인간의 욕구에는 존재, 관계, 성장 등의 욕구가 있으며, 두 가지 이상의 욕구가 복합적으로 작용하여 하나의 행동을 유발한다고 주장한 학자는 앨더퍼(Alderfer)이다.
ㄴ. 욕구는 학습되는 것이므로 개인마다 욕구 계층에 차이가 있고, 학습된 욕구들은 성취, 권력, 친교 욕구 등으로 구분할 수 있다고 주장한 학자는 맥클리랜드(McClelland)이다.
ㄷ. 동기유발은 과업에 대한 개인의 기대감, 수단성, 보상의 유의미성에 의해 결정된다고 주장한 학자는 샤인(Schein)이다.
ㄹ. 인간의 욕구체계는 매우 복잡하고 때와 장소, 조직 생활의 경험, 직무 등 여러 상황에 따라서 달라진다고 주장한 학자는 핵맨(Hackman)과 올드햄(Oldham)이다.

① ㄱ, ㄴ
② ㄱ, ㄹ
③ ㄴ, ㄷ
④ ㄴ, ㄹ
⑤ ㄷ, ㄹ

22 다음 중 신공공서비스론의 기본원칙에 대한 설명으로 옳지 않은 것은?

① 관료 역할의 중요성은 시민들로 하여금 그들의 공유된 가치를 표명하고 그것을 충족시킬 수 있도록 도와주는 데 있다.

② 관료들은 시장에만 주의를 기울여서는 안 되며 헌법과 법령, 지역사회의 가치, 시민의 이익에도 관심을 기울여야 한다.

③ 예산지출 위주의 정부 운영 방식에서 탈피하여 수입 확보의 개념을 활성화하는 것이 필요하다.

④ 공공의 욕구를 충족시키기 위한 정책은 집합적 노력과 협력적 과정을 통해 효과적으로 달성될 수 있다.

⑤ 조직 내외적으로 공유된 리더십을 갖는 협동적인 수평적 조직구조가 이루어져야 한다.

23 다음은 예산의 원칙에 대한 설명이다. A, B에 해당하는 원칙이 바르게 짝지어진 것은?

> A : 한 회계연도의 세입과 세출은 모두 예산에 계상하여야 한다.
> B : 모든 수입은 국고에 편입되고 여기에서부터 지출이 이루어져야 한다.

① A : 예산 단일의 원칙, B : 예산 총계주의 원칙

② A : 예산 총계주의 원칙, B : 예산 단일의 원칙

③ A : 예산 통일의 원칙, B : 예산 총계주의 원칙

④ A : 예산 총계주의 원칙, B : 예산 통일의 원칙

⑤ A : 예산 통일의 원칙, B : 예산 한정성의 원칙

24 다음 중 무의사결정(Non-decision Making)에 대한 설명으로 옳지 않은 것은?

① 사회문제에 대한 정책과정이 진행되지 못하도록 막는 행동이다.

② 기득권 세력이 그 권력을 이용해 기존의 이익배분 상태에 대한 변동을 요구하는 것이다.

③ 기득권 세력의 특권이나 이익 그리고 가치관이나 신념에 대한 잠재적 또는 현재적 도전을 좌절시키려는 것을 의미한다.

④ 변화를 주장하는 사람으로부터 기존에 누리는 혜택을 박탈하거나 새로운 혜택을 제시하여 매수한다.

⑤ 정책문제 채택 과정에서 기존 세력에 도전하는 요구는 정책문제화하지 않고 억압한다.

25 정책을 규제정책, 분배정책, 재분배정책, 추출정책, 구성정책으로 분류할 때 저소득층을 위한 근로장려금 제도는 어느 정책으로 분류하는 것이 타당한가?

① 규제정책
② 분배정책
③ 재분배정책
④ 추출정책
⑤ 구성정책

26 다음 〈보기〉 중 소규모 자치행정 구역을 지지하는 논리로 옳은 것을 모두 고르면?

〈보기〉

ㄱ. 티부(Tiebout) 모형을 지지하는 공공선택 이론가들의 관점
ㄴ. 새뮤얼슨(Samuelson)의 공공재 공급 이론
ㄷ. 지역격차의 완화에 공헌
ㄹ. 주민과 지방정부 간의 소통·접촉 기회 증대

① ㄱ, ㄷ
② ㄱ, ㄹ
③ ㄴ, ㄷ
④ ㄴ, ㄹ
⑤ ㄷ, ㄹ

27 다음 중 신고전 조직 이론에 대한 설명으로 옳지 않은 것은?

① 메이요(Mayo) 등에 의한 호손(Hawthorne) 공장 실험에서 시작되었다.
② 공식조직에 있는 자생적·비공식적 집단을 인정하고 수용한다.
③ 인간의 사회적 욕구와 사회적 동기유발 요인에 초점을 맞춘다.
④ 조직이란 거래비용을 감소하기 위한 장치로 기능한다고 본다.
⑤ 사회적 능력과 사회적 규범에 의해 생산성이 결정된다고 보았다.

28 다음 중 외부효과를 교정하기 위한 방법에 대한 설명으로 옳지 않은 것은?

① 교정적 조세(피구세, Pigouvian Tax)는 사회 전체적인 최적의 생산수준에서 발생하는 외부효과의 양에 해당하는 만큼의 조세를 모든 생산물에 대해 부과하는 방법이다.
② 외부효과를 유발하는 기업에게 보조금을 지급하여 사회적으로 최적의 생산량을 생산하도록 유도한다.
③ 코즈(R. Coase)는 소유권을 명확하게 확립하는 것이 부정적 외부효과를 줄이는 방법이라고 주장했다.
④ 직접적 규제의 활용 사례로는 일정한 양의 오염허가서(Pollution Permits) 혹은 배출권을 보유하고 있는 경제주체만 오염물질을 배출할 수 있게 허용하는 방식이 있다.
⑤ 교정적 조세의 부과는 경제적 효율을 향상시키면서 정부의 조세수입도 증가시킨다.

29 다음 〈보기〉 중 균형성과표(BSC)에 대한 설명으로 옳은 것을 모두 고르면?

〈보기〉

ㄱ. 조직의 비전과 목표, 전략으로부터 도출된 성과지표의 집합체이다.
ㄴ. 재무지표 중심의 기존 성과관리의 한계를 극복하기 위한 것이다.
ㄷ. 조직의 내부요소보다는 외부요소를 중시한다.
ㄹ. 재무, 고객, 내부 프로세스, 학습과 성장이라는 네 가지 관점 간의 균형을 중시한다.
ㅁ. 성과관리의 과정보다는 결과를 중시한다.

① ㄱ, ㄴ, ㄹ
② ㄱ, ㄴ, ㅁ
③ ㄴ, ㄷ, ㄹ
④ ㄴ, ㄹ, ㅁ
⑤ ㄷ, ㄹ, ㅁ

30 예비타당성 조사의 분석 내용을 경제성 분석과 정책적 분석으로 구분할 때, 경제성 분석에 해당하는 것은?

① 상위계획과의 연관성
② 지역경제에의 파급효과
③ 사업추진 의지
④ 민감도 분석
⑤ 재원조달 가능성

31 다음 중 우리나라의 예산 과정에 대한 설명으로 옳지 않은 것은?

① 각 중앙관서의 장은 매년 1월 31일까지 당해 회계연도부터 5회계연도 이상의 기간 동안의 신규사업 및 기획재정부장관이 정하는 주요 계속사업에 대한 중기사업계획서를 기획재정부장관에게 제출하여야 한다.
② 국가가 특정한 목적을 위하여 특정한 자금을 신축적으로 운용할 필요가 있을 때에 법률로써 설치하는 기금은, 세입세출예산에 의하지 아니하고 운용할 수 있다.
③ 예산안편성지침은 부처의 예산 편성을 위한 것이기 때문에 국무회의의 심의를 거쳐 대통령의 승인을 받아야 하지만 국회 예산결산특별위원회에 보고할 필요는 없다.
④ 정부는 회계연도마다 예산안을 편성하여 회계연도 개시 90일 전까지 국회에 제출하도록 헌법에 규정되어 있다.
⑤ 정부는 예측할 수 없는 예산 외의 지출 또는 예산초과지출에 충당하기 위하여 일반회계 예산총액의 100분의 1 이내의 금액을 예비비로 세입세출예산에 계상할 수 있다.

32 **다음 중 행정학의 접근 방법에 대한 설명으로 옳은 것은?**

① 법률적·제도론적 접근 방법은 공식적 제도나 법률에 기반을 두고 있기 때문에 제도 이면에 존재하는 행정의 동태적 측면을 체계적으로 파악할 수 있다.
② 행태론적 접근 방법은 후진국의 행정 현상을 설명하는 데 크게 기여했으며, 행정의 보편적 이론보다는 중범위 이론의 구축에 자극을 주어 행정학의 과학화에 기여했다.
③ 합리적 선택 신제도주의는 방법론적 전체주의(Holism)에, 사회학적 신제도주의는 방법론적 개체주의(Individualism)에 기반을 두고 있다.
④ 신공공관리론은 기업경영의 원리와 기법을 그대로 정부에 이식하려고 한다는 비판을 받는다.
⑤ 신공공서비스론은 정부와 민간 부문의 협력적 활동을 강조하며, 민영화와 민간위탁을 주장하였다.

33 **외부환경의 불확실성에 대응하는 조직구조상의 특징에 따라 기계적 조직과 유기적 조직으로 구분하는 경우, 다음 〈보기〉 중 유기적 조직의 특성에 해당하는 것을 모두 고르면?**

〈보기〉

ㄱ. 넓은 직무범위	ㄴ. 분명한 책임관계
ㄷ. 몰인간적 대면관계	ㄹ. 다원화된 의사소통채널
ㅁ. 높은 공식화 수준	ㅂ. 모호한 책임관계

① ㄱ, ㄹ, ㅂ
② ㄱ, ㅁ, ㅂ
③ ㄴ, ㄷ, ㅁ
④ ㄴ, ㄹ, ㅁ
⑤ ㄹ, ㅁ, ㅂ

34 **다음 〈보기〉 중 네트워크 조직에 대한 설명으로 옳은 것을 모두 고르면?**

〈보기〉

ㄱ. 구조의 유연성이 강조된다.
ㄴ. 조직 간 연계장치는 수직적인 협력관계에 바탕을 둔다.
ㄷ. 개방적 의사전달과 참여보다는 타율적 관리가 강조된다.
ㄹ. 조직의 경계는 유동적이며 모호하다.

① ㄱ, ㄴ
② ㄱ, ㄹ
③ ㄴ, ㄷ
④ ㄴ, ㄹ
⑤ ㄷ, ㄹ

35 다음 중 대중에 대한 억압과 통제를 통해 엘리트들에게 유리한 이슈만 정책의제로 설정하는 것을 나타내는 것은?

① 체제 이론
② 다원주의론
③ 공공선택론
④ 무의사결정론
⑤ 사이먼(H. Simon)의 의사결정론

36 다음 중 지방자치법에서 규정하고 있는 지방의회의 권한으로 옳지 않은 것은?

① 지방자치단체장에 대한 주민투표실시 청구권
② 지방의회 의장에 대한 불신임 의결권
③ 행정사무감사 및 조사권
④ 외국 지방자치단체와의 교류협력에 관한 사항
⑤ 소속의원의 사직허가

37 다음 중 우리나라의 총액인건비제도에 대한 설명으로 옳지 않은 것은?

① 성과관리와 관리유인체계를 제공하기 위한 신공공관리적 시각을 반영한다.
② 직급 인플레이션을 발생시킬 수도 있다.
③ 국 단위기구까지 자율성이 인정된다.
④ 계급에 따른 인력 운영 및 기구설치에 대한 재량권이 인건비 총액 한도 내에서 인정된다.
⑤ 성과상여금에 대한 지급액의 증감이 가능하다.

38 다음 〈보기〉의 지방세 중 자치구세는 모두 몇 개인가?

〈보기〉

ㄱ. 재산세
ㄴ. 주민세
ㄷ. 지방소득세
ㄹ. 등록면허세
ㅁ. 담배소비세
ㅂ. 레저세

① 1개
② 2개
③ 3개
④ 4개
⑤ 5개

39 다음 중 근무성적평정에 대한 설명으로 옳지 않은 것은?

① 원칙적으로 5급 이상 공무원을 대상으로 하며 평가대상 공무원과 평가자가 체결한 성과계약에 따른 성과목표 달성도 등을 평가한다.
② 정부의 근무성적평정 방법은 다원화되어 있으며, 상황에 따라 신축적인 운영이 가능하다.
③ 행태기준척도법은 평정의 임의성과 주관성을 배제하기 위하여 도표식평정척도법에 중요사건기록법을 가미한 방식이다.
④ 다면평가는 보다 공정하고 객관적인 평정이 가능하게 하며, 평정 결과에 대한 당사자들의 승복을 받아내기 쉽다.
⑤ 어느 하나의 평정요소에 대한 평정자의 판단이 다른 평정요소의 평정에 영향을 미치는 현상을 연쇄적 착오라 한다.

40 다음 중 특별회계에 대한 설명으로 옳지 않은 것은?

① 국가재정법에 따르면 특별회계는 국가에서 특정한 사업을 운영하고자 할 때나 특정한 자금을 보유하여 운용하고자 할 때 대통령령으로 설치할 수 있다.
② 국가재정법에 따르면 기획재정부장관은 특별회계 신설에 대한 타당성을 심사한다.
③ 일반회계는 특정 수입과 지출의 연계를 배제하지만, 특별회계는 특정 수입과 지출을 연계하는 것이 원칙이다.
④ 특별회계는 일반회계와 기금의 혼용 방식으로 운용할 수 있다.
⑤ 특별회계는 예산 단일성 및 통일성의 원칙에 대한 예외가 된다.

| 02 | 경영학

01 다음 중 자원의 낭비 요인으로 옳지 않은 것은?

① 비계획적 행동
② 편리성 추구
③ 낮은 기술 수준
④ 자원에 대한 인식 부재
⑤ 노하우 부족

02 다음 중 인적자원의 배치·이동의 원칙으로 옳지 않은 것은?

① 능력주의
② 실적주의
③ 적재적소주의
④ 균형주의
⑤ 인재육성주의

03 다음 중 제조 공장 없이 반도체 설계와 개발만 전문적으로 수행하는 회사를 뜻하는 용어는?

① 팹리스(Fabless)
② 네이비즘(Navyism)
③ 클린룸(Clean-room)
④ 키 테넌트(Key Tenant)
⑤ 카마겟돈(Carmageddon)

04 다음 글에서 밑줄 친 '곤충'에 비유할 수 있는 기업을 〈보기〉에서 모두 고르면?

> 후기 공룡의 화석이 툰드라 지대처럼 열악한 지역에서 발견되는 이유는 그들이 따뜻한 곳의 숲을 다 먹어치워서 황폐화되자, 추운 북쪽까지 먹이를 찾아 옮겨가야 했기 때문이다. 이에 반해, 공룡보다 훨씬 약한 존재였던 곤충들은 자기에게 먹이를 대어주는 현화 식물(꽃이 피는 식물)을 위해 가루받이를 해줌으로써 곤충과 현화 식물 모두가 번성하게 된 것이다.
>
> – 윤석철, 「경영·경제·인생 제45강좌」

〈보기〉

ㄱ. 친환경적인 경영 활동에 중점을 두는 기업
ㄴ. 고객 만족을 위해 소비자 상담실을 운영하는 기업
ㄷ. 하청 업체에게 납품 단가를 대폭 인상해주는 기업

① ㄱ
② ㄴ
③ ㄱ, ㄴ
④ ㄱ, ㄷ
⑤ ㄴ, ㄷ

05 **다음 자료에 대한 설명으로 옳은 것을 〈보기〉에서 모두 고르면?**

> • 초코기업과 파이기업은 사업 분야가 유사하다. 초코기업과 파이기업이 합병하면 시너지 효과가 생겨 초코기업에게 파이기업의 가치는 실제 가치의 1.5배가 되므로 초코기업은 파이기업을 인수할 의향이 있다.
> • 초코기업은 '파이기업의 주주가 이미 자기 기업의 실제 가치를 정확히 알고 있다.'는 사실을 파악하고 있다. 그러나 초코기업은 파이기업의 실제 가치가 정확히 얼마인지는 아직 모르고 단지 각각 1/3의 확률로 0원, 1만 원, 2만 원 중 하나일 것으로만 추측하고 있다.
> • 초코기업은 인수를 통해 이득을 극대화하고자 한다. 파이기업의 주주는 ㉠ <u>초코기업이 제시한 인수 금액</u>이 자사의 실제 가치보다 크거나 같으면 인수에 동의한다.

〈보기〉

ㄱ. ㉠이 1만 원이고 파이기업의 실제 가치가 2만 원이면 인수가 성사된다.
ㄴ. ㉠이 1만 원이면 초코기업이 생각하는 인수 확률은 2/3이다.
ㄷ. ㉠이 1만 원이면 초코기업이 기대하는 이득은 0.5만 원이다.
ㄹ. 초코기업이 합리적이라면 파이기업의 실제 가치가 얼마든지 ㉠은 0원이다.

① ㄱ, ㄴ
② ㄱ, ㄷ
③ ㄴ, ㄷ
④ ㄴ, ㄹ
⑤ ㄷ, ㄹ

06 **다음 중 거래비용 이론에 대한 설명으로 옳지 않은 것은?**

① 거래비용 이론은 기업과 시장 사이의 효율적인 경계를 설명하는 이론이다.
② 기업의 생산 활동은 경제적인 거래의 연속으로 정의될 수 있다.
③ 거래 당사자들은 자기중심적·이기적 성향을 가지므로 거래 당사자들이 거래를 성실하게 수행할 수 있도록 하는 감독비용이 발생한다.
④ 자산의 고정성이 높을 경우 거래에 소요되는 비용이 상대적으로 감소한다.
⑤ 조직 내부적 거래란 조직의 관료적 체계를 통해 이루어지는 거래의 조정과 관리를 의미한다.

07 **다음 중 채찍효과의 발생 원인으로 옳지 않은 것은?**

① 공급망의 단계별로 이루어지는 수요예측
② 일정기간 예상되는 물량에 대한 일괄주문방식
③ 전자 자료 교환(EDI)의 시행
④ 공급을 초과하는 수요에 따른 구매자 간 힘겨루기
⑤ 판매 촉진 행사 등으로 인한 가격 변동

08 다음 중 인간관계론에 대한 설명으로 적절하지 않은 것은?

① 1930년대 대공황 이후 과학적 관리론의 한계로부터 발전된 이론이다.
② 인간을 기계적으로만 취급할 것이 아니라 구성원들의 사회적 · 심리적 욕구와 조직 내 비공식집단 등을 중시한다.
③ 메이요(Mayo) 등 하버드 대학의 경영학 교수들이 진행한 호손 실험에 의해 본격적으로 이론적 틀이 마련되었다.
④ 행정조직이나 민간조직을 단순 기계적 구조로만 보고 시스템 개선을 통한 능률을 추구하였다.
⑤ 조직구성원의 생산성은 감정, 기분과 같은 사회 · 심리적 요인에 의해서도 크게 영향을 받는다고 본다.

09 다음 중 테일러(Taylor)의 과학적 관리법(Scientific Management)에 대한 설명으로 옳지 않은 것은?

① 테일러리즘(Taylorism)이라고도 불리며, 20세기 초부터 주목받은 과업수행의 분석과 혼합에 대한 관리 이론이다.
② 이론의 핵심 목표는 경제적 효율성, 특히 노동생산성 증진에 있다.
③ 이론의 목적은 모든 관계자에게 과학적인 경영 활동의 조직적 협력에 의한 생산성을 높여 높은 임금을 실현할 수 있다는 인식을 갖게 하는 데 있다.
④ 과학적 관리와 공평한 이익 배분을 통해 생산성과 효율성을 향상하는 것이 기업과 노동자 모두가 성장할 수 있는 길이라는 테일러의 사상은 현대 경영학의 기초가 되었다.
⑤ 테일러의 과학적 관리법은 전문적인 지식과 역량이 요구되는 일에 적합하며, 노동자들의 자율성과 창의성을 고려하며 생산성을 높인다는 장점이 있다.

10 다음 중 조직 구성원이 공식적으로 주어진 임무 이외의 일을 기꺼이 자발적으로 수행하는 것은?

① 집단사고(Groupthink)
② 직무만족(Job Satisfaction)
③ 직무몰입(Job Involvement)
④ 감정노동(Emotional Labor)
⑤ 조직시민행동(Organizational Citizenship Behavior)

11 다음 중 허즈버그(F. Hertzberg)가 제시한 2요인 이론(Two – Factor Theory)을 적용하고자 하는 경영자가 종업원들의 동기를 유발시키기 위한 방안으로 옳지 않은 것은?

① 좋은 성과를 낸 종업원을 표창한다.
② 종업원이 하고 있는 업무가 매우 중요함을 강조한다.
③ 좋은 성과를 낸 종업원에게 더 많은 급여를 지급한다.
④ 좋은 성과를 낸 종업원을 승진시킨다.
⑤ 좋은 성과를 낸 종업원에게 자기 계발의 기회를 제공한다.

12 다음 중 매슬로(Maslow)의 욕구체계 이론과 앨더퍼(Alderfer)의 ERG 이론의 차이점이 아닌 것은?

① 욕구체계 이론은 추구하는 욕구가 얼마나 절실하며 기초적인가에 따라 구분하였지만, ERG 이론은 욕구충족을 위한 행동의 추상성에 따라 분류하였다.
② 욕구체계 이론은 가장 우세한 하나의 욕구에 의해 하나의 행동이 유발된다고 보았지만, ERG 이론은 두 가지 이상의 욕구가 복합적으로 작용하여 행동을 유발한다고 보았다.
③ 욕구체계 이론은 만족진행법에 입각하고 있고, ERG 이론은 만족진행법을 인정하지만 상위욕구 불충족 시 하위 욕구로 되돌아온다는 좌절퇴행접근법 또한 인정하고 있다.
④ 욕구체계 이론은 인간이 처한 상태에 따라 단 하나의 욕구를 추구하는 것으로 보는 것과 달리, ERG 이론은 어떤 시점에 있어서나 한 가지 이상의 욕구가 작동한다는 사실을 주장하고 있다.
⑤ 욕구체계 이론은 인간의 욕구를 동기부여 요인으로 보고 대상으로 삼아왔지만, ERG 이론은 인간의 욕구를 동기부여 대상으로 생각하지 않고 다양한 요인을 동시에 고려한다.

13 다음 중 임금 산정 방법의 성격이 비슷한 유형으로 묶인 것은?

① 시간급, 변동급, 직무급
② 시간급, 고정급, 직무급
③ 성과급, 고정급, 연공급
④ 성과급, 연공급, 직무급
⑤ 성과급, 변동급, 직무급

14 **다음 중 유통업자의 판매촉진에 해당하지 않는 것은?**

① 판매량에 대한 콘테스트 실시
② 구매시점광고(Point-of-Purchase Advertising)의 지원
③ 자사 제품을 소비자에게 잘 보이는 곳에 배치했을 때 제공하는 진열보조금
④ 소비자에게 특정 제품을 소량으로 포장하여 무료로 제공하는 샘플
⑤ 소매업자의 광고비용을 보상해주는 광고공제

15 **다음 중 비슷한 성향을 지닌 소비자들과 다른 성향을 가진 소비자들을 분리해 하나의 그룹으로 묶는 과정은?**

① 프로모션
② 타기팅
③ 포지셔닝
④ 시장세분화
⑤ 이벤트

16 **다음 중 패널조사와 같이 다시점 조사 방법에 해당하는 용어는?**

① FGI 설문법
② 탐색조사
③ 서베이법
④ 종단조사
⑤ 횡단조사

17 **다음 중 페스팅거(Festinger)의 인지 부조화 이론에 대한 설명으로 옳지 않은 것은?**

① 구매 후 부조화란 제품을 구매, 소비, 처분한 후에 그러한 의사결정이 올바른 것이었는가에 대하여서 확신하지 못하는 경험을 의미한다.
② 제품을 반품할 수 없을 경우 구매 후 부조화는 더욱 커지게 된다.
③ 가격이 높은 제품일수록 구매 후 부조화는 더욱 작아지게 된다.
④ 구매 후 부조화를 줄이기 위해 긍정적인 정보는 더욱 검색하고 부정적인 정보는 차단한다.
⑤ 안내 책자를 제공하거나 피드백을 통한 구매자의 선택이 훌륭하였음을 확인시키는 활동의 경우 등은 구매 후 부조화를 감소시키기 위한 것이다.

18 다음 〈보기〉는 통계적 품질관리(SQC)에 대한 대화 내용이다. 옳은 말을 한 사람은 총 몇 명인가?

〈보기〉

진영 : 원자재 불량, 공구 마모, 작업자의 부주의 등 특별한 원인에 의하여 발생하는 변동을 우연변동이라고 한다.
준호 : 우연변동은 통계적 공정관리에서는 제거의 대상으로 여기지 않지만, 이상변동은 반드시 그 원인을 찾아서 제거해야 하는 대상이다.
민영 : 관리한계선의 폭을 좁게 할수록 1종 오류가 커지고, 폭을 넓게 할수록 2종 오류가 커진다.
아현 : 관리도의 독립성에서 데이터들 사이는 서로 부분 집단적이어야 한다.

① 1명
② 2명
③ 3명
④ 4명
⑤ 0명

19 다음 중 단속생산 방식이 적합한 경우는?

① 제품의 납품일이 가까워 신속하고 빠르게 생산하여야 하는 경우
② 단위당 생산원가를 낮게 책정하여야 하는 경우
③ 공장에 구비된 기계설비가 특수목적인 전용설비인 경우
④ 분기별로 거래처에서 동일한 품목을 일정량 주문하는 암묵적 패턴이 존재하는 경우
⑤ 다양한 품종을 주문이 들어오는 시점부터 소량만 생산하는 경우

20 다음 중 GT(Group Technology)에 대한 설명으로 옳은 것은?

① 다품종 소량생산에서 유사한 가공물들을 집약·가공할 수 있도록 부품설계, 작업표준, 가공 등을 계통화시켜 생산효율을 높인다.
② 설계와 관련된 엔지니어링 지식을 병렬적으로 통합한다.
③ 제품설계, 공정설계, 생산을 완전히 통합한다.
④ 원가절감과 기능개선을 목적으로 가치를 향상시킨다.
⑤ 기업전체의 경영자원을 최적으로 활용하기 위하여 업무 기능의 효율화를 추구한다.

21 **다음 중 마일즈 & 스노우 전략(Miles & Snow Strategy)에서 방어형에 대한 설명으로 옳은 것은?**

① 새로운 시도에 적극적이며, 업계의 기술・제품・시장 트렌드를 선도하는 업체들이 주로 사용하는 전략이다.
② Fast Follower 전략으로, 리스크가 낮다는 장점이 있다.
③ 시장상황에 맞추어 반응하는, 아무런 전략을 취하지 않는 무전략 상태이다.
④ 새로운 기술에 관심도가 높으며, 열린 마인드와 혁신적 마인드가 중요하다.
⑤ 기존 제품을 활용하여 기존 시장을 공략하는 전략이다.

22 **다음 중 호손(Hawthorne) 실험의 주요 결론에 대한 설명으로 옳지 않은 것은?**

① 심리적 요인에 의해서 생산성이 좌우될 수 있다.
② 작업자의 생산성은 작업자의 심리적 요인과 사회적 요인과 관련이 크다.
③ 비공식 집단이 자연적으로 발생하여 공식조직에 영향을 미칠 수 있다.
④ 노동환경과 생산성 사이에 반드시 비례관계가 존재하는 것은 아니다.
⑤ 일반 관리론의 이론을 만드는 데 가장 큰 영향을 미쳤다.

23 **다음 중 CSR(Corporate Social Responsibility)의 법률적 책임에 해당하는 것은?**

① 이윤 극대화 추구
② 고용 창출
③ 녹색 경영
④ 회계의 투명성
⑤ 교육 문화활동 지원

24 **다음 중 기업의 예산통제에 대한 설명으로 옳지 않은 것은?**

① 장래의 일정 기간에 걸친 예산을 편성하고 이를 바탕으로 경영활동을 종합적으로 통제하는 경영관리 수단이다.
② 예산을 편성하고 이를 수단으로 경영활동 전반을 계수에 의하여 종합적으로 관리하는 방법이다.
③ 예산을 편성하는 계획기능을 담당하며, 장래 기업운영에 큰 영향을 준다.
④ 예산의 작성 실시를 통하여 부문 상호 간의 조정을 도모하는 조정기능을 한다.
⑤ 기업의 예산은 해당 기업의 장래성에 직결되기 때문에 고정적인 통제가 중요하다.

25 다음 중 성격에 대한 설명으로 옳지 않은 것은?

① 내재론자(Internal Locus of Control)는 자신에게 일어나는 일을 통제할 수 있다고 믿는다.
② 자기효능감(Self-Efficacy)은 특정 과업을 얼마나 잘 수행할 수 있는가에 대한 믿음이다.
③ 나르시시즘(Narcissism)은 위험을 감수하는 성향이다.
④ 자기관찰(Self-Monitoring)은 환경의 신호를 읽고 해석하여 자신의 행위를 환경요구에 맞춰 조절하는 성향이다.
⑤ 마키아벨리즘(Machiavellism)은 자신의 목적을 위해 타인을 이용하고 통제하려는 성향이다.

26 다음 사례에 해당하는 리더십 이론은?

서비스 마스터는 세계 최대 청소업체로 이 기업의 윌리엄 폴라드 전 회장이 1999년 부사장으로 부임하면서 처음으로 한 일은 고객사인 한 병원의 계단과 화장실의 변기를 부하직원과 함께 청소하라는 임무를 수행한 것이다. 폴라드는 직원들과 같이 청소하는 과정에서 직원들이 서비스 일을 하면서 겪게 되는 어려움을 몸소 체험하고 고객을 섬기는 일이 어떠한 것인지 분명히 알게 되었다.

① 변혁적 리더십
② 거래적 리더십
③ 서번트 리더십
④ 셀프 리더십
⑤ 감성 리더십

27 다음 중 직무평가 방법에 대한 설명으로 옳지 않은 것은?

① 직무평가란 직무별 보상수준을 결정하기 위해 직무의 상대적인 가치를 비교·분석하는 일련의 평가 과정으로, 주로 서열법, 직무분류법, 점수법, 요소비교법을 활용한다.
② 서열법은 전체적이고 포괄적인 관점에서 각 직무를 상호 비교하여 순위를 결정하는 방법이다.
③ 직무분류법은 서로 다른 직무를 함께 묶어서 직무를 분류하고, 그 분류된 직무의 난이도와 책임 정도에 따라 등급을 매긴 후 그 등급에 맞는 급료를 정하는 것이다.
④ 요소비교법은 기준직무가치를 합리적으로 설정해 놓으면 직무 간 평가를 객관적으로 비교하기 용이하다.
⑤ 점수법은 평가요소 종목의 선택과 각 항목에 점수를 배정하는 방법에서 중요도를 설정하는 데 어려움이 있다.

28 다음 중 부가가치의 증감에 따라 임금 총액을 계산하는 집단성과급제는?

① 순응임금제
② 물가연동제
③ 스캔런 플랜
④ 러커 플랜
⑤ 시간급

29 **다음 중 인터넷 비즈니스에서 성공한 기업들이 20%의 히트상품보다 80%의 틈새상품을 통해 더 많은 매출을 창출하는 현상은?**

① 파레토(Pareto) 법칙
② 폭소노미(Folksonomy)
③ 네트워크 효과(Network Effect)
④ 롱테일(Long Tail)
⑤ 확장성(Scalability)

30 **다음 중 피쉬바인(Fishbein)의 다속성태도 모형에 대한 설명으로 옳지 않은 것은?**

① 속성에 대한 신념이란 소비자가 제품 속성에 대하여 가지고 있는 정보와 의견 등을 의미한다.
② 속성에 대한 평가란 각 속성이 소비자들의 욕구 충족에 얼마나 기여하는가를 나타내는 것으로, 전체 태도 형성에 있어서 속성의 중요도(가중치)의 역할을 한다.
③ 다속성태도 모형은 신념의 강도와 제품속성에 대한 평가로 표현된다.
④ 다속성태도 모형은 구매 대안 평가 방식 중 비보완적 방식에 해당한다.
⑤ 다속성태도 모형은 소비자의 태도와 행동을 동일시한다.

31 **다음 중 수요예측 기법(Demand Forecasting Technique)에 대한 설명으로 옳은 것은?**

① 지수평활법은 평활상수가 클수록 최근 자료에 더 높은 가중치를 부여한다.
② 회귀분석법은 실제치와 예측치의 오차를 자승한 값의 총 합계가 최대가 되도록 회귀계수를 추정한다.
③ 수요예측 과정에서 발생하는 예측오차들의 합은 영(Zero)에 수렴하는 것은 옳지 않다.
④ 이동평균법은 이동평균의 계산에 사용되는 과거 자료의 수가 많을수록 수요예측의 정확도가 높아진다.
⑤ 시계열 분석법으로는 이동평균법과 회귀분석법이 있다.

32 **다음 중 소비자가 특정 상품에 대해 고관여 상태일 때 발생하는 구매행동으로 옳지 않은 것은?**

① 복잡한 구매행동을 보인다.
② 제품에 대한 지식을 습득하기 위해 자발적으로 노력한다.
③ 가장 합리적인 방안을 스스로 찾아 구매한다.
④ 부조화가 감소한 구매행동을 보인다.
⑤ 다양성 추구 구매를 하기 위해서 잦은 상표전환을 하게 된다.

33 **다음 공정상황에 해당하는 변동요인은?(단, 동일 제품을 생산하며 작업자 수와 작업시간은 동일하다)**

> A공장은 전자제품을 생산하는 공장으로 비교적 상태가 좋은 X생산라인과 그에 비해 노후한 Y생산라인을 운영하고 있다. 금일 현 시간 기준 A공장에 생산라인 X와 Y는 각각 시간당 제품 생산율 65%와 35%, 그리고 불량품 비율은 각각 5%와 10%를 기록하였다.

① 우연변동
② 이상변동
③ 가격변동
④ 수요변동
⑤ 속도변동

34 **다음 중 제품과 서비스 설계에 대한 설명으로 옳지 않은 것은?**

① 동시공학(Concurrent Engineering)은 제품 및 서비스 개발과 관련된 다양한 부서원들이 공동참여하는 방식이다.
② 품질기능전개(Quality Function Deployment)는 고객의 요구사항을 설계특성으로 변환하는 방법이다.
③ 가치분석 / 가치공학(Value Analysis / Value Engineering)은 제품의 가치를 증대시키기 위한 체계적 방법이다.
④ 모듈화설계(Modular Design)는 구성품의 다양성을 높여 완제품의 다양성을 낮추는 방법이다.
⑤ 강건설계(Robust Design)는 제품이 작동환경의 영향을 덜 받고 기능하도록 하는 방법이다.

35 **다음 중 인공지능 시스템에서 실제 세상 또는 상상 속의 행위를 모방한 컴퓨터 생성 시뮬레이션은?**

① 인공신경망(Artificial Neutral Network)
② 전문가 시스템(Expert System)
③ 지능형 에이전트(Intelligent Agent)
④ 영상인식 시스템(Visionary Recognition System)
⑤ 가상현실 시스템(Virtual Reality System)

36 **민츠버그(Mintzberg)는 조직의 구조가 조직의 전략 수행, 조직 주변의 환경, 조직의 구조 그 자체의 역할에 의해 좌우된다는 조직구성론을 제시하였다. 다음 중 다섯 가지 조직형태에 해당하지 않는 것은?**

① 단순구조 조직
② 기계적 관료제 조직
③ 전문적 관료제 조직
④ 매트릭스 조직
⑤ 사업부제 조직

37 다음 중 일반적인 경영 전략 유형에 해당하지 않는 것은?

① 성장 전략
② 축소 전략
③ 안정화 전략
④ 협력 전략
⑤ 시장세분화 전략

38 다음 중 리엔지니어링(Re-engineering)에 대한 설명으로 옳은 것은?

① 정보기술을 통해 기업경영의 핵심적 과정을 전면 개편함으로써 경영성과를 향상시키려는 경영기법이다.
② 흑자를 내기 위해 기구를 축소·폐쇄하거나 단순화하는 등의 장기적인 경영전략이다.
③ 기업이 환경변화에 능동적으로 대처하기 위해 비대해진 조직을 팀제로 개편하는 경영혁신을 나타낸다.
④ 제품의 주요한 부분을 부품의 형태로 수출하여 현지에서 최종제품으로 조립하는 방식이다.
⑤ 기계 장비의 고장이나 정비 때문에 작업이 불가능해진 시간을 총칭한다.

39 다음 중 하이더(Heider)의 균형 이론에 대한 설명으로 옳지 않은 것은?

① 균형 상태란 자신 – 상대방 – 제3자의 세 요소가 내부적으로 일치되어 있는 것처럼 보이는 상태를 말한다.
② 사람들은 균형 상태가 깨어지면 자신의 태도를 바꾸거나 상대방의 태도를 무시하는 등의 태도를 보인다.
③ 심리적 평형에 대한 이론으로, 일반적으로 사람들은 불균형 상태보다는 안정적인 상태를 선호한다고 가정한다.
④ 각 관계의 주어진 값을 곱하여 +면 균형 상태, –면 불균형 상태로 본다.
⑤ 세 가지의 요소로만 태도 변화를 설명하기에 지나치게 단순하고, 그 관계의 좋고 싫음의 강도를 고려하지 못한다는 한계를 갖는다.

40 다음 중 조직 내 갈등에 대한 설명으로 옳지 않은 것은?

① 갈등은 조직 내 문제의 인식과 문제해결 방안을 모색하도록 도와주는 순기능이 있다.
② 갈등이 심화될 경우 개인의 심리상태에 부정적 영향을 미치고, 불안정과 혼돈을 초래할 수 있다.
③ 갈등의 정도가 너무 높을 경우 조직 내 혼란과 분열이 초래되어 조직의 생산성이 낮아진다.
④ 전통적 견해에서 갈등은 조직과 개인에게 악영향을 미치기 때문에 회피해야 하는 것으로 본다.
⑤ 행동주의적 관점에서 갈등은 조직의 성과를 향상시키는 데 절대적으로 필요하다고 본다.

| 03 | 법학

01 다음 중 검사나 경찰관이 직권을 남용해 피의자 등을 폭행하는 행위를 의미하는 것은?

① 명예훼손
② 독직폭행
③ 직무유기
④ 개괄적 고의
⑤ 미필적 고의

02 다음 중 비권력적 사실행위로 볼 수 없는 것은?

① 무허가건물의 강제철거
② 각종 공공시설 건설
③ 금전출납
④ 행정지도
⑤ 쓰레기 수거

03 도급에 대한 설명으로 옳지 않은 것은?(단, 다툼이 있으면 판례에 의한다)

① 도급인이 파산선고를 받은 때에는 수급인 또는 파산관재인은 계약을 해제할 수 있다.
② 부동산 공사의 수급인은 자기의 보수채권을 담보하기 위하여 그 부동산을 목적으로 한 저당권의 설정을 청구할 수 있다.
③ 수급인이 자기의 노력과 재료를 들여 건물을 완성한 경우에 특별한 사정이 없는 한 완성된 건물은 수급인의 소유에 속한다.
④ 완성된 목적물 또는 완성 전의 성취된 부분의 하자가 중요하지 않고 그 보수에 과다한 비용을 요할 때에는 하자의 보수를 청구할 수 없다.
⑤ 기성고에 따라 공사대금을 분할하여 지급하기로 약정한 경우, 특별한 사정이 없는 한 하자보수의무와 동시이행관계에 있는 공사대금지급채무는 당해 하자가 발생한 부분의 기성공사대금에 한정된다.

04 다음 중 권리와 관련된 설명으로 옳지 않은 것은?

① 사권(私權)은 권리의 작용에 의해 지배권, 청구권, 형성권, 항변권으로 구분된다.
② 사권은 권리의 이전성에 따라 절대권과 상대권으로 구분된다.
③ 권능은 권리의 내용을 이루는 개개의 법률상의 힘을 말한다.
④ 권한은 본인 또는 권리자를 위하여 일정한 법률효과를 발생하게 하는 행위를 할 수 있는 법률상의 자격을 말한다.
⑤ 사권은 권리의 양도성 여부에 따라 일신전속권, 비전속권으로 구분된다.

05 **다음 중 2인 이상의 무한책임사원으로만 조직된 회사는 무엇인가?**

① 합명회사
② 합자회사
③ 유한회사
④ 주식회사
⑤ 유한책임회사

06 **다음 중 사회법에 속하는 것은?**

① 상법
② 가등기담보 등에 대한 법률
③ 특정범죄 가중처벌 등에 대한 법률
④ 산업재해보상보험법
⑤ 수표법

07 **다음 중 계수법에 대한 설명으로 옳지 않은 것은?**

① 외국으로부터 받아들여지거나 외국법을 자료로 하여 제정된 법을 계수법이라고 한다.
② 계수법을 자법(子法), 계수의 기본이 되는 법을 모법(母法)이라고 한다.
③ 한 국가의 국민생활에서 발생·발달된 고유법과 구별된다.
④ 외국법을 참고하여 자국의 특수사정 등을 고려해서 만든 법을 관습적 계수법이라고 한다.
⑤ 오랜 시일이 흘러 그 나라 국민의 생활 속에 스며들면 점차 고유법의 성질을 지니게 된다.

08 **다음 중 법의 효력에 대한 규정으로 옳지 않은 것은?**

① 법률은 특별한 규정이 없는 한 공포한 날로부터 20일을 경과함으로써 효력을 발생한다.
② 모든 국민은 소급입법에 의하여 참정권의 제한을 받거나 재산권을 박탈당하지 않는다.
③ 대통령은 내란 또는 외환의 죄를 범한 경우를 제외하고는 재직 중 형사상의 소추를 받지 아니한다.
④ 범죄의 성립과 처벌은 재판 시의 법률에 의한다.
⑤ 헌법에 의하여 체결·공포된 조약과 일반적으로 승인된 국제법규는 국내법과 같은 효력을 가진다.

09 **다음 중 법의 효력에 대한 내용으로 옳지 않은 것은?**

① 상위법은 하위법에 우선한다.
② 특별법은 일반법에 우선한다.
③ 신법은 구법에 우선한다.
④ 임의규정은 강행규정에 우선한다.
⑤ 후법이 전법에 우선한다.

10 다음 중 국제사회에서 법의 대인적 효력에 대한 입장으로 옳은 것은?

① 속지주의를 원칙적으로 채택하고 속인주의를 보충적으로 적용한다.
② 속인주의를 원칙적으로 채택하고 속지주의를 보충적으로 적용한다.
③ 보호주의를 원칙적으로 채택하고 피해자주의를 보충적으로 적용한다.
④ 피해자주의를 원칙적으로 채택하고 보호주의를 보충적으로 적용한다.
⑤ 보호주의를 원칙적으로 채택하고 기국주의를 보충적으로 적용한다.

11 다음 중 법률행위의 취소에 대한 설명으로 옳지 않은 것은?

① 취소의 효과는 선의의 제3자에게 대항할 수 없는 것이 원칙이다.
② 취소할 수 있는 법률행위는 취소의 원인이 종료되기 전에 추인을 할 수 있는 것이 원칙이다.
③ 취소된 법률행위는 처음부터 무효인 것으로 보는 것이 원칙이다.
④ 취소할 수 있는 의사표시를 한 자의 대리인도 그 행위를 취소할 수 있다.
⑤ 취소할 수 있는 법률행위의 상대방이 확정한 경우, 그 취소는 그 상대방에 대한 의사표시로 한다.

12 甲이 전파상에 고장난 라디오를 수리 의뢰한 경우, 전파상 주인이 수리대금을 받을 때까지 甲에게 라디오의 반환을 거부할 수 있는 권리는?

① 저당권　　② 질권
③ 지역권　　④ 유치권
⑤ 임차권

13 다음 중 민법상 소멸시효기간이 3년인 것은?

① 의복의 사용료 채권
② 여관의 숙박료 채권
③ 연예인의 임금 채권
④ 도급받은 자의 공사에 대한 채권
⑤ 의식 및 유숙에 대한 교사의 채권

14 다음 중 보증채무에 대한 설명으로 옳지 않은 것은?

① 주채무가 소멸하면 보증채무도 소멸한다.
② 보증채무는 주채무가 이행되지 않을 때 비로소 이행하게 된다.
③ 채무를 변제한 보증인은 선의의 주채무자에 대해서는 구상권을 행사하지 못한다.
④ 채권자가 보증인에 대하여 이행을 청구하였을 때, 보증인은 주채무자에게 먼저 청구할 것을 요구할 수 있다.
⑤ 보증인이 당초에 주채무자가 무능력자라는 것을 알고 있었을 때에는 보증채무는 소멸하지 않는다.

15 다음 〈보기〉 중 근대민법의 기본원리에 해당하는 것으로 옳은 것을 모두 고르면?

〈보기〉

㉠ 소유권 절대의 원칙
㉡ 계약 공정의 원칙
㉢ 계약 자유의 원칙
㉣ 과실 책임의 원칙
㉤ 권리남용금지의 원칙

① ㉠, ㉡, ㉢
② ㉠, ㉢, ㉣
③ ㉠, ㉣, ㉤
④ ㉡, ㉢, ㉣
⑤ ㉡, ㉢, ㉤

16 다음 〈보기〉 중 민법상 주소에 대한 설명으로 옳은 것을 모두 고르면?

〈보기〉

㉠ 주소는 정주의 의사를 요건으로 한다.
㉡ 주소는 부재와 실종의 표준이 된다.
㉢ 법인의 주소는 그 주된 사무소의 소재지에 있는 것으로 한다.
㉣ 거래안전을 위해 주소는 동시에 두 곳 이상 둘 수 없다.

① ㉠, ㉡
② ㉠, ㉢
③ ㉡, ㉢
④ ㉡, ㉣
⑤ ㉢, ㉣

17 다음 〈보기〉 중 권리의 원시취득사유에 해당하지 않는 것을 모두 고르면?(단, 다툼이 있는 경우에는 판례에 의한다)

〈보기〉

㉠ 무주물인 동산의 선점	㉡ 피상속인의 사망에 의한 상속
㉢ 회사의 합병	㉣ 시효취득
㉤ 건물의 신축	

① ㉠, ㉡
② ㉡, ㉢
③ ㉡, ㉢, ㉣
④ ㉡, ㉢, ㉤
⑤ ㉢, ㉣, ㉤

18 다음 중 민법이 인정하는 특별실종제도에 해당되지 않는 것은?

① 화재실종
② 선박실종
③ 전쟁실종
④ 항공기실종
⑤ 위난실종

19 다음 중 신의칙과 거리가 먼 것은 어느 것인가?

① 사적자치의 원칙
② 권리남용금지의 원칙
③ 실효의 원리
④ 금반언의 원칙(외형주의)
⑤ 사정변경의 원칙

20 다음 중 강행법규적 성질이 가장 약한 것은?

① 물권법
② 친족상속법
③ 계약법
④ 민사소송법
⑤ 재산법

21 다음 중 상업사용인의 의무에 대한 설명으로 옳지 않은 것은?

① 상호의 양도는 대항요건에 불과하여 등기하지 않으면 제3자에게 대항하지 못한다.
② 영업과 상호를 양수하였다고 하여 양도인의 채권·채무도 양수한 것으로 볼 수는 없다.
③ 영업과 함께 또는 영업을 폐지할 때 양도할 수 있다.
④ 상호의 양도는 재산적 가치가 인정되어 상속도 가능하다.
⑤ 상호의 양도는 상호의 양도인과 상호양수인과의 합의에 의해서 효력이 생긴다.

22 다음 중 빈칸에 들어갈 용어를 순서대로 바르게 나열한 것은?

> 보험계약은 ＿＿＿＿＿가 약정한 보험료를 지급하고 재산 또는 생명이나 신체에 불확정한 사고가 발생할 경우에 ＿＿＿＿＿가 일정한 보험금이나 그 밖의 급여를 지급할 것을 약정함으로써 효력이 생긴다.

① 피보험자, 보험수익자
② 피보험자, 보험계약자
③ 보험계약자, 피보험자
④ 보험계약자, 보험자
⑤ 보험계약자, 보험수익자

23 다음 〈보기〉 중 상법상 손해보험에 해당하는 것은 모두 몇 개인가?

〈보기〉

ㄱ. 책임보험
ㄴ. 화재보험
ㄷ. 해상보험
ㄹ. 생명보험
ㅁ. 상해보험
ㅂ. 재보험

① 2개
② 3개
③ 4개
④ 5개
⑤ 6개

24 다음의 ㉠과 ㉡이 의미하는 행정구제제도의 명칭이 순서대로 바르게 연결된 것은?

> ㉠ 지방자치단체가 건설한 교량이 시공자의 흠으로 붕괴되어 지역주민들에게 상해를 입혔을 때, 지방자치단체가 상해를 입은 주민들의 피해를 구제해 주었다.
> ㉡ 도로확장사업으로 인하여 토지를 수용당한 주민들의 피해를 국가가 변상하여 주었다.

	㉠	㉡
①	손실보상	행정소송
②	손해배상	행정심판
③	행정소송	손실보상
④	손해배상	손실보상
⑤	행정소송	손해배상

25 경찰관이 목전에 급박한 장해를 제거할 필요가 있거나 그 성질상 미리 의무를 명할 시간적 여유가 없을 때, 자신이 근무하는 국가중요시설에 무단으로 침입한 자의 신체에 직접 무기를 사용하여 저지하는 행위는?

① 행정대집행
② 행정상 즉시강제
③ 행정상 강제집행
④ 집행벌
⑤ 행정상 손해배상

26 다음 행정쟁송절차에서 빈칸에 들어갈 단어를 순서대로 바르게 나열한 것은?

> 시정 ↰
> 위법·부당한 행정처분 → (　　　) → (　　　) → (　　　) → (　　　)
> 취소, 변경 청구　소의 제기　항소　상고

① 지방법원 → 고등법원 → 대법원 → 헌법재판소
② 고등법원 → 대법원 → 행정기관 → 헌법재판소
③ 당해 행정관청 → 행정법원 → 고등법원 → 대법원
④ 상급감독관청 → 지방법원 → 대법원 → 헌법재판소
⑤ 행정기관 → 고등법원 → 행정법원 → 대법원

27 다음은 상법상 합명회사에 대한 규정이다. 빈칸 ㉠에 들어갈 기간으로 적절한 것은?

> 회사의 설립의 무효는 그 사원에 한하여, 설립의 취소는 그 취소권 있는 자에 한하여 회사성립의 날로부터 (㉠) 내에 소만으로 이를 주장할 수 있다.

① 5년
② 4년
③ 3년
④ 2년
⑤ 1년

28 다음 중 행정작용에 대한 설명으로 옳지 않은 것을 모두 고르면?

〈보기〉

ㄱ. 하명은 명령적 행정행위이다.
ㄴ. 인가는 형성적 행정행위이다.
ㄷ. 공증은 법률행위적 행정행위이다.
ㄹ. 공법상 계약은 권력적 사실행위이다.

① ㄱ, ㄴ
② ㄱ, ㄹ
③ ㄴ, ㄷ
④ ㄴ, ㄹ
⑤ ㄷ, ㄹ

29 다음 중 청구권적 기본권에 대한 설명으로 옳지 않은 것은?

① 국민이 국가기관에 청원할 때에는 법률이 정하는 바에 따라 문서로 해야 한다.
② 형사피고인과 달리 형사피의자에게는 형사보상청구권이 없다.
③ 군인이 훈련 중에 받은 손해에 대하여는 법률이 정하는 보상 외에는 이중배상이 금지된다.
④ 재판청구권에는 공정하고 신속한 공개재판을 받을 권리뿐만 아니라 재판절차에서 진술할 권리도 포함된다.
⑤ 형사피고인은 상당한 이유가 없는 한 지체없이 공개재판을 받을 권리를 가진다.

30 다음 중 재산권에 대한 내용으로 옳지 않은 것은?

① 재산권 수용은 공공복리에 적합하여야 한다.
② 재산권의 핵심적인 내용은 침해할 수 없다.
③ 공공복리를 위하여 재산권 수용 시 보상을 지급하지 않을 수 있다.
④ 재산권의 수용과 사용은 법률의 규정에 의한다.
⑤ 정부, 공공단체와 주식회사 등의 채권도 재산권이라 할 수 있다.

31 다음 중 자유권적 기본권과 생존권적 기본권을 비교한 내용으로 옳지 않은 것은?

	자유권	생존권
①	자유주의 · 개인주의	단체주의 · 사회적 기본권
②	추상적 권리	주권적 공권
③	소극적 · 방어적 권리	적극적 권리
④	법률 이전에 존재하는 권리	헌법정책적 · 실정법적 권리
⑤	국가권력의 개입이나 간섭 배제	국가적 급부나 배려 요구

32 다음 중 헌법재판소에 대한 설명으로 옳지 않은 것은?

① 포괄적인 재판권과 사법권을 가진다.

② 헌법 규정에 대하여는 위헌심판을 할 수 없다.

③ 공권력의 행사 또는 불행사로 기본권을 침해받은 자는 헌법소원심판을 청구할 수 있다.

④ 법률이 헌법에 위반되는가의 여부는 재판의 전제가 되었을 때 법원은 직권 또는 당사자의 신청에 의해서 위헌법률심판을 제청한다.

⑤ 헌법소원심판을 청구하려는 자가 변호사를 대리인으로 선임할 자력(資力)이 없는 경우에는 헌법재판소에 국선대리인을 선임하여 줄 것을 신청할 수 있다.

33 다음 〈보기〉 중 사회권적 기본권에 대한 설명으로 옳은 것을 모두 고르면?

〈보기〉

㉠ 사회권은 국민의 권리에 해당한다.
㉡ 바이마르헌법에서 사회권을 최초로 규정하였다.
㉢ 사회권은 천부인권으로서의 인간의 권리이다.
㉣ 사회권은 강한 대국가적 효력을 가진다.

① ㉠, ㉡

② ㉡, ㉢

③ ㉢, ㉣

④ ㉠, ㉣

⑤ ㉡, ㉣

34 다음 중 권력분립론에 대한 설명으로 옳지 않은 것은?

① 로크(Locke)는 최고 권력은 국민에게 있고, 그 아래에 입법권, 입법권 아래에 집행권과 동맹권이 있어야 한다고 주장하였다.

② 몽테스키외(Montesquieu)의 권력분립론은 자의적인 권력 혹은 권력의 남용으로부터 개인의 자유와 권리를 보장하는 데 그 목적이 있다.

③ 권력분립론은 모든 제도를 정당화시키는 최고의 헌법원리이다.

④ 뢰벤슈타인(Lowenstein)은 권력분립에 대한 비판에서 국가작용을 정책결정, 정책집행, 정책통제로 구분하였다.

⑤ 적극적으로 능률을 증진시키기 위한 원리가 아니라, 권력의 남용 또는 권력의 자의적인 행사를 방지하려는 소극적인 권리이다.

35 위헌법률심판에 대한 설명으로 적절하지 않은 것은?

① 폐지된 법률이라도 그 법률에 의하여 법익침해상태가 계속되는 경우에는 위헌법률심판의 대상이 된다.

② 심판대상조항이 당해 사건의 재판에 직접 적용되지는 않더라도 그 위헌 여부에 따라 당해 사건의 재판의 효력과 내용에 관한 법률적 의미가 달라지는 경우 재판의 전제성이 인정된다.

③ 제1심에서 위헌법률심판제청신청을 기각당한 소송당사자가 상소심에서 동일한 사유로 다시 제청신청을 하는 것은 적법하다.

④ 위헌법률심판제청을 신청한 당사자는 당해 법원이 제청신청을 기각한 결정에 대하여 항고할 수 없다.

⑤ 법원이 헌법재판소에 위헌법률심판제청을 한 경우에는, 법원의 직권에 의한 것이든 당사자의 신청에 의한 결정에 의한 것이든, 당해 소송사건의 재판은 헌법재판소의 위헌 여부의 결정이 있을 때까지 정지되는 것이 원칙이다.

36 다음 중 헌법을 결단주의에 입각하여 국가의 근본상황에 관하여 헌법제정권자가 내린 근본적 결단이라고 한 사람은?

① 오펜하이머(Oppenheimer)
② 칼 슈미트(C. Schmitt)
③ 안슈츠(Anschut)
④ 시에예스(Sieyes)
⑤ 바르톨루스(Bartolus)

37 다음 중 신대통령제 국가나 전체주의적 독재국가의 헌법에 해당하는 것은?

① 독창적 헌법
② 명목적 헌법
③ 가식적 헌법
④ 규범적 헌법
⑤ 이념적 헌법

38 다음 중 우리 헌법상 헌법개정에 의하여 수정할 수 없는 것은?

① 대통령의 임기
② 의원내각제의 채택
③ 기본권 보장의 폐지
④ 헌법전문의 자구 수정
⑤ 대통령 선출방식

39 다음 중 형법의 효력에 대한 내용으로 옳은 것은?

① 행위시법은 결과범에서는 결과발생 후에 의한다.
② 포괄일죄가 신법과 구법에 걸친 경우 구법에 의한다.
③ 행위시법, 재판시법, 중간시법이 있을 때 행위시법과 재판시법 중 가장 경한 형을 적용한다.
④ 가장 경한 형이라 할 때는 부가형, 벌금형까지 비교한다.
⑤ 재판확정 후 법률의 변경에 의하여 그 행위가 범죄를 구성하지 아니할 때에는 형의 집행을 면제한다.

40 다음 중 위법성을 조각하는 사유로 옳지 않은 것은?

① 본인의 자유로운 처분이 불가능한 법익에 대한 피해자의 승낙행위
② 타인의 법익에 대한 부당한 침해를 방위하기 위하여 상당한 이유가 있는 행위
③ 타인의 법익에 대한 현재의 위난을 피하기 위하여 상당한 이유가 있는 행위
④ 법령에 의한 행위 또는 업무로 인한 행위
⑤ 타인의 불법행위에 대해 자기 또는 제3자의 권리를 방위하기 위해 부득이하게 행한 가해행위

| 04 | 경제학

01 다음은 무역 이론에 대한 보고서의 일부이다. 이를 통해 알 수 있는 내용으로 옳은 것을 〈보기〉에서 모두 고르면?

1. **애덤 스미스(A. Smith)의 이론**
외국에 비해 자국의 낮은 비용으로 생산할 수 있는 재화를 많이 생산하여 이를 외국의 재화와 교환함으로써 무역이 발생한다.

… 중략 …

5. **예시**

A국	B국
• 2인이 냉장고 1대 생산 • 3인이 휴대전화 1대 생산	• 6인이 냉장고 1대 생산 • 1인이 휴대전화 1대 생산

단, 노동력을 제외한 다른 조건은 모두 동일하며, 생산된 제품은 A국과 B국 간 1대 1로 교환됨

〈보기〉

ㄱ. A국은 휴대전화를 생산하는 데 절대 우위를 가지고 있다.
ㄴ. A, B국 간 생산비의 차이로 인해 분업이 촉진된다.
ㄷ. A, B국이 특화된 제품을 교역하면 양국은 이익을 얻는다.
ㄹ. B국은 유치산업을 보호 육성하기 위하여 교역한다.

① ㄱ, ㄴ
② ㄱ, ㄹ
③ ㄴ, ㄷ
④ ㄴ, ㄹ
⑤ ㄷ, ㄹ

02 다음 글이 설명하는 '이것'은 무엇인가?

'이것'은 한 나라에서 사용하고 있는 모든 은행권 및 주화의 액면을 가치의 변동 없이 동일한 비율로 낮추어 표현하거나 이와 함께 화폐의 호칭을 새로운 통화 단위로 변경시키는 것을 뜻한다. '이것'은 경제성장과 인플레이션이 장기간 지속됨에 따라 화폐로 표시하는 금액이 점차 증가함으로 인해 발생하는 계산, 지급, 장부기재상의 불편함을 해소하기 위해 실시된다. 베네수엘라의 경우 2018년 실질적으로 화폐 기능을 상실한 볼리바르화 문제를 해결하기 위해 '이것'을 단행하기도 했다.

① 디커플링(Decoupling)
② 리디노미네이션(Redenomination)
③ 양적완화(Quantitative Easing)
④ 리니언시(Leniency)
⑤ 스태그플레이션(Stagflation)

03 **다음은 환율 변동에 대한 사례이다. 이와 같은 현상이 지속적으로 나타날 경우에 발생하는 상황으로 옳은 것을 〈보기〉에서 고르면?(단, 화폐는 USD이며, 환율만 고려한다)**

> S기업은 작년 8월에 100만 달러 상당의 상품 수출 계약을 체결하고 금년 6월에 수출 대금을 받았다. 계약 당시의 환율은 달러당 1,200원이었으나 대금을 받은 6월에는 1,100원으로 환율이 변동하여 환차손이 발생하였다. 앞으로 이와 같은 현상은 지속될 것으로 예상된다.

〈보기〉

ㄱ. 외채 상환을 할 경우 상환 부담이 증가할 것이다.
ㄴ. 원자재를 수입할 경우 구매 가격은 오를 것이다.
ㄷ. 미국에 직접 투자를 할 경우 투자비 부담이 감소할 것이다.
ㄹ. 대미 수출 상품의 경우 가격 경쟁력이 낮아질 것이다.

① ㄱ, ㄴ
② ㄱ, ㄷ
③ ㄴ, ㄷ
④ ㄴ, ㄹ
⑤ ㄷ, ㄹ

04 **다음 중 정보의 비대칭하에서 발생하는 현상에 대한 설명으로 옳지 않은 것은?**

① 기업이 우수한 인재를 채용하기 위해서 입사 시험을 치른다.
② 성과급 제도가 없는 회사의 경우 일부 직원들이 태만하게 근무한다.
③ 은행이 대출이자율을 높이면 위험한 사업에 투자하는 기업들이 자금을 차입하려고 한다.
④ 정보를 많이 갖고 있는 사람은 정보를 덜 갖고 있는 사람에 비해 항상 피해의 규모가 작다.
⑤ 기업의 주주들이 CEO에게 스톡옵션을 보상으로 제공해 일할 의욕을 고취한다.

05 **S기업의 비용은 $TC=2Q^2+20Q$이다. 이 기업은 생산 과정에서 공해물질을 배출하고 있으며, 공해 물질 배출에 따른 외부불경제를 비용으로 추산하면 추가로 10Q의 사회적 비용이 발생한다. 이 제품에 대한 시장 수요가 $Q=60-P$일 때 사회적 최적생산량은 얼마인가?(단, Q는 생산량, P는 가격이다)**

① 4
② 5
③ 6
④ 7
⑤ 8

06 어떤 복권의 당첨 확률이 50%이고, 이 복권의 가격은 1만 원이다. 당첨이 될 경우 50만 원의 상금이 주어지며, 당첨이 되지 않을 경우 복권가격의 200%에 해당하는 벌금이 부과된다. 이 사람의 기대소득과 기대효용이 같다고 할 때, 이 복권을 살 경우의 기대효용은 얼마인가?

① 1만 원
② 10만 원
③ 23만 원
④ 24만 원
⑤ 50만 원

07 다음은 케인스의 국민소득결정 모형이다. 완전고용 국민소득수준이 Y_3일 때의 설명으로 적절하지 않은 것은?(단, Y : 소득, AE : 총지출, C : 소비, C_0 : 기초소비, c : 한계소비성향, I : 투자, I_0 : 독립투자이다)

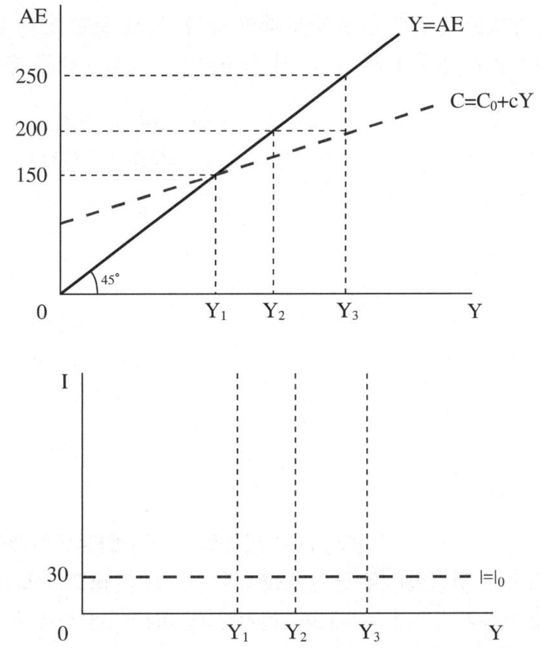

① OY_3 수준에서 총수요는 230이다.
② 완전고용에 필요한 총수요는 250이다.
③ 위 그래프는 유발투자를 고려하고 있지 않다.
④ 디플레이션갭이 50이다.
⑤ OY_3 수준에서 소비와 투자의 차이는 170이다.

08 다음은 기업A와 기업B의 광고 여부에 따른 보수행렬을 나타낸다. 내시균형에서 기업A와 기업B의 이윤은 얼마인가?

구분		기업B의 광고 전략	
		광고를 함	광고를 하지 않음
기업A의 광고전략	광고를 함	(55, 75)	(235, 45)
	광고를 하지 않음	(25, 115)	(165, 85)

① (25, 75)
② (55, 75)
③ (55, 115)
④ (235, 45)
⑤ (235, 115)

09 경기침체기에 경기를 부양하기 위해 취하였던 통화 공급, 감세 등과 같은 완화정책이나 과도하게 풀린 자금을 경제회복의 조짐이 있는 상황에서 도로 거두어들이는 경제정책을 무엇이라 하는가?

① 출구전략
② 통화 스와프
③ 입구전략
④ 긴축재정정책
⑤ 확대재정정책

10 화폐수량방정식은 $M \times V = P \times Y$이다(M은 통화량, V는 화폐유통속도, P는 산출물의 가격, Y는 산출량이고, 화폐유통속도는 일정함). 甲국의 화폐유통속도가 乙국의 화폐유통속도보다 크고 양국의 중앙은행이 각각 통화량을 5% 증가시켰다. 이때 화폐수량설에 따른 추론으로 적절한 것은?(단, 甲국과 乙국에서 화폐수량설이 독립적으로 성립함)

① 물가상승률은 甲국이 乙국보다 높다.
② 물가상승률은 乙국이 甲국보다 높다.
③ 산출량증가율은 甲국이 乙국보다 높다.
④ 산출량증가율은 乙국이 甲국보다 높다.
⑤ 甲국과 乙국의 명목산출량은 각각 5% 증가한다.

11 어느 기업의 확장경로는 원점을 지나는 직선의 형태로 나타나는데, 생산량 Q를 100단위씩 증가시켜 700단위까지 늘려감에 따라 원점에서부터 거리를 표시하면 아래 표와 같다. 생산량 증가에 따른 규모에 대한 수익은?

생산량(Q)	100	200	300	400	500	600	700
거리	7	13	18	21	25	32	40

① 불변이다가 체감한다.
② 체감하다가 불변이 된다.
③ 체증하다가 불변이 된다.
④ 체감하다가 체증한다.
⑤ 체증하다가 체감한다.

12 다음 중 무역수지에 대한 설명으로 옳지 않은 것은?

① 무역수지 흑자란 수출이 수입보다 클 때를 말하며, 이때 순수출은 0보다 크다.
② 무역수지 흑자의 경우 국민소득이 국내지출(소비+투자+정부지출)보다 크다.
③ 무역수지 흑자의 경우 국내투자가 국민저축보다 크다.
④ 무역수지 적자의 경우 순자본유출은 0보다 작다.
⑤ 순수출은 순자본유출과 같다.

13 다음 중 완전경쟁기업의 단기 조업중단 결정에 대한 설명으로 옳은 것은?

① 가격이 평균가변비용보다 높으면 손실을 보더라도 조업을 계속하는 것이 합리적 선택이다.
② 가격이 평균고정비용보다 높으면 손실을 보더라도 조업을 계속해야 한다.
③ 가격이 평균비용보다 낮으면 조업을 중단해야 한다.
④ 가격이 한계비용보다 낮으면 조업을 계속해야 한다.
⑤ 평균비용과 한계비용이 같으면 반드시 조업을 계속해야 한다.

14 다음 (가) ~ (라)에 들어갈 용어가 바르게 연결된 것은?

(가) : 구직활동 과정에서 일시적으로 실업 상태에 놓이는 것을 의미한다.
(나) : 실업률과 GDP 갭(국민생산손실)은 정(+)의 관계이다.
(다) : 실업이 높은 수준으로 올라가고 나면 경기확장정책을 실시하더라도 다시 실업률이 감소하지 않는 경향을 의미한다.
(라) : 경기침체로 인한 총수요의 부족으로 발생하는 실업이다.

	(가)	(나)	(다)	(라)
①	마찰적 실업	오쿤의 법칙	이력현상	경기적 실업
②	마찰적 실업	경기적 실업	오쿤의 법칙	구조적 실업
③	구조적 실업	이력현상	경기적 실업	마찰적 실업
④	구조적 실업	이력현상	오쿤의 법칙	경기적 실업
⑤	경기적 실업	오쿤의 법칙	이력현상	구조적 실업

15 효용을 극대화하는 소비자 A는 X재와 Y재, 두 재화만 소비한다. 다른 조건이 일정하고 X재의 가격만 하락하였을 경우, A의 X재에 대한 수요량이 변하지 않았다. 〈보기〉에서 이에 대한 설명으로 적절한 것을 모두 고르면?

〈보기〉

ㄱ. 두 재화는 완전보완재이다.
ㄴ. X재는 열등재이다.
ㄷ. Y재는 정상재이다.
ㄹ. X재의 소득효과와 대체효과가 서로 상쇄된다.

① ㄱ, ㄴ
② ㄷ, ㄹ
③ ㄱ, ㄷ, ㄹ
④ ㄴ, ㄷ, ㄹ
⑤ ㄱ, ㄴ, ㄷ, ㄹ

16 다음 중 고전학파와 케인스학파의 거시경제관에 대한 설명으로 옳지 않은 것은?

① 고전학파는 공급이 수요를 창출한다고 보는 반면 케인스학파는 수요가 공급을 창출한다고 본다.
② 고전학파는 화폐가 베일(Veil)에 불과하다고 보는 반면 케인스학파는 화폐가 실물경제에 영향을 미친다고 본다.
③ 고전학파는 저축과 투자가 같아지는 과정에서 이자율이 중심적인 역할을 한다고 본 반면 케인스학파는 국민소득이 중심적인 역할을 한다고 본다.
④ 고전학파는 실업문제 해소에 대해 케인스학파와 동일하게 재정정책이 금융정책보다 더 효과적이라고 본다.
⑤ 고전학파는 자발적인 실업만 존재한다고 보는 반면 케인스학파는 비자발적 실업이 존재한다고 본다.

17 다음 중 효율임금 이론(Efficiency Wage Theory)에 대한 설명으로 옳은 것은?

① 실질임금이 인상되면 노동생산성도 증가된다고 주장한다.
② 기업이 임금을 시장균형임금보다 낮게 설정하여 이윤극대화를 추구한다는 이론이다.
③ 기업은 숙련노동자에 대한 정보가 완전하기 때문에 해당 노동자에 대해서 항상 높은 임금을 지불한다는 이론이다.
④ 비자발적 실업이 발생하는 경우 효율적인 임금 수준이 재조정되므로 임금이 하락하는 이유를 설명할 수 있다.
⑤ 기업이 기존 노동자의 임금을 높게 유지하고, 신규 노동자의 임금을 낮게 유지하는 경우를 설명한다.

18 다음 중 역선택 문제를 완화하기 위해 고안된 장치와 거리가 먼 것은?

① 중고차 판매 시 책임수리 제공
② 민간의료보험 가입 시 신체검사
③ 보험가입 의무화
④ 사고에 따른 자동차 보험료 할증
⑤ 은행의 대출 심사

19 다음 〈보기〉 중 다른 조건이 일정할 때 통화승수의 증가를 가져오는 요인으로 옳은 것을 모두 고르면?

〈보기〉

ㄱ. 법정지급준비금 증가
ㄴ. 초과지급준비율 증가
ㄷ. 현금통화비율 하락

① ㄱ
② ㄴ
③ ㄷ
④ ㄱ, ㄴ
⑤ ㄴ, ㄷ

20 소비함수 이론 중 생애주기(Life-cycle) 가설에 대한 설명으로 옳지 않은 것은?

① 소비자는 일생동안 발생한 소득을 염두에 두고 적절한 소비 수준을 결정한다.
② 청소년기에는 소득보다 더 높은 소비 수준을 유지한다.
③ 저축과 달리 소비의 경우는 일생에 걸쳐 거의 일정한 수준이 유지된다.
④ 동일한 수준의 가처분소득을 갖고 있는 사람들은 같은 한계소비성향을 보인다.
⑤ 소비는 소득뿐만 아니라 자산의 크기에도 영향을 받는다고 가정하였다.

21 현재 우리나라 채권의 연간 명목수익률이 5%이고 동일 위험을 갖는 미국 채권의 연간 명목수익률이 2.5%일 때, 현물환율이 달러당 1,200원인 경우 연간 선물환율은?(단, 이자율평가설이 성립한다고 가정한다)

① 1,200원/달러
② 1,210원/달러
③ 1,220원/달러
④ 1,230원/달러
⑤ 1,240원/달러

22 다음 〈보기〉 중 기업생산 이론에 대한 설명으로 옳은 것을 모두 고르면?

〈보기〉

ㄱ. 장기(long-run)에는 모든 생산요소가 가변적이다.
ㄴ. 다른 생산요소가 고정인 상태에서 생산요소 투입 증가에 따라 한계생산이 줄어드는 현상이 한계생산 체감의 법칙이다.
ㄷ. 등량곡선이 원점에 대해 볼록하면 한계기술대체율 체감의 법칙이 성립한다.
ㄹ. 비용극소화는 이윤극대화의 필요충분조건이다.

① ㄱ, ㄴ
② ㄷ, ㄹ
③ ㄱ, ㄴ, ㄷ
④ ㄴ, ㄷ, ㄹ
⑤ ㄱ, ㄴ, ㄷ, ㄹ

23 자전거를 생산하는 A기업의 수요곡선은 $P=500$, 한계비용은 $MC=200+\frac{1}{3}Q$이다. 이 기업의 공장에서 자전거를 생산할 때 오염물질이 배출되는데, 이 피해가 자전거 한 대당 20이다. 이 기업의 사적 이윤극대화 생산량(Ⓐ)과 사회적으로 바람직한 생산량(Ⓑ)은 각각 얼마인가?(단, P는 가격, Q는 생산량이다)

	Ⓐ	Ⓑ
①	700	840
②	700	860
③	900	840
④	900	860
⑤	1,100	700

24 다음 중 한국은행의 통화정책 수단과 제도에 대한 설명으로 옳지 않은 것은?

① 국채 매입·매각을 통한 통화량 관리
② 금융통화위원회는 한국은행 통화정책에 관한 사항을 심의·의결
③ 재할인율 조정을 통한 통화량 관리
④ 법정지급준비율 변화를 통한 통화량 관리
⑤ 고용증진 목표 달성을 위한 물가안정목표제 시행

25 현재 인플레이션율을 8%에서 4%로 낮출 경우, 〈보기〉를 참고하여 계산된 희생률은 얼마인가?(단, Π_t, Π_{t-1}, U_t는 각각 t기의 인플레이션율, $(t-1)$기의 인플레이션율, t기의 실업률이다)

〈보기〉

- $\Pi_t - \Pi_{t-1} = -0.8(U_t - 0.05)$
- 현재실업률 : 5%
- 실업률 1%p 증가할 때 GDP 2% 감소로 가정
- 희생률 : 인플레이션율을 1%p 낮출 경우 감소되는 GDP 변화율(%)

① 1.5
② 2
③ 2.5
④ 3
⑤ 3.5

26 제품 A만 생산하는 독점기업의 생산비는 생산량에 관계없이 1단위당 60원이고, 제품 A에 대한 시장수요곡선은 $P=100-2Q$이다. 다음 중 이 독점기업의 이윤극대화 가격(P)과 생산량(Q)은?

	P	Q
①	40원	30개
②	50원	25개
③	60원	20개
④	70원	15개
⑤	80원	10개

27 다음 모형에서 정부지출(G)을 1만큼 증가시키면 균형소비지출(C)의 증가량은?(단, Y는 국민소득, I는 투자, X는 수출, M은 수입이며 수출은 외생적이다)

- $Y = C + I + G + X - M$
- $C = 0.5Y + 10$
- $I = 0.4Y + 10$
- $M = 0.1Y + 20$

① 0.1
② 0.2
③ 1.5
④ 2.5
⑤ 5

28 다음 중 소비자 잉여, 생산자 잉여에 대한 설명으로 적절한 것을 〈보기〉에서 모두 고르면?

〈보기〉

㉠ 경제적 후생은 소비자 잉여와 생산자 잉여로 측정한다.
㉡ 가격이 하락하면 소비자 잉여는 증가한다.
㉢ 외부효과가 발생하는 완전경쟁시장에서의 경제적 후생은 소비자잉여와 생산자잉여의 합이다.
㉣ 생산자 잉여는 소비자의 지불 가능 금액에서 실제 지불금액을 뺀 것을 말한다.

① ㉠, ㉡
② ㉠, ㉢
③ ㉡, ㉢
④ ㉡, ㉣
⑤ ㉢, ㉣

29 황도 복숭아 시장에서 그림과 같은 변화를 가져올 수 있는 요인이 아닌 것은?

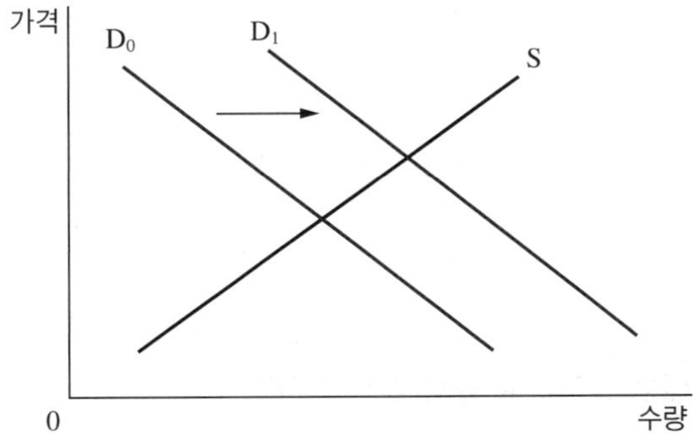

① 황도 복숭아 가격의 하락
② 복숭아가 정상재인 경우 소비자의 소득 증가
③ 복숭아가 위장기능을 개선시킨다는 연구 결과 발표
④ 복숭아 가격이 점점 상승할 것이라는 소비자들의 예상
⑤ 황도 복숭아와 대체관계에 있는 천도 복숭아 가격의 상승

30 대학 졸업 후 구직활동을 꾸준히 해온 30대 초반의 덕선이는 당분간 구직활동을 포기하기로 하였다. 덕선이와 같이 구직활동을 포기하는 사람이 많아지면 실업률과 고용률에 어떠한 변화가 생기는가?

① 실업률 상승, 고용률 하락
② 실업률 상승, 고용률 불변
③ 실업률 하락, 고용률 하락
④ 실업률 하락, 고용률 불변
⑤ 실업률 불변, 고용률 하락

31 다음 중 국민총소득(GNI), 국내총생산(GDP), 국민총생산(GNP)에 대한 설명으로 옳지 않은 것은?

① GNI는 한 나라 국민이 국내외 생산활동에 참여한 대가로 받은 소득의 합계이다.
② 명목GNI는 명목GNP와 명목 국외순수취요소소득의 합이다.
③ 실질GDP는 생산활동의 수준을 측정하는 생산지표인 반면, 실질GNI는 생산활동을 통하여 획득한 소득의 실질 구매력을 나타내는 소득지표이다.
④ 원화표시 GNI에 아무런 변동이 없더라도 환율변동에 따라 달러화 표시 GNI는 변동될 수 있다.
⑤ 국외수취 요소소득이 국외지급 요소소득보다 크면 명목GNI가 명목GDP보다 크다.

32 다음 중 경기변동에 대한 설명으로 옳지 않은 것은?

① 투자는 소비에 비해 GDP 대비 변동성이 크므로 경기변동의 주요 원인이 된다.
② 기간 간 고른 소비가 어려운 저소득계층이 늘어나면, 이전에 비해 경기변동이 심해진다.
③ 실물적 경기변동은 경기변동을 자연실업률 자체가 변화하여 일어난다고 생각한다.
④ 총공급 – 총수요 모형에서 총수요의 변동이 경기변동의 요인이라고 본다면 물가는 경기와 반대로 움직인다.
⑤ 실질임금과 고용량은 단기적으로 양의 상관관계를 가지나 장기적으로는 서로 관계가 없다.

33 아래 그래프는 A재 시장과 A재 생산에 특화된 노동시장의 상황을 나타낸 자료이다. 다음 〈보기〉 중 이에 대한 분석으로 옳은 것을 모두 고르면?

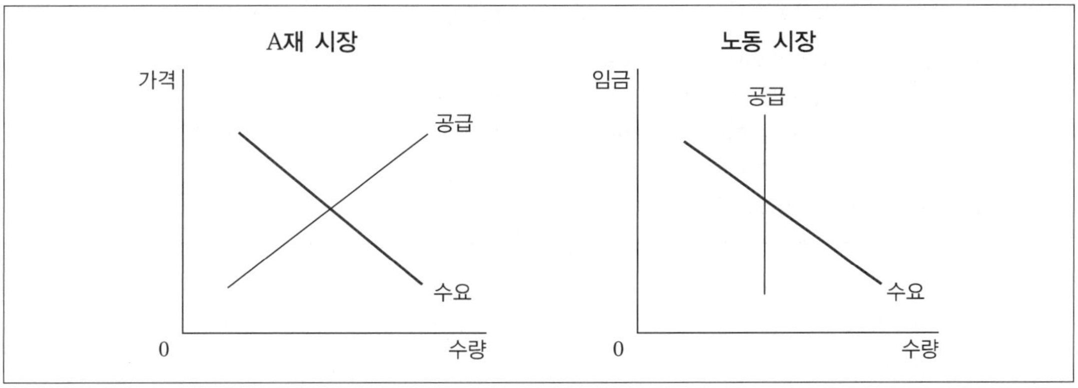

〈보기〉

가. A재에 대한 수요가 증가하면 고용량이 늘어난다.
나. A재에 대한 수요가 증가하면 임금이 상승한다.
다. 노동공급이 증가하면 A재 가격이 상승한다.
라. 노동공급이 증가하면 A재 거래량이 증가한다.
마. 노동공급이 감소하면 A재 수요곡선이 이동한다.

① 가, 다
② 나, 라
③ 가, 나, 라
④ 가, 라, 마
⑤ 나, 다, 마

34 다음 중 최고가격제와 최저가격제에 대한 설명으로 옳은 것은?

① 최고가격을 균형가격 이하로 책정하면 상품의 배분이 비효율적으로 이루어진다.
② 최고가격을 균형가격보다 낮게 책정하면 시장수급에는 아무런 영향을 미치지 못한다.
③ 최저임금제는 미숙련노동자의 취업을 용이하게 만든다.
④ 최저임금제는 시장 균형임금보다 낮은 수준에서 책정되므로 비자발적 실업이 발생한다.
⑤ 최저임금제를 실시하여 총노동소득이 감소하였다면 이는 노동의 수요곡선이 비탄력적이기 때문이다.

35 A국의 구리에 대한 국내 수요곡선은 $Q=12-2P$이고, 국내 공급곡선은 $Q=P$이다. 구리의 국제 시장가격이 5라면, A국 구리 생산업체들의 국내 판매량과 수출량은 얼마인가?(단, Q는 수량, P는 가격을 나타내고, 이 나라는 소규모 개방경제라고 가정한다)

① 국내판매량 : 2, 수출량 : 3
② 국내판매량 : 3, 수출량 : 2
③ 국내판매량 : 3, 수출량 : 3
④ 국내판매량 : 4, 수출량 : 0
⑤ 국내판매량 : 4, 수출량 : 1

36 **완전경쟁시장의 한 기업이 단기적으로 초과이윤을 획득하고 있다. 다음 〈보기〉 중 이 기업의 이윤극대화 행동으로부터 유추할 수 있는 사실을 모두 고르면?**

〈보기〉

가. 이 기업은 장기적으로도 초과이윤을 획득한다.
나. 이 기업이 산출량을 늘리면 총평균비용이 증가할 것이다.
다. 이 기업이 산출량을 늘리면 한계비용이 증가할 것이다.
라. 이 기업은 현재 한계비용과 총평균비용이 일치한다.
마. 시장가격은 이 기업의 현재 한계비용보다 높다.

① 가, 라
② 나, 다
③ 가, 다, 라
④ 나, 다, 마
⑤ 다, 라, 마

37 **다음 중 실업과 실업률에 대한 설명으로 옳은 것은?**

① 주부는 실업자에 포함된다.
② 실업률은 실업자의 수를 생산가능인구로 나눈 비율이다.
③ 마찰적 실업은 사업구조의 변화나 기술의 발달로 인해 특정한 기능을 가진 노동자에 대한 수요가 감소함에 따라 발생하는 실업이다.
④ 마찰적 실업은 자발적 실업의 성격을, 경기적 실업과 구조적 실업은 비자발적 실업의 성격을 갖는다.
⑤ 남녀차별로 인한 실업은 경기적 실업이다.

38 **다음 〈보기〉 중 경제성장에 대한 일반적인 설명으로 옳은 것을 모두 고르면?**

〈보기〉

가. 인구증가율이 높은 나라일수록 1인당 소득이 낮은 경향이 있다.
나. 저축률이 높은 나라일수록 1인당 소득이 낮은 경향이 있다.
다. 1인당 소득은 국제적 차이를 설명하는 데 인적 자본과 물적 자본 못지않게 중요하다.
라. 개발도상국과 선진국 간의 1인당 소득격차는 줄어드는 추세를 보인다.

① 가, 나
② 가, 다
③ 나, 다
④ 나, 라
⑤ 다, 라

39 다음 중 게임 이론에 설명으로 옳지 않은 것은?

① 순수전략들로만 구성된 내시균형이 존재하지 않는 게임도 있다.
② 우월전략이란 상대 경기자들이 어떤 전략들을 사용하든지 상관없이 자신의 전략들 중에서 항상 가장 낮은 보수를 가져다주는 전략을 말한다.
③ 죄수의 딜레마 게임에서 두 용의자 모두가 자백하는 것은 우월전략균형이면서 동시에 내시균형이다.
④ 참여자 모두에게 상대방이 어떤 전략을 선택하는가에 관계없이 자신에게 더 유리한 결과를 주는 전략이 존재할 때 그 전략을 참여자 모두가 선택하면 내시균형이 달성된다.
⑤ 커플이 각자 선호하는 취미활동을 따로 하는 것보다 동일한 취미를 함께 할 때 더 큰 만족을 줄 수 있는 상황에서는 복수의 내시균형이 존재할 수 있다.

40 다음 중 소비 이론에 대한 설명으로 옳지 않은 것은?

① 케인스의 소비함수에 따르면 평균소비성향은 한계소비성향보다 크다.
② 항상소득 가설에 따르면 항상소득의 한계소비성향은 일시소득의 한계소비성향보다 작다.
③ 생애주기 가설에 따르면 총인구에서 노인층의 비중이 상승하면 국민저축률은 낮아진다.
④ 쿠즈네츠는 장기에는 평균소비성향이 대략 일정하다는 것을 관찰하였다.
⑤ 상대소득 가설에 따르면 소득이 감소하여도 소비의 습관성으로 인해 단기적으로 소비는 거의 감소하지 않는다.

4권

서울교통공사 사무직

정답 및 해설

온라인 모의고사 무료쿠폰

쿠폰 번호	NCS통합	ATNV-00000-BBC1F
	서울교통공사 사무직(행정학)	ATOX-00000-AEBDB
	서울교통공사 사무직(경영학)	ATOY-00000-1074C
	서울교통공사 사무직(법학)	ATOZ-00000-98E53
	서울교통공사 사무직(경제학)	ATPA-00000-015C0

[쿠폰 사용 안내]

1 **합격시대 홈페이지**(www.sdedu.co.kr/pass_sidae_new)에 접속합니다.
2. 홈페이지 우측 상단 '쿠폰 입력하고 모의고사 받자' 배너를 클릭하고, 쿠폰번호를 등록합니다.
3. 내강의실 > 모의고사 > 합격시대 모의고사를 클릭하면 응시가 가능합니다.
※ 본 쿠폰은 등록 후 30일 이내에 사용 가능합니다.
※ 쿠폰 등록 및 응시는 윈도우 기반 PC에서만 가능합니다.
※ 모바일 및 macOS 운영체제에서는 서비스되지 않습니다.

무료서교공특강

[강의 이용 안내]

1. **시대에듀 홈페이지**(www.sdedu.co.kr)에 접속합니다.
2. '서울교통공사'로 검색 후 무료특강을 클릭합니다.
3. '신청하기'를 클릭하면 서울교통공사 기출특강을 수강할 수 있습니다.

서울교통공사 사무직 신입사원 필기시험

제1회 모의고사 정답 및 해설

제 1 영역 직업기초능력평가

01	02	03	04	05	06	07	08	09	10
③	③	④	③	②	③	③	⑤	④	③
11	12	13	14	15	16	17	18	19	20
②	⑤	④	④	⑤	③	②	③	③	③
21	22	23	24	25	26	27	28	29	30
③	②	④	⑤	④	⑤	③	⑤	①	④
31	32	33	34	35	36	37	38	39	40
⑤	④	③	①	②	②	④	③	②	④

01

정답 ③

제시문을 통해 종합심사제에서 건설인력 고용 심사 항목의 배점이 확대되고 고용 개선 심사 항목이 신설되었음은 알 수 있으나, 특정 심사 항목이 삭제되었다는 내용은 확인할 수 없다.

오답분석

① A공단의 개정된 계약기준은 A공단 홈페이지 및 전자조달시스템 사이트에서 확인할 수 있다.
② A공단의 개정된 계약기준은 2025년 8월 4일 입찰 공고한 '○○○선 건설사업 관리용역'부터 적용한다.
④ 용역 분야의 경력·실적 평가의 만점 기준이 각각 15년과 10건으로 완화되었음을 알 수 있다.
⑤ 사망사고에 대한 신인도 감점 점수는 공사 분야에서 회당 −5점, 용역 분야에서 9건당 −3점임을 알 수 있다.

02

정답 ③

2월의 공항철도 유입인원은 5,520−2,703=2,817천 명으로 1월보다 2,979−2,817=162천 명 감소하였다.

오답분석

① 수송인원은 증가와 감소 모두 나타나고 있다.
② 8월의 수송인원은 6,720천 명(3,103+3,617)이므로 3분기 수송인원은 6,431+6,720+6,333=19,484천 명이다.
따라서 1,950만 명보다 작다.
④ 11월의 승차인원은 6,717−3,794=2,923천 명이다. 6월의 승차인원보다 3,102−2,923=179천 명 적다.
⑤ 8월의 수송인원은 6,720천 명이므로 12월의 수송인원(6,910천 명)보다 190천 명 적다.

03

정답 ④

빈칸 앞의 내용에 따르면 이전에는 현장으로 출동하여 고장 내용을 직접 확인한 뒤 다시 돌아와 필요한 장비를 준비해야 했다. 그러나 IoT기술이 도입된 후에는 설치된 센서를 통해 고장이 발생한 부품을 바로 확인할 수 있으므로 출동 전 필요한 장비를 미리 준비할 수 있게 된 것이다. 따라서 빈칸에 들어갈 내용으로는 ④가 가장 적절하다.

오답분석

① 고장 신고 절차의 간소화와 관련된 내용은 기사에서 찾아볼 수 없다.
② 고장이 발생한 현장의 위치가 아닌 고장이 발생한 부품을 바로 파악할 수 있어 고장 수리 시간이 줄어들었다.
③ IoT기술이 도입됨에 따라 다양한 센서를 설치하였지만, 첨단 수리 기계를 도입한 것은 아니다.
⑤ 직원이 필요한 장비를 미리 준비하여 출동할 수 있게 된 것일 뿐, 직원이 직접 출동하지 않고도 부품을 수리할 수 있는 것은 아니다.

04

정답 ③

공사가 특허를 출원한 것은 고장 발생 시 부품을 파악하는 시스템이 아니라 고장 발생 전 센서를 이용하여 진동을 분석함으로써 미리 사고를 예방하는 '진동센서를 이용한 에스컬레이터용 안전시스템'이다.

오답분석

① 공사는 지난해 10월 지하철 7호선 12개역 에스컬레이터 100대에 IoT기술을 적용하였다.
② IoT기술 도입으로 에스컬레이터의 고장 1건당 수리 시간이 34% 감소하였으며, 장애 경보 발생 건수도 15% 감소하였다.
④ 공사는 앞으로 SAMBA 등의 정보통신기술을 다양한 영역에 적용해 지하철 디지털 혁신 프로젝트인 SCM을 완성해나갈 예정이므로 현재는 완성되지 않았음을 알 수 있다.
⑤ 공사는 지난해까지 전체 1,663대의 에스컬레이터 중 1,324대에 역주행 방지 장치를 설치해 설치율을 80%까지 높였다.

05
정답 ②

Micro Grid란 소규모 지역 내에서 분산자원의 최적 조합을 통해 전력을 생산 · 저장 · 소비하는 On-site형 전력 공급 시스템이다. ②의 설명은 Micro Grid가 아니라 전력 신소재에 대한 설명이다.

06
정답 ③

코드 생성 방법에 따른 A～E물품의 코드는 다음과 같다.

- A물품 : CTT-A-22-11-1
- B물품 : GAT-E-20-07-1
- C물품 : SLT-E-19-10-1
- D물품 : PDT-H-17-12-0
- E물품 : PST-S-21-08-0

따라서 C물품의 경우 중고가 아닌 새 제품으로 구매하였으므로 SLT-E-19-10-1이 되어야 한다.

07
정답 ③

처분 시 감가 비율과 중고 여부에 따라 A～E물품의 처분가를 구하면 다음과 같다.

- A물품 : 55만 원×(1-0.4)=33만 원
- B물품 : 30만 원×(1-0.2)=24만 원
- C물품 : 35만 원×(1-0.5)≒17만 원
- D물품 : 80만 원×(1-0.25)×0.5=30만 원
- E물품 : 16만 원×(1-0.25)×0.5=6만 원

따라서 A～E물품을 모두 처분할 경우 받을 수 있는 총금액은 33+24+17+30+6=110만 원이다.

08
정답 ⑤

유효기간이 10년 이상 남은 물품은 A, C, D이며, 이를 제휴 업체를 통해 처분할 경우 구매가격의 총합인 55+35+80=170만 원의 80%에 해당하는 170×0.8=136만 원을 받을 수 있다.

09
정답 ④

대리와 이사장은 2급 이상 차이 나기 때문에 A대리는 이사장과 같은 호텔 등급의 객실에서 묵을 수 있다.

오답분석

① 비행기 요금은 실비이기 때문에 총비용은 변동이 있을 수 있다.
② 숙박비 5만 원, 교통비 2만 원, 일비 6만 원, 식비 4만 원으로 C차장의 출장비는 17만 원이다.
③ 같은 조건이라면 이사장과 이사는 출장비가 같다.
⑤ 부장과 차장은 출장비가 다르기 때문에 부장이 더 많이 받는다.

10
정답 ③

- A부장의 숙박비 : 80,000×9=720,000원
- P차장의 숙박비 : 50,000×9=450,000원

따라서 P차장이 묵을 호텔을 한 단계 업그레이드하였을 경우에 720,000-450,000=270,000원 이득이다.

11
정답 ②

제1항 제2호에 따르면 철도차량의 설계도면, 설계 명세서 및 설명서는 적합성 입증을 위하여 필요한 부분에 한정해 제출한다.

12
정답 ⑤

현상을 유지하고 조직에 순응하려는 경향은 반임파워먼트 환경에서 나타나는 모습이다.

임파워먼트 환경의 특징
- 업무에 있어 도전적이고 흥미를 가지게 된다.
- 학습과 성장의 기회가 될 수 있다.
- 긍정적인 인간관계를 형성할 수 있다.
- 개인들이 조직에 공헌하며 만족하는 느낌을 가질 수 있다.
- 자신의 업무가 존중받고 있음을 느낄 수 있다.

13
정답 ④

RANK 함수에서 0은 내림차순, 1은 오름차순이다. 따라서 F8셀의 '=RANK(D8,D4:D8,0)' 함수의 결괏값은 4이다.

14
정답 ④

ⓛ 휴게소가 없는 노선 중 평택충주선의 경우 영업소의 수가 17개이므로 옳지 않은 해석이다.
ⓡ 경부선은 영업소의 수가 휴게소의 수보다 많으므로 [(휴게소)/(영업소)] 비율은 1보다 작다. 그러나 호남선의 지선의 경우 영업소 수와 휴게소 수가 같으므로 [(휴게소)/(영업소)] 비율이 1이고, 중앙선의 경우 영업소 수가 휴게소 수보다 적으므로 [(휴게소)/(영업소)] 비율은 1보다 크다. 실제로 세 노선의 [(휴게소)/(영업소)] 비율을 구하면 다음과 같다.

- 경부선 : $\frac{31}{32}\fallingdotseq 0.97$
- 중앙선 : $\frac{14}{6}\fallingdotseq 2.33$
- 호남선의 지선 : 1

따라서 [(휴게소)/(영업소)] 비율이 가장 높은 노선은 중앙선이다.

오답분석

ⓖ · ⓜ 제시된 자료를 통해 알 수 있다.
ⓒ 휴게소의 수와 주유소의 수가 일치하지 않는 노선은 경부선, 88올림픽선, 호남선으로 총 3개의 노선이다.

15
정답 ⑤

팔로워십 유형별 조직에 대한 감정

구분	조직에 대한 자신의 느낌
소외형	• 자신을 인정해 주지 않음 • 적절한 보상이 없음 • 불공정하고 문제가 있음
순응형	• 기존 질서를 따르는 것이 중요 • 리더의 의견을 거스르는 것은 어려운 일임 • 획일적인 태도와 행동에 익숙함
실무형	• 규정 준수를 강조 • 명령과 계획의 빈번한 변경 • 리더와 부하 간의 비인간적 풍토
수동형	• 조직이 나의 아이디어를 원치 않음 • 노력과 공헌을 해도 아무 소용이 없음 • 리더는 항상 자기 마음대로 함

오답분석

㉠·㉡은 수동형이 느끼는 조직에 대한 감정이다.

16
정답 ③

여섯 번째 단계에 따라 해결 방안을 확인한 후에는 혼자서 해결하는 것이 아니라 책임을 분할함으로써 다 함께 협동해 실행하여야 한다.

오답분석

① 두 번째 단계에 해당하는 내용이다.
② 네 번째 단계에 해당하는 내용이다.
④ 첫 번째 단계에 해당하는 내용이다.
⑤ 세 번째 단계에 해당하는 내용이다.

17
정답 ②

데이터 계열은 3개(국어, 영어, 수학)로 구성되어 있다.

18
정답 ③

하이퍼링크(Hyperlink)는 다른 문서로 연결하는 HTML로 구성된 링크로, 외부 데이터를 가져오기 위해 사용하는 기능은 아니다.

오답분석

① [데이터] → [외부 데이터 가져오기] → [기타 원본에서] → [데이터 연결 마법사]
② [데이터] → [외부 데이터 가져오기] → [기타 원본에서] → [Microsoft Query]
④ [데이터] → [외부 데이터 가져오기] → [웹]
⑤ [데이터] → [외부 데이터 가져오기] → [텍스트]

19
정답 ③

ROUNDDOWN 함수는 주어진 수의 소수점 이하를 버림하는 함수이다. 평균을 먼저 구한 후 소수점 이하를 버림하면 된다.
고○○의 평균은 「=AVERAGE(B3:E3)」이고, 이 평균의 소수점 둘째 자리 이하를 버림한다.
따라서 [F3]에 들어갈 함수는 「=ROUNDDOWN(AVERAGE(B3:E3),1)」이다.

20
정답 ③

주어진 조건에 부합하는 셀의 개수를 세는 함수는 COUNTIF 함수이다.
따라서 「=COUNTIF(F3:F16,">=8.5")」를 사용하면 된다.

21
정답 ③

오답분석

- A : 청렴경영추진위원회는 윤리경영위원회 산하가 아니라 독자적인 위원회이며, 윤리경영위원회를 자문해 주고 있다.
- D : S공사의 상임감사가 아니라 감사실장이 반부패 – 청렴의 행동강령책임관을 맡고 있다. 상임감사는 청렴경영추진위원회 혹은 청렴윤리실무위원회의 위원장을 맡고 있다.

22
정답 ②

S공사의 최고위자과정 교육은 보건의료 정책을 연구하고, 보건 의료계 최고 리더자를 양성하기 위한 교육이므로 국가·국민·고객 등 모든 이해관계자로부터 신뢰를 구축하고자 하는 윤리경영과 가장 관련이 적다.

오답분석

①·④ 윤리경영의 청렴과 관련된 활동이다.
③·⑤ 윤리경영의 사회공헌 활동이다.

23
정답 ④

㉢은 긴급하면서도 중요한 문제이므로 제일 먼저 해결해야 하는 1순위에 해당하며, ㉡은 중요하지만 상대적으로 긴급하지 않으므로 계획하고 준비해야 할 문제인 2순위에 해당한다. ㉠은 긴급하지만 상대적으로 중요하지 않은 업무이므로 3순위에 해당하고, 마지막으로 중요하지도 긴급하지도 않은 ㉣은 4순위에 해당한다.

24
정답 ⑤

L사원이 자기개발을 하지 못하는 이유는 자기실현에 대한 욕구보다는 인간의 기본적인 생리적 욕구를 더 우선적으로 여기기 때문이다.

25 정답 ④

경력개발 전략 수립 단계는 경력목표를 수립한 이후 이를 달성하기 위한 구체적인 활동계획을 수립하는 것이다. L씨는 현재 경력목표만 설정한 상태로 그 이후 단계인 경력개발 전략 수립 단계는 사례에서 찾아볼 수 없다.

오답분석

① 직무정보 탐색 : 투자 전문가의 보수, 종사자의 직무만족도 등을 파악하였다.
② 자기 탐색 : 적성검사를 통해 자신의 적성을 파악하였다.
③ 경력목표 설정 : 3년 내에 투자 전문가 관련 자격증을 취득하는 것을 목표로 설정하였다.
⑤ 환경 탐색 : 자신이 경력개발을 위해 활용할 수 있는 시간을 파악했다.

26 정답 ⑤

잦은 지각을 일삼는 B사원에게 결여된 덕목은 근면으로, 게으르지 않고 부지런한 것을 말한다. 직장에서의 근면한 생활을 위해서는 출근 시간을 엄수해야 하며, 술자리 등 개인적인 일로 업무에 지장이 없도록 해야 한다.

27 정답 ③

각 조건을 종합해 보면 D는 1시부터 6시까지 연습실 2에서 플루트를 연주하고, B는 연습실 3에서 첼로를 연습하며, 연습실 2에서 처음 연습하는 사람은 9시부터 1시까지, 연습실 3에서 처음 연습하는 사람은 9시부터 3시까지 연습한다. 따라서 연습실 1에서는 나머지 3명이 각각 3시간씩 연습해야 한다.
따라서 ③이 조건으로 추가되면 A와 E가 3시에 연습실 1과 연습실 3에서 끝나는 것이 되는데, A는 연습실 1을 이용할 수 없으므로 9시부터 3시까지 연습실 3에서 바이올린을 연습하고 E는 연습실 1에서 12시부터 3시까지 클라리넷을 연습한다. C도 연습실 1을 이용할 수 없으므로 연습실 2에서 9시부터 1시까지 콘트라베이스를 연습하고, 마지막 조건에 따라 G는 9시부터 12시까지 연습실 1에서, F는 3시부터 6시까지 연습실 1에서 바순을 연습하므로 모든 사람의 연습 장소와 연습 시간이 확정된다.

<table>
<tr><th>구분</th><th>연습실 1</th><th>연습실 2</th><th>연습실 3</th></tr>
<tr><td>9 ~ 10시</td><td rowspan="3">G</td><td rowspan="4">C</td><td rowspan="6">A</td></tr>
<tr><td>10 ~ 11시</td></tr>
<tr><td>11 ~ 12시</td></tr>
<tr><td>12 ~ 1시</td><td rowspan="3">E</td></tr>
<tr><td>1 ~ 2시</td><td rowspan="5">D</td></tr>
<tr><td>2 ~ 3시</td></tr>
<tr><td>3 ~ 4시</td><td rowspan="3">F</td><td rowspan="3">B</td></tr>
<tr><td>4 ~ 5시</td></tr>
<tr><td>5 ~ 6시</td></tr>
</table>

28 정답 ⑤

L사원은 신입사원을 보면서 자기개발의 필요성을 깨닫고 있다. 따라서 L사원이 자기개발을 하기 위해 가장 먼저 해야 할 일은 자기개발의 첫 단계인 자신의 흥미・적성 등 자신이 누구인지 파악하는 것이다.

오답분석

①・②・③・④ 모두 자기관리에 해당하는 것으로 이는 자아인식의 단계 이후 이루어진다.

29 정답 ①

사내 봉사 동아리이기 때문에 공식이 아닌 비공식조직에 해당한다. 비공식조직의 특징에는 인간관계에 따라 형성된 자발적인 조직, 내면적, 비가시적, 비제도적, 감정적, 사적 목적 추구, 부분적 질서를 위한 활동 등이 있다.

오답분석

② 영리조직의 특성이다.
③ 공식조직의 특성이다.
④ 공식조직의 특성이다.
⑤ 비영리조직의 특성이다.

30 정답 ④

- A : A는 영화관 내 촬영이 불법인줄 모르고 영상을 촬영하였으므로 A의 비윤리적 행위는 무지로 인해 발생한 것이다.
- B : B는 불법 도박 사이트 운영이 불법임을 알고 있었지만, 이를 중요하게 여기지 않는 무관심의 태도로 비윤리적 행위를 범했다.
- C : C는 만취한 상태에서 자신을 스스로 통제하지 못하고 폭력을 행사하였으므로 무절제로 인한 비윤리적 행위를 저질렀다.

비윤리적 행위의 원인

- 무지 : 사람들은 무엇이 옳고, 무엇이 그른지 모르기 때문에 비윤리적 행위를 저지른다.
- 무관심 : 자신의 행위가 비윤리적이라는 것은 알고 있지만 윤리적인 기준에 따라 행동해야 한다는 것을 중요하게 여기지 않는다.
- 무절제 : 자신의 행위가 잘못이라는 것을 알고 그러한 행위를 하지 않으려고 함에도 불구하고 자신의 통제를 벗어나는 어떤 요인으로 인하여 비윤리적 행위를 저지르는 것이다.

31 정답 ⑤

임원회의에서 PT를 맡았기 때문에 회의에 늦지 않는 것 또한 B선임이 취해야 될 행동이기 때문에 할머니를 병원에 직접 모셔다 드리고 오는 것보다 먼저 119에 신고를 하고, 상사에게 현재의 상황을 보고한 다음 구급대원이 오면 회사로 오는 것이 바른 순서이다.

32

정답 ④

직업의 특성
- 계속성 : 직업은 일정 기간 계속 수행되어야 한다.
- 사회성 : 직업을 통하여 사회에 봉사하게 된다.
- 경제성 : 직업을 통하여 일정한 수입을 얻고, 경제발전에 기여하여야 한다.

33

정답 ③

17 ~ 24일까지 업무를 정리하면 다음과 같다.

17일	18일	19일	20일	21일	22일	23일	24일
B 업무 착수	B 업무	B 업무 완료					
D 업무 착수	D 업무 완료						
			C 업무 착수	C 업무	C 업무 완료		
		A 업무 착수	A 업무	A 업무	A 업무	A 업무	A 업무 완료

따라서 B − D − A − C 순으로 업무에 착수할 것임을 알 수 있다.

34

정답 ①

경제적 의사결정을 위해 상품별 만족도 총합을 계산하면 다음과 같다.

(단위 : 점)

상품	가격	광고의 호감도 (5)	디자인 (12)	카메라 기능 (8)	단말기 크기 (9)	A/S (6)	만족도 총합
A	35만 원	5	10	6	8	5	34
B	28만 원	4	9	6	7	5	31
C	25만 원	3	7	5	6	4	25

각 상품의 가격대비 만족도를 계산하면, 단위금액당 만족도가 가장 높은 상품 B($=\frac{31}{28}$)를 구입하는 것이 가장 합리적이다.

오답분석

② 단말기 크기의 만족도 만점 점수는 9점으로 카메라 기능보다 높기 때문에 단말기 크기를 더 중시하고 있음을 알 수 있다.
③ 세 상품 중 상품 A의 만족도가 가장 크지만, 비용을 함께 고려한다면 상품 A를 구입하는 것을 합리적인 선택으로 볼 수 없다.
④ 예산을 25만 원으로 제한할 경우 상품 C를 선택할 것이다.
⑤ 만족도 점수 항목 중 휴대전화의 성능과 관련된 항목은 카메라 기능뿐이므로 지나치게 중시하고 있다고 볼 수 없다.

35

정답 ②

팀장과 과장의 휴가일정과 세미나가 포함된 주를 제외하면 A대리가 연수에 참석할 수 있는 날짜는 첫째 주 금요일부터 둘째 주 화요일까지로 정해진다. 4월은 30일까지 있으므로 주어진 일정을 달력에 표시를 하면 다음과 같다.

일	월	화	수	목	금	토
	1	2 팀장 휴가	3 팀장 휴가	4 팀장 휴가	5 A대리 연수	6 A대리 연수
7 A대리 연수	8 A대리 연수	9 A대리 연수	10 B과장 휴가	11 B과장 휴가	12 B과장 휴가	13
14	15 B과장 휴가	16 B과장 휴가	17 C과장 휴가	18 C과장 휴가	19	20
21	22	23	24	25	26 세미나	27
28	29	30				

따라서 5일 동안 연속으로 참석할 수 있는 날은 4월 5일부터 9일까지이므로 A대리의 연수 마지막 날짜는 9일이다.

36

정답 ②

②는 '해결할 수 있는 갈등'에 대한 설명이다. 해결할 수 있는 갈등은 목표와 욕망, 가치, 문제를 바라보는 시각과 이해하는 시각이 다를 경우에 일어날 수 있는 갈등이다.

37

정답 ④

ㄱ. 초등학생의 경우 남성의 스마트폰 중독비율이 33.35%로 29.58%인 여성보다 높은 것을 알 수 있지만, 중·고생의 경우 남성의 스마트폰 중독비율이 32.71%로 32.72%인 여성보다 0.01%p가 낮다.

ㄷ. 대도시에 사는 초등학생 수를 a명, 중·고생 수를 b명, 전체 인원을 $(a+b)$명이라고 하면, 대도시에 사는 학생 중 스마트폰 중독 인원에 관한 방정식은 다음과 같다.
$30.80\times a+32.40\times b=31.95\times(a+b)$
$\rightarrow 1.15\times a=0.45\times b \rightarrow b\fallingdotseq 2.6a$
따라서 대도시에 사는 중·고생 수가 초등학생 수보다 2.6배 많다.

ㄹ. 초등학생의 경우 기초수급가구의 경우 스마트폰 중독비율이 30.35%로, 31.56%인 일반 가구의 경우보다 스마트폰 중독비율이 낮다. 중·고생의 경우에도 기초수급가구의 경우 스마트폰 중독비율이 31.05%로, 32.81%인 일반가구의 경우보다 스마트폰 중독 비율이 낮다.

오답분석

ㄴ. 한부모・조손 가족의 스마트폰 중독 비율은 초등학생의 경우 가 28.83%로, 중고생의 70%인 31.79×0.7≒22.3% 이상이므로 옳은 설명이다.

38

정답 ③

주위 온도가 높으면 냉각력이 떨어지고 전기료가 많이 나오게 된다. 따라서 냉장고를 설치할 주변의 온도가 높지 않은지 확인할 필요가 있다.

오답분석

① 접지단자가 없으면 구리판에 접지선을 연결한 후 땅속에 묻어야 하므로 누전차단기가 아닌 구리판과 접지선을 준비해야 한다.
② 접지할 수 없는 장소일 경우 누전차단기를 콘센트에 연결해야 하므로 구리판이 아닌 누전차단기를 준비해야 한다.
④ 냉장고가 주위와의 간격이 좁으면 냉각력이 떨어지고 전기료가 많이 나오므로 주위에 적당한 간격을 두어 설치해야 한다.
⑤ 냉장고는 바람이 완전히 차단되는 곳이 아닌 통풍이 잘되는 곳에 설치해야 한다.

39

정답 ②

소음이 심하고 이상한 소리가 날 때는 냉장고 뒷면이 벽에 닿는지 확인하고, 주위와 적당한 간격을 둘 수 있도록 한다.

오답분석

①・③・④ 냉동, 냉장이 잘 되지 않을 때 확인할 사항이다.
⑤ 냉장실 식품이 얼 때 확인할 사항이다.

40

정답 ④

소음이 심하고 이상한 소리가 날 때는 냉장고 설치장소의 바닥이 약하거나 불안정하게 설치되어 있는지 확인할 필요가 있다.

오답분석

① 냉동, 냉장이 전혀 되지 않을 때의 해결방법이다.
② 냉장실 식품이 얼 때의 해결방법이다.
③・⑤ 냉동, 냉장이 잘 되지 않을 때의 해결방법이다.

제2영역 직무수행능력평가

01 행정학

01	02	03	04	05	06	07	08	09	10
⑤	③	②	①	③	③	①	①	④	③
11	12	13	14	15	16	17	18	19	20
③	①	⑤	③	①	②	①	③	④	①
21	22	23	24	25	26	27	28	29	30
④	⑤	②	⑤	③	①	③	③	③	②
31	32	33	34	35	36	37	38	39	40
④	②	①	①	⑤	⑤	④	③	⑤	①

01

정답 ⑤

⑤는 인위적인 통제 아래 실험하는 진실험에 대한 설명이다.

정책실험별 타당도 비교
- 진실험 : 내적 타당성은 높으나, 외적 타당성과 실행 가능성이 낮다.
- 준실험 : 내적 타당성은 낮으나, 외적 타당성과 실행 가능성은 높다.
- 비실험 : 내적 타당성이 매우 낮으나, 외적 타당성과 실행 가능성은 높다.

02

정답 ③

선행조치에는 법령・행정계획・행정행위・확약・행정지도 등이 포함되어 있으나, 무효행위는 신뢰대상이 되지 않는다. 또한 공익에 반하거나 법치행정의 원리와 충돌되는 등의 경우에는 적용의 제한을 받는다.

신뢰보호의 원칙의 적용
- 첫째, 행정청이 개인에 대하여 신뢰의 대상이 되는 공적인 견해 표명을 하여야 한다.
- 둘째, 행정청의 견해 표명이 정당하다고 신뢰한 것에 대하여 그 개인에게 귀책사유가 없어야 한다.
- 셋째, 그 개인이 그 견해 표명을 신뢰하고 이에 어떠한 행위를 하였어야 한다.
- 넷째, 행정청이 위 견해 표명에 반하는 처분을 함으로써 그 견해 표명을 신뢰한 개인의 이익이 침해되는 결과가 초래되어야 한다.
- 다섯째, 공익 또는 제3자의 정당한 이익을 해할 우려가 있는 경우가 아닌 한 신뢰보호의 원칙에 반해 위법하다.

03

정답 ②

ㄱ. 호혜조직의 1차적 수혜자는 조직구성원이 맞으나, 은행·유통업체는 사업조직에 해당되며, 노동조합·전문가단체·정당·사교클럽·종교단체 등이 호혜조직에 해당된다.
ㄷ. 봉사조직의 1차적인 수혜자는 이들과 접촉하는 일반적인 대중이다.

04

정답 ①

분권화의 확대, 권한 재조정, 명령계통 수정 등에 관심을 갖는 것은 구조적 접근 방법에 해당한다.

행정개혁의 접근 방법

- 구조적 접근 방법 : 행정체제의 구조적 설계를 개선함으로써 행정개혁의 목표를 달성하려는 접근 방법
  - 원리 전략 : 기능중복의 제거, 기구·직제·계층의 간소화 강조
  - 분권화 전략 : 구조의 분권화를 통해 조직을 개선
- 과정적(관리·기술적) 접근 방법 : 행정체제의 과정 또는 일의 흐름을 개선하려는 접근 방법
- 행태적(인간관계적) 접근 방법 : 행태과학의 지식과 기법을 활용하여 조직의 목표에 개인의 성장 의욕을 결부시킴으로써 조직을 개혁하려는 접근 방법
- 종합적 접근 방법 : 외적인 환경에 따라 담당자가 개방체제 관념에 입각하여 개혁 대상의 구성요소들을 보다 포괄적으로 관찰하고 여러 가지 분화된 접근 방법들을 통합하여 해결 방안을 탐색하려는 접근 방법

05

정답 ③

하위정부 모형은 다원주의와 엘리트주의가 결합된 것으로 이익집단, 관료조직, 의회의 상임(해당) 위원회가 배타적이고 안정적인 연맹체를 구축하여 정책에 영향력을 미친다는 모형이다.

06

정답 ③

정책집행의 상향적 접근에 대한 내용으로 옳은 것은 ㄴ, ㄷ, ㄹ이다. 상향식 접근의 전반적인 특징을 살펴보면 다음과 같다.

- 정책집행과정의 상세한 기술과 집행과정의 인과관계 파악이 가능하다. 집행현장연구를 통하여 실질적 집행효과, 복수의 집행업무를 담당하는 집행자의 우선순위와 집행전략, 반대세력의 전략과 입장, 집행의 부작용 및 부수효과를 파악하는 것이 가능하다.
- 정책집행현장을 연구하면서 공식적 정책목표 외에도 의도하지 않았던 효과를 분석할 수 있다.
- 공공부문과 민간부문의 조직 등 다양한 집행조직의 상대적 문제해결능력을 파악하는 것이 가능하다.
- 집행현장에서 다양한 공공프로그램과 민간부문의 프로그램이 적용되는 집행영역을 다룰 수 있다.
- 시간의 경과에 따른 행위자들 간의 전략적 상호작용과 변화를 다룰 수 있다.

오답분석

ㄱ. 상향적 접근은 제한된 합리성, 적응적 합리성을 추구하는 입장이며, 합리모형의 선형적 시각을 반영하지 않으므로 옳지 않다.
ㅁ. 하향식 집행의 특징에 해당한다. 상향식 집행에서는 공식적 정책목표가 무시되므로 집행 결과에 대한 객관적인 평가가 용이하다는 것은 잘못된 내용이다.

상향적 접근과 하향적 접근의 비교

비교	하향적·전방향적 접근	상향적·후방향적 접근
학자	1970년대, Van Meter, Van Horn, Sabatier, Mazmanian, Edwards	1970년대 말~1980년대 초, Elmore, Lipsky, Berman
분석 목표	성공적 집행의 좌우요인 탐구(예측 / 정책건의)	집행현장의 실제 상태를 기술·설명
정책과정 모형	단계주의자 모형	융합주의자 모형
집행과정 특징	계층적 지도	분화된 문제해결
민주주의 모형	엘리트 민주주의	참여 민주주의
평가 기준	• 공식적 목표의 달성도(효과성) • 정책결정자의 의도를 실현하는 것이 성공적 정책집행이라고 파악 • 정치적 기준과 의도하지 않은 결과도 고찰하지만 이는 선택기준	• 평가기준 불명확(집행과정에서의 적응성 강조) • 집행의 성공은 결정자의 의도에의 순응 여부보다는 집행자가 주어진 여건하에서 역할의 충실한 수행이라는 상황적 기준을 중시
전반적 초점	정책결정자가 의도한 정책목표를 달성하기 위해 집행체계를 어떻게 운영하는지에 초점을 둠	집행네트워크 행위자의 전략적 상호작용
적응상황	핵심정책이 있고 비교적 구조화된 상황에 적합	핵심정책이 없고 독립적인 다수행위자가 개입하는 동태적 상황에 적합
Berman	정형적 집행	적응적 집행
Elmore	전방향적 집행(Forward Mapping)	후방향적 집행(Backward Mapping)
나카무라	고전적 기술자형, 지시적 위임가형	재량적 실험가형, 관료적 기업가형

07

정답 ①

소청 사건의 결정은 재적위원 3분의 2 이상의 출석과 출석위원 과반수의 합의에 따른다(국가공무원법 제14조 제1항).

08

정답 ①

책임운영기관은 대통령령으로 설치한다(책임운영기관 설치 운영에 관한 법률 제4조 제1항).

09

정답 ④

주민소환투표권자 총수의 3분의 1 이상의 투표와 유효투표 총수 과반수의 찬성으로 확정된다(주민소환에 관한 법률 제22조 제1항).

오답분석

① 시・도지사의 주민소환투표의 청구 서명인 수는 해당 지방자치단체 주민소환청구권자 총수의 100분의 10 이상이다.
② 주민이 직선한 공직자가 주민소환투표 대상이다.
③ 주민소환투표권자는 주민소환투표인명부작성기준일 현재 해당 지방자치단체의 장과 지방의회의원에 대한 선거권을 가지고 있는 자로 한다.
⑤ 주민소환이 확정된 때에는 주민소환투표대상자는 그 결과가 공표된 시점부터 그 직을 상실한다.

주민소환투표의 청구요건(법 제7조 제1항)
- 특별시장・광역시장・도지사 : 해당 지방자치단체의 주민소환투표청구권자 총수의 100분의 10 이상
- 시장・군수・자치구의 구청장 : 당해 지방자치단체의 주민소환투표청구권자 총수의 100분의 15 이상
- 지역구 시・도의회의원 및 지역구 자치구・시・군의회의원 : 당해 지방의회의원의 선거구 안의 주민소환투표청구권자 총수의 100분의 20 이상

10

정답 ③

각국에서 채택된 정책의 상이성과 효과를 역사적으로 형성된 제도에서 찾으려는 것은 역사학적 신제도주의 접근 방법을 말한다.

오답분석

① 행태론은 인간을 사물과 같은 존재로 인식하기 때문에 인간의 자유와 존엄을 강조하기보다는 인간을 수단적 존재로 인식한다.
② 자연현상과 사회현상을 동일시하여 자연과학적인 논리실증주의를 강조한 것은 행태론적 연구의 특성이다.
④ 후기 행태주의의 입장이다.
⑤ 행태주의는 객관적인 사실에 입각한 일반법칙적인 연구에만 몰두한 나머지 보수적이며, 제도 변화와 개혁을 지향하지 않는다.

행태론과 신제도론의 비교

비교	행태론	신제도론
차이점	방법론적 개체주의, 미시주의	거시와 미시의 연계
	제도의 종속변수성 (제도는 개인행태의 단순한 집합)	제도의 독립변수성 (제도와 같은 집합적 선호가 개인의 선택에 영향을 줌)
	정태적	동태적(제도의 사회적 맥락과 영속성 강조)

11

정답 ③

③은 크리밍효과에 대한 설명이다. 크리밍효과는 정책효과가 나타날 가능성이 높은 집단을 의도적으로 실험집단으로 선정함으로써 정책의 영향력이 실제보다 과대평가된다.
호손효과는 실험집단 구성원이 실험의 대상이라는 사실로 인해 평소와 달리 특별한 심리적 또는 감각적 행동을 보이는 현상으로 외적타당도를 저해하는 대표적 요인이다. 실험조작의 반응효과라고도 하며 1927년 호손실험으로 발견되었다.

12

정답 ①

합병, 흡수통합, 전부사무조합 등은 광역행정의 방식 중 통합 방식에 해당한다. 일부사무조합은 공동처리 방식에 해당하며, 도시공동체는 연합 방식에 해당한다.

조합 방식
특정 사무를 자치단체 간 협력적으로 처리하기 위하여 독립된 법인격을 부여하여 설치한 특별자치단체로서 다음 세 가지가 있다.
- 일부사무조합 : 한 가지 사무처리(공동처리 방식과 유사)
- 복합사무조합 : 둘 이상 사무처리(연합 방식과 유사)
- 전부사무조합 : 모든 사무처리(사실상 통합 방식・종합적 처리 방식)

13

정답 ⑤

리바이어던(Leviathan)은 구약성서에 나오는 힘이 강하고, 몸집이 큰 수중동물로 정부재정의 과다 팽창을 비유한다. 현대의 대의민주체제가 본질적으로 정부 부문의 과도한 팽창을 유발하는 속성을 지닌다. 일반대중이 더 큰 정부지출에 적극적으로 반대하지 않는 투표 성향(투표 거래, 담합)을 보이므로, 현대판 리바이어던의 등장을 초래한다.

오답분석

① 로머와 로젠탈(Tomas Romer & Howard Rosenthal)의 회복수준 이론은 투표자와 관료의 상호작용을 다음과 같은 단순한 상황에서 검토하였다. 관료들은 국민투표에서 유권자들 앞에 제시될 각 부처의 재원 조달계획을 마련하며, 그것은 다수결 투표에 의해 가부가 결정된다. 제안이 부결되면 지출수준은 외생적인 어떤 방법으로 결정된 회귀(Reversion)수준에서 확정된다. 예를 들면, 회귀수준은 지난해의 예산규모일 수도 있고 혹은 0일 수도 있고(이 경우 부처예산안의 부결은 부처의 폐쇄를 의미한다), 혹은 좀 더 복잡한 어떤 방법으로 결정될 수도 있다. 로머와 로젠탈은 관료들의 문제, 즉 유권자 앞에 제시되는 예산안을 편성하는 문제, 또 지출수준이 최종적으로 어떻게 결정되는지를 설명하는 문제를 검토하였다.
② 파킨슨(Parkinson)이 1914년부터 28년간 영국의 행정조직을 관찰한 결과 제시된 법칙으로 공무원 수는 본질적 업무량(행정수요를 충족시키기 위한 업무량)의 증감과 무관하게 일정 비율로 증가한다는 것이다.

③ 니스카넨(Niskanen)이 1971년에 제기한 가설로, 관료들은 자신들의 영향력과 승진 기회를 확대하기 위해 예산규모의 극대화를 추구한다는 것을 의미한다. 관료들이 오랜 경험 등을 활용하여 재정선택 과정을 독점한다는 점에서 재정선택의 독점 모형이라고도 한다.

④ 지대추구 이론은 정부의 규제가 반사적 이득이나 독점적 이익(지대)을 발생시키고 기업은 이를 고착화시키기 위한 로비활동을 한다는 것을 말한다.

14

정답 ③

탈신공공관리론은 신공공관리의 역기능적 측면을 교정하고 통치역량을 강화하여 정치행정 체제의 통제와 조정을 개선하기 위해 재집권화와 재규제를 주장한다.

신공공관리론과 탈신공공관리론의 비교

비교국면		신공공관리론	탈신공공관리론
정부기능	정부－시장 관계의 기본 철학	시장지향주의(규제 완화)	• 정부의 정치・행정력 역량 강화 • 재규제의 주장 • 정치적 통제 강조
	주요 행정 가치	능률성, 경제적 가치 강조	민주성・형평성 등 전통적 행정가치 동시 고려
	정부규모와 기능	정부규모와 기능 감축(민간화・민영화・민간 위탁)	민간화・민영화의 신중한 접근
	공공서비스 제공 방식	시장 메커니즘의 활용	민간－공공 부문의 파트너십 강조
조직구조	기본 모형	탈관료제 모형	관료제 모형과 탈관료제 모형의 조화
	조직구조의 특징	비항구적・유기적 구조, 분권화	재집권화(분권과 집권의 조화)
	조직개편의 방향	소규모의 준자율적 조직으로 행정의 분절화(책임운영기관)	• 분절화 축소 • 총체적 정부 강조 • 집권화, 역량 및 조정의 증대

15

정답 ①

정책문제 자체를 잘못 인지한 상태에서 계속 해결책을 모색하여 정책문제가 해결되지 못하고 남아있는 상태를 3종 오류라고 한다. 1종 오류는 옳은 가설을 틀리다고 판단하고 기각하는 오류이고, 2종 오류는 틀린 가설을 옳다고 판단하여 채택하는 오류를 말한다.

16

정답 ②

수입대체경비란 국가가 용역 또는 시설을 제공하여 발생하는 수입과 관련되는 경비를 의미한다. 여권발급 수수료나 공무원시험 응시료와 같이 공공 서비스 제공에 따라 직접적인 수입이 발생하는 경우 해당 용역과 시설의 생산・관리에 소요되는 비용을 수입대체경비로 지정하고, 그 수입의 범위 내에서 초과지출을 예산 외로 운용할 수 있다. 이는 전통적 예산 원칙 중 통일성・완전성 원칙의 예외에 해당한다.

오답분석

⑤ 수입금 마련지출제도는 정부기업예산법상의 제도로서 특정 사업을 합리적으로 운영하기 위해 예산 초과수입이 발생하거나 예산 초과수입이 예상되는 경우 이 수입에 직접적으로 관련하여 발생하는 비용에 지출하도록 하는 제도로서 수입대체경비와는 구별된다.

17

정답 ①

사전적 통제란 절차적 통제를 말하며, 예방적 관리와 같다. ①은 사전적 통제가 아니라 긍정적・적극적 환류에 의한 통제이다. 실적이 목표에서 이탈된 것을 발견하고 후속되는 행동이 전철을 밟지 않도록 시정하는 통제는 부정적 환류인 반면, 긍정적・적극적 환류에 의한 통제는 어떤 행동이 통제기준에서 이탈되는 결과를 발생시킬 때까지 기다리지 않고 그러한 결과의 발생을 유발할 수 있는 행동이 나타날 때마다 교정해 나가는 것이다.

18

정답 ③

맥클리랜드(McClelland)는 인간의 욕구는 사회문화적으로 학습되는 것이라고 규정하면서 욕구를 권력욕구, 친교욕구, 성취욕구로 분류하였다.

오답분석

① 앨더퍼(Alderfer)는 ERG 이론에서 매슬로의 욕구 5단계를 줄여서 생존욕구, 대인관계욕구, 성장욕구의 3단계를 제시하였다. 욕구 발로의 점진적・상향적 진행만을 강조한 매슬로와 달리 앨더퍼는 욕구의 퇴행을 주장하였다.

② 아담스(Adams)의 형평성 이론은 형평성에 대한 사람들의 지각과 신념이 직무 행동에 영향을 미친다고 보는 동기부여 이론이다. 인간은 타인과 비교해서 정당한 보상이 주어진다고 기대했을 때, 직무수행 향상을 가져온다고 보았다.

④ 브룸(Vroom)의 기대 이론에서 동기부여의 힘은 개인의 능력이나 노력이 성과를 가져올 수 있는지에 대한 기대나 확률(Expectation), 그리고 성과가 보상을 가져올 수 있는 충분한 수단이 되는지의 여부(Instrumentality), 보상에 대한 주관적 가치(Valence)가 상호 작용하여 결정된다. 전체적인 동기부여는 '동기부여$=\sum$(기대$\times$수단성$\times$유인가)'로 결정된다고 제시한다.

⑤ 로크(Locke)의 목표설정 이론은 사람들은 일을 할 때 자기욕구의 충족 여부 등을 따지지 않고 설정된 목표를 달성하기 위해 열심히 일을 하며, 목표가 곤란성(난이도)과 구체성을 띨수록 성취의도를 더욱 유인하여 직무성과를 제고할 수 있다는 것이 그 핵심적인 내용이다.

맥클리랜드의 성취동기 이론
- 권력욕구 : 타인의 행동에 영향력을 미치거나 통제하려는 욕구
- 친교욕구 : 타인과 우호적 관계를 유지하려는 욕구
- 성취욕구 : 높은 기준을 설정하고 이를 달성하려는 욕구, 자신의 능력을 스스로 성공적으로 발휘함으로써 자부심을 높이려는 욕구

19

정답 ④

주세, 부가가치세, 개별소비세는 국세이며, 간접세에 해당한다.

오답분석

ㄱ. 자동차세는 지방세이며, 직접세이다.
ㄷ. 담배소비세는 지방세이며, 간접세이다.
ㅂ. 종합부동산세는 국세이며, 직접세이다.

직접세와 간접세

구분	직접세	간접세
과세 대상	소득이나 재산(납세자=담세자)	소비 행위(납세자≠담세자)
세율	누진세	비례세
조세 종류	소득세, 법인세, 재산세 등	부가가치세, 특별소비세, 주세(담배소비세) 등
장점	소득 재분배 효과, 조세의 공정성	조세 징수의 간편, 조세 저항이 작음
단점	조세 징수가 어렵고 저항이 큼	저소득 계층에게 불리함

20

정답 ①

자문위원회(의사결정의 구속력과 집행력 없음), 의결위원회(의사결정의 구속력 있음), 행정위원회(의사결정의 구속력과 집행력 있음)로 분류한다면 ①은 행정위원회에 해당한다. 의결위원회는 의결만 담당하는 위원회이므로 의사결정의 구속력은 지니지만 집행력은 가지지 않는다.

21

정답 ④

위탁집행형 준정부기관에 해당하는 기관으로는 도로교통공단, 한국관광공사, 한국농어촌공사 등이 있다.

오답분석

① 정부기업은 형태상 일반부처와 동일한 형태를 띠는 공기업이다.
② 지방공기업의 경우 지방공기업법의 적용을 받는다.
③ 총수입 중 자체수입액이 총수입액의 50% 이상인 것은 공기업으로 지정한다.
⑤ 공기업은 정부조직에 비해 인사 및 조직운영에 많은 자율권이 부여된다.

22

정답 ⑤

고객 관점은 행동지향적 관점이 아니라 외부지향적 관점에 해당한다. 기업에서는 BSC의 성과지표 중 재무 관점을 인과적 배열의 최상위에 둔다. 그러나 공공영역에서는 재무적 가치가 궁극적 목적이 될 수 없기 때문에 기업과는 다른 BSC의 인과 구성이 필요하다. 구체적으로 기관의 특성이 사기업에 가까운 경우, 재무 관점이 포함되는 것이 당연하겠지만, 기관 외적인 메커니즘에 의해 예산이 할당되는 경우 재무 측면은 하나의 제약조건으로 보고 사명 달성의 성과 또는 고객 관점을 가장 상위에 두는 것이 바람직하다. 하지만 공공 부문의 고객 확정이 어렵다는 단점이 있다.

균형성과표(BSC; Balanced Score Card)
- 재무 관점 : 우리 조직은 주주들에게 어떻게 보일까?
  예 매출신장률, 시장점유율, 원가절감률, 자산보유 수준, 재고 수준, 비용 절감액 등
- 고객 관점 : 재무적으로 성공하기 위해서는 고객들에게 어떻게 보여야 하나?
  예 외부시각 / 고객확보율, 고객만족도, 고객유지율, 고객 불만건수, 시스템 회복시간 등
- 내부프로세스 관점 : 프로세스와 서비스의 질을 높이기 위해서는 어떻게 해야 하나?
  예 전자결재율, 화상회의율, 고객대응시간, 업무처리시간, 불량률, 반품률 등
- 학습 및 성장 관점 : 우리 조직은 지속적으로 가치를 개선하고 창출할 수 있는가?
  예 미래시각 / 성장과 학습지표, 업무숙련도, 사기, 독서율, 정보시스템 활용력, 교육훈련 투자 등

23

정답 ②

행정통제는 행정의 일탈에 대한 감시와 평가를 통해서 행정활동이 올바르게 전개될 수 있도록 계속적인 시정 과정을 거치게 하는 행동이다. 별도의 시정 노력을 하지 않아도 된다는 것은 행정통제의 개념과 반대되는 설명이다.

24

정답 ⑤

위원회는 위원장 2명을 포함한 20명 이상 25명 이하의 위원으로 구성한다(행정규제기본법 제25조 제1항).

오답분석

① 행정규제기본법 제4조 제1항
② 행정규제기본법 제5조 제1항
③ 행정규제기본법 제8조 제2항
④ 행정규제기본법 제12조 제1항

25

정답 ③

품목별 분류는 지출대상별 분류이기 때문에 사업의 성과와 결과에 대한 측정이 곤란하다.

오답분석

① 기능별 분류는 시민을 위한 분류라고도 하며, 행정수반의 재정 정책을 수립하는 데 도움을 준다.
② 조직별 분류는 부처 예산의 전모를 파악할 수 있지만 사업의 우선순위 파악이나 예산의 성과 파악이 어렵다.
④ 경제 성질별 분류는 국민소득, 자본형성 등에 관한 정부활동의 효과를 파악하는 데 유리하다.
⑤ 품목별 분류는 예산집행기관의 신축성을 저해한다.

26

정답 ①

형평성 이론(Equity Theory)에서 공정성의 개념은 아리스토텔레스의 정의론, 페스팅거의 인지 부조화 이론, 호만즈(G. Homans) 등의 교환 이론에 그 근거를 둔 것으로 애덤스(J. S. Adams)가 개발하였다. 이 이론은 모든 사람이 공정하게 대접받기를 원한다는 전제에 기초를 두고 있으며 동기 부여, 업적의 평가, 만족의 수준 등에서 공정성이 중요한 영향을 미친다고 본다.

오답분석

②·③·④·⑤ 내용 이론으로 욕구와 동기유발 사이의 관계를 설명하고 있다.

27

정답 ③

리더십의 특성 이론은 리더의 지적 능력, 성격, 신체적 특성 등이 리더십에 끼치는 영향을 연구한 이론이다. 리더의 자질이 있는 자는 성공적인 리더가 될 수 있다는 것을 전제로 한 이론이다.

리더십 이론의 변천

특성론	리더로서의 자질을 가진 자는 어떤 상황에서도 조직의 리더가 될 수 있다는 이론
행태론	기본적인 자질보다는 리더의 행동 유형이 리더십의 유형을 결정짓는다는 이론
상황론	상황이 리더십의 효율성에 영향을 준다는 이론으로 3차원적 이론이 여기에 포함됨

28

정답 ③

소극적 대표성은 관료의 출신성분이 태도를 결정하는 것이며, 적극적 대표성은 태도가 행동을 결정하는 것을 말한다. 그러나 대표관료제는 소극적 대표성이 반드시 적극적 대표성으로 이어져 행동하지 않을 수도 있는 한계성이 제기된다. 따라서 자동적으로 확보한다는 설명은 옳지 않다.

29

정답 ③

NPM(신공공관리)과 뉴거버넌스 모두 방향 잡기(Steering) 역할을 중시하며, NPM에서는 정부를 방향 잡기 중심에 둔다.

신공공관리와 뉴거버넌스

구분	신공공관리(NPM)	뉴거버넌스
기초	신공공관리 · 신자유주의	공동체주의 · 참여주의
공급 주체	시장	공동체에 의한 공동생산
가치	결과(효율성 · 생산성)	과정(민주성 · 정치성)
관료의 역할	공공기업가	조정자
작동 원리	시장매커니즘	참여매커니즘
관리 방식	고객 지향	임무 중심

30

정답 ②

행정기관이 그 소관 사무의 범위에서 일정한 행정목적을 실현하기 위하여 특정인에게 일정한 행위를 하거나 하지 아니하도록 지도, 권고, 조언 등을 하는 비권력적 사실행위를 행정지도라고 한다. 지도, 권고, 조언에서 행정지도임을 유추할 수 있다(행정절차법 제2조 제3호).

31

정답 ④

사회적 자본은 동조성(Conformity)을 요구하면서 개인의 행동이나 사적 선택을 제약하는 경우도 있다.

오답분석

⑤ 특정 집단의 내부적인 결속과 신뢰는 다른 집단에 대한 부정적인 인식을 초래하여 갈등과 분열, 그리고 사회적 불평등을 야기할 수 있다.

32

정답 ②

제시문은 자율적 규제에 대한 내용이다. 정부에 의한 규제를 직접규제라 한다면 민간기관에 의한 규제(자율적 규제)는 간접규제에 해당한다.

직접규제와 간접규제

- 직접규제(명령지시적 규제) : 법령이나 행정처분, 기준설정(위생기준, 안전기준) 등을 통해 직접적으로 규제하는 것으로 가격승인, 품질규제, 진입규제 등이 해당한다.
  예 행정처분, 행정명령, 행정기준의 설정 등
- 간접규제(시장유인적 규제) : 인센티브나 불이익을 통해 규제의 목적을 달성하는 것으로, 조세의 중과 또는 감면, 벌과금 또는 부담금의 부과 등이 해당한다.
  예 정부지원, 행정지도, 유인책, 품질 및 성분표시규제 등 정보공개규제, 공해배출권 등

외부효과성 / 규제의 종류		직접규제	간접규제
		명령지시 규제	시장유인적 규제
외부 경제	과소공급	공급을 강제화	공급을 유인
외부 불경제	과다공급	공급을 금지	공급억제를 유인

33

정답 ①

조세법률주의는 국세와 지방세 구분 없이 적용된다. 지방세의 종목과 세율은 국세와 마찬가지로 법률로 정한다.

34

정답 ①

오답분석

ㄴ. 성과주의 예산제도(PBS)는 예산배정 과정에서 필요사업량이 제시되므로 사업계획과 예산을 연계할 수 있으며 (세부사업별 예산액)=(사업량)×(단위원가)이다.

ㅁ. 목표관리제도(MBO)는 기획예산제도(PPBS)와 달리 예산결정 과정에 관리자의 참여가 이루어져 분권적·상향적인 예산 편성이 이루어진다.

35

정답 ⑤

정책결정이란 다양한 대안이나 가치들 간의 우선순위를 고려하거나 그중 하나를 선택하는 행동이다. 그런데 대안이나 가치들이 서로 충돌하여 우선순위를 정할 수 없는 경우 행위자는 선택상의 어려움에 직면하게 된다. 특히 두 개의 대안이나 가치가 팽팽히 맞서고 있다면 선택의 어려움은 증폭된다. 이처럼 두 가지 대안 가운데 무엇을 선택할지 몰라 망설이는 상황을 일반적으로 딜레마라고 한다. 딜레마 모형의 구성 개념으로는 문제(딜레마 상황), 행위자, 행위 등이 있다. 딜레마 이론은 이와 같은 것을 규명함으로써 행정이론 발전에 기여하였다.

오답분석

① 신공공관리론에 대한 설명이다.
② 신공공서비스론에 대한 설명이다.
③ 사회적 자본 이론에 대한 설명이다.
④ 시차 이론에 대한 설명이다.

36

정답 ⑤

크리밍(Creaming) 효과, 호손(Hawthorne) 효과는 외적 타당도를 저해하는 요인이다.

내적·외적 타당도 저해 요인

내적 타당도 저해 요인	외적 타당도 저해 요인
• 선발 요소 • 성숙 효과 • 회귀인공 요소(통계적 회귀) • 측정 요소(검사 요소) • 역사적 요소(사건 효과) • 상실 요소 • 측정도구의 변화 • 모방 효과(오염 효과)	• 호손(Hawthrone) 효과 • 크리밍(creaming) 효과 • 실험조작과 측정의 상호작용 • 표본의 비대표성 • 다수적 처리에 의한 간섭

37

정답 ④

책임경영 방식은 정부가 시장화된 방식을 이용하여 직접 공급하는 것을 말한다.

민간위탁 방식

계약 (Contracting Out)	정부의 책임하에 민간이 서비스를 생산하는 방식
면허 (Franchise)	민간조직에게 일정한 구역 내에서 공공서비스를 제공하는 권리를 인정하는 협정을 체결하는 방식으로, 시민·이용자는 서비스 제공자에게 비용을 지불하며, 정부는 서비스 수준과 질을 규제
보조금 (Grants)	민간의 서비스 제공 활동 촉진을 위해 정부가 재정 및 현물을 지원하는 방식
바우처 (Vouchers)	금전적 가치가 있는 쿠폰 또는 카드를 제공하는 방식
자원봉사 (Volunteer)	직접적인 보수를 받지 않으면서 정부를 위해 봉사하는 사람들을 활용하는 방식
자조활동 (Self-help)	공공서비스의 수혜자와 제공자가 같은 집단에 소속되어 서로 돕는 형식으로 활동하는 방식

38

정답 ③

각 중앙관서의 장은 성과금을 지급하거나 절약된 예산을 다른 사업에 사용하고자 하는 때에는 예산성과금 심사위원회의 심사를 거쳐야 한다(국가재정법 제49조 제2항).

39

정답 ⑤

국가채무관리계획은 예산안에 첨부하여야 하는 서류가 아니다.

예산안의 첨부서류(국가재정법 제34조)
- 세입세출예산 총계표 및 순계표
- 세입세출예산사업별 설명서
- 세입예산 추계분석보고서(세입추계 방법 및 근거, 전년도 세입예산과 세입결산 간 총액 및 세목별 차이에 대한 평가 및 원인 분석, 세입추계 개선사항을 포함한다)
- 계속비에 관한 전년도말까지의 지출액 또는 지출추정액, 해당 연도 이후의 지출예정액과 사업전체의 계획 및 그 진행상황에 관한 명세서
- 국고채무부담행위 설명서
- 국고채무부담행위로서 다음 연도 이후에 걸치는 것인 경우 전년도말까지의 지출액 또는 지출추정액과 해당 연도 이후의 지출예정액에 관한 명세서
- 완성에 2년 이상이 소요되는 사업으로서 대통령령으로 정하는 대규모 사업의 국고채무부담행위 총규모
- 예산정원표와 예산안편성기준단가
- 국유재산의 전전년도 말 기준 현재액과 전년도말과 해당 연도 말 기준 현재액 추정에 관한 명세서
- 성과계획서
- 성인지 예산서
- 온실가스감축인지 예산서
- 조세지출예산서
- 독립기관의 세출예산요구액을 감액하거나 감사원의 세출예산요구액을 감액한 때에는 그 규모 및 이유와 감액에 대한 해당 기관의 장의 의견
- 회계와 기금 간 또는 회계 상호 간 여유재원의 전입·전출 명세서 그 밖에 재정의 상황과 예산안의 내용을 명백히 할 수 있는 서류
- 국유재산특례지출예산서
- 예비타당성조사를 실시하지 아니한 사업의 내역 및 사유
- 지방자치단체 국고보조사업 예산안에 따른 분야별 총 대응 지방비 소요 추계서

40

정답 ①

합리모형에 대한 설명이다. 회사모형은 환경의 불확실성으로 인해 단기적인 대응을 통해 불확실성을 회피·통제한다.

회사모형의 특징
- 갈등의 준해결 : 받아들일 만한 수준의 의사결정
- 표준 운영절차(SOP) 중시
- 불확실성 회피 : 단기적 대응, 단기적 환류를 통한 불확실성 회피
- 휴리스틱적 학습(도구적 학습)

02 경영학

01	02	03	04	05	06	07	08	09	10
④	④	③	①	⑤	①	④	①	③	③
11	12	13	14	15	16	17	18	19	20
②	③	④	②	⑤	④	③	③	①	④
21	22	23	24	25	26	27	28	29	30
②	③	①	⑤	③	③	⑤	⑤	①	②
31	32	33	34	35	36	37	38	39	40
⑤	①	④	⑤	②	④	③	③	④	③

01

정답 ④

- 매출 5억 원×4%=2,000만 원(매출액)
- 2,000만 원×40%=800만 원(매출원가)
- 2,000만 원−800만 원+300만 원=1,500만 원(반품 충당부채)다.

차변	대변
반품 매출 20,000,000원	반품 매출원가 8,000,000원
반품 비용 3,000,000원	반품 충당부채 15,000,0000원

02

정답 ④

미지급비용은 유동부채에 해당된다.

오답분석

①·②·③·⑤ 비유동부채는 사채, 임대보증금, 장기차입금, 퇴직급여충당부채, 이연법인세부채, 장기매입채무 등이 해당된다.

03

정답 ③

특수목적 법인의 SPV(Special Purpose Vehicle)는 특별한 목적을 수행하기 위해 일시적으로 만든 회사로 일종의 페이퍼 컴퍼니이다. 국내의 문화 산업 분야에서는 프로젝트별 제작사와 법적으로 분리된 특수목적 회사를 세워 투자금을 운용하고, 프로젝트에 따라 발생한 수익을 투명하게 배분하는 방안으로 활용되었다.

오답분석

① AMC(Asset Management Company) : 회사의 부실채권이나 부동산을 출자 전환, 신규자금 지원 등으로 살려낸 후 매각하는 자산관리 및 업무위탁사

② PFV(Project Financing Vehicle) : 부동산 개발 사업을 효율적으로 추진하기 위해 설립하는 페이퍼 컴퍼니

④ PEF(Private Equity Fund) : 사모펀드, 즉 일정 수 이하의 제한된 투자자들을 모집하여 비공개적으로 운영하는 펀드

⑤ POF(Public Offering Fund) : 공모펀드, 즉 50인 이상 불특정 다수의 투자자를 대상으로 자금을 모으고 그 자금을 운영하는 펀드

04

정답 ①

이윤을 목적으로 운영되지는 않지만 조합의 이익은 조합원에게 분배된다.

05

정답 ⑤

다크 넛지(Dark Nudge)는 소비자가 무의식중에 비합리적 소비를 하도록 유도하는 상술로, 음원사이트 등에서 무료 체험 기간이라고 유인한 뒤 무료 기간이 끝난 뒤에도 이용료가 계속 자동결제되도록 하는 것이 대표적이다.

오답분석

① 닻내림 효과 : 어떤 사항에 대한 판단을 내릴 때 초기에 제시된 기준에 영향을 받아 판단을 내리는 현상
② 휴리스틱 : 시간이나 정보가 불충분하여 합리적인 판단을 할 수 없거나, 굳이 체계적이고 합리적인 판단을 할 필요가 없는 상황에서 신속하게 사용하는 어림짐작의 기술
③ 넛지 : 강압하지 않고 부드러운 개입으로 사람들이 더 좋은 선택을 할 수 있도록 유도하는 방법
④ 다크 패턴 : 사람을 속이기 위해 디자인(설계)된 사용자 인터페이스(UI)

06

정답 ①

기계적 조직과 유기적 조직의 일반적 특징

구분	전문화	공식화	집권화
기계적 조직	고	고	고
유기적 조직	저	저	저

07

정답 ④

홉스테드의 문화차원 이론은 어느 사회의 문화가 그 사회 구성원의 가치관에 미치는 영향과 그 가치관과 행동의 연관성을 요인분석으로 구조를 통하여 설명하는 이론으로, 처음에는 개인주의 – 집단주의, 불확실성 회피성, 권력의 거리, 남성성 – 여성성 등 4가지 차원을 제시하였다.

08

정답 ①

평가센터법이란 주로 관리자들의 선발, 개발, 적성·능력 등의 진단을 위하여 실시된 평가 방법 중 하나이다. 일반적으로 2 ~ 3일 동안 외부와 차단된 별도의 교육장소에서 다수의 평가자(인사 분야 전문가, 교수, 실무 담당자 등)가 일정한 기준을 가지고 평가를 실시한다. 평가를 실행함에 있어 시간과 비용이 크기 때문에 한 번에 다수의 피평가자들이 참여하며 다수의 평가자들이 평가한다.

09

정답 ③

㉡ 명성가격은 가격이 높으면 품질이 좋다고 판단하는 경향으로 인해 설정되는 가격이다.
㉢ 단수가격은 가격을 단수(홀수)로 적어 소비자에게 싸다는 인식을 주는 가격이다(예 9,900원).

오답분석

㉠ 구매자가 어떤 상품에 대해 지불할 용의가 있는 최고가격은 유보가격이다.
㉣ 심리적으로 적당하다고 생각하는 가격 수준을 준거가격이라고 한다. 최저수용가격이란 소비자들이 품질에 대해 의심 없이 구매할 수 있는 가장 낮은 가격을 의미한다.

10

정답 ③

수요예측 기법은 수치를 이용한 계산 방법 적용 여부에 따라 정성적 기법과 정량적 기법으로 구분할 수 있다. 정성적 기법은 개인의 주관이나 판단 또는 여러 사람의 의견에 의하여 수요를 예측하는 방법으로, 델파이 기법, 역사적 유추법, 시장조사법, 라이프사이클 유추법 등이 있다. 정량적 기법은 수치로 측정된 통계자료에 기초하여 계량적으로 예측하는 방법으로, 사건에 대하여 시간의 흐름에 따라 기록한 시계열 데이터를 바탕으로 분석하는 시계열 분석 방법이 이에 해당한다.

오답분석

① 델파이 기법 : 여러 전문가의 의견을 되풀이해 모으고 교환하고 발전시켜 미래를 예측하는 방법
② 역사적 유추법 : 수요 변화에 관한 과거 유사한 제품의 패턴을 바탕으로 유추하는 방법
④ 시장조사법 : 시장에 대해 조사하려는 내용의 가설을 세운 뒤 소비자 의견을 조사하여 가설을 검증하는 방법
⑤ 라이프사이클 유추법 : 제품의 라이프사이클을 분석하여 수요를 예측하는 방법

11

정답 ②

소비자의 구매의사결정 과정

문제인식(Problem Recognition) → 정보탐색(Information Search) → 대안의 평가(Evaluation of Alternatives) → 구매의사결정(Purchase Decision) → 구매 후 행동(Post – Purchase Behavior)

12

정답 ③

수직적 통합은 원료를 공급하는 기업이 생산기업을 통합하는 등의 전방 통합과 유통기업이 생산기업을 통합하거나 생산기업이 원재료 공급기업을 통합하는 등의 후방 통합이 있으며, 원료 독점으로 경쟁자 배제, 원료 부문에서의 수익, 원료부터 제품까지의 기술적 일관성 등의 장점이 있다.

오답분석

① · ② · ⑤ 수평적 통합은 동일 업종의 기업이 동등한 조건하에서 합병 · 제휴하는 일로, 수평적 통합의 장점에 해당된다.
④ 대규모 구조조정은 수직적 통합의 이유와 관련이 없다.

13

정답 ④

자재소요계획(MRP)은 생산 일정계획의 완제품 생산일정(MPS)과 자재명세서(BOM), 재고기록철(IR)에 대한 정보를 근거로 MRP를 수립하여 재고 관리를 모색한다.

오답분석

① MRP는 Push System 방식이다.
② MRP는 종속수요를 갖는 부품들의 생산수량과 생산시기를 결정하는 방법이다.
③ 각 부품별 계획 주문 발주시기는 MRP의 결과물이다.
⑤ 필요할 때마다 요청해서 생산하는 방식은 풀 생산 방식(Pull System)이다.

14

정답 ②

최소여유시간(STR)이란 남아있는 납기일수와 작업을 완료하는데 소요되는 일수와의 차이를 여유시간이라고 할 때, 이 여유시간이 짧은 것부터 순서대로 처리하는 것을 말한다.

15

정답 ⑤

$$\text{EOQ}=\sqrt{\frac{2\times(\text{연간 수요량})\times(\text{1회 주문비})}{(\text{재고유지비용})}}$$

$$=\sqrt{\frac{2\times1,000\times200}{40}}=100$$

$$(\text{연간 재고유지비용})=\frac{\text{EOQ}}{2}\times(\text{단위당 연간 재고유지비})$$

$$=\frac{100}{2}\times40=2,000$$

$$(\text{연간 주문비용})=\frac{(\text{연간수요})}{\text{EOQ}}\times(\text{단위당 주문비})$$

$$=\frac{1,000}{100}\times200=2,000$$

(연간 총재고비용)=(연간 주문비용)+(연간 재고유지비용)
따라서 연간 총재고비용은 2,000+2,000=4,000원이다.

16

정답 ④

계속기업의 가정이란 보고기업이 예측 가능한 미래에 영업을 계속하여 영위할 것이라는 가정을 말한다. 기업이 경영활동을 청산 또는 중단할 의도가 있다면, 계속기업의 가정이 아닌 청산가치 등을 사용하여 재무제표를 작성한다.

오답분석

① 재무제표는 재무상태표, 포괄손익계산서, 자본변동표, 현금흐름표, 그리고 주석으로 구성된다. 법에서 이익잉여금처분계산서 등의 작성을 요구하는 경우, 주석으로 공시한다.
② 원칙적으로 최소 1년에 한 번씩은 작성해야 한다.
③ 현금흐름표 등 현금흐름에 관한 정보는 현금주의에 기반한다.
⑤ 역사적 원가는 측정일의 조건을 반영하지 않고, 현행가치는 측정일의 조건을 반영한다. 현행가치는 다시 현행원가, 공정가치, 사용가치(이행가치)로 구분된다.

17

정답 ③

같은 브랜드의 상품이 서로 다른 유통경로로 판매될 경우 경로 간의 갈등을 일으킬 위험이 있다.

18

정답 ③

- 지방자치단체로부터 차입한 자금의 공정가치
  =₩100,000×0.7350=₩73,500
- 지방자치단체로부터 ₩100,000을 차입하였으므로 공정가치보다 초과 지급한 금액이 정부보조금이 된다. 따라서 정부보조금은 ₩26,500이다.
- 2024년 말 장부금액
  =₩100,000−₩25,000(감가상각누계액)−₩19,875(정부보조금 잔액)=₩55,125

19

정답 ①

- $P_0=D_1\div(k-g)$에서 $g=b\times r=0.3\times0.1=0.03$
- D_0=(주당순이익)×[1−(사내유보율)]=3,000×(1−0.3)
  =2,100원
- $D_1=D_0\times(1+g)=2,100\times(1+0.03)=2,163$원
- ∴ $P=2,163\div(0.2-0.03)=12,723$원

20

정답 ④

오답분석

① 자기자본이 아닌 타인자본이 차지하는 비율이다.
② 주당순자산이 아닌 주당순이익의 변동폭이 확대되어 나타난다.
③ 보통주배당이 아닌 우선주배당이다.
⑤ 주당이익의 변동폭은 그만큼 더 크게 된다.

21

정답 ②

5가지 성격 특성 요소(Big Five Personality Traits)

1. 개방성(Openness to Experience) : 상상력, 호기심, 모험심, 예술적 감각 등으로 보수주의에 반대하는 성향
2. 성실성(Conscientiousness) : 목표를 성취하기 위해 성실하게 노력하는 성향. 과제 및 목적 지향성을 촉진하는 속성과 관련된 것으로, 심사숙고, 규준이나 규칙의 준수, 계획 세우기, 조직화, 과제의 준비 등과 같은 특질을 포함
3. 외향성(Extraversion) : 다른 사람과의 사교, 자극과 활력을 추구하는 성향. 사회와 현실 세계에 대해 의욕적으로 접근하는 속성과 관련된 것으로, 사회성, 활동성, 적극성과 같은 특질을 포함
4. 수용성(Agreeableness) : 타인에게 반항적이지 않은 협조적인 태도를 보이는 성향. 사회적 적응성과 타인에 대한 공동체적 속성을 나타내는 것으로, 이타심, 애정, 신뢰, 배려, 겸손 등과 같은 특질을 포함
5. 안정성(Emotional Stability) : 스트레스를 견디는 개인의 능력. 정서가 안정적인 사람들은 온화하고 자신감이 있음

22

정답 ③

ISO 14000 시리즈는 환경경영에 대한 국제표준으로 기업이 환경보호 및 환경관리개선을 위한 환경경영체제의 기본 요구사항을 갖추고 규정된 절차에 따라 체계적으로 환경경영을 하고 있음을 인증해주는 제도이다.

23

정답 ①

테일러(Tailor)의 과학적 관리론은 노동자의 심리상태와 인격은 무시하고, 노동자를 단순한 숫자 및 부품으로 바라본다는 한계점이 있다. 이러한 한계점으로 인해 직무특성 이론과 목표설정 이론이 등장하는 배경이 되었다.

24

정답 ⑤

기업의 생산이나 판매 과정 전후에 있는 기업 간의 합병으로, 주로 원자재 공급의 안정성 등을 목적으로 하는 것은 수직적 합병이다. 수평적 합병은 동종 산업에서 유사한 생산단계에 있는 기업 간의 합병으로, 주로 규모의 경제적 효과나 시장지배력을 높이기 위해서 이루어진다.

25

정답 ③

맥그리거(Mcgregor)는 두 가지의 상반된 인간관 모형을 제시하고, 인간 모형에 따라 조직관리 전략이 달라져야 한다고 주장하였다.

- X이론 : 소극적·부정적 인간관을 바탕으로 한 전략 – 천성적 나태, 어리석은 존재, 타율적 관리, 변화에 저항적
- Y이론 : 적극적·긍정적 인간관을 특징으로 한 전략 – 변화지향적, 자율적 활동, 민주적 관리, 높은 책임감

26

정답 ③

규범기는 역할과 규범을 받아들이고 수행하며 성과로 이어지는 단계이다.

터크만(Tuckman)의 집단 발달의 5단계 모형

1. 형성기(Forming) : 집단의 구조와 목표, 역할 등 모든 것이 불확실한 상태. 상호 탐색 및 방향 설정
2. 격동기(Storming) : 소속감, 능력, 영향력은 인식한 상태. 권력 분배와 역할 분담 등에서 갈등과 해결 과정을 겪음
3. 규범기(Norming) : 집단의 구조, 목표, 역할, 규범, 소속감, 응집력 등이 분명한 상태. 협동과 몰입
4. 성과달성기(Performing) : 비전 공유 및 원활한 커뮤니케이션으로 집단목표 달성. 자율성, 높은 생산성
5. 해체기(Adjourning) : 집단의 수명이 다하여 멤버들은 해산됨

27

정답 ⑤

행동기준고과법(BARS)은 평가직무에 적용되는 행동패턴을 측정하여 점수화하고 등급을 매기는 방식으로 평가한다. 따라서 등급화하지 않고 개별 행위 빈도를 나눠서 측정하는 기법은 옳지 않다. 또한 BARS는 구체적인 행동의 기준을 제시하고 있으므로 향후 종업원의 행동 변화를 유도하는 데 도움이 된다.

28

정답 ⑤

질문지법은 구조화된 설문지를 이용하여 직무에 대한 정보를 얻는 직무분석 방법이다.

29

정답 ①

㉠·㉡ 푸시 전략(Push Strategy)에 대한 설명이다.

오답분석

㉢·㉣ 풀 전략(Pull Strategy)에 대한 설명이다.

30

정답 ②

서브리미널 광고는 자각하기 어려울 정도의 짧은 시간 동안 노출되는 자극을 통하여 잠재의식에 영향을 미치는 현상을 의미하는 서브리미널 효과를 이용한 광고이다.

오답분석

① 애드버커시 광고 : 기업과 소비자 사이에 신뢰관계를 회복하려는 광고
③ 리스폰스 광고 : 광고 대상자에게 직접 반응을 얻고자 메일, 통신 판매용 광고전단을 신문·잡지에 끼워 넣는 광고
④ 키치 광고 : 설명보다는 기호와 이미지를 중시하는 광고
⑤ 티저 광고 : 소비자의 흥미를 유발시키기 위해 처음에는 상품명 등을 명기하지 않다가 점점 대상을 드러내어 소비자의 관심을 유도하는 광고

31

정답 ⑤

제시된 사례는 기업이 고객의 수요를 의도적으로 줄이는 디마케팅이다. 프랑스 맥도날드사는 청소년 비만 문제에 대한 이슈로 모두가 해당 불매운동에 동감하고 있을 때, 청소년 비만 문제를 인정하며 소비자들의 건강을 더욱 생각하는 회사라는 이미지를 위해 단기적으로는 수요를 하락시킬 수 있는 메시지를 담아 디마케팅을 실시하였다. 결과적으로는 소비자를 더욱 생각하는 회사로 이미지 마케팅에 성공하며, 가장 대표적인 디마케팅 사례로 알려지게 되었다.

32

정답 ①

시장세분화는 수요층별로 시장을 분할해 각 층에 대해 집중적인 마케팅 전략을 펴는 것으로, 인구통계적 세분화는 나이, 성별, 라이프사이클, 가족 수 등을 세분화하여 소비자 집단을 구분하는 데 많이 사용한다.

오답분석

② 사회심리적 세분화는 사회계층, 준거집단, 라이프스타일, 개성 등으로 시장을 나누는 것이다.
③ 시장표적화는 포지셔닝할 고객을 정하는 단계이다.
④ 시장포지셔닝은 소비자들의 마음속에 자사 제품의 바람직한 위치를 형성하기 위하여 제품 효익을 개발하고 커뮤니케이션하는 활동을 의미한다.
⑤ 행동적 세분화는 구매자의 사용 상황, 사용 경험, 상표애호도 등으로 시장을 나누는 것이다.

33

정답 ④

공급사슬관리(SCM)란 공급자로부터 최종 고객에 이르기까지 자재 조달, 제품 생산, 유통, 판매 등의 흐름을 적절히 관리하는 것으로, 이를 통해 자재의 조달 시간을 단축하고, 재고 비용이나 유통비용 등을 절감할 수 있다.

오답분석

① 자재소요량계획(MRP)
② 업무재설계(BPR)
③ 적시생산방식(JIT)
⑤ 지식관리시스템(KMS)

34

정답 ⑤

외부실패비용은 고객에게 판매된 후에 발생하는 비용을 말하며 대개 고객 서비스와 관련된 비용이다. 외부실패비용에는 반품비용, 보상 위자료, 반환품 비용, 리콜 비용, 품질 보증 클레임 비용 등이 있다.

35

정답 ②

MRP II(Manufacturing Resource Planning II)는 제조자원을 계획하는 관리시스템으로 자재소요계획(MRP; Material Requirement Planning)과 구별을 위해 II를 붙였다.

오답분석

① MRP(Material Requirement Planning) : 자재소요량계획으로서 제품(특히 조립제품)을 생산함에 있어서 부품(자재)이 투입될 시점과 투입되는 양을 관리하기 위한 시스템
③ JIT(Just In Time) : 적기공급생산으로 재고를 쌓아 두지 않고서도 필요한 때 제품을 공급하는 생산 방식
④ FMS(Flexible Manufacturing System) : 다품종 소량생산을 가능하게 하는 생산 시스템으로 생산 시스템을 자동화·무인화하여 다품종 소량 또는 중량 생산에 유연하게 대응하는 시스템
⑤ BPR(Business Process Reengineering) : 경영혁신 기법의 하나로서, 기업의 활동이나 업무의 전반적인 흐름을 분석하고, 경영 목표에 맞도록 조직과 사업을 최적으로 다시 설계하여 구성

36

정답 ④

증권회사의 상품인 유가증권과 부동산 매매회사가 정상적 영업과정에서 판매를 목적으로 취득한 토지·건물 등은 재고자산으로 처리된다.

오답분석

①·② 선입선출법의 경우에는 계속기록법을 적용하든 실지재고조사법을 적용하든, 기말재고자산, 매출원가, 매출총이익 모두 동일한 결과가 나온다.
③ 매입운임은 매입원가에 포함한다.
⑤ 재고자산을 순실현가능가치로 감액한 평가손실과 모든 감모손실은 감액이나 감모가 발생한 기간에 비용으로 인식한다.

37

정답 ③

- (당기법인세부채)=(₩150,000+₩24,000+₩10,000)×25%
  =₩46,000
- (이연법인세자산)=₩10,000×25%=₩2,500

∴ (법인세비용)=₩46,000−₩2,500=₩43,500

38

정답 ③

- (만기금액)=₩5,000,000+(₩5,000,000×6%×6/12)
  =₩5,150,000
- (할인액)=₩5,150,000×(할인율)×3/12
  =₩5,150,000−₩4,995,500=₩154,500

∴ (할인율)=12%

39

정답 ④

PR(Public Relations)은 일반 대중을 대상으로 이미지의 가치를 높이거나 제품을 홍보하는 것을 주된 목적으로 한다. 기업에서는 자사의 이미지나 제품을 PR하기 위해 제품홍보 및 로비활동을 하고, 언론을 활용한다.

40

정답 ③

대량 맞춤화(Mass Customization)는 개별 고객의 다양한 요구와 기대를 충족시키면서도 대량생산에 못지않게 낮은 원가를 유지할 수 있는데, 이는 정보기술과 생산기술이 비약적으로 발전함으로써 다품종 대량생산이 가능해진 것이다. 고객의 개별적 요구에 대응하기 위해서는 개발・생산・판매・배달의 모든 기업 활동의 과정에서 고객의 주문에 맞출 수 있는 가능성을 찾아내는 것이 관건이다.

03 법학

01	02	03	04	05	06	07	08	09	10
③	②	⑤	①	②	③	②	④	⑤	③
11	12	13	14	15	16	17	18	19	20
④	②	①	③	③	①	②	②	④	③
21	22	23	24	25	26	27	28	29	30
④	③	②	②	①	⑤	②	③	④	②
31	32	33	34	35	36	37	38	39	40
①	②	⑤	①	③	④	③	④	②	③

01

정답 ③

본인의 상품과 또 다른 영업자의 상품을 구분하는 능력인 상품의 식별력에 대한 설명이다.

오답분석

① 경제력 : 경제 행위를 하여 나가는 힘이다.
② 생산력 : 물질적 재화를 만들어 낼 수 있는 능력이다.
④ 영향력 : 어떤 사물의 효과나 작용이 다른 것에 미치는 힘이다.
⑤ 추진력 : 목표를 향하여 밀고 나아가는 힘이다.

02

정답 ②

자기명의로써 타인의 계산으로 물건 또는 유가증권의 매매를 영업으로 하는 자를 위탁매매인이라 한다(상법 제101조).

오답분석

① 중개업자(중개인) : 타인 간의 상행위의 중개를 영업으로 하는 자를 말한다(상법 제93조).
③ 대리상 : 일정한 상인을 위하여 상업사용인이 아니면서 상시 그 영업부류에 속하는 거래의 대리 또는 중개를 영업으로 하는 자를 말한다(상법 제87조).
④ 운송주선인 : 자기의 명의로 물건운송의 주선을 영업으로 하는 자를 말한다(상법 제114조).
⑤ 운송인 : 육상 또는 호천, 항만에서 물건 또는 여객의 운송을 영업으로 하는 자를 말한다(상법 제125조).

03

정답 ⑤

범인 외의 자의 소유에 속하지 아니하거나 범죄 후 범인 외의 자가 사정을 알면서 취득한 다음 각 호의 물건은 전부 또는 일부를 몰수할 수 있다(형법 제48조 제1항).

1. 범죄행위에 제공하였거나 제공하려고 한 물건
2. 범죄행위로 인하여 생겼거나 취득한 물건
3. 제1호 또는 제2호의 대가로 취득한 물건

04
정답 ①

권능은 소유권에서 파생되는 사용권・수익권・처분권과 같이 권리에서 파생되는 개개의 법률상의 자격을 말한다.

권리와의 구별 개념

구분	내용
권한(權限)	타인을 위하여 법률행위를 할 수 있는 법률상의 자격이다(예 이사의 대표권, 국무총리의 권한 등).
권능(權能)	권리에서 파생되는 개개의 법률상의 자격을 권능이라 한다(예 소유권자의 소유권에서 파생되는 사용권・수익권・처분권).
권원(權原)	어떤 법률적 또는 사실적 행위를 하는 것을 정당화시키는 법률상의 원인을 말한다(예 지상권, 대차권).
권리(權利)	일정한 이익을 누릴 수 있게 법이 인정한 힘을 말한다(예 지배권, 형성권, 항변권 등).
반사적(反射的) 이익(利益)	법이 일정한 사실을 금지하거나 명하고 있는 결과, 어떤 사람이 저절로 받게 되는 이익으로서 그 이익을 누리는 사람에게 법적인 힘이 부여된 것은 아니기 때문에 타인이 그 이익의 향유를 방해하더라도 그것의 보호를 청구하지 못한다(예 도로・공원 등 공물의 설치로 인한 공물이용자의 이익, 공중목욕탕 영업의 거래제한으로 인하여 이미 허가를 받은 업자의 사실상의 이익).

05
정답 ②

지방자치단체는 장소로서의 관할 구역, 인적 요소로서의 주민, 법제적 요소로서의 자치권을 그 구성의 3대 요소로 하고 있다. 따라서 지방자치단체는 행정 주체로서의 지위를 가지므로 권리능력의 주체가 되어 권한을 행사하고 의무를 진다.

오답분석

④ 헌법 제117조 제2항
⑤ 지방자치법 제12조 제3항

06
정답 ③

법규범은 자유의지가 작용하는 자유법칙으로 당위의 법칙이다.

07
정답 ②

루소는 개인의 이익이 국가적 이익보다 우선하며, 법의 목적은 개인의 자유와 평등의 확보 및 발전이라고 보았다.

08
정답 ④

아리스토텔레스는 정의를 동등한 대가적 교환을 내용으로 하여 개인 대 개인관계의 조화를 이룩하는 이념으로서의 평균적 정의와 국가 대 국민 또는 단체 대 그 구성원 간의 관계를 비례적으로 조화시키는 이념으로서의 배분적 정의로 나누었다. 이는 정의를 협의의 개념에서 파악한 것이다.

09
정답 ⑤

영미법계 국가에서는 선례구속의 원칙에 따라 판례의 법원성이 인정된다.

10
정답 ③

오답분석

① 조례는 규칙의 상위규범이다.
② 국제법상의 기관들은 자체적으로 조약을 체결할 수 있다.
④ 재판의 근거로 사용된 조리(條理)와 법원으로서의 조례는 서로 무관하다.
⑤ 의원 발의의 경우 재적의원 1/5 이상 또는 10인 이상의 의원의 연서가 필요하다.

11
정답 ④

민법은 인간이 사회생활을 영위함에 있어 상호간에 지켜야 할 법을 의미하는 것으로 즉, 사법(私法) 중 일반적으로 적용되는 일반사법이다.

12
정답 ②

'물권적 청구권'이란 물권 내용의 완전한 실현이 어떤 사정으로 방해되었거나 또는 방해될 염려가 있는 경우에 그 방해 사실을 제거 또는 예방하여 물권 내용의 완전한 실현을 가능케 하는 데 필요한 행위를 청구할 수 있는 권리이다. 이는 사권의 보호를 위한 수단으로서 소유권절대의 원칙과 가장 관련이 깊다.

13
정답 ①

간주(의제)는 추정과 달리 반증만으로 번복이 불가능하고 취소절차를 거쳐야만 그 효과를 전복시킬 수 있다. 따라서 사실의 확정에 있어서 간주는 그 효력이 추정보다 강하다고 할 수 있다.

오답분석

② "~한 것으로 본다."라고 규정하고 있으면 이는 간주규정이다.
③ 실종선고를 받은 자는 전조의 기간이 만료한 때에 사망한 것으로 본다(민법 제28조).
④ 추정에 대한 설명이다.
⑤ 간주에 대한 설명이다.

14
정답 ③

민법은 속인주의 내지 대인고권의 효과로 거주지 여하를 막론하고 모든 한국인에게 적용된다.

15
정답 ③

실종선고를 받아도 당사자가 존속한다면 그의 권리능력은 소멸되지 않는다. 실종선고기간이 만료한 때 사망한 것으로 간주된다(민법 제28조).

16
정답 ①

피성년후견인의 법정대리인인 성년후견인은 피성년후견인의 재산상 법률행위에 대한 대리권과 취소권 등을 갖지만 원칙적으로 동의권은 인정되지 않는다. 따라서 피성년후견인이 법정대리인의 동의를 얻어서 한 재산상 법률행위는 무효이다.

오답분석

③ 민법 제6조
④ 민법 제17조 제1항
⑤ 민법 제13조 제1항

17
정답 ②

제한능력자가 법정대리인의 동의 없이 한 법률행위는 무효가 아니라 취소할 수 있는 행위이다.

18
정답 ②

채무의 변제를 받는 것은 이로 인하여 권리를 상실하는 것이므로, 단순히 권리만 얻거나 의무만을 면하는 행위에 속하지 않는다. 따라서 미성년자 단독으로 유효히 할 수 없고 법정대리인의 동의를 얻어서 해야 하는 행위에 속한다.

미성년자의 행위능력

원칙	법정대리인의 동의를 요하고 이를 위반한 행위는 취소할 수 있다.
예외 (단독으로 할 수 있는 행위)	• 단순히 권리만을 얻거나 또는 의무만을 면하는 행위 • 처분이 허락된 재산의 처분행위 • 허락된 영업에 대한 미성년자의 행위 • 혼인을 한 미성년자의 행위(성년의제) • 대리행위 • 유언행위(만 17세에 달한 미성년자의 경우) • 법정대리인의 허락을 얻어 회사의 무한책임사원이 된 미성년자가 사원자격에 기해서 한 행위(상법 제7조) • 근로계약과 임금의 청구(근로기준법 제67조 · 제68조)

19
정답 ④

법에 규정된 것 외에는 예외를 두지 아니 한다.

주소, 거소, 가주소

주소	생활의 근거가 되는 곳을 주소로 한다. 주소는 동시에 두 곳 이상 둘 수 있다(민법 제18조).
거소	주소를 알 수 없으면 거소를 주소로 본다. 국내에 주소가 없는 자에 대하여는 국내에 있는 거소를 주소로 본다(민법 제19조 ~ 제20조).
가주소	어느 행위에 있어서 가주소를 정한 때에 있어서 그 행위에 관하여는 이를 주소로 본다(민법 제21조). 따라서 주소지로서 효력을 갖는 경우는 주소(주민등록지), 거소와 가주소가 있으며, 복수도 가능하다.

20
정답 ③

법인은 그 주된 사무소의 소재지에서 설립신고가 아니라 설립등기로 성립한다. 법인은 모두 비영리법인으로 비영리법인의 설립에 관하여 우리 민법은 허가주의를 취하여 법인의 설립요건에 주무관청의 허가를 얻어 설립등기를 함으로써 성립한다고 본다(민법 제33조).

21
정답 ④

상법은 영리성, 집단성 · 반복성, 획일성 · 정형성, 공시주의, 기업책임의 가중과 경감, 기업의 유지 강화, 기술성 · 진보성, 세계성 · 통일성 등의 특징을 지닌다.

22
정답 ③

상업등기부의 종류에는 상호등기부, 미성년자등기부, 법정대리인등기부, 지배인등기부, 합자조합등기부, 합명회사등기부, 합자회사등기부, 유한책임회사등기부, 주식회사등기부, 유한회사등기부, 외국회사등기부 11종이 있다(상업등기법 제11조 제1항).

23
정답 ②

회사가 가진 자기주식은 의결권이 없다(상법 제369조 제2항).

오답분석

① 상법 제289조 제1항 제7호
③ 상법 제293조
④ 상법 제312조
⑤ 상법 제292조

24

정답 ②

행정행위(처분)의 부관이란 행정행위의 일반적인 효과를 제한하기 위하여 주된 의사표시에 붙여진 종된 의사표시로 행정처분에 대하여 부가할 수 있다. 부관의 종류에는 조건, 기한, 부담 등이 있다.

- 조건 : 행정행위의 효력의 발생 또는 소멸을 발생이 불확실한 장래의 사실에 의존하게 하는 행정청의 의사표시로서, 조건성취에 의하여 당연히 효력을 발생하게 하는 정지조건과 당연히 그 효력을 상실하게 하는 해제조건이 있다.
- 기한 : 행정행위의 효력의 발생 또는 소멸을 발생이 장래에 도래할 것이 확실한 사실에 의존하게 하는 행정청의 의사표시로서, 기한의 도래로 행정행위가 당연히 효력을 발생하는 시기와 당연히 효력을 상실하는 종기가 있다.
- 부담 : 행정행위의 주된 의사표시에 부가하여 그 상대방에게 작위·부작위·급부·수인의무를 명하는 행정청의 의사표시로서, 특허·허가 등의 수익적 행정행위에 붙여지는 것이 보통이다.
- 철회권의 유보 : 행정행위의 주된 의사표시에 부수하여, 장래 일정한 사유가 있는 경우에 그 행정행위를 철회할 수 있는 권리를 유보하는 행정청의 의사표시이다(숙박업 허가를 하면서 윤락행위를 하면 허가를 취소한다는 경우).

25

정답 ①

기판력은 확정된 재판의 판단 내용이 소송당사자와 후소법원을 구속하고, 이와 모순되는 주장·판단을 부적법으로 하는 소송법상의 효력을 말하는 것으로 행정행위의 특징과는 관련 없다.

26

정답 ⑤

행정주체와 국민과의 관계는 행정주체인 국가의 물품공급계약관계, 공사도급계약관계, 국가의 회사주식매입관계, 국채모집관계 등과 같이 상호 대등한 당사자로서 사법관계일 때도 있고, 행정주체와 국민은 법률상 지배자와 종속관계의 위치로 인·허가 및 그 취소, 토지의 수용 등과 같이 행정주체가 국민에게 일방적으로 명령·강제할 수 있는 공법관계일 때도 있다.

27

정답 ②

건축허가는 법률행위적 행정행위 중 명령적 행위에 속한다.

행정행위의 구분

법률행위적 행정행위	명령적 행위	하명, 허가, 면제
	형성적 행위	특허, 인가, 대리
준법률행위적 행정행위		확인, 공증, 통지, 수리

28

정답 ③

오답분석

① 확정력에는 형식적 확정력(불가쟁력)과 실질적 확정력(불가변력)이 있다.
② 불가쟁력은 행정행위의 상대방 기타 이해관계인이 더 이상 그 효력을 다툴 수 없게 되는 힘을 의미한다.
④ 강제력에는 행정법상 의무위반자에게 처벌을 가할 수 있는 제재력과 행정법상 의무불이행자에게 의무의 이행을 강제할 수 있는 자력집행력이 있다.
⑤ 일정한 행정행위의 경우 그 성질상 행정청 스스로도 직권취소나 변경이 제한되는 경우가 있는데 이를 불가변력이라 한다.

29

정답 ④

우리나라 헌법은 1987년 10월 29일에 제9차로 개정되었다. 헌법 전문상의 제8차라고 밝히고 있는 것은 9차 개정의 현행 헌법을 공표하면서 그때까지 8차례에 걸쳐 개정되었던 것을 이제 9차로 개정하여 공포하는 취지를 밝힌 것이다(대한민국 헌법 전문).

30

정답 ②

긴급재정경제처분·명령권이란 중대한 재정·경제상의 위기에 있어서 국가안전보장 또는 공공의 안녕질서를 유지하기 위해 대통령이 행하는 재정·경제상의 처분을 말한다(헌법 제76조 제1항).

오답분석

① 헌법 제77조 제1항
③ 헌법 제1조 제1항
④ 헌법 전문·헌법 제5조·제6조 등에서 국제평화주의를 선언하고 있다.
⑤ 실질적 의미의 헌법은 규범의 형식과 관계없이 국가의 통치조직·작용의 기본원칙에 대한 규범을 총칭한다.

31

정답 ①

근대 입헌주의 헌법은 국법과 왕법을 구별하는 근본법(국법) 사상에 근거를 두고, 국가권력의 조직과 작용에 대한 사항을 정하고 동시에 국가권력의 행사를 제한하여 국민의 자유와 권리 보장을 이념으로 하고 있다.

32

정답 ②

헌법제정권력은 국민이 정치적 존재에 대한 근본결단을 내리는 정치적 의사이다. 법적 권한으로 시원적 창조성과 자유성, 항구성, 단일불가분성, 불가양성 등의 본질을 가지며 인격 불가침, 법치국가의 원리, 민주주의의 원리 등과 같은 근본규범의 제약을 받는다.

33

정답 ⑤

헌법의 개정은 헌법의 동일성을 유지하면서 의식적으로 헌법전의 내용을 수정・삭제・추가하는 것을 말한다.

34

정답 ①

헌법의 폐지는 기존의 헌법(전)은 배제하지만 헌법제정권력의 주체는 경질되지 않으면서 헌법의 근본규범성을 인정하고 헌법의 전부를 배제하는 경우이다.

35

정답 ③

헌법 제130조 제3항의 내용이다.

오답분석

① 헌법개정은 국회 재적의원 과반수 또는 대통령의 발의로 제안된다(헌법 제128조 제1항).
② 개정은 가능하나 그 헌법개정 제안 당시의 대통령에 대하여는 효력이 없다(헌법 제128조 제2항).
④ 헌법개정안에 대한 국회의결은 재적의원 3분의 2 이상의 찬성을 얻어야 한다(헌법 제130조 제1항).
⑤ 국회는 헌법개정안이 공고된 날로부터 60일 이내에 의결하여야 한다(헌법 제130조 제1항).

36

정답 ④

오답분석

①・②・③・⑤ 이외에 자유민주주의, 권력분립주의, 기본권 존중주의, 복지국가원리, 사회적 시장경제주의원리 등을 표방하고 있다.

37

정답 ③

헌법전문의 법적 효력에 대해서는 학설대립으로 논란의 여지가 있어 전문이 본문과 같은 법적 성질을 '당연히' 내포한다고 단정을 지을 수는 없다.

38

정답 ④

자유민주적 기본질서의 내용에 기본적 인권의 존중, 권력분립주의, 법치주의, 사법권의 독립은 포함되지만, 계엄선포 및 긴급명령권, 복수정당제는 포함되지 않는다.

39

정답 ②

정당방위는 위법한 침해에 대한 방어행위이므로 상대방은 이에 대해 정당방위를 할 수는 없으나 긴급피난은 가능하다.

오답분석

① 자구행위는 이미 침해된 청구권을 보전하기 위한 사후적 긴급행위이다.
③ 긴급피난은 위법한 침해일 것을 요하지 않으므로 긴급피난에 대해서는 긴급피난을 할 수 있다.
④ 정당행위는 위법성이 조각된다(형법 제20조).
⑤ 처분할 수 있는 자의 승낙에 의하여 그 법익을 훼손한 행위는 위법성이 조각된다(형법 제24조).

40

정답 ③

구속적부심사를 청구할 수 있는 자는 체포 또는 구속된 피의자, 그 피의자의 변호인・법정대리인・배우자・직계친족・형제자매・가족・동거인・고용주이다(형사소송법 제214조의2 제1항).

04 경제학

01	02	03	04	05	06	07	08	09	10
③	③	①	②	⑤	⑤	③	③	①	②
11	12	13	14	15	16	17	18	19	20
④	②	③	⑤	①	④	②	⑤	①	④
21	22	23	24	25	26	27	28	29	30
②	④	①	④	②	②	④	①	③	①
31	32	33	34	35	36	37	38	39	40
⑤	④	⑤	⑤	③	③	④	①	④	①

01 정답 ③

- 화폐수량설 공식은 MV=PV이다(M : 통화, V : 유통속도, P : 물가, Y : 국민소득). 이 중 PV는 명목 GDP이므로, 문제에 제시된 조건 명목 GDP(1,650조 원)과 통화량(2,500조 원)을 위 공식에 대입하면 2,500V=1,650이 되고 V=0.66이 도출된다.
- V(유통속도)변화율=△V(0.0033)÷V(0.66)=1÷200=0.5%
- EC 방정식에 따르면 (M변화율)+(V변화율)=(P변화율)+(Y변화율)이다. 여기에 앞서 도출한 V변화율(0.5%)과 문제에서 제시된 물가변화율(2%)·실질 GDP 증가율(3%)을 대입하면, M변화율=5−0.5 → M변화율=4.5가 나온다.

02 정답 ③

인플레이션이 발생하면 저축된 화폐의 실질적인 가치가 점차 감소하기 때문에 기회비용이 발생하게 된다.

오답분석

① 완만하고 예측이 가능한 인플레이션은 사람들이 생필품 등 물건의 가격이 상승하기 전에 사들이게 하므로 소비 증대 효과가 일어날 수 있다.
② 인플레이션은 수입을 촉진시키고 수출을 저해하여 무역수지와 국제수지를 악화시킨다.
④ 다수의 근로자로부터 기업가에게로 소득을 재분배하는 효과를 가져와 부의 양극화를 심화시킨다.
⑤ 인플레이션을 통해 채무자가 빌린 금액의 액수는 고정된 데 비해 화폐의 가치는 점차 감소하므로 인플레이션은 채무자에게는 이익을, 채권자에게는 손해를 준다.

03 정답 ①

실업급여 중 구직급여는 퇴직 다음 날로부터 12개월이 경과하면 소정급여일수가 남았어도 더 이상 지급받을 수 없다.

오답분석

② 구직급여를 지급받기 위해서는 이직일 이전 18개월(초단시간 근로자의 경우 24개월) 동안 피보험단위 기간이 통산하여 180일 이상이어야 한다.
③ 형법 또는 법률위반으로 금고 이상의 형을 선고받거나 막대한 재산상의 손해를 끼쳐 해고되는 등 본인의 중대한 귀책 사유로 해고된 경우에는 구직급여를 받을 수 없다.
④ 지급 기간은 보통 50세 미만의 경우 120 ~ 240일이며, 50세 이상 및 장애인의 경우 120 ~ 270일이다.
⑤ 자영업자라도 근로자를 사용하지 않거나 50명 미만의 근로자를 사용하는 사업주는 고용보험에 가입이 가능하며, 가입 후 실업급여 지원을 받을 수 있다.

04 정답 ②

퍼펙트 스톰(Perfect Storm)은 크고 작은 악재들이 동시다발적으로 일어나면서 직면하게 되는 절체절명의 위기 상황을 가리킨다. 원래는 위력이 약한 태풍이 다른 요인에 의해 엄청난 파괴력을 가진 태풍으로 바뀌는 것을 지칭하는 기상용어로 세바스찬 융거의 베스트셀러 소설 '퍼펙트 스톰(1991)'에서 유래했다. 이것이 경제 분야에서는 복합적인 위험 요인에 빠진 세계경제 위기로 확장되어 사용된다.

05 정답 ⑤

그린 본드는 자금 사용 목적이 재생에너지, 전기차, 고효율 에너지 등 친환경 관련 프로젝트 투자로 한정된 채권으로, 2018년 산업은행이 국내에서 처음으로 2,000억 원의 그린 본드를 발행했다.

오답분석

① 불독 본드(Bulldog Bond)에 대한 설명이다.
② 정크 본드(Junk Bond)에 대한 설명이다.
③ 캣 본드(Cat Bond)에 대한 설명이다.
④ 김치 본드(Kimchi Bond)에 대한 설명이다.

06 정답 ⑤

㉢ 직무를 감안할 때 A팀장은 K사원보다 중요한 일을 한다고 생각하는 것이 합리적이다. 따라서 ⓒ에서와 같이 A팀장이 K사원이 해야 할 일까지 모두 해야 한다는 것은 정작 본인이 해야 할 중요한 일을 하지 못하게 되므로 기회비용의 관점에서 옳지 않다.
㉣ 직장을 옮기는 과정에서 일시적으로 발생한 실업은 마찰적 실업에 해당한다.

오답분석

㉠ 가격을 내릴 때 판매 수입이 증가하려면 수요가 가격 변화에 탄력적으로 반응해야 한다.
㉡ 비교우위가 아닌 절대우위의 개념과 관련된다.

07 정답 ③

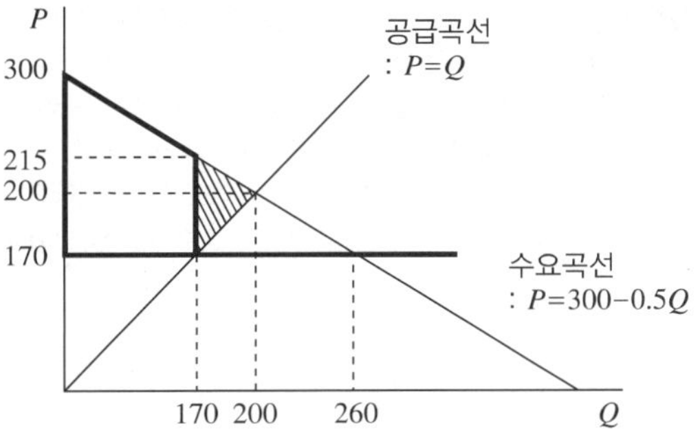

- 기존의 소비자잉여 : $200 \times (300-200) \times (1 \div 2) = 10,000$
- 최고가격제 도입 후 소비자잉여(굵은 선의 사다리꼴 면적) : $170 \times \{(300-170)+(215-170)\} \times (1 \div 2) = 14,875$

따라서 소비자잉여는 $14,875-10,000=4,875$ 증가한다.

08 정답 ③

수요곡선의 기울기가 가파를수록 정부의 조세수입은 더 커진다.

09 정답 ①

- **리카도 대등정리의 개념**
  정부지출수준이 일정할 때, 정부지출의 재원조달 방법(조세 또는 채권)의 변화는 민간의 경제활동에 아무 영향도 주지 못한다는 것을 보여주는 이론이다.
- **리카도 대등정리의 가정**
  - 저축과 차입이 자유롭고 저축 이자율과 차입이자율이 동일해야 한다.
  - 경제활동인구 증가율이 0%이어야 한다.
  - 합리적이고 미래지향적인 소비자이어야 한다.
  - 정부지출수준이 일정해야 한다.

10 정답 ②

기펜재는 대체효과와 소득효과가 반대 방향으로 나타나며 대체효과보다 소득효과가 더 큰 열등재이다. 어떤 재화의 가격이 상승하면 실질소득이 감소한다. 실질소득이 감소하면 소득효과에 의해서는 열등재의 구입량이 오히려 증가한다.

11 정답 ④

솔로우의 성장 모형은 생산요소간 대체가 가능한 콥－더글라스 생산함수를 가정한다. 솔로우 성장 모형에서 인구증가율이 높아지면 1인당 자본량이 감소하므로 새로운 정상상태에서 1인당 산출량은 감소한다. 이 모형에서는 저축률이 높을수록 투자가 증가하여 1인당 자본량과 1인당 소득은 증가하지만 저축률이 황금률의 균제상태보다 더 높다면 저축을 감소시켜야 1인당 소비가 증가하게 된다. 그러므로 저축률이 높다고 해서 항상 좋은 것은 아니다. 솔로우 성장 모형에서 기술진보가 이루어지면 경제성장률이 높아지므로 균형성장경로가 바뀌게 되는데, 기술진보는 외생적으로 주어진 것으로 가정할 뿐 모형 내에서는 기술진보의 원인을 설명하지 못한다.

12 정답 ②

케인스학파는 생산물시장과 화폐시장을 동시에 고려하는 IS－LM모형으로 재정정책과 통화정책의 효과를 분석했다. 케인스학파에 의하면 투자의 이자율 탄력성이 작기 때문에 IS곡선은 대체로 급경사이고, 화폐수요의 이자율 탄력성이 크므로 LM곡선은 매우 완만한 형태이다. 따라서 재정정책은 매우 효과적이나, 통화정책은 별로 효과가 없다는 입장이다.

13 정답 ③

구축효과란 정부가 확대적인 재정정책을 실시하면 이자율이 상승하여 민간투자가 감소하는 효과를 말한다. 고전학파는 100%의 구축효과가 나타나므로 재정정책을 실시하더라도 국민소득은 전혀 증가하지 않는다고 주장한 데 반해 케인스학파는 구축효과가 그리 크지 않기 때문에 재정정책이 매우 효과적이라고 주장한다.

14 정답 ⑤

케인스학파는 화폐수요의 이자율 탄력성이 크기 때문에 LM곡선이 완만하고, 투자의 이자율 탄력성이 작기 때문에 IS곡선은 급경사인 것으로 본다. LM곡선이 완만하고, IS곡선이 급경사이면 확대적인 금융정책을 실시하더라도 국민소득은 거의 증가하지 않는다.

15 정답 ①

IS곡선 혹은 LM곡선이 오른쪽으로 이동하면 총수요곡선도 우측으로 이동한다.
개별소득세가 인하되면 투자가 증가하며, 장래경기에 대한 낙관적인 전망은 미래소득 및 미래소비심리의 상승에 영향을 미치기 때문에 소비가 증가하여 IS곡선이 오른쪽으로 이동한다.

- IS곡선의 우측 이동 요인 : 소비 증가, 투자 증가, 정부지출 증가, 수출 증가
- LM곡선의 우측 이동 요인 : 통화량 증가

16 정답 ④

재산권이 확립되어 있다고 하더라도 거래비용이 너무 크면 협상이 이루어지지 않기 때문에 거래비용이 너무 크면 협상을 통해 외부성 문제가 해결될 수 없다.

17
정답 ②

개별 기업의 수요곡선을 수평으로 합한 시장 전체의 수요곡선은 우하향하는 형태이다. 그러나 완전경쟁기업은 시장에서 결정된 시장가격으로 원하는 만큼 판매하는 것이 가능하므로 개별 기업이 직면하는 수요곡선은 수평선으로 도출된다.

18
정답 ⑤

X재 수입에 대해 관세를 부과하면 X재의 국내가격이 상승한다. X재의 국내가격이 상승하면 국내 생산량은 증가하고 소비량은 감소하게 된다. 또한 국내가격 상승으로 생산자잉여는 증가하지만 소비자잉여는 감소하게 된다. X재 수요와 공급의 가격탄력성이 낮다면 관세가 부과되더라도 수입량은 별로 줄어들지 않으므로 관세부과에 따른 손실이 작아진다.

19
정답 ①

가격차별(Price Discrimination)이란 동일한 상품에 대하여 서로 다른 가격을 설정하는 것을 의미한다. 가격차별이 가능하기 위해서는 소비자를 특성에 따라 구분할 수 있어야 하며, 다른 시장 간에는 재판매가 불가능해야 하고, 시장분리에 드는 비용보다 시장의 분리를 통해 얻을 수 있는 수입이 많아야 한다. 한편, 경쟁시장에서는 기업이 시장가격보다 높은 가격을 받으면 소비자는 다른 기업의 상품을 구매할 것이므로 기업들은 가격차별을 할 수 없다. 따라서 가격차별이 가능하다는 것은 기업이 시장지배력이 있다는 의미이다.

20
정답 ④

스태그플레이션이란 경기가 불황임에도 불구하고 물가가 상승하는 현상을 말한다. 즉, 공급충격으로 인한 비용인상 인플레이션이 지속될 경우 인플레이션과 실업이 동시에 발생하는 것이다. 하지만 공급충격은 지속적으로 발생하는 것은 아니므로 지속적인 비용인상 인플레이션은 불가능하다.

인플레이션의 종류

종류	개념
초인플레이션	물가상승이 1년에 수백에서 수천 퍼센트를 기록하는 인플레이션
애그플레이션	농업(Agriculture) 과 인플레이션(Inflation)의 조합어로 농산물의 부족으로 인한 농산물 가격의 급등으로 야기되는 인플레이션
에코플레이션	환경(Ecology)과 인플레이션(Inflation)의 조합어로 환경적 요인에 의해 야기되는 인플레이션
차이나플레이션	중국(China)과 인플레이션(Inflation)의 조합어로 중국의 경제 성장으로 인해 야기되는 인플레이션

21
정답 ②

전기요금의 변화는 전력에 대한 수요곡선의 이동요인이 아니라 수요곡선상의 이동을 가져오는 요인이다. 해당 재화 가격의 변화로 인한 수요곡선상에서의 변동을 '수요량의 변화'라고 한다. 또한 해당 재화의 가격 이외의 변수들(소득수준, 다른 재화의 가격, 인구수, 소비자의 선호, 광고 등)의 변화로 수요곡선 자체가 이동하는 것을 '수요의 변화'라고 하며, ①·③·④·⑤는 수요의 변화에 해당한다.

22
정답 ④

독점기업은 시장지배력을 갖고 있으므로 원하는 수준으로 가격을 설정할 수 있으나, 독점기업이 가격을 결정하면 몇 단위의 재화를 구입할 것인지는 소비자가 결정하는 것이므로 독점기업이 가격과 판매량을 모두 원하는 수준으로 결정할 수 있는 것은 아니다.

23
정답 ①

가격차별이란 동일한 상품에 대해 구입자 또는 구입량에 따라 다른 가격을 받는 행위를 의미한다. 기업은 이윤을 증대시키는 목적으로 가격차별을 실행한다. 가격차별은 나이, 주중고객과 주말고객, 판매지역(국내와 국외), 대량구매 여부 등의 기준에 따라 이루어진다. 일반적으로 가격차별을 하면 기존에는 소비를 하지 못했던 수요자층까지 소비를 할 수 있으므로 산출량이 증가하고 사회후생이 증가한다.

24
정답 ④

나. 경기호황으로 인한 임시소득의 증가는 소비에 영향을 거의 미치지 않기 때문에 저축률이 상승하게 된다.
라. 소비가 현재소득뿐 아니라 미래소득에도 영향을 받는다는 점에서 항상소득가설과 유사하다.

오답분석

가. 직장에서 승진하여 소득이 증가한 것은 항상소득의 증가를 의미하므로 승진으로 소득이 증가하면 소비가 큰 폭으로 증가한다.
다. 항상소득가설에 의하면 항상소득이 증가하면 소비가 큰 폭으로 증가하지만 임시소득이 증가하는 경우에는 소비가 별로 증가하지 않는다. 그러므로 항상소득에 대한 한계소비성향이 임시소득에 대한 한계소비성향보다 더 크게 나타난다.

25
정답 ②

가격에 대한 공급의 반응 속도가 빠를수록 공급이 가격에 대해 탄력적이라고 표현한다. 즉, 공급이 빨리 증가하면 가격은 상대적으로 적게 상승한다. 일반적으로 수요가 동일하게 증가할 경우 공급이 가격에 대해 비탄력적일수록 가격이 큰 폭으로 증가한다.

26

정답 ②

중국은 의복과 자동차 생산에 있어 모두 절대우위를 갖는다. 그러나 리카도는 비교우위론에서 양국 중 어느 한 국가가 절대우위에 있는 경우라도 상대적으로 생산비가 낮은 재화생산에 특화하여 무역을 한다면 양국 모두 무역으로부터 이익을 얻을 수 있다고 보았다. 이때 생산하는 재화를 결정하는 것은 재화의 국내생산비로 재화생산의 기회비용을 말한다. 문제에서 주어진 표를 바탕으로 각 재화생산의 기회비용을 알아보면 다음과 같다.

구분	중국	인도
의복(벌)	0.5대의 자동차	0.33대의 자동차
자동차(대)	2벌의 옷	3벌의 의복

기회비용 표에서 보면 의복의 기회비용은 인도가 중국보다 낮고, 자동차의 기회비용은 중국이 인도보다 낮다.
따라서 중국은 자동차, 인도는 의복에 비교우위가 있으므로 중국은 자동차, 인도는 의복을 수출한다.

27

정답 ④

경제가 유동성함정에 놓여 있다면 LM곡선은 수평선이므로 통화량이 증가하더라도 이자율 변동에 영향을 미치지 못한다. 즉, 유동성함정 구간에서는 통화정책이 완전히 무력하다. 반면, 경제가 유동성함정 구간에 놓여있더라도 확대적인 재정정책을 실시하면 IS곡선이 우측으로 이동하므로 이자율은 변하지 않지만 국민소득은 대폭 증가한다. 즉, 재정정책은 매우 효과적이다.

28

정답 ①

교정적 조세(Corrective Taxation)란 피구세와 같이 외부성에 따른 자원배분의 효율성을 시정하기 위해 부과하는 조세를 의미한다.

오답분석

나. 오염배출권은 오염배출권제도가 시행될 때 만들어지는 것이지 피구세가 부과될 때 생겨나는 것은 아니다.
다. 피구세의 세율이 어떻게 정해지느냐에 따라 오염배출량이 달라지므로 피구세와 오염배출권제도하에서 오염배출량이 반드시 동일하다는 보장은 없다.
마. 오염배출권이 자유롭게 거래될 수 있다면 오염을 줄이는 데 비용이 적게 드는 당사자는 오염배출권을 매각하고 직접 오염을 줄일 것이고, 오염을 줄이는 데 비용이 많이 드는 당사자는 오염면허를 매입하고 오염을 배출할 것이다. 그러므로 오염배출권이 자유롭게 거래될 수 있다면 적은 비용으로 오염을 줄일 수 있는 당사자가 오염을 줄이게 된다. 오염배출권 제도는 환경문제와 같은 외부성을 해결하는 데 있어 시장유인을 사용하는 방법이다.

29

정답 ③

일반적으로 한계대체율 체감과 무차별곡선의 볼록성은 같은 의미이다. 무차별곡선이 볼록할 경우 무차별곡선의 기울기는 X재 소비 증가에 따라 점점 평평해지며, 이는 X재를 많이 소비할수록 Y재 단위로 나타낸 X재의 상대적 선호도가 감소한다는 의미이므로 한계대체율 체감을 의미한다.

30

정답 ①

경기적 실업이란 경기침체로 인한 총수요의 부족으로 발생하는 실업이다. 그러므로 경기적 실업을 감소시키기 위해서는 총수요를 확장시켜 경기를 활성화시키는 경제안정화정책이 필요하다.

오답분석

② 새로운 직장을 찾거나 다니던 직장을 그만두고 다른 직장을 찾을 때 발생하는 실업은 마찰적 실업에 해당하는 사례이며, 마찰적 실업만 존재하는 상태를 완전고용상태라고 정의한다.
③ 계절적 실업에 해당하는 사례이다.
④ · ⑤ 구조적 실업에 해당하는 사례이다. 구조적 실업이란 경제구조 변화로 노동수요 구조가 변함에 따라 발생하는 실업을 말하며, 산업간 노동이동이 쉽지 않으므로 장기화되는 경향이 있다. 구조적 실업을 감소시키기 위해서는 직업훈련, 재취업교육 등이 필요하다.

31

정답 ⑤

제도 변화 후 새로운 내시균형은 (조업 가동, 1톤 배출)이므로 오염물질의 총배출량은 2톤에서 1톤으로 감소했다.

구분		乙	
		1톤 배출	2톤 배출
甲	조업 중단	(0, 4)	(5, 3)
	조업 가동	(10, 4)	(8, 3)

오답분석

① 초기 상태의 내시균형은 (조업 가동, 2톤 배출)이다.
② 초기 상태의 甲의 우월전략은 '조업 가동'이며 乙의 우월전략은 '2톤 배출'이다.
③ 제도 변화 후 甲의 우월전략은 '조업 가동'이며 乙의 우월전략은 '1톤 배출'이다.
④ 甲이 乙에게 보상금을 지급한 것이므로 제도 변화 후 甲과 乙의 전체 보수는 이전과 동일하다.

32

정답 ④

실제GDP는 한 나라의 국경 안에서 실제로 생산된 모든 최종 생산물의 시장가치를 의미하며, 잠재GDP는 한 나라에 존재하는 노동과 자본 등 모든 생산요소를 정상적으로 사용할 경우 달성할 수 있는 최대 GDP를 의미한다. 즉, 잠재GDP는 자연산출량 완전고용산출량 상태에서의 GDP를 의미한다. 따라서 실제GDP가 잠재GDP 수준에 미달한다면 디플레이션 갭이 존재하는 상태이므로 실제실업률이 자연실업률보다 높다. 이처럼 실제실업률이 자연실업률보다 높으면 노동시장에서 임금하락 압력이 존재하고, 임금이 하락하면 점차 단기총공급곡선이 오른쪽으로 이동하므로 물가가 하락하고 국민소득은 증가한다.

33

정답 ⑤

새케인스학파는 합리적 기대를 받아들이지만 가격의 경직성으로 인해 단기에는 통화정책이 효과를 나타낼 수 있다고 본다.

34

정답 ⑤

기업의 이윤 $=4Q-0.25L=8L^{0.5}-0.25L$이므로 이를 극대화하는 노동투입량은 이윤을 L로 1계미분하여 도출되며, $4L^{-0.5}-0.25=0$을 풀면 $L=256$이다. 이를 생산함수에 대입하면 $Q=32$가 도출된다.

35

정답 ③

국민의 50%가 소득이 전혀 없고, 나머지 50%에 해당하는 사람들의 소득은 완전히 균등하게 100씩 가지고 있으므로 로렌츠곡선은 아래 그림과 같다.

그러므로 지니계수는 다음과 같이 계산한다.

지니계수$=\dfrac{A}{A+B}=\dfrac{1}{2}$

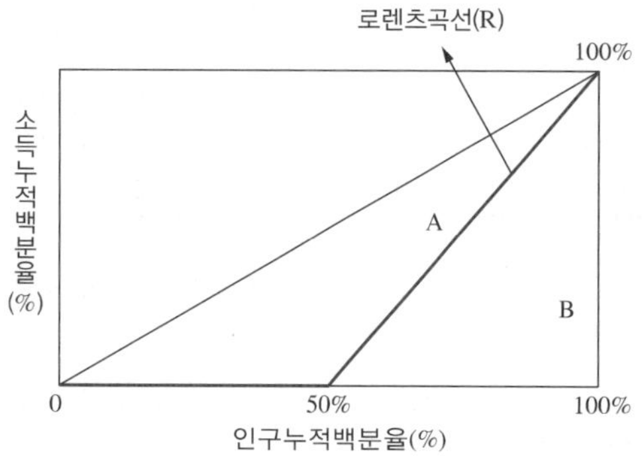

36

정답 ③

오답분석

① 총공급곡선이 우상향 형태일 때 물가수준이 하락하면 총공급곡선 자체가 이동하는 것이 아니라 총공급곡선상에서 좌하방으로 이동한다.

② 확장적 재정정책을 실시하면 이자율이 상승하여 민간투자가 감소하는 구축효과가 발생하게 되는데, 변동환율제도하에서는 확장적 재정정책을 실시하면 환율하락으로 인해 추가적으로 총수요가 감소하는 효과가 발생한다. 즉, 확장적 재정정책으로 이자율이 상승하면 자본유입이 이루어지므로 외환의 공급이 증가하여 환율이 하락한다. 이렇듯 평가절상이 이루어지면 순수출이 감소하므로 폐쇄경제에서보다 총수요가 더 큰 폭으로 감소한다.

④ 장기균형 상태에 있던 경제에 원유가격이 일시적으로 상승하면 단기에는 물가가 상승하고 국민소득이 감소하지만 장기적으로는 원유가격이 하락하여 총공급곡선이 다시 오른쪽으로 이동하므로 물가와 국민소득은 변하지 않는다.

⑤ 단기 경기변동에서 소비와 투자가 모두 경기순응적이며, 소비의 변동성은 투자의 변동성보다 작다.

37

정답 ④

균제상태에서 $\Delta k=sf(k)-(\delta+n)=0$이 성립하므로 $f(k)=2k^{0.5}$, $s=0.3$, $\delta=0.25$, $n=0.05$를 대입하면 $0.6k^{0.5}-0.3k=0$으로 정리할 수 있다. 이 방정식을 풀면 $k=4$가 도출되고 1인당 생산함수 $y=2k^{0.5}$에 대입하면 $y=4$가 도출된다.

38

정답 ①

승수효과란 정부가 지출을 늘리면 가계나 기업의 소득과 수입이 증가하고 총수요가 증가하게 되는데, 이때 총 수요가 정부의 지출액 이상으로 증가하는 것을 말한다. 일반적으로 한계소비성향을 c라고 가정할 경우 정부지출이 $\triangle$G만큼 증가할 때의 국민소득 증가분 $\triangle$Y는 다음과 같이 산출한다.

$\triangle Y=\triangle G+c\triangle G+c^2\triangle G+c^3\triangle G+\cdots$

$=(1+c+c^2+c^3+\cdots)\triangle G$

$=\dfrac{1}{1-c}\triangle G$

위 식에 $\triangle Y=500$, $c=0.8$을 대입해보면

$\triangle Y=\dfrac{1}{1-c}\triangle G$,

$\triangle G=(1-c)\triangle Y=(1-0.8)\times500=100$

따라서 한계소비성향이 0.8일 경우 국민소득을 500만큼 증가시키기 위해서는 정부지출을 100정도 늘려야 한다.

39

정답 ④

$a=4$와 같이 $a<5$인 값을 대입해 보면 (인하, 인하)가 유일한 내시균형으로 도출된다.

오답분석

① $a>5$ 이면, (인상, 인상), (인하, 인하)가 모두 내시균형이다.

② $-1<a<5$ 이면, 甲의 우월전략은 인하이다. 기업은 서로 담합하는 것이 아니라 가격인하 경쟁을 하게 된다.

③ $a<-5$ 이면, (인하, 인하)가 유일한 내시균형이다.

⑤ $a=5$인 경우 내시균형은 (인상, 인상), (인하, 인하)이며, $a<5$인 경우 내시균형은 (인하, 인하)이다.

40

정답 ①

교역 이후 가격 하락으로 소비자잉여는 B+D만큼 증가하여 A+B+D가 되고, 생산자잉여는 B만큼 감소하여 C가 된다. 즉, 교역으로 소비자들이 얻는 이익(B+D)이 농민들이 입는 손해(B)보다 크기 때문에 소비자잉여와 생산자 잉여를 합하여 구하는 사회적 잉여는 농산물 수입 이전보다 D만큼 증가한 A+B+C+D가 된다.

서울교통공사 사무직 신입사원 필기시험

제2회 모의고사 정답 및 해설

제 1 영역 직업기초능력평가

01	02	03	04	05	06	07	08	09	10
①	③	①	④	①	②	①	①	③	④
11	12	13	14	15	16	17	18	19	20
①	②	⑤	②	③	⑤	⑤	③	④	③
21	22	23	24	25	26	27	28	29	30
②	④	③	④	①	④	③	④	②	③
31	32	33	34	35	36	37	38	39	40
②	③	④	①	③	③	③	④	②	④

01 정답 ①

S사원이 작성한 내용 중 적절하지 않은 것은 ⓜ이다. 자신이 전달하고자 하는 의사표현을 명확하고 정확하게 하지 못할 경우에는 자신이 평정을 어느 정도 찾을 때까지 의사소통을 연기한다. 하지만 조직 내에서 의사소통을 무한정으로 연기할 수는 없기 때문에 자신의 분위기와 조직의 분위기를 개선하도록 노력하는 등의 적극적인 자세가 필요하다.

02 정답 ③

ㄱ. 최수영 상무이사가 결재한 것은 대결이다. 대결은 결재권자가 출장, 휴가, 기타 사유로 상당기간 부재중일 때 긴급한 문서를 처리하고자 할 경우에는 결재권자의 차하위 직위의 결재를 받아 시행하는 것을 말한다.

ㄴ. 대결 시에는 기안문의 결재란 중 대결한 자의 결재란에 '대결'을 표시하고 서명 또는 날인한다.

ㄹ. 전결 사항은 전결권자에게 책임과 권한이 위임되었으므로 중요한 사항이라면 원결재자에게 보고하는 데 그친다.

담당	과장	부장	상무이사	전무이사
아무개	최경옥	김석호	대결 최수영	전결

오답분석

ㄷ. 대결의 경우 원결재자가 문서의 시행 이후 결재하며, 이를 후결이라 한다.

03 정답 ①

피터의 법칙(Peter's Principle)이란 무능력이 개인보다는 위계조직의 메커니즘에서 발생한다고 보는 이론으로, 무능력한 관리자를 빗대어 표현한다. 우리 사회에서 많이 볼 수 있는 무능력, 무책임으로 인해 우리는 많은 불편을 겪으며 막대한 비용을 지출하게 된다. 그렇지만 이러한 무능력은 사라지지 않고 있으며, 오히려 무능한 사람들이 계속 승진하고 성공하는 모순이 발생하고 있다. 대부분의 사람은 무능과 유능이 개인의 역량에 달려 있다고 생각하기 쉬우나, 로런스 피터(L. J. Peter)와 레이몬드 헐(R. Hull)은 우리 사회의 무능이 개인보다는 위계조직의 메커니즘에서 발생한다고 주장하였다.

04 정답 ④

목표의 층위·내용 등에 따라 우선순위가 있을 수는 있지만, 하나씩 순차적으로 처리해야 하는 것은 아니다. 즉, 조직의 목표는 동시에 여러 개가 추구될 수 있다.

05 정답 ①

제시문의 내용과 PT자료의 내용이 일치하므로 적절하지 않은 부분이 없다.

06 정답 ②

인간관계의 커다란 손실은 사소한 것으로부터 비롯된다. 즉, 대인관계에 있어 상대방의 사소한 일에 대해 관심을 가져야 하며, 이를 위한 작은 친절과 공손함은 매우 중요하다. 이와 반대로 작은 불손, 작은 불친절, 하찮은 무례 등은 감정은행계좌의 막대한 인출을 가져온다.

오답분석

① 상대방의 입장을 이해하고 양보하는 노력은 감정은행계좌에 인격과 신뢰를 쌓는 중요한 예입 수단이다.

③ 실수를 인정하고 진지하게 사과하는 것은 감정은행계좌에 신뢰를 예입하는 것이다.

④ 상대방에 대한 칭찬과 배려는 상호 신뢰관계를 형성하고 사람의 마음을 움직이게 하는 중요한 감정예입 행위이다.

⑤ 책임을 지고 약속을 지키는 것은 중요한 감정예입 행위이며, 약속을 어기는 것은 중대한 인출 행위이다.

07

정답 ①

메일머지는 똑같은 내용의 편지를 이름이 다른 여러 사람에게 보낼 때 사용하는 기능이다. 수신자에 대한 정보를 담고 있는 데이터베이스 파일로부터 정보를 받아들여 워드프로세서로 작성한 편지나 문서를 여러 명에게 보낼 때 사용한다.

오답분석

② 인덱스(Index) : 데이터를 기록할 경우 그 데이터의 이름과 크기 등 속성과 기록장소 등을 표로 표시한 것이다.
③ 시소러스(Thesaurus) : 데이터 검색을 위한 키워드(색인어) 간의 관계, 즉 동의어, 하위어, 관련어 등의 관계를 나타낸 사전이다.
④ 액세스(Access) : 컴퓨터에서 메모리나 자기디스크 등의 기억장치에 대해 데이터의 쓰기나 읽기를 하는 행위이다.
⑤ 디더링(Dithering) : 해상도를 초과하여 이미지에 빈 공간이 생기는 결점을 보완하기 위한 기술이다.

08

정답 ①

LEFT 함수는 텍스트 문자열의 시작 지점부터 지정한 수만큼의 문자를 반환해주는 함수이다. LEFT(B2,4)의 결괏값은 1993이며, 따라서 ①의 수식의 경우 2019−1993+1로 계산되어 [C2]셀에 결괏값 27이 나타나게 된다.

09

정답 ③

제시문에서는 철도 발달로 인한 세계 표준시 정립의 필요성, 세계 표준시 정립에 기여한 샌퍼드 플레밍과 본초자오선 회의 등의 언급을 통해 세계 표준시가 등장하게 된 배경을 구체적으로 소개하고 있으므로 ③이 적절하다.

10

정답 ④

우리나라에 세계 표준시가 도입된 대한제국 때에는 동경 127.5도 기준으로 세계 표준시의 기준인 영국보다 8시간 30분(127.5/15=8.5)이 빨랐다. 그러나 현재 우리나라의 표준시는 동경 135도 기준으로 변경되었기 때문에 영국보다 9시간(135/15=9)이 빠르다. 따라서 현재 우리나라의 시간은 대한제국 때 지정한 시각보다 30분 빠르다.

11

정답 ①

자신의 역량을 발전시키면 조직의 발전에 도움이 되기 때문에 여유가 있을 때 직무 능력을 향상하는 역량개발 활동은 조직인으로서 실천해야 하는 행동이다.

12

정답 ②

경력 설계는 개인 개발에 속하는 행동으로 공동체 의식 함양과는 관계가 없다.

오답분석

A대리는 여유시간에 책을 보거나 게임을 한다고 했다. 이 행동들은 공동체 의식 함양에서 성실, 신뢰, 도덕, 핵심가치 공유 등이 결여되었음을 알 수 있다.

13

정답 ⑤

세액은 공급가액의 10%이므로 (수기종이계산서의 공급가액)×0.1이다. 따라서 [F4]셀에는 「=E4*0.1」을 입력해야 한다.

14

정답 ②

[G5]셀을 채우기 위해서는 함수식 「=SUM(G3:G4)」 또는 「=SUM(E5:F5)」가 입력되어야 하고, 총합계는 12,281,889이다.

15

정답 ③

안전사고의 원인 중 하나가 작업자의 부주의이므로 버튼을 누르기 전 주변을 둘러볼 것을 권유하는 ③의 표어가 적절하다.

오답분석

① 제시문에서 음주 작업에 대한 내용은 찾아볼 수 없다.
② 제시문은 고소 작업 자체를 금지하자는 주장은 아니다.
④ 제시문에서 과로 및 휴식에 대한 내용은 찾아볼 수 없다.
⑤ 제시문에서 화재의 위험성에 대한 내용은 찾아볼 수 없다.

16

정답 ⑤

영상이 희미한 경우 리모컨 메뉴창의 초점 조절 기능을 이용하여 초점을 조절하거나 투사거리가 초점에서 너무 가깝거나 멀리 떨어져있지 않은지 확인해야 한다.

17

정답 ⑤

명함은 선 자세로 교환하는 것이 예의이고, 테이블 위에 놓고서 손으로 밀거나 서류봉투 위에 놓아서 건네는 것은 좋지 않다. 명함을 받을 때는 건넬 때와 마찬가지로 일어선 채로 두 손으로 받아야 한다.

18

정답 ③

직장인들이 지속적으로 현 분야 또는 새로운 분야에 대해 공부하는 것은 자기개발의 일환으로, 이는 회사의 목표가 아닌 자신이 달성하고자 하는 목표를 성취하기 위해 필요하다.

19

정답 ④

업무수행 성과를 높이기 위해서는 다른 사람과 다른 방식으로 일해야 한다. 의외로 다른 사람들이 발견하지 못한 더 좋은 해결책을 발견하거나 창의적인 방식으로 보다 쉽게 일을 처리하여 업무의 성과를 높일 수 있을 것이다.

20

정답 ③

우선 갑돌이의 총 구매가격은 600달러 이상이므로 모두 관세 대상이다. 하지만 주류는 종류에 상관없이 1병, 1L 이하, 400달러 이하는 관세 대상에서 제외된다. 따라서 양주 1병은 200달러이며, 1L이기 때문에 면세 물품에 해당된다.

오답분석

① 향수는 면세 범위인 60mL 이상이므로 면세 물품에서 제외된다.
② GUCCY 가방의 경우 가방 한 개 금액이 600달러 이상이므로 관세 대상이다.
④ 신발은 단일세율이 적용되는 상품으로 관세 물품이다.
⑤ 담배는 200개피(1보루)가 면세 범위이다.

21

정답 ②

세율 및 자료를 읽어보면 결국 모두 20%임을 알 수 있으며, 면세 품목인 주류나 담배는 면세 범위에 해당되므로 관세 대상에 포함하지 않는다. 개인 면세 한도(포도주 1병, 담배 1보루) 내에서 구매하였기 때문이다. 단, 향수는 60mL를 초과하기 때문에 관세 대상이다. 관세 대상 품목들의 총구입금액은 100+40+(200×2)+70+125=735달러이고, 총금액에서 600달러를 빼면 135달러가 된다.

따라서 135×1,100×0.7(자진납세인 경우 30% 감면)=103,950원이다.

22

정답 ④

총 600달러를 넘었기 때문에 과세 대상이다. 을순이가 구매한 품목의 총액은 80+1,400+350+100+150=2,080유로이다. 여기서 단일세율 적용 품목 대상은 '합계 1,000달러까지 본래의 세율보다 낮은 단일세율(20%)을 적용받을 수 있다.'라고 되어 있으니 팔찌는 20%로 계산할 수 있다. 또한 예상세액은 총 구입물품 가격에서 1인 기본 면세 범위 미화 600달러를 선공제하고 각각의 관세율을 적용해 계산한 금액의 합이기 때문에 (2,080×1,300−600×1,100)×0.2=2,044,000×0.2=408,800원이 관세이다. 만약 성실신고를 하게 된다면, 관세의 30%인 0.3×408,800=122,640원을 절약하게 되고(15만 원 한도), 납부해야 할 관세는 286,160원이다.

신고를 안 했을 때 기댓값은 걸릴 경우 관세의 1.4배, 걸릴 확률이 80%이므로 408,800×1.4×0.8=457,856원이 되고, 안 걸릴 경우 0원이 된다.

따라서 기댓값이 20만 원을 초과하므로 을순이는 자진신고를 하여 관세로 286,160원을 납부할 것이다.

23

정답 ③

추가로 확충해야 하는 자금의 규모가 작은 순서는 열 – 신재생 – 석탄 – 천연가스인데, 진입 후 흑자전환 소요기간이 짧은 순서는 열 – 석탄 – 천연가스 – 신재생이므로 ③은 옳지 않다.

오답분석

① 국내 최종에너지원별 소비량을 보면, 열 에너지 부문의 시장규모는 제시된 기간 중 매월 신재생 에너지에 비해 작다.
② 규제 완화 정도 점수가 낮을수록 제도적 장애물에 자주 부딪힐 것이므로 해당 점수가 가장 낮은 열에너지 부문이 규제로 인한 문제를 가장 많이 겪을 것이다.
④ 1위 기업의 현재 시장점유율이 더 높은 천연가스 에너지 부문에 진입 시 초기 점유율 확보가 더 어려울 것이다.
⑤ 규제 완화 정도가 가장 높은 부문은 '석탄'이며, 5 ~ 7월에 석유와 전력 다음으로 소비량이 높음을 알 수 있다.

24

정답 ④

조건에 부합하는 경우의 수를 표로 나타내면 다음과 같다.

구분	농구	축구	족구
경우 1	A, C, E	D, H	B, F, G
경우 2	A, B, C, F	D, H	E, G
경우 3	A, C	D, E	B, F, G, H
경우 4	A, C, H	D, E	B, F, G
경우 5	B, F, H	D, E	A, C, G
경우 6	A, B, C, F	D, E	G, H
경우 7	A, C	B, D, F, H	E, G

따라서 팀을 배치하는 방법은 7가지이다.

25

정답 ①

세계적 기업인 맥킨지(McKinsey)에 의해서 개발된 7 – S 모형

1. 공유가치 : 조직 구성원들의 행동이나 사고를 특정 방향으로 이끌어 가는 원칙이나 기준이다.
2. 리더십 스타일 : 구성원들을 이끌어 나가는 전반적인 조직관리 스타일이다.
3. 구성원 : 조직의 인력 구성과 구성원들의 능력과 전문성, 가치관과 신념, 욕구와 동기, 지각과 태도 그리고 그들의 행동 패턴 등을 의미한다.
4. 제도・절차 : 조직운영의 의사결정과 일상 운영의 틀이 되는 각종 시스템을 의미한다.
5. 구조 : 조직의 전략을 수행하는 데 필요한 틀로서 구성원의 역할과 그들 간의 상호관계를 지배하는 공식요소이다.
6. 전략 : 조직의 장기적인 목적과 계획 그리고 이를 달성하기 위한 장기적인 행동지침이다.
7. 기술 : 하드웨어는 물론 이를 사용하는 소프트웨어 기술을 포함하는 요소를 의미한다.

26

정답 ④

간선노선과 보조간선노선을 구분하여 노선번호를 부여하면 다음과 같다.

- 간선노선
  - 동서를 연결하는 경우 : (가), (나)에 해당하며, 남에서 북으로 가면서 숫자가 증가하고 끝자리에는 0을 부여하므로 (가)는 20, (나)는 10이다.
  - 남북을 연결하는 경우 : (다), (라)에 해당하며, 서에서 동으로 가면서 숫자가 증가하고 끝자리에는 5를 부여하므로 (다)는 15, (라)는 25이다.
- 보조간선노선
  - (마) : 남북을 연결하는 모양에 가까우므로 (마)의 첫자리는 남쪽 시작점의 간선노선인 (다)의 첫자리와 같은 1이 되어야 하고, 끝자리는 5를 제외한 홀수를 부여해야 하므로 가능한 노선번호는 11, 13, 17, 19이다.
  - (바) : 동서를 연결하는 모양에 가까우므로 (바)의 첫자리는 바로 아래쪽에 있는 간선노선인 (나)의 첫자리와 같은 1이 되어야 하고, 끝자리는 0을 제외한 짝수를 부여해야 하므로 가능한 노선번호는 12, 14, 16, 18이다.

따라서 가능한 조합은 ④이다.

27

정답 ③

A사의 사례는 팀워크의 중요성과 주의할 점을 보여주고, S병원의 사례는 공통된 비전으로 인한 팀워크의 성공을 보여준다. 두 사례 모두 팀워크에 대한 내용이지만, 개인 간의 차이를 중시해야 한다는 것은 언급되지 않았다.

28

정답 ④

사람들이 집단에 머물고, 계속 남아 있기를 원하게 만드는 힘은 응집력이다. 팀워크는 단순히 사람들이 모여 있는 것이 아니라 목표달성의 의지를 가지고 성과를 내는 것이다.

팀워크와 응집력

- 팀워크 : 팀 구성원이 공동의 목적을 달성하기 위해 상호관계성을 가지고 서로 협력하여 일을 해 나가는 것
- 응집력 : 사람들로 하여금 집단에 머물도록 만들고, 그 집단의 멤버로서 계속 남아 있기를 원하게 만드는 힘

29

정답 ②

브랜드를 소유하거나 사용해보고 싶다는 동기를 유발하는 것처럼, 사람들로부터 자신을 찾게 하기 위해서는 다른 사람과 다른 차별성을 가질 필요가 있다. 이를 위해서는 시대를 앞서 나가 다른 사람과 구별되는 능력을 끊임없이 개발해야 한다.

30

정답 ③

설치 시 주의사항에 따르면 난방기기 주변은 과열되어 고장의 염려가 있으므로 피해야 한다. ③의 냉방기는 장소 선정 시 고려되어야 할 사항과 거리가 멀다.

31

정답 ②

전원이 갑자기 꺼진다면 전력 소모를 줄일 수 있는 기능인 '취침예약'이나 '자동전원끄기' 기능이 설정되어 있는지 확인해야 한다.

오답분석

① 전원이 켜지지 않을 경우 전원코드, 안테나 케이블, 케이블 방송 수신기의 연결이 제대로 되어 있는지 확인해야 하지만 위성 리시버는 설명서에서 확인할 수 없다.
③ 제품에서 뚝뚝 소리가 나는 것은 TV 외관의 기구적 수축이나 팽창 때문에 나타날 수 있는 현상이므로 안심하고 사용해도 된다.
④ 제품 특성상 장시간 시청 시 패널에서 열이 발생하므로 열이 발생하는 것은 결함이나 동작 사용상의 문제가 되는 것이 아니므로 안심하고 사용해도 된다.
⑤ 리모컨 동작이 되지 않을 때는 새 건전지로 교체하고, 교체 후에도 문제가 해결되지 않는다면 서비스센터로 문의해야 한다.

32

정답 ③

매년 보통우표와 기념우표 발행 수의 차이는 다음과 같다.

- 2020년 : 163,000−47,180=115,820장
- 2021년 : 164,000−58,050=105,950장
- 2022년 : 69,000−43,900=25,100장
- 2023년 : 111,000−35,560=75,440장
- 2024년 : 105,200−33,630=71,570장

따라서 보통우표와 기념우표 발행 수가 가장 큰 차이를 보이는 해는 2020년이다.

오답분석

① 2021년에는 기념우표 발행 수가 전년 대비 증가했지만 나만의 우표 발행 수는 감소했으며, 2023년에는 그 반대 현상을 보이므로 옳지 않은 설명이다.
② 보통우표, 나만의 우표 발행 수의 경우에는 2022년에 가장 낮지만, 기념우표 발행 수의 경우에는 2024년이 가장 낮다.
④ 2022년 전체 우표 발행 수 대비 나만의 우표 발행 수의 비율은 $\frac{1,000}{113,900}\times 100 \fallingdotseq 0.88\%$이므로 1% 미만이다.
⑤ 2020년 대비 2022년 전체 우표 발행 수의 감소율은 $\frac{217,880-113,900}{217,880}\times 100 \fallingdotseq 47.72\%$이므로 50% 미만이다.

33

정답 ④

윈윈(Win – win) 관리법은 갈등을 피하거나 타협하는 것이 아니라 모두에게 유리할 수 있도록 문제를 근본적으로 해결하는 방법이다. 귀하와 A사원이 공통적으로 가지는 근본적인 문제는 금요일에 일찍 퇴근할 수 없다는 것이므로, 금요일 업무시간 전에 청소를 할 수 있다면 귀하와 A사원 모두에게 유리할 수 있는 갈등 해결 방법이 되는 것이다.

오답분석

① '나도 지고 너도 지는 방법'인 회피형에 대한 방법이다.
② '나는 지고 너는 이기는 방법'인 수용형에 대한 방법이다.
③ '서로가 타협적으로 주고받는 방법'인 타협형에 대한 방법이다.
⑤ '나는 이기고 너는 지는 방법'인 경쟁형(지배형)에 대한 방법이다.

34

정답 ①

주변 사람들과 긍정적인 인간관계를 형성하기 위해서는 자기개발이 필요하며, 자기개발 계획을 설계할 때는 인간관계를 고려해야 한다. 이처럼 자기개발에 있어서 인간관계는 중요한 요소이므로 회사 동료들과의 인간관계를 멀리하고 자기개발에 힘쓰는 A사원의 자기개발 방법은 적절하지 않다.

35

정답 ③

매월 각 프로젝트에 필요한 인원들을 구하면 다음과 같다.

(단위 : 명)

구분	2월	3월	4월	5월	6월	7월	8월	9월
A	46							
B	42	42	42	42				
C		24	24					
D				50	50	50		
E						15	15	15
합계	88	66	66	92	50	65	15	15

따라서 5월에 가장 많은 92명이 필요하므로 모든 프로젝트를 완료하기 위해서는 최소 92명이 필요하다.

36

정답 ③

프로젝트별 총인건비를 계산하면 다음과 같다.

- A프로젝트 : 46×130만=5,980만 원
- B프로젝트 : 42×550만=23,100만 원
- C프로젝트 : 24×290만=6,960만 원
- D프로젝트 : 50×430만=21,500만 원
- E프로젝트 : 15×400만=6,000만 원

따라서 A～E프로젝트를 인건비가 가장 적게 드는 것부터 나열한 순서는 'A – E – C – D – B'임을 알 수 있다.

37

정답 ③

36번에서 구한 총인건비와 진행비를 합산하여 각 프로젝트에 들어가는 총비용을 계산하면 다음과 같다.

- A프로젝트 : 5,980만+20,000만=25,980만 원
- B프로젝트 : 23,100만+3,000만=26,100만 원
- C프로젝트 : 6,960만+15,000만=21,960만 원
- D프로젝트 : 21,500만+2,800만=24,300만 원
- E프로젝트 : 6,000만+16,200만=22,200만 원

따라서 C프로젝트가 21,960만 원으로 총비용이 가장 적게 든다.

38

정답 ④

10대의 인터넷 공유활동을 참여율이 큰 순서대로 나열하면 '커뮤니티 이용 → 퍼나르기 → 블로그 운영 → UCC 게시 → 댓글달기'이다. 반면 30대는 '커뮤니티 이용 → 퍼나르기 → 블로그 운영 → 댓글달기 → UCC 게시'이다. 따라서 활동 순위가 서로 같지 않다.

오답분석

① 20대가 다른 연령에 비해 참여율이 비교적 높은 편임을 자료에서 확인할 수 있다.
② 남성이 여성보다 참여율이 대부분의 활동에서 높지만, 블로그 운영에서는 여성의 참여율이 높다.
③ 남녀 간의 참여율 격차가 가장 큰 영역은 13.8%p로 댓글달기이며, 그 반대로는 2.7%p로 커뮤니티 이용이다.
⑤ 40대는 다른 영역과 달리 댓글달기 활동에서는 다른 연령대보다 높은 참여율을 보이고 있다.

39

정답 ②

ㄴ. 기계장비 부문의 상대수준은 일본이다.
ㄷ. 한국의 전자 부문 투자액은 301.6억 달러, 전자 외 부문 투자액의 총합은 3.4+4.9+32.4+16.4=57.1억 달러로, 57.1×6=342.6>301.6이다. 따라서 옳지 않다.

오답분석

ㄱ. 제시된 자료를 통해 한국의 IT서비스 부문 투자액은 최대 투자국인 미국 대비 상대수준이 1.7%임을 알 수 있다.
ㄹ. 일본은 '전자 – 바이오・의료 – 기계장비 – 통신 서비스 – IT서비스' 순서이고, 프랑스는 '전자 – IT서비스 – 바이오・의료 – 기계장비 – 통신 서비스' 순서이다.

40

정답 ④

팔은 안으로 굽는다는 속담은 공과 사를 구분하지 못한 것으로 올바른 직업윤리라고 할 수 없다.

제2영역 직무수행능력평가

01 행정학

01	02	03	04	05	06	07	08	09	10
④	⑤	①	③	④	②	⑤	④	②	①
11	12	13	14	15	16	17	18	19	20
②	②	③	②	②	④	⑤	⑤	②	⑤
21	22	23	24	25	26	27	28	29	30
③	④	③	③	①	④	③	③	②	③
31	32	33	34	35	36	37	38	39	40
②	④	③	④	⑤	③	③	②	②	②

01 　정답 ④

인식 시차는 정책 당국이 경제상태를 인식하는 데까지 걸리는 시간을 말하고, 실행시차는 경제상태를 인식한 후 정책을 마련·집행할 때까지 걸리는 시차를 말한다. 그리고 인식 시차와 실행시차를 합하여 내부 시차라고 한다. 따라서 정책의 필요성이 발생한 시점과 당국이 정책을 입안해 확정하기까지의 시차는 내부 시차이며, 외부 시차는 정책 당국이 실행한 정책이 실제로 효과를 나타낼 때까지 걸리는 시차를 말한다.

02 　정답 ⑤

전자정부는 정보통신 기술을 활용하여 행정활동의 모든 과정을 혁신함으로써 정부의 업무 처리가 효율적이고 생산적으로 개선되고, 정부의 고객인 국민에 대하여 질 높은 행정서비스를 제공하는 정부를 말한다. 그러나 정부기관의 저장장치에 저장되어 있는 국민들의 개인정보가 내부인의 도덕적 해이나 외부 해커의 공격으로 인해 유출될 가능성이 있으며, 해커의 공격으로 인한 시스템 마비로 온라인으로 처리하는 정부 업무가 마비될 가능성이 있다.

03 　정답 ①

행정지도는 상대방의 임의적 협력을 구하는 비강제적 행위로서, 법적 분쟁을 사전에 회피할 수 있다는 장점이 있다.

오답분석

② 행정주체가 행정객체를 유도하는 행위이므로 행정환경의 변화에 대해 탄력적으로 적용이 가능하다는 것이 행정지도의 장점이다.
③ 행정지도는 비권력적 행위로서 강제력을 갖지 않는다.
④ 강제력 없이 단순 유도하는 행위로서, 이와 관련해 행정주체는 감독권한을 갖지 못한다.
⑤ 행정지도는 비권력적 사실행위에 해당된다.

04 　정답 ③

옳은 것은 ㄱ, ㄹ, ㅁ이다.

오답분석

ㄴ. 무의사결정론은 R. Dahl의 고전적 다원주의를 비판하며 등장한 신엘리트 이론으로, 지배엘리트는 자신에게 이익이 되는 사회문제만을 정책의제화하고 자신의 이익에 도전하는 사회문제는 적극적으로 억압한다는 이론이다.
ㄷ. 밀스(Mills)의 지위접근법은 군사·경제·정치 영역에서의 지배엘리트들이 독점적으로 중요 정책을 결정한다는 이론이다. 사회적 명성이 있는 소수자들이 정책을 결정한다는 이론은 헌터(Hunter)의 명성접근법이다.

05 　정답 ④

옳은 것은 ㄷ, ㅁ이다.

오답분석

ㄱ. 민츠버그(Mintzberg)의 전문적 관료제는 낮은 공식화와 높은 수직적·수평적 분권화를 특성으로 한다.
ㄴ. 콕스(Cox, Jr)의 다원적 조직에 관한 설명이다. 다문화적 조직은 다른 문화적 입장을 가진 사람들을 포용하면서도 집단간 갈등수준은 상당히 낮다.
ㄹ. 정보화사회에서는 조직의 핵심 기능인 기획 및 조정기능을 제외한 집행기능의 위임·위탁을 통해 업무를 간소화한다.

06 　정답 ②

②는 공중의제에 대한 설명이다. 정책의제는 정부가 공식적으로 다루기로 결정한 문제로서 '정책적 해결의 필요성을 가진 문제'이다.

의제 설정에 영향을 미치는 요인

- 문제의 중요성 : 내용이 대중적이고 중요할수록 의제 채택이 용이
- 쟁점화의 정도 : 관련 집단들에 의하여 쟁점화가 예민한 것일수록 의제화 가능성이 높음
- 문제 인지집단의 규모 : 문제를 인지한 집단의 규모가 클수록 의제화 가능성이 높음
- 사회적 중요성 : 사회 전체에 가져오는 충격의 강도가 클수록 의제화 가능성이 높음
- 선례의 유무 : 관례화된 문제일수록 의제화 가능성이 높음
- 해결책의 유무 : 해결책이 존재하면 의제화의 가능성이 높음

07

정답 ⑤

교육세는 국세에 해당한다.

지방세의 종류

<table>
<tr><th>구분</th><th colspan="2">보통세</th><th>목적세</th></tr>
<tr><td>도세</td><td colspan="2">취득세, 레저세, 등록면허세, 지방소비세</td><td>지방교육세, 지역자원시설세</td></tr>
<tr><td>시 · 군세</td><td colspan="2">재산세, 주민세, 자동차세, 담배소비세, 지방소득세</td><td>-</td></tr>
<tr><td>특별시 · 광역시세</td><td colspan="2">지방소득세, 지방소비세, 취득세, 담배소비세, 자동차세, 레저세, 주민세</td><td>지방교육세, 지역자원시설세</td></tr>
<tr><td rowspan="2">자치구세</td><td colspan="2">등록면허세, 재산세</td><td rowspan="2">-</td></tr>
<tr><td>광역시 자치구세</td><td>등록면허세, 재산세, (주민세 재산분), (지방소득세 종업원분)</td></tr>
</table>

08

정답 ④

합리적 · 총체적 관점에서 의사결정이 가능하다는 것은 합리주의에 대한 설명이다.

오답분석

①·⑤ 점증주의는 타협의 과정을 통해 정치적 합리성을 예산결정에서 고려한다는 특징이 있다.

②·③ 제한된 대안을 탐색하고 소폭의 변화를 가져오기 때문에 분석비용이 절감되고 예산결정이 간결하다.

09

정답 ②

오답분석

ㄴ. 법령에 규정된 수수료의 부과 및 징수는 지방의회에서 의결할 수 없다. 법령에 규정된 수수료의 부과 및 징수에 관련된 사항을 제외한 사용료 · 수수료 · 분담금 · 지방세 또는 가입금의 부과와 징수만 지방의회 의결사항에 속한다(지방자치법 제47조 제1항).

10

정답 ①

공식화의 수준이 높을수록 구성원들의 재량은 줄어들게 된다. 공식화의 수준이 높다는 것은 곧 하나의 직무를 수행할 때 지켜야 할 규칙이 늘어난다는 것을 의미한다. 지나친 표준화는 구성원들의 재량권을 감소시키고 창의력을 저해시키게 된다.

11

정답 ②

총체적 품질관리(Total Quality Management)는 서비스의 품질은 구성원의 개인적 노력이 아니라 체제 내에서 활동하는 모든 구성원에 의하여 결정된다고 본다. 구성원 개인의 성과평가를 위한 도구는 MBO 등이 있다.

총체적 품질관리(TQM)
- 고객이 품질의 최종결정자
- 전체구성원에 의한 품질 결정
- 투입과 절차의 지속적 개선
- 품질의 일관성(서비스의 변이성 방지)
- 과학적 절차에 의한 결정

12

정답 ②

허즈버그(Herzberg)는 불만을 제거해주는 위생요인과 만족을 주는 동기부여요인을 독립된 별개로 보고 연구했다. 즉, 위생요인이 갖추어지지 않을 경우 조직 구성원에게 극도의 불만족을 초래하지만, 그것이 잘 갖추어져 있더라도 조직 구성원의 직무수행 동기를 유발하는 요인은 아니며, 동기를 부여하고 생산성을 높여주는 요인은 만족요인(동기부여요인)이다.

오답분석

① 매슬로(Maslow)의 욕구계층 이론에서는 자아실현 욕구를 가장 고차원적인 욕구로 본다.

③ 맥그리거(McGregor)의 X · Y 이론은 성장 이론의 하나로서 근로자들의 사회적 욕구, 존경의 욕구, 자아실현 욕구를 충족시켜주기 위한 방향으로 동기를 부여한다.

④ 앨더퍼(Alderfer)의 ERG 이론 역시 성장 이론의 하나이다.

⑤ 맥클리랜드(McClelland)의 성취동기 이론에서는 성취욕구를 가진 사람이 가장 강한 수준의 동기를 가진다고 본다.

13

정답 ③

제시된 내용은 무의사결정 이론이다. 무의사결정(Non-decision Making)은 의사결정자(엘리트)의 가치나 이익에 대한 잠재적이거나 현재적인 도전을 억압하거나 방해하는 결과를 초래하는 행위를 말하며 기존 엘리트세력의 이익을 옹호하거나 보호하는 데 목적이 있다.

오답분석

① 다원주의에 대한 설명이다. 다원주의에서는 사회를 구성하는 집단들 사이에 권력은 널리 동등하게 분산되어 있으며 정책은 많은 이익집단의 경쟁과 타협의 산물이라고 설명한다.

② 공공선택론에 대한 설명이다.

④ 신국정관리론(뉴거버넌스)에 대한 설명이다.

⑤ 신공공서비스론에 대한 설명이다.

14

정답 ②

국무조정실의 통제는 행정부 내부의 공식적 통제 방식이다. 그리고 직무감찰 기능은 감사원에서 수행한다.

행정통제의 유형

구분	공식성	통제 유형	내용
외부 통제	공식	입법 통제	법률, 외교에 대한 통제, 예산심의, 국정감사, 국정조사
		사법 통제	사후적·소극적 구제, 행정소송, 헌법소원 등
		선거관리위원회	선거에 관한 사무
		옴부즈맨	민원구제, 특별행정감찰관
	비공식	국민 통제	선거, 여론, 시민참여, 이익집단
내부 통제	공식	행정수반에 의한 통제(임명권, 행정입법, 개혁, 리더십), 정책·기획에 의한 통제, 감사원의 감사, 정부조직법에 의한 통제, 계층제적 통제	
	비공식	행정윤리, 대표관료제, 노조, 내부고발자보호제, 행정문화	

15

정답 ②

주민자치에서의 지방자치단체는 순수한 자치단체이다. 그러나 자치행정기관과 지방행정기관이라는 지방자치단체의 이중적 지위는 단체자치의 특징이므로 옳지 않은 설명이다.

오답분석

④ 주민자치는 자치사무와 위임사무를 구별하지 않으며 지방정부가 국가의 일선기관으로서의 지위를 갖지 않는다.

주민자치와 단체자치의 비교

변수	주민자치	단체자치
발달·채택 국가	영국, 미국	프랑스, 독일(대륙법계), 일본
자치의 의미	정치적 의미	법률적 의미의 자치
권한부여의 방식	개별적 지정주의	포괄적 수권(예시)주의
자치권의 인식	고유권설	전래권설
자치권의 범위	상대적으로 광범	상대적으로 협소
자치의 초점	지방정부와 주민의 관계	중앙과 지방자치단체의 관계
중앙통제의 방식	입법통제, 사법통제 중심 (중앙통제가 약함)	행정통제 중심 (중앙통제가 강함)
중앙과 지방관계	기능적 협력관계	권력적 감독관계
지방정부 형태	기관통합형 (의원내각제식)	기관대립형 (대통령제식)
자치단체의 성격 및 지위	단일적 성격 및 지위(자치단체)	이중적 성격 및 지위 (자치단체+국가의 하급행정기관)
자치사무와 위임사무	구분하지 않음 (고유사무만 존재, 위임사무가 존재하지 않음)	엄격히 구분 (고유사무+위임사무)
지방세제 (조세제도)	독립세주의	부가세주의

16

정답 ④

ㄴ. 국회의원 비서관은 특수경력직 공무원이다.

ㄷ. 차관은 정무직으로 특수경력직 공무원이다.

ㅁ. 청와대 수석비서관(차관급)은 정무직이자 특수경력직 공무원이다. 일반비서관이라면 별정직 공무원이다.

오답분석

ㄱ·ㄹ. 경찰과 군무원은 특정직 공무원으로 경력직 공무원이다.

17

정답 ⑤

공무원은 형의 선고, 징계처분 또는 이 법에서 정하는 사유에 따르지 아니하고는 본인의 의사에 반하여 휴직·강임 또는 면직을 당하지 아니한다. 다만, 1급 공무원과 가등급에 해당하는 고위공무원단 공무원은 제외된다(국가공무원법 제68조).

오답분석

① 부패방지 및 국민권익위원회의 설치와 운영에 관한 법률 제72조에 규정되어 있다.

② 국가공무원법 제65조에 규정되어 있다.

③ 공직자윤리법 제1조에 규정되어 있다.

④ 부패방지 및 국민권익위원회 설치와 운영에 관한 법률 제56조에 규정되어 있다.

18

정답 ⑤

예산제도는 품목별 예산(LIBS, 1920) → 성과주의 예산(PBS, 1950) → 기획 예산(PPBS, 1965) → 영기준 예산(ZBB, 1979) → 신성과주의 예산(프로그램 예산, 1990) 등의 순으로 발전해 왔다.

19

정답 ②

구조적 요인의 개편이란 조직 합병, 인사교류 등을 말하는 것으로 이는 갈등해소 방안이다.

오답분석

③ 행태론적 갈등론은 갈등의 순기능론으로서 갈등을 불가피하거나 정상적인 현상으로 보고, 문제해결과 조직발전의 계기로 보는 적극적 입장이다.

20

정답 ⑤

지방공사란 자본금을 주식으로 분할하여 그 2분의 1 이상을 자치단체가 출자한 법인체를 말한다. 다만, 필요한 경우에는 자본금의 2분의 1을 넘지 아니하는 범위에서 지방자치단체 외의 자로 하여금 공사에 출자하게 할 수 있다(지방공기업법 제53조 제2항).

지방공사에 대한 출자(지방공기업법 제53조)

① 지방공사의 자본금은 그 전액을 지방자치단체가 현금 또는 현물로 출자한다.

② 제1항에도 불구하고 공사의 운영을 위하여 필요한 경우에는 자본금의 2분의 1을 넘지 아니하는 범위에서 지방자치단체 외의 자(외국인 및 외국법인을 포함한다)로 하여금 공사에 출자하게 할 수 있다. 증자의 경우에도 또한 같다.

21

정답 ③

경제성질별 분류는 예산이 국민경제에 미치는 영향을 파악하기 위해 편성하며, 경제정책이나 재정정책의 수립에 유용하고, 정부거래의 경제적 효과분석이 용이한 분류 방식이다.

오답분석

① 기능별 분류는 정부가 수행하는 기능을 중심으로 예산을 분류하는 방식으로 예산의 국민경제적 효과 파악은 곤란하다.

② 품목별 분류는 지출대상(품목) 별로 분류하는 방식이다.

22

정답 ④

자치분권 및 지방행정체제 개편을 추진하기 위하여 대통령 소속으로 자치분권위원회를 둔다(지방분권법, 제44조).

23

정답 ③

품목별 분류는 지출대상별 분류이기 때문에 사업의 성과와 결과에 대한 측정이 곤란하다.

오답분석

① 기능별 분류는 시민을 위한 분류라고도 하며, 행정수반의 재정정책을 수립하는 데 도움을 준다.

② 조직별 분류는 부처 예산의 전모를 파악할 수 있지만 사업의 우선순위 파악이나 예산의 성과 파악이 어렵다.

④ 경제 성질별 분류는 국민소득, 자본형성 등에 관한 정부활동의 효과를 파악하는 데 유리하다.

⑤ 품목별 분류는 예산집행기관의 신축성을 저해한다.

24

정답 ③

갈등이 조직 발전의 원동력이 된다고 보는 관점은 행태주의가 아니라 상호작용주의의 관점이다.

오답분석

① 고전적 갈등관리에서는 갈등을 언제나 부정적 영향으로 인식하여 갈등을 해소하는 데 집중하였다.

② 갈등 조성전략은 갈등이 너무 없을 때 적정한 수준의 갈등을 조장하는 전략으로 조직의 생존이나 발전에 불가결할 때 조성한다.

④ 로빈스(Robbins)는 갈등관리를 전통적, 행태주의적, 상호작용적 관점으로 나누어 접근하였다.

25

정답 ①

성과규제에 대한 설명이다. 관리규제는 수단과 성과가 아닌 과정을 규제하는 것이다.

규제의 유형

유형	내용
성과규제	정부가 사회 문제 해결을 위해서 피규제자에게 목표를 정해주고 이를 달성할 것을 요구하는 규제
수단규제	정부가 사전적으로 목표달성을 위한 기술 등의 수단을 규제
관리규제	수단이나 성과가 아닌 과정을 규제

26

정답 ④

온 – 나라시스템은 정부 내부의 업무처리에서 종이 없는 행정의 실현을 추구하는 G2G에 해당한다.

오답분석

①・② G2C(Government to Customer)로 정부가 국민에게 서비스하는 것을 말한다.

③・⑤ G2B(Government to Business)이며, 정부와 기업 간의 업무처리의 효율성을 높이기 위한 것이다.

27

정답 ③

집중화・관대화・엄격화 경향은 강제배분법을 활용함으로써 오류를 방지할 수 있다.

근무성적평정의 방법

구분	내용
산출기록법	근무실적을 일정한 기간 동안 수량적으로 평가함
주기검사법	특정시기의 생산기록을 주기적으로 측정함
도표식평정척도법	가장 많이 사용하는 방법으로 한편에는 실적・능력의 평정요소를 다른 한편에는 우열을 나타내는 등급을 표시

강제배분법	집단적 서열법으로 집중화·관대화 경향의 방지를 위해 사용
강제선택법	체크리스트 4~5개 중 강제로 선택하게 되며 연쇄효과 방지가 가능
중요사건기록법	성적평정에 영향을 미치는 중요사건들을 기록
행태기준척도법	도표식평정척도법+중요사건기록법
행태관찰척도법	도표식평정척도법+행태기준척도법
목표관리법	과정보다는 결과중심으로 근무성적을 평정

28

정답 ③

등급은 직무의 종류는 상이하지만 직무 수행의 책임도와 자격요건이 유사하여 동일한 보수를 지급할 수 있는 횡적 군을 말한다.

직위분류제와 계급제

구분	직위분류제	계급제
분류기준	직무의 종류·곤란도·책임도	개인의 자격·신분·능력
초점	직무중심	인간·조직중심
추구하는 인재상	전문행정가	일반행정가
보수정책	직무급	생활급·자격급
인사배치	비신축적	신축적
신분보장	약함	강함
인사운용	탄력성이 낮음	탄력성이 높음
능력발전	불리	유리

29

정답 ②

오답분석

ㄴ. 개혁을 포괄적·급진적으로 추진할 경우 개혁에 대한 저항은 더 크게 나타난다. 구체적·점진적으로 진행해야 저항이 적다.
ㄹ. 내부집단에 의할 때보다 외부집단에 의해 개혁이 추진될 때 저항이 강해진다.

30

정답 ③

중첩성은 동일한 기능을 여러 기관들이 혼합적인 상태에서 협력적으로 수행하는 것을 의미한다. 동일한 기능을 여러 기관들이 독자적인 상태에서 수행하는 것은 중복성(반복성)이다.

31

정답 ②

혼합 모형은 정책결정을 근본적 결정과 세부적 결정으로 나누어, 근본적 결정은 합리모형에 따라 거시적·장기적인 안목에서 대안의 방향성을 탐색하고, 세부적 결정은 점증모형에 따라 심층적이고 대안적인 변화를 시도하는 것이 바람직하다고 본다.

오답분석

① 최적 모형, ③ 쓰레기통 모형, ④ 점증 모형, ⑤ 만족 모형에 대한 설명이다.

32

정답 ④

정보비대칭을 줄이기 위해서는 주인인 주민이 직접 참여하거나, 내부고발자 보호제도와 같은 감시·통제장치를 마련하거나, 입법예고 등을 통해 정보비대칭을 해소하거나, 인센티브를 제공하는 방안이 있다.

오답분석

① 역선택이 아니라 도덕적 해이의 사례이다.
② 역선택에 대한 설명이다.
③ 시장의 경쟁요소를 도입함으로써 공기업의 방만한 경영을 막고자 하는 것은 도덕적 해이를 방지하고자 하는 노력의 일환이다.
⑤ 대리인이 주인보다 정보를 많이 보유하고 있으므로 주인은 대리인의 책임성을 확보할 수 있는 방안을 주로 외부통제에서 찾는다.

33

정답 ③

대상집단의 범위가 넓고 집단의 응집력이 강하여 활동이 다양한 경우 정책의 집행이 어렵다.

34

정답 ④

제도를 개인들 간의 선택적 균형에 기반한 결과물로 보는 것은 합리적 선택 제도주의다. 제도를 제도적 동형화 과정의 결과물로 보는 것은 사회학적 제도주의이다. 따라서 사회학적 제도주의는 사회문화적 환경에 의해 형성된 제도가 개인의 선호에 영향을 미친다는 이론이다.

35

정답 ⑤

수입대체경비란 정부가 용역이나 시설을 제공하여 발생하는 수입과 관련해 초과수입이 발생할 경우, 이를 해당 초과수입과 관련되는 경비로 초과지출 할 수 있는 제도이다. 예산에 계상되지 않고, 특정 수입과 특정 지출이 연계된다는 점에서 예산의 완전성의 원칙과 통일성의 원칙에 대한 예외이다.

36

정답 ③

ㄱ·ㄹ. 지방자치법 제173조

오답분석

ㄴ. 내국세의 적정 비율에 해당하는 금액을 지방정부에 교부하는 것은 보통교부세이다(지방교부세법 제4조).
ㄷ. 단체위임사무를 위임한 대가로 지급하는 부담금에 해당한다(지방재정법 제21조).

37

정답 ③

신제도론을 행정에 도입하여 노벨상을 수상한 오스트롬은 정부의 규제가 아니라 이해당사자들 간의 자발적인 합의를 통해 행위규칙(제도)을 형성하여 공유자원의 고갈을 방지할 수 있다고 하였다.

오답분석

① 정부가 저소득층을 대상으로 의료나 교육혜택을 주는 등의 방식으로 개입할 수 있다.

④ 공공재는 비배제성·비경합성을 띠므로 시장에 맡겼을 때 바람직한 수준 이하로 공급될 가능성이 높다.

38

정답 ②

오답분석

ㄴ. 근무성적평가에 대한 설명이다. 근무성적평가는 5급 이하의 공무원들을 대상으로 한다.

ㄷ. 다면평정제도에 대한 설명이다. 다면평가제는 피평정자 본인, 상관, 부하, 동료, 고객 등 다양한 평정자의 참여가 이루어지는 집단평정방법이다. 이는 피평정자가 조직 내외의 모든 사람과 원활한 인간관계를 증진하게 하려는 데 목적을 둔다.

39

정답 ②

우리나라 정부의 예산편성 절차는 '중기사업계획서를 제출 → 예산편성지침 통보 → 예산요구서 작성 및 제출 → 예산의 사정 → 국무회의 심의와 대통령 승인'이다.

우리나라 예산편성 절차

중기사업계획서 제출	각 중앙관서의 장이 기획재정부장관에게 중기사업계획서 제출
↓	
예산편성지침 통보	기획재정부장관이 중앙관서의 장에게 예산편성지침 시달
↓	
예산요구서 작성 및 제출	중앙관서의 장이 기획재정부장관에게 예산요구서 제출
↓	
예산의 사정	
↓	
정부가 국회에 예산안을 제출	
↓	
국무회의 심의와 대통령 승인	

40

정답 ②

부패가 일상적으로 만연화 되어 행동규범이 예외적인 것으로 전락한 상황은 제도화된 부패에 대한 설명이다.

부패의 종류

종류	내용
생계형 부패	하급관료들이 생계유지를 위하여 저지르는 부패이다.
권력형 부패	정치권력을 이용하여 막대한 이득을 추구하는 부패이다.
일탈형 부패	일시적인 부패로 구조화되지 않았고, 윤리적인 일탈에 의한 개인적인 부패이다.
백색 부패	사익을 추구하는 의도 없이 선의의 목적으로 행해지는 부패로서 사회적으로 용인될 수 있는 수준이다.
흑색 부패	사회적으로 용인될 수 있는 수준을 넘어서 구성원 모두가 인정하고 처벌을 원하는 부패로서 법률로 처벌한다.
회색 부패	처벌하는 것에 관해 사회적으로 논란이 있는 부패로서 법률보다는 윤리강령에 의해 규정된다.

| 02 | 경영학

01	02	03	04	05	06	07	08	09	10
③	③	⑤	②	①	①	⑤	④	③	②
11	12	13	14	15	16	17	18	19	20
①	②	②	③	②	③	③	②	①	④
21	22	23	24	25	26	27	28	29	30
⑤	⑤	③	⑤	⑤	④	④	⑤	③	④
31	32	33	34	35	36	37	38	39	40
③	④	④	⑤	③	④	②	①	④	③

01 정답 ③

메기 효과는 치열한 경쟁 환경이 오히려 개인과 조직 전체의 발전에 도움이 되는 것으로, 조직 내 적절한 자극제가 있어야 기업의 경쟁력을 높일 수 있다는 의미이다.

오답분석

① 풍선 효과(Balloon Effect) : 하나의 문제가 해결되면 또 다른 문제가 생겨나는 현상

② 낙수 효과(Trickle Down Effect) : 대기업의 성장을 촉진하면 중소기업과 소비자에게도 혜택이 돌아가 총체적으로 경기가 활성화된다는 경제 이론

④ 분수 효과(Trickle – up Effect) : 저소득층의 소비 증대가 생산과 투자의 활성화로 이어져 경기가 부양되는 효과

⑤ 바넘 효과(Barnum Effect) : 사람들이 보편적으로 가지고 있는 성격이나 심리적 특징을 자신만의 특성으로 여기는 심리적 경향

02 정답 ③

스톡옵션을 보유한 임직원은 일정 기간이 지나면 자사의 주식을 임의대로 처분할 수 있는 권한을 가지고 있다.

03 정답 ⑤

조직수명주기는 시간의 흐름에 따른 조직의 발전 과정을 설명하는 것으로 순서는 다음과 같다.

- 창업 단계 : 새로운 조직이 탄생하여 창업자를 중심으로 조직이 성장하는 단계
- 공동체 단계 : 창업자 또는 전문경영자의 리더십을 통해 조직의 관리체계가 명확해지는 단계
- 공식화 단계 : 최고경영자가 의사결정권을 위임하고 제도 등의 시스템을 구축함으로써 조직의 내부 효율성을 추구하는 단계
- 정교화 단계 : 정교한 구조로 조직을 재설계하여 조직 유연성을 제고하는 단계

04 정답 ②

공식적 권력에는 보상을 통해 상대를 통제하는 보상적 권력, 처벌을 행할 수 있는 강제적 권력, 조직이 개인에게 부여한 공식적인 권한인 합법적 권력 등이 있다.

오답분석

① 비공식적 권력에 대한 설명이다.

③ 비공식적 권력의 전문적 권력에 대한 설명이다.

④ 비공식적 권력의 준거적 권력에 대한 설명이다.

⑤ 공식적 권력은 집단에서 주로 나타난다.

05 정답 ①

①은 부정적 강화에 대한 설명이다. 적극적 강화는 행위자가 바람직한 행동을 했을 때 행위자에게 유리한 보상을 주는 방식으로, 성과금 등이 있다.

06 정답 ①

집단사고(Groupthink)란 응집력이 높은 집단에서 의사결정을 할 때, 동조 압력과 전문가들의 과다한 자신감으로 인해 사고의 다양성이나 자유로운 비판 대신 집단의 지배적인 생각에 순응하여 비합리적인 의사결정을 하게 되는 경향을 말한다.

07 정답 ⑤

에이전시 숍은 근로자들 중에서 조합 가입의 의사가 없는 자에게는 조합 가입이 강제되지 않지만, 조합 가입에 대신하여 조합에 조합비를 납부함으로써 조합원과 동일한 혜택을 받을 수 있도록 하는 제도이다.

08 정답 ④

근로자가 스스로 계획하고 실행하여 그 결과에 따른 피드백을 수집하고 수정해 나가며, 일의 자부심과 책임감을 가지고 자발성을 높이는 기법은 직무충실화 이론에 해당한다. 직무충실화 이론은 직무확대보다 더 포괄적으로 구성원들에게 더 많은 책임과 더 많은 선택의 자유를 요구하기 때문에 수평적 측면으로는 질적 개선에 따른 양의 증가, 수직적 측면으로는 본래의 질적 개선의 증가로 볼 수 있다.

09 정답 ③

SWOT 분석은 기업을 Strength(강점), Weakness(약점), Opportunities(기회), Threats(위협)의 4가지 요인으로 분석하여 마케팅 전략을 세우는 방법이다. ①·②·④·⑤는 Strength(경쟁기업과 비교하여 소비자로부터 강점으로 인식되는 것이 무엇인지)에 해당하지만 해외시장의 성장은 Opportunities(외부환경에서 유리한 기회요인), Threats(외부환경에서 불리한 위협요인)에 해당한다.

10
정답 ②

시계열 분석법은 시계열 자료수집이 용이하고 변화하는 경향이 뚜렷하여 안정적일 때 이를 기초로 미래의 예측치를 구하지만, 과거의 수요 패턴이 항상 계속적으로 유지된다고 할 수 없으므로 주로 중단기 예측에 이용되며, 비교적 적은 자료로도 정확한 예측이 가능하다.

11
정답 ①

오답분석

② 준거가격 : 소비자가 과거의 경험이나 기억, 정보 등으로 제품의 구매를 결정할 때 기준이 되는 가격
③ 명성가격 : 소비자가 가격에 의하여 품질을 평가하는 경향이 특히 강하여 비교적 고급 품질이 선호되는 상품에 설정되는 가격
④ 관습가격 : 일용품의 경우처럼 장기간에 걸친 소비자의 수요로 인해 관습적으로 형성되는 가격
⑤ 기점가격 : 제품을 생산하는 공장의 입지 조건 등을 막론하고 특정 기점에서 공장까지의 운임을 일률적으로 원가에 더하여 형성되는 가격

12
정답 ②

성장기에는 신제품을 인지시키기 위한 정보제공형 광고에서 소비자의 선호도를 높이기 위한 제품선호형 광고로 전환한다.

13
정답 ②

프로그램의 최고 단계 훈련을 마치고, 프로젝트 팀 지도를 전담하는 직원은 블랙벨트이다. 마스터블랙벨트는 식스 시그마 최고과정에 이른 사람으로 블랙벨트가 수행하는 프로젝트를 전문적으로 관리한다.

14
정답 ③

균형성과표(Balanced Score Card)는 조직의 비전과 전략을 달성하기 위한 도구로써, 전통적인 재무적 성과지표뿐만 아니라 고객, 업무 프로세스, 학습 및 성장과 같은 비재무적 성과지표 또한 균형적으로 고려한다. 즉, BSC는 통합적 관점에서 미래지향적·전략적으로 성과를 관리하는 도구라고 할 수 있다.

(A) 재무 관점 : 순이익, 매출액 등
(B) 고객 관점 : 고객만족도, 충성도 등
(C) 업무 프로세스 관점 : 내부처리 방식 등
(D) 학습 및 성장 관점 : 구성원의 능력개발, 직무만족도 등

15
정답 ②

오답분석

① 데이터 웨어하우스(Data Warehouse) : 사용자의 의사결정을 돕기 위해 다양한 운영 시스템에서 추출·변환·통합되고 요약된 데이터베이스를 말한다. 크게 원시 데이터 계층, 데이터 웨어하우스 계층, 클라이언트 계층으로 나뉘며 데이터의 추출·저장·조회 등의 활동을 한다. 데이터 웨어하우스는 고객과 제품, 회계와 같은 주제를 중심으로 데이터를 구축하며 여기에 저장된 모든 데이터는 일관성을 유지해 데이터 호환이나 이식에 문제가 없다. 또한 특정 시점에 데이터를 정확하게 유지하면서 동시에 장기적으로 유지될 수도 있다.
③ 데이터 마트(Data Mart) : 운영데이터나 기타 다른 방법으로 수집된 데이터 저장소로서, 특정 그룹의 지식 노동자들을 지원하기 위해 설계된 것이다. 따라서 데이터 마트는 특별한 목적을 위해 접근의 용이성과 유용성을 강조해 만들어진 작은 데이터 저장소라고 할 수 있다.
④ 데이터 정제(Data Cleansing) : 데이터베이스의 불완전 데이터에 대한 검출·이동·정정 등의 작업을 말한다. 여기에는 특정 데이터베이스의 데이터 정화뿐만 아니라 다른 데이터베이스로부터 유입된 이종 데이터에 대한 일관성을 부여하는 역할도 한다.

16
정답 ③

공정가치를 측정하기 위해 사용하는 가치평가기법은 관측할 수 있는 투입변수를 최대한 사용하고 관측할 수 없는 투입변수는 최소한으로 사용한다.

17
정답 ③

제시문은 영업권의 특징이다. 내부적으로 창출한 영업권은 자산으로 인식하지 않는다.

18
정답 ②

자본증가액=(80,000×1.1−2,000)×40%=₩34,400

19
정답 ①

오답분석

② 자기자본을 발행주식수로 나누어 계산한다.
③ 성장성이 아닌 안정성을 보여주는 지표이다.
④ 채권자가 아닌 주주가 배당받을 수 있는 자산의 가치를 의미한다.
⑤ 순자산보다 주가가 높게 형성되어 고평가되었다고 판단한다.

20
정답 ④

장기이자율이 단기이자율보다 높으면 우상향곡선의 형태를 취한다.

21
정답 ⑤

민츠버그(Mintzberg)는 크게 대인적 직무, 의사결정 직무, 정보처리 직무로 경영자의 역할을 10가지로 정리하였고, 보기의 역할은 의사결정 직무 중 기업가 역할에 해당한다.

민츠버그(Mintzberg) 경영자의 역할
- 대인적 직무 : 대표자 역할, 리더 역할, 연락자 역할
- 의사결정 직무 : 기업가 역할, 문제처리자 역할, 지원배분자 역할, 중재자 역할
- 정보처리 직무 : 정보수집자 역할, 정보보급자 역할, 대변자 역할

22
정답 ⑤

정인은 시스템 이론에 대한 설명이 아닌 시스템적 접근의 추상성을 극복하고자 하는 상황 이론에 대한 설명을 하고 있다.

23
정답 ③

양적 평가요소는 재무비율 평가항목으로 구성된 안정성, 수익성, 활동성, 생산성, 성장성 등이 있다. 질적 평가요소는 시장점유율, 진입장벽, 경영자의 경영능력, 은행거래 신뢰도, 광고활동, 시장규모, 신용위험 등이 있다.

24
정답 ⑤

자원기반관점(RBV; Resource Based View)은 기업 경쟁력의 원천을 기업의 외부가 아닌 내부에서 찾는다. 진입장벽, 제품차별화 정도, 사업들의 산업집중도 등은 산업구조론(I.O)의 핵심요인이다.

25
정답 ⑤

네트워크 구조는 다수의 다른 장소에서 이루어지는 프로젝트들을 관리·통솔하는 과정에서 다른 구조보다 훨씬 더 많은 층위에서의 감독이 필요하며 그만큼 관리비용이 증가한다. 이러한 다수의 관리감독자들은 구성원들에게 혼란을 야기하거나 프로젝트 진행을 심각하게 방해할 수도 있다. 이에 따른 단점을 상쇄하기 위해 최근 많은 기업들은 공동 프로젝트 통합관리 시스템 개발을 통해 효율적인 네트워크 조직운영을 목표로 하고 있다.

26
정답 ④

LMX는 리더 – 구성원 간의 관계에 따라 리더십 결과가 다르다고 본다.

27
정답 ④

빠르게 변화하는 환경에 적응하는 데에는 외부모집이 내부노동시장에서 지원자를 모집하는 내부모집보다 효과적이다.

28
정답 ⑤

요소비교법은 기업이나 직무의 핵심이 되는 기준직무를 선정하여 각 직무를 평가요소별로 분해하고, 점수 대신 임률로 기준직무를 평가한 후, 타 직무를 기준직무에 비교하여 각각의 임률을 결정하는 방법이다.

오답분석

① 서열법(Ranking Method)에 대한 설명이다.
② 분류법(Classification Method)에 대한 설명이다.
③ 직무평가의 목적성에 대한 설명이다.
④ 점수법(Point Rating Method)에 대한 설명이다.

29
정답 ③

수직적 마케팅시스템(VMS)은 생산자와 도매상, 소매상들이 하나의 통일된 시스템을 이룬 유통경로체제이다.

오답분석

ㄴ. 수직적 마케팅시스템은 구성원인 제조업자·도매상·소매상·소비자를 각각 개별적으로 파악하는 것이 아니라, 구성원 전체가 소비자의 필요와 욕구를 만족시키는 유기적인 전체 시스템을 이룬 유통경로체제이다.
ㄷ. 수직적 마케팅시스템에서는 구성원들의 행동이 각자의 이익을 극대화하는 방향이 아니라 시스템 전체의 이익을 극대화하는 방향으로 조정된다.

30
정답 ④

마일즈(Miles)와 스노우(Snow)의 전략유형
- 공격형 : 새로운 제품과 시장기회를 포착 및 개척하려는 전략으로 진입장벽을 돌파하여 시장에 막 진입하려는 기업들이 주로 활용한다. 신제품과 신기술의 혁신을 주요 경쟁수단으로 삼는다.
  - 위험을 감수하고 혁신과 모험을 추구하는 적극적 전략
  - 분권화(결과)에 의한 통제
  - 충원과 선발은 영입에 의함
  - 보상은 대외적 경쟁성과 성과급 비중이 큼
  - 인사고과는 성과지향적이고 장기적인 결과를 중시함
- 방어형 : 효율적인 제조를 통해 기존 제품의 품질을 높이거나 가격을 낮춰 고객의 욕구를 충족시키는 가장 탁월한 전략이다.
  - 조직의 안정적 유지를 추구하는 소극적 전략
  - 틈새시장(니치)을 지향하고, 그 밖의 기회는 추구하지 않음
  - 기능식 조직
  - 중앙집권적 계획에 의한 통제
  - 보상은 대내적 공정성을 중시하고, 기본급 비중이 큼
  - 인사고과는 업무과정 지향적이고, 단기적인 결과를 중시함

• 분석형 : 먼저 진입하지 않고 혁신형을 관찰하다가 성공 가능성이 보이면 신속하게 진입하는 전략으로, 공정상의 이점이나 마케팅상의 이점을 살려서 경쟁한다. 공격형 전략과 방어형 전략의 결합형으로, 한편으로 수익의 기회를 최대화하면서 다른 한편으로 위험을 최소화하려는 전략이다.

31

정답 ③

미시적 마케팅은 선행적 마케팅과 후행적 마케팅으로 구분되며, 생산이 이루어진 이후의 마케팅 활동을 의미한다. 경로, 가격, 판촉 등이 이루어지는 것은 후행적 마케팅이다.

32

정답 ④

기업이 일방적으로 기부나 봉사활동을 하는 것에서 나아가 기업이 공익을 추구하면서도 이를 통해 실질적인 이익을 얻을 수 있도록 공익과의 접점을 찾는 것을 코즈 마케팅이라 한다.

오답분석

① 그린 마케팅(Green Marketing) : 자연환경을 보전하고 생태계 균형을 중시하는 기업 판매 전략
② 앰부시 마케팅(Ambush Marketing) : 교묘히 규제를 피해가는 마케팅 기법
③ 니치 마케팅(Niche Marketing) : 특정한 성격을 가진 소규모 소비자를 대상으로 판매하는 전략
⑤ 프로보노(Pro Bono) : 각 분야의 전문가들이 사회적 약자를 돕는 활동

33

정답 ④

오답분석

① JIT(Just – In – Time) : 과잉생산이나 대기시간 등의 낭비를 줄이고 재고를 최소화하여 비용 절감과 품질 향상을 달성하는 생산 시스템
② MRP(Material Requirement Planning; 자재소요계획) : 최종제품의 제조 과정에 필요한 원자재 등의 종속수요 품목을 관리하는 재고관리기법
③ MPS(Master Production Schedule; 주생산계획) : MRP의 입력자료 중 하나로, APP를 분해하여 제품이나 작업장 단위로 수립한 생산계획
⑤ APP(Aggregate Production Planning; 총괄생산계획) : 제품군별로 향후 약 1년여 간의 수요예측에 따른 월별 생산목표를 결정하는 중기계획

ERP(Enterprise Resource Planning; 전사적 자원관리)의 특징
• 기업의 서로 다른 부서 간의 정보 공유를 가능하게 함
• 의사결정권자와 사용자가 실시간으로 정보를 공유하게 함
• 보다 신속한 의사결정과 효율적인 자원 관리를 가능하게 함

34

정답 ⑤

다품종 생산이 가능한 것은 공정별 배치에 해당한다.

구분	제품별 배치	공정별 배치
장점	• 높은 설비이용률 • 노동의 전문화 • 낮은 제품단위당 원가	• 다품종 생산이 가능 • 저렴한 범용설비 • 장려임금 실시 가능
단점	• 수요 변화에 적응이 어려움 • 설비 고장에 영향을 받음 • 장려임금 실시 불가 • 단순작업	• 낮은 설비이용률 • 높은 제품단위당 원가 • 재공품 재고 증가 • 경로와 일정계획의 문제

35

정답 ③

오답분석

① 빅데이터(Big Data) : 디지털 환경에서 생성되는 데이터로, 그 규모가 방대하고 생성 주기도 짧으며 형태도 수치 데이터뿐만 아니라 문자와 영상 데이터를 포함하는 대규모 데이터이다.
② 클라우드 컴퓨팅(Cloud Computing) : 컴퓨터를 활용하는 작업에 있어서 필요한 요소들을 인터넷 서비스를 통해 다양한 종류의 컴퓨터 단말 장치로 제공하는 것으로, 가상화된 IT자원을 서비스로 제공한다.
④ 핀테크(Fintech) : 금융(Finance)과 기술(Technology)을 결합한 합성어로 첨단 정보 기술을 기반으로 한 금융 서비스 및 산업의 변화를 일으키고자 하는 움직임이다.
⑤ 사물인터넷(Internet of Things; IoT) : 인터넷을 기반으로 모든 사물을 연결하여 사람과 사물, 사물과 사물 간의 정보를 상호 소통하는 지능형 기술 및 서비스이다.

36

정답 ④

포괄손익계산서에 특별손익 항목은 없다.

37

정답 ②

르윈(K. Lewin)의 3단계 변화모형

1. 해빙(Unfreezing) : 과거의 방식을 타파하여 개인과 집단이 새로운 대체안을 수용할 수 있도록 변화에 대해 준비하는 단계
2. 변화(Changing) : 순응 – 동일화 – 내면화를 거쳐 변화가 일어나는 단계
3. 재동결(Refreezing) : 새로운 지식, 행동 등이 통합, 고착, 지속되는 단계로, 이전의 상태로 돌아가지 않도록 강화 전략을 사용함

38

정답 ①

직접 소유하고 운용리스로 제공하는 건물 또는 보유하는 건물에 관련되고 운용리스로 제공하는 사용권자산은 투자부동산으로 분류한다.

39

정답 ④

자본자산가격결정모형(CAPM)

$=rf+\{E(rm)-rf\}\times\sigma m$

$=0.05+(0.18-0.05)\times0.5$

$=11.5\%$

40

정답 ③

가중치를 장부가치 기준의 구성 비율이 아닌 시장가치 기준의 구성 비율로 하는 이유는 주주와 채권자의 현재 청구권에 대한 요구 수익률을 측정하기 위해서이다.

03 법학

01	02	03	04	05	06	07	08	09	10
⑤	③	③	②	④	③	⑤	④	④	①
11	12	13	14	15	16	17	18	19	20
④	①	①	③	②	②	④	④	④	③
21	22	23	24	25	26	27	28	29	30
①	①	③	③	④	②	①	③	④	③
31	32	33	34	35	36	37	38	39	40
②	②	④	①	③	④	④	④	③	④

01

정답 ⑤

오답분석

① 점유권 : 점유라는 사실을 법률요건으로 하여 점유자에게 인정되는 물권(物權)의 일종이며, 대표적인 효력으로는 선의취득이 있다. 이는 타인의 동산을 공연하게 양수한 자가 무과실로 그 동산을 점유한 경우에는 양도인이 정당한 소유자가 아닐지라도 즉시 그 동산의 소유권을 취득하는 것이다.

② 저당권 : 민법상의 규정으로 채무가 이행되지 않을 때 목적물을 경매해 그 대금에서 저당채권자가 다른 채권자보다 우선 변제를 받을 목적으로 하는 담보물권을 말하며, 경매권과 우선변제권 등이 있다. 질권과는 달리 유치(留置)효력을 가지고 있지 않기 때문에 변제기까지 채무자가 목적물을 점유하게 된다.

③ 질권 : 담보물권의 하나로 채권자가 그 채권의 담보로 채무자 또는 제삼자(물상보증인)로부터 취득한 물건 또는 재산권을 채무변제가 있을 때까지 유치할 수 있고, 변제가 없을 때에는 그 담보 목적물의 가액에서 우선 변제받을 수 있는 권리로 담보권자에게 목적물의 점유를 이전한다는 점이 저당권과의 차이라 할 수 있다.

④ 소유권 : 물건을 자신의 물건으로서 직접적・배타적・전면적으로 지배하여 사용・수익・처분할 수 있는 사법상의 권리를 말한다. 물권에 있어서 가장 기본적이고 대표적인 권리이다.

02

정답 ③

제약회사의 과장 광고 제품을 구입하여 피해를 입었다. → 정보를 제공받을 권리

오답분석

① 음식점에서 식사를 한 후 식중독에 걸렸다. → 안전할 권리

② 어린이가 장난감의 품질 불량으로 인해 상해를 입었다. → 안전할 권리

④ 불량 상품에 대해 판매 회사에 환불을 요청을 하였으나 응하지 않았다. → 보상을 받을 권리

⑤ 불량 상품을 판매한 회사의 홈페이지에 리콜을 요구하는 글을 남겼다. → 의견을 말할 권리

03
정답 ③

성문법은 불문법과 대립되는 개념으로 문자로 표현되고 문서의 형식을 갖춘 법이다. 국가적인 입법기관에서 일정한 절차를 거쳐 제정되는 법을 제정법이라 하며 성문법은 모두 제정법이다. 하위 성문법으로는 법률・명령・조약・규칙・조례 등이 있다.

04
정답 ②

오답분석

① 하인리히 법칙 : 큰 사고가 발생하기 전에 그와 관련된 수많은 경미한 사고와 징후들이 반드시 존재한다는 것을 밝힌 법칙
③ 깨진 유리창 법칙 : 깨진 유리창처럼 사소한 것들을 방치하면 나중에는 큰 범죄로 이어진다는 범죄 심리학 이론
④ 착한 사마리아인 법 : 자신에게 특별한 부담이나 피해가 오지 않는데도 불구하고 다른 사람의 생명이나 신체에 중대한 위험이 발생하고 있음을 보고도 구조에 나서지 않는 경우에 처벌하는 법
⑤ 제노비스 신드롬 : 목격자가 많을수록 책임감이 분산되어 개인이 느끼는 책임감이 적어져 도와주지 않고 방관하게 되는 심리 현상을 이르는 말

05
정답 ④

헌법은 제10조에서 규정하고 있는 인간의 존엄과 가치는 헌법상의 최고원리로 기본권 존중의 대전제가 되어 각종의 개별적 기본권을 보장하고 있다.

06
정답 ③

사법은 개인 상호간의 권리・의무관계를 규율하는 법으로 민법, 상법, 회사법, 어음법, 수표법 등이 있으며, 실체법은 권리・의무의 실체, 즉 권리나 의무의 발생・변경・소멸 등을 규율하는 법으로 헌법, 민법, 형법, 상법 등이 이에 해당한다. 부동산등기법은 절차법으로 공법에 해당한다는 보는 것이 다수의 견해이나 사법에 해당한다는 소수 견해도 있다. 따라서 ③은 사법에 해당하는지 여부와 관련하여 견해 대립이 있으나 부동산등기법은 절차법이므로 틀린 내용이다.

07
정답 ⑤

- 공법 : 헌법, 행정법, 형법, 형사소송법, 민사소송법, 행정소송법, 국제법 등
- 사법 : 민법, 상법, 회사법, 어음법, 수표법 등
- 사회법 : 근로기준법, 연금법, 보험법, 사회보장법, 산업재해보상보험법 등

08
정답 ④

법규의 명칭에 따른 구별기준에 대한 학설은 존재하지 않는다.

공법과 사법의 구별기준에 대한 학설

이익설 (목적설)	관계되는 법익에 따른 분류로 공익보호를 목적으로 하는 법을 공법, 사익보호를 목적으로 하는 법을 사법으로 본다.
주체설	법률관계의 주체에 따른 분류기준을 구하여 국가 또는 공공단체 상호 간, 국가・공공단체와 개인 간의 관계를 규율하는 것을 공법, 개인 상호 간의 관계를 규율하는 것을 사법으로 본다.
성질설 (법률관계설)	법이 규율하는 법률관계에 대한 불평등 여부에 따른 분류기준으로 불평등관계(권력・수직관계)를 규율하는 것을 공법, 평등관계(비권력・대등・수평관계)를 규율하는 것을 사법으로 본다.
생활관계설	사람의 생활관계를 표준으로 삼아 국민으로서의 생활관계를 규율하는 것을 공법, 국가와 직접적 관계가 없는 사인 간의 생활관계를 규율하는 것을 사법으로 본다.
통치관계설	법이 통치권의 발동에 대한 것이냐 아니냐에 따라 국가통치권의 발동에 대한 법이 공법이고, 그렇지 않은 법이 사법이라 본다.
귀속설 (신주체설)	행정주체에 대해서만 권리・권한・의무를 부여하는 경우를 공법, 모든 권리주체에 권리・의무를 부여하는 것을 사법으로 본다.

09
정답 ④

형법에서는 유추해석과 확대해석을 동일한 것으로 보아 금지하며 (죄형법정주의의 원칙), 피고인에게 유리한 유추해석만 가능하다고 본다.

10
정답 ①

사회법은 자본주의의 문제점(사회적 약자 보호)을 합리적으로 해결하기 위해 근래에 등장한 법으로, 사법 영역에 공법적 요소를 가미하는 제3의 법영역으로 형성되었으며 법의 사회화・사법의 공법화 경향을 띤다.

11
정답 ④

사원총회는 정관으로 이사 또는 기타 임원에게 위임한 사항 외의 법인사무 전반에 관하여 결의한다. 사단법인의 이사는 매년 1회 이상 통상총회를 소집하여야 하며, 임시총회는 총사원의 5분의 1 이상의 청구로 이사가 소집한다(민법 제68조 ~ 제70조).

12

정답 ①

성년후견인과 피한정후견인의 요건으로 가장 중요한 것이 법원의 선고를 받아야 한다는 것이다. 상습도박이나 낭비벽으로 자기나 가족의 생활을 궁박하게 할 염려가 있는 자라 하더라도 법원의 피한정후견의 심판이 없다면 피한정후견인에 해당되지 않는다.

제한능력자

구분	미성년자	피한정후견인	피성년후견인
요건	19세 미만자	질병, 장애, 노령, 그 밖의 사유로 인한 정신적 제약으로 사무를 처리할 능력이 부족한 사람	질병, 장애, 노령, 그 밖의 사유로 인한 정신적 제약으로 사무를 처리할 능력이 지속적으로 결여된 사람
행위	법정대리인이 대리하여 하거나 법정대리인의 동의를 얻어서 함	한정후견인의 동의가 필요한 법률행위를 동의 없이 하였을 때에는 취소할 수 있다. 다만, 일용품의 구입 등 일상생활에 필요하고 그 대가가 과도하지 아니한 법률행위에 대하여는 그러하지 아니하다.	피성년후견인의 법률행위는 취소할 수 있다. 단, 일용품의 구입 등 일상생활에 필요하고 그 대가가 과도하지 아니한 법률행위는 성년후견인이 취소할 수 없다.
해소	19세가 되거나 혼인(성년의제)	한정후견종료의 심판	성년후견종료의 심판

13

정답 ①

혼인과 같은 신분행위는 미성년자 단독으로 할 수 없다. 만약, 미성년자가 법정대리인의 동의 없이 법률행위를 하였다면, 이는 취소(소급 무효) 또는 추인(정상적 효력 발생)의 사유에 해당된다. 취소는 미성년자 본인과 법정대리인 둘 다 가능하나 추인은 법정대리인만 가능하다.

14

정답 ③

법정과실은 반드시 물건의 사용대가로서 받는 금전 기타의 물건이어야 하므로 사용에 제공되는 것이 물건이 아닌 근로의 임금·특허권의 사용료, 사용대가가 아닌 매매의 대금·교환의 대가, 받는 것이 물건이 아닌 공작물의 임대료청구권 등은 법정과실이 아니다.

오답분석

①·②는 법정과실, ④·⑤는 천연과실에 해당한다.

15

정답 ②

용익물권에는 지상권·지역권·전세권이 있고, 담보물권에는 유치권, 질권, 저당권이 있다. 그리고 담보물권은 특별법상 상사질권, 상사유치권, 우선특권, 가등기담보권 등이 있으며, 관습법상 양도담보 등이 있다.

16

정답 ②

의사표시의 효력발생시기에 관하여 우리 민법은 도달주의를 원칙으로 하고(민법 제111조 제1항), 격지자 간의 계약의 승낙 등 특별한 경우에 한하여 예외적으로 발신주의를 취하고 있다.

17

정답 ④

의사표시자가 그 통지를 발송한 후 사망하거나 제한능력자가 되어도 의사표시의 효력에 영향을 미치지 아니한다(민법 제111조 제2항).

18

정답 ④

신분법상 행위, 쌍방대리, 불법행위, 유언 등의 사실행위 등에는 대리가 허용되지 않는다.

19

정답 ④

법정추인사유는 취소의 원인이 종료한 후에 발생하여야 한다(민법 제144조 제1항).

오답분석

① 민법 제140조·제143조
② 무권대리의 추인은 소급효가 있다(민법 제133조). 그러나 취소할 수 있는 법률행위의 추인은 소급효 자체가 무의미하다.
③ 민법 제144조
⑤ 민법 제141조

20

정답 ③

무효란 그 행위가 성립하던 당초부터 당연히 법률효과가 발생하지 못하는 것이며 비진의 표시(심리유보), 통정허위표시, 강행법규에 반하는 법률행위 등이 그 예이다.

21

정답 ①

회사의 자본금은 상법에서 달리 규정한 경우 외에는 발행주식의 액면총액으로 한다(상법 제451조 제1항).

오답분석

② 상법 제329조 제1항·제3항
③ 상법 제331조
④ 상법 제335조 제3항 반대해석
⑤ 상법 제333조 제2항

22
정답 ①

사장단이 아니라 사원의 동의 또는 결의가 있어야 한다.

상법상 회사의 해산사유(상법 제227조)
- 사원의 동의 또는 결의
- 존립기간의 만료
- 정관으로 정한 사유의 발생
- 회사의 합병 · 파산
- 법원의 해산명령 · 해산판결

23
정답 ③

주식회사의 지배인 선임 방법은 이사회의 결의로 해야 한다.

회사별 지배인 선임방법

합명회사	총사원 과반수의 결의(업무집행사원이 있는 경우에도, 상법 제203조)
합자회사	무한책임사원 과반수의 결의(업무집행사원이 있는 경우에도, 상법 제274조)
주식회사	이사회 결의(상법 제393조 제1항)
유한회사	이사 과반수 결의 또는 사원총회의 보통결의(상법 제564조 제1항 · 제2항)
유한책임회사	정관 또는 총사원의 동의(상법 제287조의19 제2항 · 제3항)

24
정답 ③

지방자치단체는 법령의 범위 안에서 그 사무에 관하여 조례를 제정할 수 있다(지방자치법 제28조 본문).

오답분석

① 지방자치법 제37조
② 지방자치법 제107조
④ 헌법 제117조 제2항
⑤ 지방자치법 제108조

25
정답 ④

유효한 행정행위가 존재하는 이상 모든 국가기관은 그 존재를 존중하고 스스로의 판단에 대한 기초로 삼아야 한다는 것으로 구성요건적 효력을 말한다.

공정력		비록 행정행위에 하자가 있는 경우에도 그 하자가 중대하고 명백하여 당연무효인 경우를 제외하고는, 권한 있는 기관에 의해 취소될 때까지는 일응 적법 또는 유효한 것으로 보아 누구든지(상대방은 물론 제3의 국가기관도) 그 효력을 부인하지 못하는 효력
구속력		행정행위가 그 내용에 따라 관계행정청, 상대방 및 관계인에 대하여 일정한 법적 효과를 발생하는 힘으로, 모든 행정행위에 당연히 인정되는 실체법적 효력
존속력	불가쟁력(형식적)	행정행위에 대한 쟁송제기기간이 경과하거나 쟁송수단을 다 거친 경우에는 상대방 또는 이해관계인은 더 이상 그 행정행위의 효력을 다툴 수 없게 되는 효력
	불가변력(실질적)	일정한 경우 행정행위를 발한 행정청 자신도 행정행위의 하자 등을 이유로 직권으로 취소 · 변경 · 철회할 수 없는 제한을 받게 되는 효력

26
정답 ②

오답분석

① 독임제 행정청이 원칙적인 형태이고, 지자체의 경우 지자체장이 행정청에 해당한다.
③ 자문기관은 행정기관의 자문에 응하여 행정기관에 전문적인 의견을 제공하거나, 자문을 구하는 사항에 관하여 심의 · 조정 · 협의하는 등 행정기관의 의사결정에 도움을 주는 행정기관을 말한다.
④ 의결기관은 의사결정에만 그친다는 점에서 외부에 표시할 권한을 가지는 행정관청과 다르고, 행정관청을 구속한다는 점에서 단순한 자문적 의사의 제공에 그치는 자문기관과 다르다.
⑤ 집행기관은 의결기관 또는 의사기관에 대하여 그 의결 또는 의사결정을 집행하는 기관이나 행정기관이며, 채권자의 신청에 의하여 강제집행을 실시할 직무를 가진 국가기관이다.

27
정답 ①

오답분석

국가공무원법에 명시된 공무원의 복무는 ② · ③ · ④ · ⑤ 외에 성실의무, 종교중립의 의무, 청렴의 의무 등이 있다(국가공무원법 제7장).

28
정답 ③

도로 · 하천 등의 설치 또는 관리의 하자로 인한 손해에 대하여는 국가 또는 지방자치단체는 국가배상법 제5조의 영조물책임을 진다.

오답분석

① 도로건설을 위해 토지를 수용당한 경우에는 위법한 국가작용이 아니라 적법한 국가작용이므로 개인은 손실보상청구권을 갖는다.
② 공무원이 직무수행 중에 적법하게 타인에게 손해를 입힌 경우 국가는 배상책임이 없다.
④ 공무원도 국가배상법 제2조나 제5조의 요건을 갖추면 국가배상청구권을 행사할 수 있다. 다만, 군인 · 군무원 · 경찰공무원 또는 예비군대원의 경우에는 일정한 제한이 있다.
⑤ 국가배상법에서 규정하고 있는 손해배상은 불법행위로 인한 것이므로 적법행위로 인하여 발생하는 손실을 보상하는 손실보상과는 구별해야 한다.

29
정답 ④

자유민주적 기본질서는 모든 폭력적 지배와 자의적 지배, 즉 반국가단체의 일인독재 내지 일당독재를 배제하고 다수의 의사에 의한 국민의 자치·자유·평등의 기본원칙에 의한 법치주의적 통치질서이다. 구체적으로는 기본적 인권의 존중, 권력분립, 의회제도, 복수정당제도, 선거제도, 사유재산과 시장경제를 골간으로 한 경제질서 및 사법권의 독립 등이 있다. 그러므로 법치주의에 위배되는 포괄위임입법주의는 민주적 기본질서의 원리와 거리가 멀다.

30
정답 ③

정당의 목적이나 활동이 민주적 기본질서에 위배될 때 '정부'는 헌법재판소에 그 해산을 제소할 수 있고, 정당은 헌법재판소의 심판에 의하여 해산된다(헌법 제8조 제4항).

오답분석

① 헌법 제8조 제1항
②·⑤ 헌법 제8조 제2항
④ 헌법 제8조 제3항

31
정답 ②

중·대선거구제와 비례대표제는 군소정당이 난립하여 정국이 불안정을 가져온다는 단점이 있다. 그에 비해 소선거구제는 양대정당이 육성되어 정국이 안정된다는 장점이 있다.

32
정답 ②

비례대표제는 각 정당에게 그 득표수에 비례하여 의석을 배분하는 대표제로 군소정당의 난립을 가져와 정국의 불안을 가져온다.

33
정답 ④

기본권의 제3자적 효력에 관하여 간접적용설(공서양속설)은 기본권 보장에 대한 헌법 조항을 사인관계에 직접 적용하지 않고, 사법의 일반규정의 해석을 통하여 간접적으로 적용하자는 설로 오늘날의 지배적 학설이다.

34
정답 ①

과잉금지원칙은 은 국가의 권력은 무제한적으로 행사되어서는 안되고 국민의 기본권을 제한하는 법률은 목적의 정당성·방법의 적절성·침해의 최소성·법익의 균형성을 갖추어야 한다는 원칙이다. 헌법 제37조 제2항은 과잉금지의 원칙을 '필요한 경우에 한하여' 법률로써 기본권을 제한할 수 있다고 표현하고 있다.

오답분석

② 헌법유보원칙 : 헌법에서 직접 기본권 제한에 대한 내용을 규정하는 것으로 헌법은 정당의 목적과 활동(헌법 제8조 제4항), 언론·출판의 자유(헌법 제21조 제4항), 군인·공무원·경찰공무원 등의 국가배상청구권(헌법 제29조 제2항), 공무원의 근로 3권(헌법 제33조 제2항) 등에 대하여 규정하고 있다.
③ 의회유보원칙 : 국민의 권리와 의무에 관련된 영역에서 그 본질적인 사항은 입법자로서 국민 스스로가 결정해야 한다는 원칙이다. 단, 헌법상의 국민의 자유와 권리를 제한할 때는 그 본질적인 사항에 대해 법률로 규율해야 할 것이다. 우리 헌법은 국가안전보장·질서유지·공공복리를 위하여 필요한 경우에 '법률'로써 제한할 수 있다고 규정하고 있다(헌법 제37조 제2항).
④ 포괄위임입법금지원칙 : 법률에서 구체적으로 범위를 정하지 않고 일반적·포괄적으로 위임하는 것을 금지하는 원칙이다.
⑤ 법률불소급원칙 : 법은 그 시행 이후에 성립하는 사실에 대하여만 효력을 발하고, 과거의 사실에 대하여는 소급 적용될 수 없다는 원칙이다.

35
정답 ③

기본권은 국가안전보장, 질서유지 또는 공공복리라고 하는 세 가지 목적을 위하여 필요한 경우에 한하여 그 제한이 가능하며 제한하는 경우에도 자유와 권리의 본질적인 내용은 침해할 수 없다(헌법 제37조 제2항).

36
정답 ④

헌법 제11조 제1항은 차별금지 사유로 성별·종교·사회적 신분만을 열거하고 있고 모든 사유라는 표현이 없어 그것이 제한적 열거규정이냐 예시규정이냐의 문제가 제기된다. 열거규정에 의하면 헌법에 규정된 열거 사유 이외의 사안(인종, 지역, 학력, 연령, 정치적 신념 등)은 차별이 가능하다는 것이고, 예시규정은 자의적이거나 불합리한 것이면 허용되지 아니한다는 보는 것이다. 우리 학설과 판례의 입장은 예시규정을 따르고 있다.

37
정답 ④

청원권은 청구권적 기본권에 해당한다. 자유권적 기본권에는 인신의 자유권(생명권, 신체의 자유), 사생활의 자유권(거주·이전의 자유, 주거의 자유, 사생활의 비밀과 자유, 통신의 자유), 정신적 자유권(양심의 자유, 종교의 자유, 언론·출판의 자유, 집회·결사의 자유, 학문의 자유, 예술의 자유), 사회·경제적 자유권(직업선택의 자유, 재산권의 보장)이 있다.

38

정답 ④

마그나 카르타(1215년) → 영국의 권리장전(1689년) → 미국의 독립선언(1776년) → 프랑스의 인권선언(1789년)

39

정답 ③

'공소가 취소되었을 때'는 공소기각의 결정을 해야 하는 경우이다(형사소송법 제328조).

공소기각 판결과 공소기각 결정의 사유

공소기각 판결 (형사소송법 제327조)	공소기각 결정 (형사소송법 제328조)
1. 피고인에 대하여 재판권이 없을 때 2. 공소제기의 절차가 법률의 규정에 위반하여 무효일 때 3. 공소가 제기된 사건에 대하여 다시 공소가 제기되었을 때 4. 제329조(공소취소와 재기소)의 규정에 위반하여 공소가 제기되었을 때 5. 고소가 있어야 공소를 제기할 수 있는 사건에서 고소가 취소되었을 때 6. 피해자의 명시한 의사에 반하여 공소를 제기할 수 없는 사건에서 처벌을 원하지 아니하는 의사표시를 하거나 처벌을 원하는 의사표시를 철회하였을 때	1. 공소가 취소되었을 때 2. 피고인이 사망하거나 피고인인 법인이 존속하지 아니하게 되었을 때 3. 제12조(동일사건과 수개의 소송계속) 또는 제13조(관할의 경합)의 규정에 의하여 재판할 수 없는 때 4. 공소장에 기재된 사실이 진실하다 하더라도 범죄가 될 만한 사실이 포함되지 아니하는 때

40

정답 ④

절대적 부정기형은 형기를 전혀 정하지 않고 선고하는 형이며, 이는 죄형법정주의에 명백히 위배되므로 금지된다. 반면 상대적 부정기형은 형기의 상한을 정하여 선고하는 것으로, 우리나라의 경우 소년법 제60조(부정기형)에서 확인할 수 있다.

04 경제학

01	02	03	04	05	06	07	08	09	10
①	③	②	⑤	④	①	②	③	⑤	③
11	12	13	14	15	16	17	18	19	20
⑤	②	④	①	①	⑤	⑤	④	④	④
21	22	23	24	25	26	27	28	29	30
④	④	③	①	②	①	④	④	②	⑤
31	32	33	34	35	36	37	38	39	40
⑤	⑤	④	②	①	④	①	④	④	④

01

정답 ①

한국의 A버거 가격 2,500원을 시장 환율 1,250원으로 나누면 2달러가 나온다. 이는 한국의 A버거 가격이 미국의 A버거 가격보다 0.5달러 싸다는 것, 즉 원화가 저평가되어 있음을 의미한다.

02

정답 ③

'기축통화'는 국제간의 결제나 금융거래에서 기본이 되는 화폐로 미국 예일대학의 로버트 트리핀 교수가 처음 사용한 용어이다. 대표적인 기축통화로는 미국 달러화가 있으며, 유럽에서는 유로화가 통용되고 있다.

오답분석

① 나스닥, 자스닥, 코스닥 등은 각 국가에서 운영하는 전자 주식 장외시장이다.
② MSCI 지수는 서로 다른 기준을 적용하는 개별 국가의 주식시장을 상호 비교할 수 있도록 각 국가의 주식시장에 모건스탠리증권사의 고유한 분석 기준을 통일하게 적용해 산출한 지수이다.
④ 이머징마켓은 개발도상국 가운데 경제성장률이 높고 빠른 속도로 산업화가 진행되는 국가의 시장으로, 한국 · 브라질 · 폴란드 등 여러 국가들이 속해 있다.

03

정답 ②

보완재는 치킨과 맥주, 핸드폰과 충전기처럼 따로 소비하는 것보다 함께 소비했을 때 그 효용이 크게 증가하는 재화를 말하며, 보완재 관계에 있는 한 재화의 수요 변동은 다른 재화의 수요 변동을 유발한다.

04

정답 ⑤

오답분석

① 두 사람의 기회 비용은 사례만으로 판단할 수 없다.
② 두 사람의 선택은 효율성에 근거한 판단이다.
③ 지불하지 않은 금액은 매몰 비용이 아니다.
④ 구매하지 않은 동주보다 구매한 효미의 편익이 더 크다.

05

정답 ④

레몬 시장(Lemon Market, 개살구 시장)은 재화나 서비스의 품질을 구매자가 알 수 없기 때문에 불량품만이 나돌아 다니게 되는 시장 상황을 말한다. 영어에서 레몬(Lemon)은 속어로 '불쾌한 것, 불량품'이라는 의미가 있다. 중고차의 경우처럼 실제로 구입해 보지 않으면, 진짜 품질을 알 수 없는 재화가 거래되고 있는 시장을 레몬 시장이라고 한다. 제시문에 시골 장터의 물건 품질이 떨어진다는 진술은 없으며, 오히려 진귀한 물건들을 구경할 수 있는 공간으로 묘사되고 있다.

06

정답 ①

레온티에프형 효용함수는 항상 소비비율이 일정하게 유지되는 완전보완재적인 효용함수이므로, X재의 가격이 변화해도 소비량은 일정하게 유지된다. 그러므로 대체효과는 0이고, 효용극대화점에서 효용함수가 ㄱ자형으로 꺾인 형태이기 때문에 한계대체율은 정의되지 않는다. 따라서 ㄱ은 옳고 ㄷ은 옳지 않다. 또한 소비비율이 일정하게 유지되는 특성으로 가격변화 시 두 재화의 소비방향은 항상 같은 방향으로 변화하므로 ㄹ도 옳지 않다.

효용극대화 모형을 풀면 $MAX\ U(x,y)=MIN[x,y]\ \ s.t.p_x x+p_x y=M$에서 효용극대화조건 $x=y$를 제약식에 대입하면

$x=\dfrac{M}{P_x+P_y}$, $y=\dfrac{M}{P_x+Py}$ 이다.

$P_x=P_y=10$, $M=1,800$을 대입하면 $x=y=90$이고,

$P_x=8, P_y=10, M=1,800$을 대입하면 $x=y=100$이므로,

소득효과는 10이다.

따라서 옳은 것은 ㄱ, ㄴ이다.

07

정답 ②

어떤 상품이 정상재인 경우 이 재화의 수요가 증가하면 수요곡선 자체를 오른쪽으로 이동시켜 재화의 가격이 상승하면서 동시에 거래량이 증가한다. 소비자의 소득 증가, 대체재의 가격 상승, 보완재의 가격 하락, 미래 재화가격 상승 예상, 소비자의 선호 증가 등이 수요를 증가시키는 요인이 될 수 있다. 한편, 생산기술의 진보, 생산요소의 가격하락, 생산자의 수 증가, 조세 감소, 등은 공급의 증가요인으로 공급곡선을 오른쪽으로 이동시킨다.

08

정답 ③

십분위분배율은 0과 2 사이의 값을 갖고, 그 값이 작을수록 소득분배가 불평등함을 나타낸다. 이에 비해 지니계수와 앳킨슨지수는 모두 0과 1 사이의 값을 갖고, 그 값이 클수록 소득분배가 불평등함을 나타낸다.

09

정답 ⑤

수요의 가격탄력성이 1보다 작은 경우에는 가격이 대폭 상승하더라도 판매량이 별로 감소하지 않으므로 소비자의 총지출은 증가하고 판매자의 총수입도 증가한다.

오답분석

① 수요의 가격탄력성은 수요량의 변화율을 가격의 변화율로 나누어 구하므로 가격이 1% 상승할 때 수요량이 2% 감소하였다면 수요의 가격탄력성은 2이다.
② 기펜재는 대체효과보다 소득효과가 더 큰 열등재인데, 소득이 증가할 때 구입량이 증가하는 재화는 정상재이므로 기펜재가 될 수 없다.
③ 교차탄력성이란 한 재화의 가격이 변화할 때 다른 재화의 수요량이 변화하는 정도를 나타내는 지표이다. 잉크젯프린터의 가격이 오르면(+) 잉크젯프린터의 수요가 줄고, 프린터에 사용할 잉크카트리지의 수요도 줄어들 것(−)이므로 교차탄력성은 음(−)의 값을 가진다는 것을 알 수 있다. 잉크젯프린터와 잉크젯카트리지 같은 관계에 있는 재화들을 보완재라고 하는데, 보완재의 교차탄력성은 음(−)의 값을, 대체재의 교차탄력성은 양(+)의 값을 가지게 된다.
④ 수요의 소득탄력성은 0보다 작을 수 있고 이러한 재화를 열등재라고 한다.

10

정답 ③

2016년도에 A국이 자동차 1대를 생산하기 위한 기회비용은 TV 2대이며, B국이 자동차 1대를 생산하기 위한 기회비용은 TV $\frac{1}{2}$대이므로 상대적으로 자동차 생산에 대한 기회비용이 적은 B국에서 자동차를 수출해야 한다. 한편, 2016년 B국의 자동차 1대 생산에 대한 기회비용은 TV $\frac{1}{2}$대인 반면, 2024년 B국의 자동차 1대 생산에 대한 기회비용은 TV 2대이므로 기회비용은 증가하였다. 2024년도에 A국은 비교우위가 있는 자동차 생산에 특화하고, B국은 비교우위가 있는 TV 생산에 특화하여 교환한다. 이 경우 교환 비율이 자동차 1대당 TV 2대이면, B국은 아무런 무역이익을 가지지 못하고, A국만 무역의 이익을 갖는다. 2016년도에 A국의 생산 가능한 총생산량은 TV 400대 또는 자동차 200대이다.

11

정답 ⑤

오답분석

① 수요곡선이 우하향하고 공급곡선이 우상향하는 경우 물품세가 부과되면 조세부과에 따른 자중적 손실의 크기는 세율의 제곱에 비례한다.
②·③ 다른 조건이 일정할 때 수요가 가격에 탄력적이면 소비자 부담은 작아지고 자중적 손실은 커진다.
④ 단위당 조세액 중 일부만 소비자에게 전가되므로 세금부과 후에 시장가격은 단위당 조세액보다 작게 상승한다.

12

정답 ②

내생적 성장 이론에서는 자본에 대한 수확체감 현상이 발생하지 않으므로 경제성장률은 1인당 자본량에 관계없이 결정된다. 따라서 내생적 성장이론에서는 국가 간 소득이 동일한 수준으로 수렴하는 현상이 발생하지 않는다.

13

정답 ④

피구효과란 경제 불황이 발생하여 물가가 하락하면 민간이 보유한 화폐의 구매력이 증가하므로 실질적인 부가 증가하는 효과가 발생하고, 실질부가 증가하면서 소비도 증가하여 IS곡선이 오른쪽으로 이동하는 효과를 말한다. 즉, 피구효과는 IS곡선의 기울기가 아닌 IS곡선 자체의 이동을 가져오는 효과이다.

14

정답 ①

프리드먼에 의해 제시된 소비함수론인 항상소득 가설에서는 소비가 항상소득에 의해 결정된다고 가정한다. 즉, 항상소득 가설에서 실제소득은 항상소득과 임시소득의 합으로 구성되지만 소비에 미치는 영향이 크고 항구적인 것은 항상소득인 것이다. 반면 임시소득은 소득 변동이 임시적인 것으로 소비에 영향을 미치지 못하거나 영향을 미치는 정도가 매우 낮다.

15

정답 ①

수요나 공급이 가격에 민감할수록 조세 부과로 인한 수요량과 공급량이 더욱 크게 감소하여 시장왜곡이 더 커진다.

오답분석

③·④·⑤ 수요곡선이나 공급곡선의 이동 폭은 조세부과의 크기로 인해 달라지는 것이므로, 탄력성과는 무관한 설명이다.

16

정답 ⑤

단기 총공급곡선이 우상향하게 되는 것은 케인스의 시각을 반영한 것이다. 단기 AS곡선은 우상향하는데 노동시장과 생산물 시장에서의 불완전정보로 인한 경우와 임금과 가격의 경직성으로 인한 두 가지 측면에서 설명이 가능하다.

구분	불완전정보	가격경직성
노동시장	노동자 오인모형 (ㄴ)	비신축적 임금모형 (ㄹ)
생산물 시장	불완전 정보모형 (ㄱ)	비신축적 가격모형 (ㄷ)

ㄱ. 불완전 정보 모형 : 루카스의 섬모형으로 개별생산자는 물가상승이 전반적인 물가상승에 기인한 것인지 아닌지 자신의 상품만 가격이 상승한 것인지를 정보의 불완전성으로 알지 못한다는 것이다.

ㄴ. 노동자 오인 모형 : 노동자들은 기업에 비해서 정보가 부족하여 명목임금의 변화를 실질임금의 변화로 오인하여 화폐환상에 빠지게 되어 총공급곡선이 우상향하게 된다.

ㄷ. 비신축적 가격 모형 : 메뉴비용으로 대표적으로 설명되는 것으로 가격을 신축적으로 조정하지 않는 기업이 많을수록 총공급곡선은 수평에 가까워진다.

ㄹ. 비신축적 임금 모형 : 명목임금이 계약기간 내에는 경직적이므로 물가상승은 실질임금 하락으로 이어져 노동고용량의 증가로 이어진다.

17

정답 ⑤

주어진 자료로는 구매력평가 환율만을 구할 수 있을 뿐 명목환율을 구할 수 없으므로 판단할 수 없다.

오답분석

① 빅맥의 원화가격은 5,000원에서 5,400원으로 변화했으므로 8% 상승했다.
② 빅맥의 1달러당 원화 가격은 1,000원에서 900원으로 변화했으므로 10% 하락했다.
③ 환율의 하락은 원화의 평가절상을 의미하므로, 달러 대비 원화의 가치는 10% 상승했다.
④ 구매력평가설이 성립한다면 실질환율은 항상 1이므로 실질 환율은 두 기간 사이에 변하지 않았다.

18

정답 ④

필립스곡선이란 인플레이션율과 실업률 간에 단기 상충관계가 존재함을 보여주는 곡선이다. 하지만 장기적으로 인플레이션율과 실업률 사이에는 특별한 관계가 성립하지 않는다. 대상기간이 길어지면 사람들의 인플레이션에 대한 기대가 바뀔 수 있고 오일 쇼크와 같은 공급 충격도 주어질 수 있기 때문에 장기적으로는 필립스곡선이 성립하지 않는 것이다. 따라서 인플레이션 기대나 원자재 가격 상승 때문에 물가가 상승할 때는 실업률이 하락하지 않을 수 있다.

19

정답 ④

독점시장의 시장가격은 완전경쟁시장의 가격보다 높게 형성되므로 소비자잉여는 줄어든다.

20

정답 ④

후생경제학 제1정리에 따르면 시장구조가 완전경쟁적이면 자원배분이 효율적이 된다. 그리고 후생경제학 제2정리는 정부가 초기부존자원을 적절히 재분배하면 임의의 효율적인 자원배분이 시장기구에 의해 달성될 수 있음을 보여준다. 차선의 이론은 모든 효율성 조건이 충족되지 못하는 상태에서는 더 많은 효율성 조건이 충족된다고 해서 더 효율적인 자원배분이라는 보장이 없다는 이론이다. 한편, 공리주의 사회후생함수(SW)는 각 개인의 효용의 합으로 나타난다. 즉, 사회가 2인(A와 B)으로 구성되고 각각의 효용을 U_A, U_B라 할 경우 사회후생함수(SW)는 $SW=U_A+U_B$로 표현된다.

21

정답 ④

화폐의 기능 중 가치 저장 기능은 발생한 소득을 바로 쓰지 않고 나중에 지출할 수 있도록 해준다는 것이다.

오답분석

① 금과 같은 상품화폐의 내재적 가치는 변동한다.
② M2에는 요구불 예금과 저축성 예금이 포함된다.
③ 불태환화폐(Flat Money)는 상품화폐와 달리 내재적 가치를 갖지 않는다.
⑤ 다른 용도로 사용될 수 있더라도 교환의 매개 수단으로 활용될 수 있다.

22

정답 ④

화폐수요의 이자율 탄력성이 높은 경우(=이자율의 화폐수요 탄력성은 낮음)에는 총통화량을 많이 증가시켜도 이자율의 하락폭은 작기 때문에 투자의 증대효과가 낮다. 반면, 화폐수요의 이자율 탄력성이 낮은 경우(=이자율의 화폐수요 탄력성은 높음)에는 총통화량을 조금만 증가시켜도 이자율의 하락폭은 커지므로 투자가 늘어나고 이로 인해 국민소득이 늘어나므로 통화정책의 효과가 높아진다.

23

정답 ③

노동시장에서 기업은 한계수입생산(MRP)과 한계요소비용(MFC)이 일치하는 수준까지 노동력을 수요하려 한다.

- 한계수입생산 : $MRP_L = MR \times MP_N$, 생산물시장이 완전경쟁시장이라면 한계수입과 가격이 일치하므로 $P \times MP_N$, 주어진 생산함수에서 노동의 한계생산을 도출하면 $Y=200N-N^2$, 이를 N으로 미분하면 $MP_N=200-2N$
- 한계요소비용 : $MFC_N = \dfrac{\Delta TFC_N}{\Delta N} = \dfrac{W \cdot \Delta N}{\Delta N} = W$, 여가의 가치는 임금과 동일하므로 $W=40$이 된다.
- 균형노동시간의 도출 $= P \times MP_N = W$
  $\rightarrow 1 \times (200-2N) = 40$. 따라서 $N=80$이 도출된다.

24

정답 ①

$MR_A = MC_A$, $MR_B = MC_B$를 이용하여 기업 1과 기업 2의 반응곡선을 구한다.

- 기업 1 : $10-2q_1-q_2=3$, $q_1 = -\frac{1}{2}q_2 + 3.5$
- 기업 2 : $10-q_1-2q_2=2$, $q_2 = -\frac{1}{2}q_1 + 4$

쿠르노 모형의 균형은 두 기업의 반응곡선이 교차하는 점에서 이루어지므로 $q_1=2$, $q_2=3$이다. 따라서 균형에서의 시장생산량은 $q_1+q_2=5$이다.

25

정답 ②

균형재정승수란 정부가 균형재정을 유지하는 경우에 국민소득이 얼마나 증가하는가를 측정하는 것이다. 균형재정이란 정부의 조세수입과 정부지출이 같아지는 상황으로 $\Delta G = \Delta T$라고 할 수 있다. 정부지출과 조세를 동일한 크기만큼 증가시키는 경우로 정부지출승수는 $\dfrac{\Delta Y}{\Delta G} = \dfrac{-MPC}{1-MPC} = \dfrac{-0.8}{1-0.8} = -4$이다. 따라서 정부지출과 조세를 동시에 같은 크기만큼 증가시키면, $\dfrac{\Delta Y}{\Delta G} + \dfrac{\Delta Y}{\Delta T} = \dfrac{1}{1-0.8} + \dfrac{-0.8}{1-0.8} = 5-4 = 1$이 된다. 즉, 균형재정승수는 1이다.

26

정답 ①

가·마. 전월세 상한제도나 대출 최고 이자율을 제한하는 제도는 가격의 법정 최고치를 제한하는 가격상한제(Price Ceiling)에 해당하는 사례이다.

가격차별(Price Discrimination)

동일한 상품에 대해 구입자 혹은 구입량에 따라 다른 가격을 받는 행위를 의미한다. 노인이나 청소년 할인, 수출품과 내수품의 다른 가격 책정 등은 구입자에 따라 가격을 차별하는 대표적인 사례이다. 한편, 물건 대량 구매 시 할인해 주거나 전력 사용량에 따른 다른 가격을 적용하는 것은 구입량에 따른 가격차별이다.

27

정답 ④

인플레이션은 구두창 비용, 메뉴비용, 자원배분의 왜곡, 조세왜곡 등의 사회적 비용을 발생시켜 경제에 비효율성을 초래한다. 특히 예상하지 못한 인플레이션은 소득의 자의적인 재분배를 가져와 채무자와 실물자산소유자가 채권자와 화폐자산소유자에 비해 유리하게 만든다. 인플레이션으로 인한 사회적 비용 중 구두창 비용이란 인플레이션으로 인해 화폐가치가 하락한 상황에서 화폐보유의 기회비용이 상승하는 것을 나타내는 용어이다. 이는 사람들이 화폐보유를 줄이게 되면 금융기관을 자주 방문해야 하므로 거래비용이 증가하게 되는 것을 의미한다. 메뉴비용이란 물가가 상승할 때 물가 상승에 맞추어 기업들이 생산하는 재화나 서비스의 판매 가격을 조정하는 데 지출되는 비용을 의미한다. 또한 예상하지 못한 인플레이션이 발생하면 기업들은 노동의 수요를 증가시키고, 노동의 수요가 증가하게 되면 일시적으로 생산량과 고용량이 증가하게 된다. 하지만 인플레이션으로 총요소생산성이 상승하는 것은 어려운 일이다.

28

정답 ④

오답분석

다·라. 역선택의 해결방안에 해당한다.

29

정답 ②

자연독점이란 규모가 가장 큰 단일 공급자를 통한 재화의 생산 및 공급이 최대효율을 나타내는 경우 발생하는 경제 현상을 의미한다. 자연독점 현상은 최소효율규모의 수준 자체가 매우 크거나 생산량이 증가할수록 평균총비용이 감소하는 '규모의 경제'가 나타날 경우에 발생한다. 최소효율규모란 평균비용곡선상에서 평균비용이 가장 낮은 생산 수준을 나타낸다.

30

정답 ⑤

리카도의 비교우위론이란 한 나라가 두 재화생산에 있어서 모두 절대우위 혹은 절대열위에 있더라도 양국이 상대적으로 생산비가 낮은 재화생산에 특화하여 무역을 할 경우 양국 모두 무역으로부터 이익을 얻을 수 있다는 이론을 말한다. 따라서 각 나라의 생산의 기회비용을 비교해 보면 비교우위를 알 수 있다.

구분	甲국	乙국
TV	0.3	0.5
쇠고기	10/3	2

위 표에서 보는 바와 같이 TV 생산의 기회비용은 甲국이 낮고 쇠고기 생산의 기회비용은 乙국이 더 낮으므로 甲국은 TV 생산, 乙국은 쇠고기 생산에 비교우위를 갖는다. 따라서 무역이 이루어지면 甲국은 TV만 생산하여 수출하고 乙국은 쇠고기만 생산하여 수출하게 된다.

31

정답 ⑤

수요의 가격탄력성이란 어떤 재화의 가격이 변할 때 그 재화의 수요량이 얼마나 변하는지를 나타내는 지표이다. 수요의 가격탄력성은 수요량의 변화율을 가격의 변화율로 나누고 음의 부호(−)를 부가하여 구할 수 있으며, 이 값이 1보다 큰 경우를 '탄력적'이라고 하고 가격 변화에 수요량이 민감하게 변한다는 것을 의미한다. 이 문제에서 가격 변화율은 10%, 제품 판매량은 5% 감소하였으므로 수요의 가격탄력성은 $\frac{5\%}{10\%}=0.5$이다.

32

정답 ⑤

생산에 투입된 가변요소인 노동의 양이 증가할수록 총생산이 체증적으로 증가하다가 일정 단위를 넘어서면 체감적으로 증가하기 때문에 평균생산과 한계생산은 증가하다가 감소한다. 한계생산물곡선은 평균생산물곡선의 극대점을 통과하므로 한계생산물과 평균생산물이 같은 점에서는 평균생산물이 극대가 된다. 한편, 한계생산물이 0일 때 총생산물이 극대가 된다.

33

정답 ④

산업 내 무역(Intra – industry Trade)은 동일한 산업 내에서 재화의 수출입이 이루어지는 것을 말한다. 산업 내 무역은 시장구조가 독점적 경쟁이거나 규모의 경제가 발생하는 경우에 주로 발생하며, 부존자원의 차이와는 관련이 없다. 산업 내 무역은 주로 경제 발전의 정도 혹은 경제 여건이 비슷한 나라들 사이에서 이루어지므로 유럽 연합 국가들 사이의 활발한 무역을 설명할 수 있다.

34

정답 ②

코즈의 정리란 재산권(소유권)이 명확하게 확립되어 있고, 거래비용 없이도 자유롭게 매매할 수 있다면 권리가 어느 경제 주체에 귀속되는가와 상관없이 당사자 간의 자발적 협상에 의한 효율적인 자원배분이 가능해진다는 이론이다. 그러나 현실적으로는 거래비용의 존재, 외부성 측정 어려움, 이해당사자의 모호성, 정보의 비대칭성, 협상능력의 차이 등으로 코즈의 정리로 문제를 해결하는 데는 한계가 있다.

35

정답 ①

우상향하는 총공급곡선이 왼쪽으로 이동하는 경우는 부정적인 공급충격이 발생하는 경우이다. 따라서 임금이 상승하는 경우 기업의 입장에서는 부정적인 공급충격이므로 총공급곡선이 왼쪽으로 이동하게 된다. ②·③·④는 총수요곡선을 오른쪽으로 이동시키는 요인이며, ⑤는 총공급곡선을 오른쪽으로 이동시키는 요인에 해당한다.

36

정답 ④

오답분석

가. 여가, 자원봉사 등의 활동은 생산활동이 아니므로 GDP에 포함되지 않는다.
다. GDP는 마약밀수 등의 지하경제를 반영하지 못하는 한계점이 있다.

37

정답 ①

오답분석

다. 정부의 지속적인 교육투자정책으로 인적자본의 축적이 이루어지면 규모에 대한 수확체증이 발생하여 지속적인 성장이 가능하다고 한다.
라. 내생적 성장 이론에서는 금융시장이 발달하면 저축이 증가하고 투자의 효율성이 개선되어 지속적인 경제성장이 가능하므로 국가 간 소득수준의 수렴 현상이 나타나지 않는다고 본다.

38

정답 ④

사회후생의 극대화는 자원배분의 파레토효율성이 달성되는 효용가능경계와 사회무차별곡선이 접하는 점에서 이루어진다. 그러므로 파레토효율적인 자원배분하에서 항상 사회후생이 극대화되는 것은 아니며, 사회후생 극대화는 무수히 많은 파레토효율적인 점들 중의 한 점에서 달성된다.

39

정답 ④

오답분석

라. 케인스는 절대소득 가설을 이용하여 승수효과를 설명하였다.

40

정답 ④

IS곡선이란 생산물시장의 균형이 이루어지는 이자율(r)과 국민소득(Y)의 조합을 나타내는 직선을 말하며, 관계식은 다음과 같다.

$$r=\frac{-1-c(1-t)+m}{b}Y+\frac{1}{b}(C_0-cT_0+I_0+G_0+X_0-M_0)$$

즉, IS곡선의 기울기는 투자의 이자율탄력성(b)이 클수록, 한계소비성향(c)이 클수록, 한계저축성향(s)이 작을수록, 세율(t)이 낮을수록, 한계수입성향(m)이 작을수록 완만해진다. 한편, 소비, 투자, 정부지출, 수출이 증가할 때 IS곡선은 오른쪽으로, 조세, 수입, 저축이 증가할 때 왼쪽으로 수평이동한다. 외국의 한계수입성향이 커지는 경우에는 자국의 수출이 증가하므로 IS곡선은 오른쪽으로 이동한다.

서울교통공사 사무직 신입사원 필기시험

제3회 모의고사 정답 및 해설

제 1 영역 직업기초능력평가

01	02	03	04	05	06	07	08	09	10
③	③	④	③	②	③	④	②	①	②
11	12	13	14	15	16	17	18	19	20
⑤	⑤	③	①	④	⑤	②	②	④	②
21	22	23	24	25	26	27	28	29	30
⑤	③	③	⑤	④	②	②	③	①	④
31	32	33	34	35	36	37	38	39	40
②	③	②	④	④	③	②	⑤	④	③

01

정답 ③

디젤차량 운전면허 소지자는 디젤기관차, 디젤동차, 증기기관차, 철도장비 운전면허에 따라 운전할 수 있는 차량을 운전할 수 있다. 따라서 A씨는 보기의 디젤기관차·증기기관차와 함께 철도장비 운전면허 소지자가 운전할 수 있는 사고복구용 기중기를 운전할 수 있다.

오답분석

철도차량 운전면허 소지자는 철도차량 종류에 관계없이 차량기지 내에서 시속 25킬로미터 이하로 운전하는 철도차량을 운전할 수 있으나, 이때 다른 운전면허의 철도차량을 운전하려면 별도의 교육훈련을 받아야 한다.

㉠ 고속철도차량 : 고속철도차량 운전면허 소지자
㉡ 전기기관차 : 제1종 전기차량 운전면허 소지자
㉥ 노면전차 : 노면전차 운전면허 소지자

02

정답 ③

C는 S기업의 이익과 자사의 이익 모두를 고려하여 서로 원만한 합의점을 찾고 있다. 따라서 가장 바르게 협상한 사람은 C이다.

오답분석

① S기업의 협상 당사자는 현재 가격에서는 불가능하다고 한계점을 정했지만, A의 대답은 설정한 목표와 한계에서 벗어나는 요구이므로 바르게 협상한 것이 아니다.
② B는 합의점을 찾기보다는 자사의 특정 입장만 고집하고 있다 따라서 바르게 협상한 것이 아니다.
④ D는 상대방의 상황에 대해서 지나친 염려를 하고 있다. 따라서 바르게 협상한 것이 아니다.
⑤ S기업의 협상 당사자는 가격에 대한 결정권을 가지고 있으므로 협상을 시도한 것이며, 회사의 최고 상급자는 협상의 세부사항을 잘 알지 못하므로 E는 잘못된 사람과의 협상을 요구하고 있다. 따라서 바르게 협상한 것이 아니다.

03

정답 ④

벽걸이형 난방기구를 설치하기 위해서는 거치대를 먼저 벽에 고정시킨 뒤, 평행을 맞춰 제품을 거치대에 고정시키고, 거치대의 고정나사를 단단히 조여 흔들리지 않도록 한다.

오답분석

① 벽걸이용 거치대의 상단에 대한 내용은 설명서에 나타나 있지 않다.
② 스탠드는 벽걸이형이 아니라 스탠드형 설치에 필요한 제품이다.
③ 벽이 단단한 콘크리트나 타일일 경우 전동드릴로 구멍을 내어 거치대를 고정시킨다.
⑤ 스탠드가 아닌 거치대의 고정나사를 조여 흔들리지 않도록 고정시킨다.

04

정답 ③

실내 온도가 설정 온도보다 약 2 ~ 3°C 내려가면 히터가 다시 작동한다. 따라서 실내 온도가 20°C라면 설정 온도를 20°C보다 2 ~ 3°C 이상으로 조절해야 히터가 작동한다.

05

정답 ②

L팀장의 지시 사항에 따라 K대리가 해야 할 일은 회사 차 반납, S은행 P팀장에게 서류를 제출, C팀장에게 회의 자료를 전달, 대표 결재이다. 이 중 대표의 결재를 오전 중으로 받아야 하므로 K대리는 가장 먼저 대표에게 결재를 받아야 한다. 이후 1시에 출근하는 C팀장에게 회의 자료를 전달하고, L팀장에게 들러 회사 차를 찾아 차 안의 서류를 S은행 P팀장에게 제출한 뒤 회사 차를 반납해야 한다. 즉, K대리가 해야 할 일의 순서를 정리하면 '대표에게 결재받기 → C팀장에게 회의 자료 전달 → S은행 P팀장에게 서류 제출 → 회사 차 반납'의 순서가 된다.

06

정답 ③

ㄴ. 남성과 여성 모두 주 40시간 이하로 근무하는 비율이 가장 높다.
ㄷ. 응답자 중 무급가족종사자의 46.0%가 주 40시간 이하로 근무하므로 절반 미만이다.

오답분석

ㄱ. 판매종사자 중 주 52시간 이하로 근무하는 비율은 주 40시간 이하로 근무하는 비율과 주 41 ~ 52시간 이하로 근무하는 비율의 합인 34.7+29.1=63.8%로 60%를 넘는다.
ㄹ. 농림어업 숙련종사자 중 주 40시간 이하로 근무하는 응답자의 수는 2,710×0.548=1,485.08명으로 1,000명이 넘는다.

07

정답 ④

고용원이 없는 자영업자 중 주 40시간 이하로 근무하는 응답자의 비율은 27.6%, 고용원이 있는 자영업자 / 사업주 중 주 40시간 이하로 근무하는 응답자의 비율은 28.3%로 합은 27.6+28.3=55.9%p이다.

08

정답 ②

VLOOKUP은 목록 범위의 첫 번째 열에서 세로 방향으로 검색하면서 원하는 값을 추출하는 함수이고, HLOOKUP은 목록 범위의 첫 번째 행에서 가로방향으로 검색하면서 원하는 값을 추출하는 함수이다. 즉, 첫 번째 열에 있는 '박성미'의 결석값을 찾아야 하므로 VLOOKUP 함수를 이용해야 한다. VLOOKUP 함수의 형식은 「=VLOOKUP(찾을 값,범위,열 번호,찾기 옵션)」이다. 범위는 절대참조로 지정해줘야 하며, 근사값을 찾고자 할 경우 찾기 옵션에 1 또는 TRUE를 입력하고 정확히 일치하는 값을 찾고자 할 경우 0 또는 FALSE를 입력해야 한다.
따라서 '박성미'의 결석 값을 찾기 위한 함수식은 「=VLOOKUP("박성미",$A$3:$D$5,4,0)」이다.

09

정답 ①

오른쪽 워크시트를 보면 데이터는 '김'과 '철수'로 구분이 되어 있다. 왼쪽 워크시트의 데이터는 '김'과 '철수' 사이에 기호나 탭, 공백 등이 없으므로 각 필드의 너비(열 구분선)를 지정하여 나눈 것이다.

10

정답 ②

엑셀에서 날짜는 숫자로 취급되기 때문에 오른쪽으로 정렬된다.

11

정답 ⑤

㉠ 집중화 전략으로 적절하다.
㉡ 원가우위 전략으로 적절하다.
㉢ 차별화 전략으로 적절하다.

12

정답 ⑤

직업윤리란 어느 직장에 다니느냐를 구분하지 않고, 직업을 가진 사람이라면 반드시 지켜야 할 공통적인 윤리규범을 말한다.

13

정답 ③

제습기의 물통이 가득 찰 경우, 제습기 작동이 멈출 수 있으나 $\frac{1}{2}$ 정도 들어있을 때 작동이 멈췄다면 서비스센터에 연락해야 한다.

오답분석

① 실내 온도가 18°C 미만일 때 냉각기에 결빙이 생겨 제습량이 줄어들 수 있다.
② 컴프레서 작동으로 실내 온도가 올라갈 수 있다.
④ 사용 전 알아두기 여섯 번째 사항에서 10분 꺼두었다가 다시 켜서 작동하면 정상이라고 하였다.
⑤ 희망 습도에 도달하면 운전이 멈추고, 습도가 높아지면 다시 자동 운전으로 작동한다.

14

정답 ①

보증서가 없으면 영수증으로 대신하는 것이 아니라, 제조일로부터 3개월이 지난 날이 보증기간 시작일이 된다.

오답분석

② 보증기간 안내 두 번째 항목인 제품 산정 기준을 보면 제품보증기간 정의가 나와 있다.
'제품 보증기간이라 함은 제조사 또는 제품 판매자가 소비자에게 정상적인 상태에서 자연 발생한 품질 성능 기능 하자에 대하여 무료 수리해 주겠다고 약속한 기간'이므로 맞는 내용이다.
③·④ 2017년 이전 제품은 2년이고, 나머지는 1년이 보증기간이다.
⑤ 제습기 부품 보증기간에 2016년 1월 이후 생산된 제품은 10년이다.

15

정답 ④

제시된 사례에서 K씨는 자신의 흥미·적성 등을 제대로 파악하지 못한 채 다른 사람을 따라 목표를 세웠고, 이를 제대로 달성하지 못하였다. 이처럼 자신의 흥미·적성 등을 제대로 파악하지 못하면 많은 노력을 하여도 성과로 연결되기가 쉽지 않다.

16

정답 ⑤

㉠ 자신뿐만 아니라 타인도 알고 있는 공개된 자아에 해당한다.
㉡ 스스로는 알고 있지만 남이 모르는 숨겨진 자아에 해당한다.
㉢ 자신은 모르지만 타인이 알고 있는 눈먼 자아에 해당한다.

조하리의 창(Johari's Window)

구분	자인이 안다	자신이 모른다
타인이 안다	공개된 자아	눈먼 자아
타인이 모른다	숨겨진 자아	아무도 모르는 자아

17

정답 ②

㉠의 A사원과 ㉣의 D사원은 직무 환경에 새로운 기술이나 기계 등이 도입되는 등 변화를 겪고 있다. 이처럼 변화하는 환경에 적응하기 위해서는 지속적인 자기개발이 필요하다.

오답분석

㉡ 자신이 달성하고자 하는 목표를 성취하기 위해 자기개발이 필요하다.
㉢ 자신감을 얻게 되고 삶의 질이 향상되어 보다 보람된 삶을 살기 위해 자기개발이 필요하다.

18

정답 ②

- 예상수입 : 40,000×50=2,000,000원
- 공연 준비비 : 500,000원
- 공연장 대여비 : 6×200,000×0.9=1,080,000원
- 소품 대여비 : 50,000×3×0.96=144,000원
- 보조진행요원 고용비 : 50,000×4×0.88=176,000원
- 총비용 : 500,000+1,080,000+144,000+176,000 =1,900,000원

총비용이 150만 원 이상이므로 공연 준비비에서 10%가 할인되어 50,000원이 할인된다. 따라서 할인이 적용된 비용은 1,900,000−50,000=1,850,000원이다.

19

정답 ④

ㄱ. 정보기기를 이용하여 음란물을 전송하는 행위는 시각적 성희롱에 해당한다.
ㄷ. 개인정보 유출을 방지하는 것은 직장 차원에서의 바람직한 대응에 해당한다.
ㄹ. 직장은 성희롱 가해자에 대하여 납득할 만한 수준의 조치를 취하고, 결과를 피해자에게 통지하여야 한다.

오답분석

ㄴ. 성희롱에 대하여 외부단체 및 상담기관에 도움을 요청하는 것도 바람직한 개인적 대응에 해당된다. 물론 조직 내부에의 대응 및 도움 요청도 병행되어야 한다.

20

정답 ②

예절은 언어문화권 내에서도 지역이나 문화적 특성에 따라 차이를 보일 수 있다. 따라서 ㄴ은 적절하지 않은 설명이다.

오답분석

ㄱ. 예절은 문화공동체 내에서 관습적으로 공유되는 규범이므로 사회계약적 특성을 지닌다.
ㄷ. 예절이란 특정 생활문화권의 생활양식을 통해 장기간에 걸쳐 정립된 관습적 생활규범이다.
ㄹ. 현대 에티켓은 타인에게 폐를 끼치지 않는 것뿐 아니라 호감을 주는 것도 포함한다.

21

정답 ⑤

㉠~㉤ 모두 서비스(SERVICE)의 7가지 의미에 포함되는 내용이다. ㉠과 ㉤은 Excellence, ㉡은 Courtesy, ㉢은 Image, ㉣은 Emotion에 해당된다.

22

정답 ③

2018년 대비 2024년에 발생률이 증가한 암은 폐암, 대장암, 유방암인 것을 확인할 수 있다.

오답분석

① 위암의 발생률은 점차 감소하다가 2023년부터 다시 증가하는 것을 확인할 수 있다.
② 전년 대비 2024년 암 발생률 증가폭은 다음과 같다.
   - 위암 : 24.3−24.0=0.3%p
   - 간암 : 21.3−20.7=0.6%p
   - 폐암 : 24.4−22.1=2.3%p
   - 대장암 : 8.9−7.9=1.0%p
   - 유방암 : 4.9−2.4=2.5%p
   - 자궁암 : 5.6−5.6=0%p

   폐암의 발생률은 계속적으로 증가하고 있지만, 전년 대비 2024년 암 발생률 증가폭은 유방암의 증가폭이 더 크므로 옳지 않은 설명이다.
④ 2024년에 위암으로 죽은 사망자 수는 알 수 없으므로 옳지 않은 설명이다.
⑤ 자궁암의 발생률은 2022년까지 감소하다가 2022년 이후로는 동일한 비율을 유지하고 있다.

23

정답 ③

피벗 테이블은 대화형 테이블의 일종으로 데이터의 나열 형태에 따라서 집계나 카운트 등의 계산을 하는 기능을 가지고 있어 방대한 양의 납품 자료를 요약해서 한눈에 파악할 수 있는 형태로 만드는 데 적절하다.

24

정답 ⑤

철도차량 운행상태를 수집하여 3차원 디지털 정보로 시각화하는 것은 디지털 트윈 기술이다.

오답분석

① 중정비 정의 및 개요의 4번째 항목에서 중정비 기간 중 차량 운행은 불가능하다고 되어 있으므로 바르게 이해한 내용이다.
② 시험 검사 및 측정에서 고저온 시험기와 열화상 카메라는 온도를 사용하는 기기이므로 바르게 이해한 내용이다.
③ 절차를 확인하면 중정비는 총 7단계로 구성되며, 기능시험 및 출장검사는 3단계이므로 바르게 이해한 내용이다.
④ 중정비 정의 및 개요의 1번째 항목에서 철도차량 전반의 주요 시스템과 부품을 차량으로부터 분리해 점검한다고 했으므로 바르게 이해한 내용이다.

RAMS
Reliability(신뢰성), Availability(가용성), Maintainability(보수성), Safety(안전성) 향상을 지원·입증하기 위한 기술로 철도 차량의 부품 및 설비를 제작－유지·보수－개량－폐기까지 각 지표에 대한 정보를 통합적으로 분석하여 철도 차량의 안전관리 및 유지보수 등 전반적인 시스템 엔지니어링 방법론이다.

25

정답 ④

중정기 정기 점검 기준에 의하면 운행 연차가 3년 이상 5년 이하의 경우 (열차 등급별 정기 점검 산정 횟수)×3회의 점검을 받아야 한다. C등급의 열차 등급별 정기 점검 산정 횟수는 연간 3회이므로 4년째 운행 중인 C등급 열차의 정기 점검 산정 횟수는 3×3=9회이다.

26

정답 ②

유연탄 CO_2 배출량은 원자력 CO_2 배출량의 $\frac{968}{9} ≒ 107.6$배이므로 옳지 않은 설명이다.

오답분석

① LPG 판매단가는 원자력 판매단가의 $\frac{132.45}{38.42} ≒ 3.4$배이므로 옳은 설명이다.
③ LPG는 두 번째로 CO_2 배출량이 낮은 것을 확인할 수 있다.
④ 에너지원별 판매단가 대비 CO_2 배출량은 다음과 같다.

- 원자력 : $\frac{9}{38.42} ≒ 0.2g-CO_2$/원
- 유연탄 : $\frac{968}{38.56} ≒ 25.1g-CO_2$/원
- 중유 : $\frac{803}{115.32} ≒ 7.0g-CO_2$/원
- LPG : $\frac{440}{132.45} ≒ 3.3g-CO_2$/원

따라서 판매단가 대비 CO_2 배출량이 가장 낮은 에너지원은 원자력이다.

⑤ 판매단가가 두 번째로 높은 에너지원은 중유이고, 중유의 CO_2 배출량도 두 번째로 높으므로 옳은 설명이다.

27

정답 ②

회식 자리에서의 농담은 자신의 생각에 달린 것이 아니라 받아들이는 사람이 어떻게 받아들이는가가 중요하다. 상사가 자신의 기분이 상할 수 있는 농담을 들었을 때, 회식과 같이 화기애애한 자리를 갑자기 냉각시킬 수는 없으므로 그 자리에서만 수용해줄 수 있는 것이다. 따라서 본인이 실수했다고 느낄 때 바로 사과하는 것이 적절하다.

28

정답 ③

자기관리는 자신의 비전과 목표를 정립하고, 자신의 역할 및 능력을 분석하여 과제를 발견하며, 이에 따른 일정을 수립하여 수행하고, 그 수행결과를 반성하고 피드백하는 절차로 이루어진다.

자기관리 단계
- 1단계 : 비전 및 목적 정립
  - 자신에게 가장 중요한 것 파악
  - 가치관, 원칙, 삶의 목적 정립
  - 삶의 의미 파악
- 2단계 : 과제 발견
  - 현재 주어진 역할 및 능력
  - 역할에 따른 활동 목표
  - 우선순위 설정
- 3단계 : 일정 수립
  - 하루, 주간, 월간 계획 수립
- 4단계 : 수행
  - 수행과 관련된 요소 분석
  - 수행방법 찾기
- 5단계 : 반성 및 피드백
  - 수행결과 분석
  - 피드백

29

정답 ①

집단에서 일련의 과정을 거쳐 의사가 결정되었다고 해서 최선의 결과라고 단정지을 수는 없다.

30

정답 ④

강압전략에 대한 설명이다. A사에 필요한 기술을 확보한 B사에게 대기업인 점을 내세워 공격적으로 설득하는 것은 적절하지 않은 설득 방법이다.

오답분석

① See－Feel－Change 전략으로 A사의 주장을 믿지 않는 B사를 설득시키기에 적절한 전략이다.
② 호혜관계 형성 전략으로 서로에게 도움을 주고받을 수 있는 점을 설명하여 D사를 설득시키는 적절한 전략이다.
③ 사회적 입증 전략으로 A사의 주장을 믿지 못하는 B사를 설득시키는 적절한 전략이다.
⑤ 협력전략의 전술 중 하나로 C사의 사업전망을 믿지 못하는 D사에게 공동 평가를 통해 신뢰를 형성시킬 수 있는 적절한 전략이다.

31
정답 ②

제6조 제3항에 따르면 검사 대상 철도운영자 등이 사법기관 및 중앙행정기관의 조사 및 감사를 받고 있는 경우, 항공·철도사고조사위원회가 철도사고에 대한 조사를 하고 있는 경우, 대형 철도사고의 발생, 천재지변, 그 밖의 부득이한 사유가 있는 경우에는 검사 시기를 유예하거나 변경할 수 있다.

32
정답 ③

제8조 제1항 제1호에 따르면 사고 분야의 경우 철도교통사고 건수, 철도안전사고 건수, 운행장애 건수, 사상자 수가 안전관리 수준에 대한 평가의 대상 및 기준이 된다.

33
정답 ②

빈칸 뒷 문장의 '후속열차에 의한 충돌이 발생할 수도 있기 때문이다.'라는 내용에서 열차가 갑작스러운 고장이나 앞차와의 간격유지를 위한 서행운전과 같은 돌발상황에 대비해서 어떤 상황에서 안전거리를 유지한다는 것을 유추할 수 있으므로 빈칸에 들어갈 내용으로 ②가 가장 적절하다.

34
정답 ④

미국 출장 시 기내수하물은 12kg까지 무료이므로 가방의 무게 1kg을 고려하여 기내용 가방에 최대 11kg의 짐을 넣는다.

위탁수하물은 20kg씩 2개가 무료이므로 가방 무게를 고려하여 3kg, 4kg짜리 위탁용 가방에 각각 17kg, 16kg을 넣는다. 가방에 넣은 짐을 제외한 나머지 짐의 무게는 60−(11+17+16)=16kg이다. 16kg를 8kg씩 나눠 위탁용 가방 두 개에 각각 담으면, 28kg이 되므로 15+15=30만 원의 초과요금이 나온다. 하지만 16kg을 위탁용 가방 하나에 넣으면, 36kg이 되어 초과요금이 20만 원이므로 가장 저렴하다.

따라서 가장 저렴한 가격으로 짐을 나누어 담는 경우는 다음과 같다.

구분		기내용 1kg	위탁용 3kg	위탁용 4kg	합계
경우 1	짐 무게	11kg	33kg	16kg	60kg
	총 무게	12kg	36kg	20kg	68kg
	비용	무료	무게초과 : 20만 원	무료	20만 원
경우 2	짐 무게	11kg	17kg	32kg	60kg
	총 무게	12kg	20kg	36kg	68kg
	비용	무료	무료	무게초과 : 20만 원	20만 원

35
정답 ④

유럽 출장 시 기내수하물은 8kg까지 무료이므로 가방의 무게 1kg을 고려하여 기내용 가방에 7kg의 짐을 넣는다.

나머지 짐의 무게는 53kg이므로 초과수하물 규정에 따라 한 가방에 넣을 수 없다. 즉, 위탁수하물 1개가 초과되므로 15만 원의 초과요금이 발생한다. 최저요금으로 산정하려면, 무게에 대한 수하물 초과요금은 위탁수하물 두 개 중 하나에서만 발생되어야 한다. 따라서 가장 저렴한 가격으로 짐을 나누어 담는 경우는 다음과 같다.

구분		기내용 1kg	위탁용 3kg	위탁용 4kg	합계
경우 1	짐 무게	7kg	34g	19kg	60kg
	총 무게	8kg	37kg	23kg	68kg
	비용	무료	개수초과 : 15만 원 무게초과 : 23만 원 ∴ 38만 원	무료	38만 원
경우 2	짐 무게	7kg	20kg	33kg	60kg
	총 무게	8kg	23kg	37kg	68kg
	비용	무료	무료	개수초과 : 15만 원 무게초과 : 23만 원 ∴ 38만 원	38만 원

따라서 두 나라의 수하물 요금의 차이는 38만−20만=18만 원이다.

36
정답 ③

어떠한 비난도 하지 않고 문제를 해결하는 것은 고객 불만에 대응하는 옳은 방법이다.

오답분석

① 회사 규정을 말하며 변명을 하는 것은 오히려 화를 키울 수 있다.
② 먼저 사과를 하고 이야기를 듣는 것이 더 효과적이다.
④ 실현 가능한 최선의 대안을 제시해야 한다.
⑤ 내 잘못이 아니라는 것을 고객에게 알리는 것은 화를 더 키울 수 있다.

37
정답 ②

다음의 논리 순서를 따라 주어진 조건을 정리하면 쉽게 접근할 수 있다.

- 세 번째 조건 : 한국은 월요일에 대전에서 연습을 한다.
- 다섯 번째 조건 : 미국은 월요일과 화요일에 수원에서 연습을 한다.
- 여섯 번째 조건 : 미국은 목요일에 인천에서 연습을 한다.
- 일곱 번째 조건 : 금요일에 중국과 미국은 각각 서울과 대전에서 연습을 한다.
- 여덟 번째 조건 : 한국은 월요일에 대전에서 연습하므로 화요일과 수요일에 이틀 연속으로 인천에서 연습을 한다.

이때, 미국은 자연스럽게 수요일에 서울에서 연습함을 유추할 수 있고, 한국은 금요일에 인천에서 연습을 할 수 없으므로 목요일에는 서울에서, 금요일에는 수원에서 연습함을 알 수 있다. 그리고 만약 중국이 수요일과 목요일에 이틀 연속으로 수원에서 연습을 하게 되면 일본은 수원에서 연습을 못하게 되므로 중국은 월요일과 목요일에 각각 인천과 수원에서 연습하고, 화요일과 수요일에 대전에서 이틀 연속으로 연습해야 함을 유추할 수 있다. 나머지는 일본이 모두 연습하면 된다. 이 사실을 종합하여 주어진 조건을 표로 정리하면 다음과 같다.

구분	월요일	화요일	수요일	목요일	금요일
서울	일본	일본	미국	한국	중국
수원	미국	미국	일본	중국	한국
인천	중국	한국	한국	미국	일본
대전	한국	중국	중국	일본	미국

따라서 수요일에 대전에서는 중국이 연습을 한다.

38

정답 ⑤

고객서비스 시 개인 용무의 전화 통화는 금지되지만, 업무와 관련된 전화 통화는 가능하다.

39

정답 ④

주어진 조건으로부터 콩쥐는 빨간색 치마, 팥쥐는 검은색 고무신을 배정받고, 나머지 조건으로부터 네 사람의 물품을 배정하면 다음과 같다.

- 팥쥐 : 이미 검은색 고무신을 배정받았기 때문에 검은색 치마를 배정받을 수 없고, 콩쥐가 빨간색 치마를 배정받았기 때문에 노란색을 싫어하는 팥쥐는 파란색 치마를 배정받는다. 또한 노란색을 싫어하므로 빨간색 족두리를 배정받는다.
- 콩쥐 : 파란색 고무신을 싫어하고 검은색 고무신은 이미 팥쥐에게 배정되었으므로 빨간색과 노란색 고무신을 배정받을 수 있는데, 콩쥐는 이미 빨간색 치마를 배정받았으므로 노란색 고무신을 배정받는다.
- 향단 : 빨간색과 파란색 치마가 이미 팥쥐와 콩쥐에게 각각 배정되었으므로 검은색 치마를 싫어하는 향단이는 노란색 치마를 배정받고, 자연스럽게 춘향이가 검은색 치마를 배정받는다. 춘향이가 빨간색을 싫어하므로 향단이는 빨간색 고무신을, 춘향이는 파란색 고무신을 배정받는다.
- 춘향 : 검은색 치마와 파란색 고무신을 배정받았으므로 빨간색을 싫어하는 춘향이는 자연스럽게 노란색 족두리를 배정받는다. 따라서 콩쥐와 향단이는 각각 파란색 또는 검은색 족두리를 배정받게 된다.

이를 표로 정리하면 다음과 같다.

구분	족두리	치마	고무신
콩쥐	파란색 / 검은색	빨간색	노란색
팥쥐	빨간색	파란색	검은색
향단	검은색 / 파란색	노란색	빨간색
춘향	노란색	검은색	파란색

따라서 춘향이는 항상 검은색 치마를 배정받아 착용한다.

오답분석

① · ⑤ 콩쥐와 향단이가 파란색과 검은색 족두리 중 어느 것을 배정받을지는 알 수 없다.
② 팥쥐는 빨간색 족두리를 착용한다.
③ 향단이는 빨간색 고무신을 착용한다.

40

정답 ③

다음의 논리 순서를 따라 주어진 조건을 정리하면 쉽게 접근할 수 있다.

- 여섯 번째, 여덟 번째 조건 : G는 첫 번째 자리에 앉는다.
- 일곱 번째 조건 : C는 세 번째 자리에 앉는다.
- 네 번째, 다섯 번째 조건 : 만약 A와 B가 네 번째, 여섯 번째 또는 다섯 번째, 일곱 번째 자리에 앉으면, D와 F는 나란히 앉을 수 없다. 따라서 A와 B는 두 번째, 네 번째 자리에 앉는다. 이때, 남은 자리는 다섯, 여섯, 일곱 번째 자리이므로 D와 F는 다섯, 여섯 번째 또는 여섯, 일곱 번째 자리에 앉게 되고, 나머지 한 자리에 E가 앉는다.

이 사실을 종합하여 주어진 조건을 표로 정리하면 다음과 같다.

구분	첫 번째	두 번째	세 번째	네 번째	다섯 번째	여섯 번째	일곱 번째
경우 1	G	A	C	B	D	F	E
경우 2	G	A	C	B	F	D	E
경우 3	G	A	C	B	E	D	F
경우 4	G	A	C	B	E	F	D
경우 5	G	B	C	A	D	F	E
경우 6	G	B	C	A	F	D	E
경우 7	G	B	C	A	E	D	F
경우 8	G	B	C	A	E	F	D

따라서 어느 경우에도 C의 옆에는 항상 A와 B가 앉는다.

오답분석

① 조건에서 D와 F는 나란히 앉는다고 하였다.
② · ④ 경우 4, 8인 때에만 성립한다.
⑤ B는 두 번째 또는 네 번째에 앉는다.

제2영역 직무수행능력평가

| 01 | 행정학

01	02	03	04	05	06	07	08	09	10
⑤	②	②	④	⑤	①	②	④	④	③
11	12	13	14	15	16	17	18	19	20
③	⑤	④	④	①	①	②	②	②	①
21	22	23	24	25	26	27	28	29	30
①	③	④	②	③	②	④	④	①	④
31	32	33	34	35	36	37	38	39	40
③	④	①	②	④	①	③	②	①	①

01 정답 ⑤

주거급여정보 시스템은 효율적인 주거급여 집행을 위한 업무처리를 지원하는 것으로 공사업무 활용에 속한다.

오답분석

① 택지정보 시스템 운영 지원 : 전국에 있는 개발사업지구의 정보를 관리하고, 택지수급을 관리하는 것으로 정부 정책 지원에 속한다.
② 공간빅데이터 체계 구축 지원 : 공간정보 융합 DB 및 빅데이터 분석 시스템을 구축하는 것으로 정부 정책 지원에 속한다.
③ 건축행정 시스템 운영 지원 : 건축 인·허가와 같은 온라인 민원에 대한 일괄처리 및 서류발급 서비스를 말하며 정부 정책 지원에 속한다.
④ 토지적성평가 수행 : 지자체가 수행한 토지적성평가의 적정성을 검증하고, 표준이 될 수 있는 프로그램을 제공하며 인증하는 업무를 말하는 것으로 정부 정책 지원에 속한다.

02 정답 ②

㉠ 전략적 선택 이론은 조직군이론이 아니라 개별조직이론이다.
㉣ M형 구조가 U형 구조보다 더 효율적이라고 주장한 사람은 오우치가 아니라 윌리엄슨(Williamson)이다.

03 정답 ②

POSDCoRB는 가장 능률적인 행정의 원리를 찾기 위해 고위 관리자의 기능 7가지를 제시한 것으로 각 단어의 머리글자를 조합한 것인데, 'O'는 조직(Organizing)을 가리킨다. POSDCoRB에서 제시한 기능에는 기획(Planning), 조직(Organizing), 충원(Staffing), 지휘(Directing), 조정(Coordinating), 보고(Reporting), 예산(Budgeting) 등이 있다.

04 정답 ④

ㄷ. 1910년대 테일러(Talor)의 과학적 관리론
ㅁ. 1930년대 메이어(Mayo)의 인간관계론
ㄴ. 1940년대 사이먼(Simon)의 행정행태론
ㄱ. 1970년대 왈도(Waldo)의 신행정론
ㄹ. 1970년대 오스트롬(Ostrom)의 공공선택론

05 정답 ⑤

의사결정자의 경기호황에 대한 기대성향이 0.3이고 경기보통에 대한 기대성향이 0.5, 경기침체에 대한 기대성향이 0.2라면 각 대안별 기댓값은 다음과 같으며, 그중 가장 큰 값인 주식에 투자할 것이다.

구분	호황 (0.3)	보통 (0.5)	침체 (0.2)	기댓값
예금	2	2	2	(2×0.3)+(2×0.5)+(2×0.2)=2
채권	3	2.5	1	(3×0.3)+(2.5×0.5)+(1×0.2)=2.35
주식	6	3	−2	(6×0.3)+(3×0.5)+[(−2)×0.2]=2.9

오답분석

① 경기침체 시에 예금의 기대수익은 2로 채권과 주식보다 기대수익이 높다.
② 경기가 호황일 때 기대수익이 가장 높은 것은 주식이다.
③ 각 대안들의 최대기회손실이 가장 최소인 것은 채권이다.

구분	예금	채권	주식
호황	6−2=4	6−3=3	6−6=0
보통	3−2=1	3−2.5=0.5	3−3=0
침체	2−2=0	2−1=1	2−(−2)=4
최대기회손실	4	3	4

④ • 예금 : (2+2+2)/3=6/3
• 채권 : (3+2.5+1)/3=6.5/3
• 주식 : [6+3+(−2)]=7/3

06 정답 ①

종합적 조직 진단을 구성하는 것은 조직문화와 행태, 인력, 재정, 서비스와 프로세스이다.

조직 진단
• 행태과학의 방법을 사용하여 조직의 현재 상태를 점검하고 문제의 해결 또는 조직의 효과성 증대를 위한 방안을 목적으로 한다.
• 조직의 활동이나 지침을 수립하기 위해서 자료나 정보를 다시 비교·분석·평가한다.

07

정답 ②

판단적 미래예측 기법은 경험적 자료나 이론이 없을 때 전문가나 경험자들의 주관적인 견해에 의존하는 질적·판단적 예측이다.

08

정답 ④

전방향접근법은 하향식 접근으로 결정기관에서 시작하여 집행기관으로 내려오면서 접근하는 방법이다. 집행에서 시작하여 상위계급이나 조직 또는 결정단계로 거슬러 올라가는 것은 상향식 접근이다.

09

정답 ④

공공선택론은 뷰캐넌(J. Buchanan)이 창시하고 오스트롬(V. Ostrom)이 발전시킨 이론으로 경제학적인 분석도구를 중시한다.

공공선택론의 의의와 한계

의의	• 공공 부문에 경제학적인 관점을 도입하여 현대 행정개혁의 바탕이 됨 – 고객중심주의, 소비자중심주의, 분권화와 자율성 제고 등 • 정부실패의 원인을 분석하여 대안을 제시
한계	• 시장실패의 위험이 있음 • 시장 경제 체제의 극대화만을 중시하여 국가의 역할을 경시

10

정답 ③

오답분석

① 공익의 과정설에 대한 설명이다.
② 행정의 민주성에는 대내적으로 행정조직 내부 관리 및 운영의 대내적 민주성도 포함된다.
④ 장애인들에게 특별한 세금감면 혜택을 부여하는 것은 사회적 형평성에 부합한다.
⑤ 만장일치와 계층제는 가외성의 장치가 아니다.

11

정답 ③

오답분석

① 점증주의적 패러다임은 지식과 정보의 불완정성과 미래예측의 불확실성을 전제로 한다.
② 체제 모형, 제도 모형, 집단 모형은 점증주의적 패러다임의 범주에 포함되는 정책결정 모형의 예이다.
④ 기술평가·예측 모형은 합리주의적 패러다임의 범주에 포함된다.
⑤ 전략적 계획 패러다임이 정책결정을 전략적 계획의 틀에 맞추어 이해한다.

12

정답 ⑤

오답분석

① 조직의 규모가 커질수록 복잡성도 증가한다.
② 환경의 불확실성이 높아질수록 조직의 공식화 수준은 낮아질 것이다.
③ 조직의 규모가 커짐에 따라 조직의 공식화 수준은 높아질 것이다.
④ 일상적 기술일수록 분화의 필요성이 낮아져서 조직의 복잡성이 낮아진다.

13

정답 ④

앨리슨(Alison)의 조직 모형에 대한 설명이다. 조직 모형은 느슨하게 연결된 하위조직들의 연합체를 다룬다.

14

정답 ④

기관장의 근무기간은 5년의 범위에서 소속중앙행정기관의 장이 정하되, 최소한 2년 이상으로 하여야 한다. 이 경우 제12조 및 제51조에 따른 소속책임운영기관의 사업성과의 평가 결과가 우수하다고 인정되는 때에는 총 근무기간이 5년을 넘지 아니하는 범위에서 대통령령으로 정하는 바에 따라 근무기간을 연장할 수 있다(책임운영기관의 설치·운영에 관한 법률 제7조 제3항).

15

정답 ①

최고관리자의 관료에 대한 지나친 통제가 조직의 경직성을 초래하여 관료제의 병리 현상이 나타난다고 주장한 학자는 머튼(Merton)이다.

16

정답 ①

코터(J. P. Kotter)는 변화관리 모형을 '위기감 조성 → 변화추진팀 구성 → 비전 개발 → 비전 전달 → 임파워먼트 → 단기성과 달성 → 지속적 도전 → 변화의 제도화' 8단계로 제시하였다.

변화관리 모형

단계		내용
제1단계	위기감 조성	현실에 만족·안주하지 않고 변화를 위해 위기감을 조성
제2단계	변화추진팀 구성	저항하는 힘을 이기기 위해 변화 선도자들로 팀을 구성
제3단계	비전 개발	비전을 정립하고 구체화시킴
제4단계	비전 전달	구성원 모두에게 공감대를 형성해 참여를 유도
제5단계	임파워먼트	비전에 따라 행동하기 위해 구성원에게 권한을 부여
제6단계	단기성과 달성	눈에 띄는 성과를 단기간에 달성 유도

제7단계	지속적 도전	지속적인 변화를 위해 변화의 속도를 유지
제8단계	변화의 제도화	변화가 조직에 잘 정착하도록 제도화하는 과정

17

정답 ②

ㄱ. 분배정책은 정부가 가지고 있는 권익이나 서비스 등 자원을 배분하는 정책이다. 수혜자들은 서비스와 편익을 더 많이 취하기 위해서 다투게 되므로 포크배럴, 로그롤링과 같은 정치적 현상이 발생하기도 한다.

ㄷ. 재분배정책은 누진소득세, 임대주택 건설사업 등이 대표적이다.

오답분석

ㄴ. 재분배정책에 대한 설명이다. 분배정책은 갈등이나 반발이 별로 없기 때문에 집행이 가장 용이한 정책이다.

ㄹ. 설명이 반대로 되어 있다. 분배정책이 재분배정책에 비해서 안정적 정책을 위한 루틴화의 가능성이 높고 집행을 둘러싼 논란이 적어 집행이 용이하다.

분배정책과 재분배정책의 비교

구분	분배정책	재분배정책
재원	조세(공적 재원)	고소득층 소득
성격과 갈등 정도	없음(Non-zero sum)	많음(Zero sum)
정책	사회간접자본 건설	누진세, 임대주택 건설
이념	능률성, 효과성, 공익성	형평성
집행	용이	곤란
수혜자	모든 국민	저소득층
관련 논점	포크배럴(구유통 정책), 로그롤링	이념상, 계급 간 대립

18

정답 ②

조직군생태론은 종단적 조직분석을 통하여 조직의 동형화를 주로 연구한다.

19

정답 ②

정보관리에 배제성을 적용하면 오히려 정보의 불균형과 정보격차가 발생하여 정보의 비대칭성이 심화된다.

오답분석

① 정보를 정부나 상급기관이 독점하게 되면 오히려 계층구조의 강화, 감시 강화, 프라이버시 침해 등의 폐해가 발생할 수 있다.

③ 정부는 국가정보화의 효율적, 체계적 추진을 위하여 3년마다 지능정보사회 종합계획을 수립하여야 한다(지능정보화기본법 제6조 제1항).

④ 전자민주주의는 행정의 투명성과 개방성을 제고한다.

20

정답 ①

기획재정부장관은 회계연도마다 중앙관서 결산보고서를 통합하여 국가의 결산보고서를 작성한 후 국무회의의 심의를 거치고 대통령의 승인을 받은 다음 감사원의 결산검사를 받아야 한다.

> **국가결산보고서의 작성 및 제출(국가재정법 제59조)**
> 기획재정부장관은 국가회계법에서 정하는 바에 따라 회계연도마다 작성하여 대통령의 승인을 받은 국가결산보고서를 다음 연도 4월 10일까지 감사원에 제출하여야 한다.

21

정답 ①

ㄱ. 앨더퍼(Alderfer)는 두 가지 이상의 복합적인 욕구가 하나의 행동을 유발할 수 있다고 보았다.

ㄴ. 맥클리랜드(McClelland)는 인간의 욕구는 사회문화적으로 학습되는 것이라 규정하면서 상위 욕구만을 중심으로 권력욕구, 친교욕구, 성취욕구로 분류하였다.

오답분석

ㄷ. 브룸은 동기유발은 과업에 대한 개인의 기대감(E), 수단성(I), 보상에 대한 유의성(V)의 함수에 의해 결정된다고 주장했다.

ㄹ. 샤인(Schein)의 복잡인 모형에 관한 설명이다. 샤인(Schein)은 인간의 욕구체계는 매우 복잡하고 때와 장소, 조직 생활의 경험, 직무 등 여러 상황에 따라서 달라진다고 주장하였다. 핵맨(Hackman)과 올드햄(Oldham)은 환류가 이루어지거나 자율성이 인정되는 직무이면서 구성원의 성장욕구가 강할 때 동기부여의 효과가 크다는 직무특성이론을 주장하였다.

22

정답 ③

예산지출 위주의 정부 운영 방식에서 탈피하여 수입 확보의 개념을 활성화하는 것이 필요하다고 보는 것은 신공공관리론에 해당한다.

23

정답 ④

A는 예산 총계주의 원칙이고, B는 예산 통일의 원칙이다.

전통적 예산 원칙

원칙	내용
공개성의 원칙	국민에 대해 재정활동을 공개
명료성의 원칙	국민이 이해하기 쉽고 단순·명확해야 함
한정성의 원칙	예산 항목, 시기, 주체 등에 명확한 한계를 지녀야 함
통일성의 원칙	특정 수입과 지출의 연계 금지
사전승인의 원칙	국회가 사전에 승인
완전성의 원칙	모든 세입과 세출이 나열(예산총계주의)
정확성의 원칙	예산과 결산이 일치
단일성의 원칙	단일 회계 내에 처리(단수예산)

24

정답 ②

무의사결정은 소외계층 등이 기존의 이익배분 상태에 대한 변동을 요구하는 것을 기득권 세력이 억압하는 것이다.

무의사결정론
- Bachrach와 Baratz의 주장
- 기득권 세력이 자신들의 이익에 도전해오는 주장들을 의도적으로 방치하거나 기각하여 정책의제로 채택되지 못하도록 하여 잠재적이거나 현재적 도전을 억압하거나 좌절시키는 결정이다.
- R. Dahl의 모든 사회문제는 자동으로 정책의제화된다는 주장에 대한 반발로 등장하였다.
- 주로 의제를 채택하는 과정에서 나타나지만 넓게는 정책의 전반적인 과정에서 나타난다.

25

정답 ③

저소득층을 위한 근로장려금 제도는 재분배정책에 해당한다.

오답분석

① 규제정책은 제약과 통제를 하는 정책으로 진입규제, 독과점규제가 이에 해당한다.
② 분배정책은 서비스를 배분하는 정책으로 사회간접자본의 건설, 보조금 등이 이에 해당한다.
④ 추출정책은 환경으로부터 인적·물적 자원을 확보하려는 정책으로 징세, 징집, 노동력동원, 토지수용 등이 이에 해당한다.
⑤ 구성정책은 정부 자체를 대상으로 하는 정책, 사회 전체의 이익을 위한 정책을 가리킨다.

26

정답 ②

ㄱ. 티부 가설은 '발로 하는 투표(Vote by Feet)'로 지방분권을 지향한다.
ㄹ. 주민과 지방정부 간의 소통·접촉의 기회를 증대시켜 각 지역의 상황과 실정에 맞는 행정의 구현이 가능하다.

오답분석

ㄴ. 새뮤얼슨의 공공재 공급 이론은 중앙정부에 의한 공공재 공급을 뒷받침하는 이론으로 정치논리에 의하여 서비스가 공급되는 것이 불가피하다는 내용이다.
ㄷ. 지방분권의 단점으로 지역 간 격차가 발생할 수 있다. 지역격차 완화는 중앙집권의 장점이다.

27

정답 ④

거래비용 이론에서 현대적 이론에 대한 설명이다. 현대적 이론에서 조직은 거래비용을 감소하기 위한 장치로 기능한다고 본다.

조직이론의 전개

구분	고전적 조직 이론	신고전적 조직 이론	현대적 조직 이론
인간관	합리적 경제인관	사회인관	복잡인관
구조체제	공식적 구조	비공식적 구조	유기체적 구조 (공식적+비공식적)
기초이론	과학적관리론, 행정관리론	인간관계론, 후기인간관계론	후기관료 모형, 상황적응 이론
가치	기계적 능률성	사회적 능률성	다원적 목표·가치
환경	폐쇄체제		개방체제
성격	정치·행정 이원론, 공·사 행정일원론	정치·행정 이원론의 성격이 강함	정치·행정 일원론, 공·사 행정이원론

28

정답 ④

오염허가서는 간접적 규제의 활용 사례이다. 오염허가서란 오염물질을 배출할 수 있는 권리를 시장에서 매매가 가능하도록 하는 공해배출권 거래제도를 말한다.

오답분석

① 피구세는 환경문제의 해결을 위한 정부의 적극적인 역할로서 오염물질의 배출에 대해서 그 오염물질로 인해 발생하는 외부효과만큼 배출세를 내도록 하는 제도이다.
② 긍정적인 외부효과를 유발하는 기업에 대해서 보조금을 지급하여 최적의 생산량을 생산하도록 유도한다.
③ 코즈의 정리는 외부효과를 발생시키는 당사자들 사이에 소유권을 명확하게 하면 자발적이고 자유로운 협상에 의해 외부효과의 문제가 해결될 수 있다는 주장이다.
⑤ 교정적 조세는 외부효과에 따른 사적 유인의 왜곡을 사회적 최적과 일치시키는 역할을 하므로, 경제적 효율 향상과 더불어 정부의 조세수입도 증가시키는 결과를 가져온다.

외부효과의 개선

긍정적 외부효과	• 보조금 지급 • 의무 교육의 확대
부정적 외부효과	• 정부의 직접규제 • 조세정책

29

정답 ①

ㄱ. 균형성과표는 카플란과 노턴(Kaplan & Norton)에 의해 개발되었고, 조직의 비전과 목표, 전략으로부터 도출된 성과지표의 집합체이다.

ㄴ. 균형성과표는 재무지표 중심의 기존 성과관리의 한계를 극복하고 다양한 관점의 균형을 추구하고자 한다.

ㄹ. 균형 성과표는 재무, 고객·내부 프로세스·학습과 성장(비재무적 지표)이라는 네 가지 관점 간의 균형을 중시한다.

오답분석

ㄷ. 균형성과표는 내부요소와 외부요소의 균형을 중시한다.

ㅁ. 성과관리의 과정과 결과의 균형을 중시한다.

30

정답 ④

예비타당성 조사는 경제성 분석과 정책성 분석으로 이루어진다. 이 중에서 민감도 분석은 비용·편익·분석을 하는 경제성 분석에 포함된다.

오답분석

①·②·③·⑤ 정책성 분석에 해당한다.

예비타당성 조사

경제성 분석과 정책성 분석으로 나누어 실시한다.

구분	내용
경제성 분석	• 수요 및 편익추정 • 비용 추정 • 경제성 및 재무성 평가 • 민감도 분석
정책성 분석	• 지역경제 파급효과 • 지역균형개발 • 사업추진 위험요인 • 정책의 일관성 및 추진의지 • 국고지원의 적합성 • 재원조달 가능성 • 상위계획과 연관성

31

정답 ③

기획재정부장관은 국무회의의 심의를 거쳐 대통령의 승인을 얻은 다음 연도의 예산안편성지침을 매년 3월 31일까지 각 중앙관서의 장에게 통보하고 국회 예산결산특별위원회에 보고하여야 한다(국가재정법 제30조).

오답분석

① 각 중앙관서의 장은 매년 1월 31일까지 해당 회계연도부터 5회계연도 이상의 기간 동안의 신규사업 및 기획재정부장관이 정하는 주요 계속사업에 대한 중기사업계획서를 기획재정부장관에게 제출하여야 한다(국가재정법 제28조).

② 국가재정법 제5조 제1항·제2항

④ 정부는 회계연도마다 예산안을 편성하여 회계연도 개시 90일전까지 국회에 제출하고, 국회는 회계연도 개시 30일전까지 이를 의결하여야 한다(헌법 제54조 제2항).

⑤ 국가재정법 제22조 제1항

32

정답 ④

신공공관리론은 행정과 경영을 동일하게 보는 관점으로 기업경영의 원리와 기법을 공공 부문에 그대로 이식하려 한다는 비판이 있다.

오답분석

① 동태적인 측면을 파악할 수 없다.

② 생태론에 대한 설명이다.

③ 합리적 선택 신제도주의가 방법론적 개체주의에, 사회학적 신제도주의는 방법론적 전체주의에 기반을 두고 있다. 설명이 반대로 되어 있다.

33

정답 ①

ㄱ·ㄹ·ㅂ 유기적 조직의 특징에 해당한다.

오답분석

ㄴ·ㄷ·ㅁ 기계적 조직의 특징에 해당한다.

기계적 조직과 유기적 조직

구분	기계적 조직	유기적 조직
직무범위	직무범위가 좁음	직무범위가 넓음
절차	표준운영절차	적은 규칙과 절차
책임소재	책임관계가 분명	책임관계가 모호함
성질	공식적	비공식적
조직목표	조직목표가 명확함	조직목표가 모호함
동기부여	금전적인 동기부여	복합적인 동기부여

34

정답 ②

오답분석

ㄴ. 수평적인 협력관계를 바탕으로 한다.

ㄷ. 자율적인 관리가 중요하다.

네트워크 조직

핵심역량만 조직화하고 그 외의 부수적인 부분은 아웃소싱한다. 수평적인 협력관계를 바탕으로 조직의 공생관계와 신뢰를 구축한다는 장점을 가지지만 지속력이 약하다는 단점이 있다.

35

정답 ④

무의사결정론은 엘리트들이 대중에 대한 억압과 통제를 통해 불리한 문제는 거론을 못하게 막고, 유리한 이슈만을 정책의제로 설정하게 하는 것을 뜻한다.

오답분석

① 체제 이론 : 문지기(Gate Keeper)의 선호에 의해, 이익집단 자유주의는 이익집단의 영향력에 따라, 어떤 의제는 정책의제화가 될 수 없음을 설명하는 이론
② 다원주의론 : 사회를 구성하는 집단들 사이에 권력은 널리 동등하게 분산되어 있으며, 정책은 많은 이익집단의 경쟁과 타협의 산물이라고 설명하는 이론
③ 공공선택론 : 합리적 경제인을 가정함. 즉, 인간은 자신의 이익극대화를 추구하는 이기적인 존재로 가정하는 내용
⑤ 사이먼(H. Simon)의 의사결정론 : 인간은 인지능력의 제한을 가지므로 완전히 합리적인 결정에는 한계가 있어 일부 사회문제만을 정책의제로 선택하는 내용

36

정답 ①

지방의회의 지방자치단체장에 대한 주민투표실시 청구권은 주민투표법에 규정되어 있다.

오답분석

② 지방자치법 제62조 제1항
③ 지방자치법 제49조
④ 지방자치법 제193조
⑤ 지방자치법 제89조

주민투표의 실시요건(주민투표법 제9조 제1항)
지방자치단체의 장은 주민 또는 지방의회의 청구에 의하거나 직권에 의하여 주민투표를 실시할 수 있다.

37

정답 ③

우리나라의 총액인건비제도는 국 단위기구 이상은 '대통령령(직제)'에서 규정하고, 과 단위기구에서는 각 부처의 자율성을 인정한다.

38

정답 ②

ㄱ, ㄹ. 재산세와 등록면허세가 자치구세이다.

지방세목 체계

구분		광역자치단체		기초자치단체	
		특별시 · 광역시세	도세	시 · 군세	자치구세
지방세	보통세	취득세, 주민세, 자동차세, 레저세, 담배소비세, 지방소비세, 지방소득세	취득세, 등록면허세, 레저세, 지방소비세	주민세, 재산세, 담배소비세, 자동차세, 지방소득세	재산세, 등록면허세
	목적세	지방교육세, 지역자원시설세	지방교육세, 지역자원시설세	-	

39

정답 ①

근무성적평정은 모든 공무원이 대상이다. 다만 5급 이하의 공무원은 원칙적으로 근무성적평가제에 의한다. 4급 이상 공무원은 평가대상 공무원과 평가자가 체결한 성과계약에 따라 성과목표 달성도 등을 평가하는 성과계약 등 평가제로 근무성적평정을 실시한다.

40

정답 ①

국가재정법 제4조에 따르면 특별회계는 국가에서 특정한 사업을 운영하고자 할 때나 특정한 자금을 보유하여 운용하고자 할 때, 특정한 세입으로 특정한 세출에 충당함으로써 일반회계와 구분하여 회계처리할 필요가 있을 때에 '법률'로써 설치한다.

회계 · 기금 간 여유재원의 전입 · 전출(국가재정법 제13조 제1항)
정부는 국가재정의 효율적 운용을 위하여 필요한 경우에는 다른 법률의 규정에도 불구하고 회계 및 기금의 목적 수행에 지장을 초래하지 아니하는 범위 안에서 회계와 기금 간 또는 회계 및 기금 상호 간에 여유재원을 전입 또는 전출하여 통합적으로 활용할 수 있다.

02 경영학

01	02	03	04	05	06	07	08	09	10
③	②	①	③	④	④	③	④	⑤	⑤
11	12	13	14	15	16	17	18	19	20
③	⑤	⑤	④	④	④	③	②	⑤	①
21	22	23	24	25	26	27	28	29	30
⑤	⑤	④	⑤	③	③	③	④	④	④
31	32	33	34	35	36	37	38	39	40
①	⑤	②	④	⑤	④	⑤	①	①	⑤

01

정답 ③

자원의 4대 낭비 요인

- 비계획적 행동
- 편리성 추구
- 자원에 대한 인식 부족
- 노하우 부족

02

정답 ②

인적자원의 배치·이동의 원칙

- 능력주의 : 능력을 발휘할 수 있는 기회와 장소를 부여하고, 그 성과를 평가하여 성과에 따른 보상을 제공해야 한다.
- 적재적소주의 : 직원을 능력과 성격에 따라 최적의 위치에 배치하여 최고의 능력을 발휘할 수 있도록 해야 한다.
- 균형주의 : 모든 직원이 평등한 직장 전체의 적재적소를 고려해야 한다.
- 인재육성주의 : 직원이 학습하고 성장할 수 있도록 해야 한다.

03

정답 ①

오답분석

② 네이비즘(Navyism) : 실시간으로 초 단위의 정확한 표준시간을 확인하려는 사람들이 이용하는 서비스이다.

③ 클린룸(Clean-room) : 공장이나 연구실에 설치하는 먼지 없는 작업장을 의미한다.

④ 키 테넌트(Key Tenant) : 이용객이 많아 집객 효과가 뛰어난 핵심 점포를 의미한다.

⑤ 카마겟돈(Carmageddon) : 'Car(자동차)'와 'Armageddon(대혼란)'을 합쳐서 만든 말로, 혼란 속에 처해 있는 자동차 산업을 가리키는 용어이다.

04

정답 ③

기업의 사회적 책임에 관한 문항이다. 제시된 글을 보면 공생하는 기업만이 살아남을 수 있음을 알 수 있다. 즉, 공룡은 환경에 적응하지 못했으며, 곤충은 환경에 적응하는 방법을 찾아내어 현화 식물과 공생하게 되었다는 것이다. 그러므로 보기에서 사회와 공생하는 기업을 찾으면 된다.

오답분석

ㄷ. 하청 업체에게 특별한 이유 없이 납품 단가를 인상해 준다고 하여 사회적 책임을 지고 있다고 판단할 수는 없다.

05

정답 ④

초코기업이 1만 원을 인수 가격으로 제시하면 파이기업은 자사 가치가 0원이거나 1만 원일 경우에만 인수에 동의하고, 2만 원일 경우에는 인수에 동의하지 않는다. 따라서 초코기업이 생각하는 인수 확률은 $\frac{2}{3}$이고, 초코기업이 기대하는 이득은 $\frac{1}{3}\times(0\times1.5-1)+\frac{1}{3}\times(1\times1.5-1)=-\frac{1}{3}$만 원이다.

마찬가지로 초코기업이 2만 원을 인수 가격으로 제시해도 기대할 수 있는 이득은 음(−)임을 알 수 있다.

따라서 초코기업은 인수 가격으로 0원을 제시하는 것이 합리적이며, 이때 인수로 기대할 수 있는 이득도 0원이다.

06

정답 ④

거래비용 이론에 따르면 거래의 당사자가 거래의 성립을 위해 지불해야 할 비용은 크게 세 가지 관점에서 발생한다. 그중 거래에 투자되는 거래 당사자들의 자산이 그 특정 거래에 국한될 경우, 즉 자산의 고정성(Asset Specificity)이 높을 경우, 거래에 소요되는 비용이 상대적으로 증가한다.

거래비용 이론(Transaction Cost Theory)

기업조직의 생성과 관리는 거래비용을 최소화하기 위해 이루어진다는 이론이다. 기업과 시장 간 효율적인 경계를 설명하며, 기업이 시장거래를 하는 대신에 조직을 형성하는 이유는 일정 거래가 기업 조직 경계 안의 내부적 거래로 이루어지는 것이 시장에서 이루어지는 경우보다 상대적으로 비용이 적게 들기 때문이라고 본다. 기업은 조직 생산 활동 범위 중 어느 부분을 내부조달 또는 외부조달(Make or Buy)할 것인지 의사결정을 내리게 되고, 그 결과에 따라서 조직의 경계가 결정된다.

07
정답 ③

채찍효과란 고객의 수요가 상부단계 방향으로 전달될수록 각 단계별 수요의 변동성이 증가하는 현상으로, 발생원인으로는 자사 주문량에 근거하는 예측, 일괄주문처리, 가격 변동, 결품 예방 경쟁 등이 있다. 전자 자료 교환(EDI)의 시행은 리드타임을 단축시킴으로써 채찍효과를 제거할 수 있는 방안에 해당한다.

08
정답 ④

인간관계론은 행정조직이나 민간조직을 단순한 기계적인 구조로만 보고 오직 시스템의 개선만으로 능률성을 추구하려 하였다는 과거의 과학적 관리론과 같은 고전적 조직이론의 개념을 탈피하여 한계점을 수용하고, 노동자들의 감정과 기분 같은 사회·심리적 요인과 비경제적 보상을 고려하며 인간 중심적 관리를 중시하였다.

09
정답 ⑤

테일러(Taylor)의 과학적 관리법은 전문적인 지식과 역량이 요구되는 일에는 부적합하며, 노동자들의 자율성과 창의성은 무시한 채 효율성의 논리만을 강조했다는 비판을 받았다. 이러한 테일러의 과학적 관리법은 단순노동과 공장식 노동에 적합하다.

10
정답 ⑤

오답분석

① 집단사고(Groupthink) : 의사결정 시 만장일치에 도달하려는 분위기가 다른 대안들을 현실적으로 평가하려는 경향을 억압할 때 나타나는 구성원들의 왜곡되고 비합리적인 사고방식으로, 구성원 사이에 강한 응집력을 보이는 집단에서 주로 나타난다.
② 직무만족(Job Satisfaction) : 개인이 자신의 직무에 대해 만족하는 정도를 말한다.
③ 직무몰입(Job Involvement) : 근로자가 특정 조직에 동일시하고 몰입하는 정도를 말한다.
④ 감정노동(Emotional Labor) : 정서노동이라고도 하며 서비스 업종에 종사하는 사람들이 직무를 수행하다가 마주치는 정서적인 요구를 뜻한다.

11
정답 ③

허즈버그(Hertzberg)의 2요인 이론에 따르면 인간행동에 영향을 주는 요인에는 충족된다면 불만족을 없애주는 위생요인과 만족증가를 유도해 어떤 행동을 유발시키는 동기요인으로 구분된다. 동기요인에는 성취감, 안정감, 책임감, 개인의 성장 및 발전, 보람있는 직무내용, 존경과 자아실현 욕구 등이 포함된다. 반면에 위생요인에는 임금, 작업환경 등을 들 수 있다.

12
정답 ⑤

ERG 이론과 욕구체계 이론은 인간의 욕구를 동기부여 요인의 대상으로 보고 있으며, ERG 이론은 욕구체계 이론을 바탕으로 존재의 욕구, 관계적 욕구, 성장의 욕구를 기준으로 재정립하였다.

13
정답 ⑤

성과급은 성과에 따라 임금을 산정하는 제도이므로 성과나 직무가치 등의 직무적 요소를 기본으로 임금을 결정하는 직무급에 해당한다. 또한 성과급의 임금 수령액은 각자의 성과에 따라 증감하므로 변동급에 해당한다.

- 연공급 : 종업원의 근속연수(tenure)를 기준으로 임금 결정, 생활보장의 원칙, 숙련상승설
- 직무급 : 직무평가를 바탕으로 직무의 상대적 가치를 기준으로 임금 결정, 노동대가의 원칙, 임금공정성 제고
- 직능급 : 종업원이 보유하고 있는 직무수행능력을 바탕으로 임금 결정, 노동대가의 원칙, 직능자격제도

14
정답 ④

유통업자 판매촉진은 제조업체가 유통업체를 대상으로 하는 판매촉진 활동을 의미한다. 경영활동 지원, 판매활동 지원, 콘테스트, 협동광고, 진열보조금 지원, 판매장려금 지원, 판매도우미 파견 등이 있다. 소비자에게 특정 제품을 소량으로 포장하여 무료로 샘플을 제공하는 판매촉진은 소비자 판매촉진에 해당한다.

15
정답 ④

시장세분화는 수요층별로 시장을 분할해 각 층에 대해 집중적인 마케팅 전략을 펴는 것을 말한다.

오답분석

① 프로모션(Promotion) : 제품 판매를 위한 선전이나 판촉활동
② 타기팅(Targeting) : 전체 시장을 세분화한 후, 하나 혹은 복수의 소비자 집단을 목표시장으로 선정하는 마케팅 전략
③ 포지셔닝(Positioning) : 소비자의 마음속에 자사 제품이나 기업을 가장 유리한 포지션에 있도록 노력하는 과정
⑤ 이벤트(Event) : 기업에서 신제품 출시나 제품 홍보를 위해 개최하는 행사

16
정답 ④

종단조사는 동일한 대상을 일정 시간을 두고 반복적으로 측정하여 조사 대상의 변화를 정기적으로 측정하는 조사로, 다시점 조사라고도 불린다.

오답분석

① FGI 설문법 : 표준화된 질문이나 설문지를 통한 조사가 아닌 질문방식이나 응답 방법 등이 비교적 자유로운 질적 조사
② 탐색조사 : 질문에 있어서 약간의 지식이 있을 때 본 조사에 앞서 수행하는 소규모의 조사
③ 서베이법 : 다수의 조사자에게 직접 묻거나 설문지, 컴퓨터 등을 통해 자료를 조사하는 방법
⑤ 횡단조사 : 특정 시점을 기준으로 여러 샘플을 조사함으로써 상이한 집단 간의 차이를 규명하고자 하는 조사 방법

17

정답 ③

인지 부조화 이론은 페스팅거에 의해 제시된 이론으로, 자신이 가진 내적 신념이나 태도에 일치하지 않을 때 긴장상태(불편한 상태)가 발생되는 상황으로 소비 맥락에서 일어나는 인지 부조화를 구매 후 부조화라고 한다. 따라서 이러한 불편한 상태를 해소하기 위해 자신의 기대를 낮추거나 혹은 다른 정당성을 부여함으로써 구매 후 부조화를 해소한다. 가격이 높은 제품일수록 구매 후 부조화는 더욱 커지게 된다.

18

정답 ②

통계적 품질관리에 대해 바르게 설명한 사람은 준호, 민영 총 2명이다.

오답분석

- 진영 : 원자재 불량, 공구 마모, 작업자의 부주의 등 특별한 원인에 의하여 발생하는 변동은 이상변동이라고 한다.
- 아현 : 관리도의 독립성 속성의 가정으로 데이터들 사이는 서로 부분 집단적이 아닌 독립적이어야 한다.

19

정답 ⑤

연속생산과 단속생산의 특징

특징	연속생산	단속생산
생산방식	예측생산	주문생산
품종, 생산량	소품종 다량생산	다품종 소량생산
생산속도	빠르다	느리다
단위당 생산원가	낮다	높다
운반설비	고정경로형	자유경로형
기계설비	전용설비	범용설비
설비투자액	많다	적다
마케팅 활동	수요예측에 따라 전개	주문 위주로 전개

20

정답 ①

GT(Group Technology, 집단관리기법)의 기본적인 사고 방법은 복잡하고 다양한 가공물에 대한 정보를 일정한 분류규칙에 따라 질서정연하게 표기하고, 이들을 유사성이나 동질성에 따라 집단화하여 설계, 가공, 조립 등 일련의 생산작업을 합리적으로 배치하고 운영하는 것이다.

21

정답 ⑤

마일즈 & 스노우 전략(Miles & Snow Strategy)의 4유형

1. 방어형(Defender) : 기존 제품으로 기존 시장 공략, 현상 유지 전략, 비용 및 효용성 확보가 관건
2. 혁신형(Prospector) : 신제품 또는 신시장 진출, M/S 확보, 매출액 증대 등 성장 전략, Market Insight 및 혁신적 마인드가 필요
3. 분석형(Analyzer) : 방어형과 혁신형의 중간, Fast Follower가 이에 해당, Market Insight가 관건
4. 반응형(Reactor) : 무반응・무전략 상태, 시장도태상태

22

정답 ⑤

테일러(Tailor)의 과학적 관리법에 해당하는 내용으로, 호손 실험으로 인간관계론이 등장하였다. 일반 관리론은 앙리 페이욜이 경영관리를 경영자와 경영실무자의 입장에서 주장하였다.

호손 실험

메이요(G. E. Mayo) 등 하버드 대학의 경영학과 교수들이 미국의 웨스턴 일렉트릭(Western Electric) 회사 호손(Hawthorne) 공장에서 1924년부터 1932년까지 4차에 걸쳐 수행한 일련의 실험으로, 이 실험에 의해 인간관계론의 이론적 틀이 마련되었다. 호손 실험은 당초 과학적 관리론의 바탕 위에서 작업장의 조명, 휴식 시간 등 물리적・육체적 작업 조건과 물질적 보상 방법의 변화가 근로자의 동기 유발과 노동생산성에 미치는 영향을 분석하려고 설계되었으나, 실험의 결과는 종업원의 생산성이 작업 조건보다는 비공식 집단의 압력 등 사회적 요인에 의해 더 많은 영향을 받는다는 사실을 발견하게 되었다.

23

정답 ④

기업의 사회적 책임(CSR)에는 경제적・법률적・윤리적・자선적 책임이 존재한다. 회계의 투명성은 법률적 책임에 해당된다.

오답분석

①・② 경제적 책임
③ 윤리적 책임
⑤ 자선적 책임

24
정답 ⑤

기업의 예산은 그 기업의 달성목표이자 평가기준이기 때문에 경영활동의 여러 조건에 맞추어 탄력적 운용이 필요하다.

25
정답 ③

나르시시즘은 자아도취 성향으로 내현적 자기애와 외현적 자기애로 나눌 수 있는데, 내현적 자기애 성향은 위험을 회피하는 경향이 있다.

26
정답 ③

대표적인 서번트 리더십(Servant Leadership)에 대한 사례이다. 서번트 리더십이란 구성원들의 자발적 희생은 리더의 자기희생에서 비롯됨을 말하며 해당 사례는 자기희생을 통해 현장을 체험한 리더가 직접적으로 직원들이 고충을 몸소 겪으며 직원들의 적극적 행동을 유발하여 조직의 환경 변화에 대한 적응력을 높인 사례로 볼 수 있다.

27
정답 ③

직무분류법은 서로 유사한 직무를 함께 묶어 직무를 분류하여야 정확한 분류가 가능하며, 직무 수가 많아지고 내용이 복잡해지면 정확한 분류를 할 수 없다.

28
정답 ④

집단성과급제의 하나인 러커 플랜은 생산 부가가치의 증대를 목표로 노사가 협력하여 얻은 생산성 향상의 결과물을 일정 분배율에 따라 노사 간 적정하게 배분하는 방법이다.

오답분석

① 순응임금제 : 기존의 제반 조건이 변할 때 이에 순응하여 임률도 자동적으로 변동·조정되도록 하는 제도이다.
② 물가연동제 : 물가변동에 따라 임금을 올리거나 내리는 임금지불제도이다.
③ 스캔런 플랜 : 생산 제품의 판매 가치를 기준으로 성과를 배분하는 제도이다.
⑤ 시간급 : 작업의 양과 질에 관계없이 근로시간을 기준으로 임금을 산정하여 지불하는 방식이다.

29
정답 ④

롱테일(Long Tail)이란 판매곡선 그래프에서 봤을 때 머리 부분에서 내려와 길게 끝없이 이어지는 부분을 가리키며 하위 80%의 구매자들이 모이면 큰 매출을 창출할 수 있다는 이론이다. 상위 20%가 매출을 좌우한다는 파레토의 법칙과는 상대되는 개념이다.

30
정답 ④

소비자들은 자신이 탐색한 정보를 평가하여 최종적인 상표를 선택함에 있어 보완적 방식과 비보완적 방식에 따라 접근한다. 피쉬바인(Fishbein)의 다속성태도 모형은 보완적 방식에 해당한다. 비보완적 방식에는 사전적 모형, 순차적 제거 모형, 결합적 모형, 분리적 모형 등이 있다.

오답분석

⑤ 다속성태도 모형은 소비자의 태도와 행동을 동일시함으로써 소비자 행동의 설명력이 낮은 한계점이 있다. 이를 보완한 이론이 피쉬바인의 확장 모델인 이성적 행동 이론이다. 이성적 행동 이론을 통해 구매행동에 대한 동기와 주관적 규범으로 소비자 행동을 설명한다.

31
정답 ①

지수평활법은 가장 최근 데이터에 가장 큰 가중치가 주어지고 시간이 지남에 따라 가중치가 기하학적으로 감소되는 가중치 이동평균 예측 기법으로, 평활상수가 클수록 최근 자료에 더 높은 가중치를 부여한다.

오답분석

② 회귀분석법은 실제치와 예측치의 오차를 자승한 값의 총 합계가 최소화가 되도록 회귀계수를 추정한다.
③ 수요예측 과정에서 발생하는 예측오차들의 합은 영(Zero)에 수렴하는 것이 바람직하다.
④ 이동평균법에서 과거자료 수를 증가시키면 예측치를 평활하는 효과는 크지만, 예측의 민감도는 떨어뜨려서 수요예측의 정확도는 오히려 낮아진다.
⑤ 회귀분석법은 인과관계 분석법에 해당한다.

32
정답 ⑤

고관여	저관여
• 복잡한 구매행동 • 제품지식에 근거한 주관적 신념의 형성 • 제품에 대한 호불호 태도 형성 • 합리적인 선택지 모색 • 부조화 감소 구매행동 • 구매 후 불만사항을 발견하거나 구입하지 않은 제품에 대한 호의적인 정보를 얻으면 구매 후 부조화를 경험 • 소비자들이 구매 후 확신을 갖게 하는 촉진활동 전개가 효과적	• 습관적 구매행동 • 소비자들이 어떤 상표에 대한 확신이 없음 • 가격할인, 판촉 등이 효과적 작용 • 다양성 추구 구매행동 • 제품의 상표 간 차이가 명확한 경우, 다양성 추구 구매를 하기 위해서 잦은 상표전환

33

정답 ②

보기의 공정상황은 X와 Y 생산라인 중 동일한 제품을 생산함에도 시간당 제품 생산율의 차이가 X가 Y에 비해 약 2배가량 속도가 빠르고 불량품 비율도 2배로 낮으므로 X보다 Y의 생산라인이 작업자의 실수나 생산설비의 이상이 의심된다. 그러므로 우연원인으로 인한 우연변동보다는 이상변동이 적절하다.

34

정답 ④

모듈화설계는 여러 가지의 서로 다른 제품조립에 널리 사용할 수 있는 기본구성품을 만들고 최종소비자의 기호에 따라 고객이 원하는 대로 조립하도록 하는 것이다.

35

정답 ⑤

가상현실 시스템(Virtual Reality System)이란 여러 가지의 영상이나 컴퓨터 그래픽을 이용하여 가공의 세계나 원격지의 공간을 표시하여 실제 세상이나 상상 속의 행위를 모방한 인공지능 시스템을 말한다.

36

정답 ④

민츠버그(Mintzberg)는 조직을 다음과 같은 다섯 가지 형태로 구분하여 각 조직에서 표면적으로 관찰할 수 있는 유형이 그 조직이 처한 환경에 적합한지 판단하고 그렇지 않다면 해당 조직에게 필요한 변화를 모색할 수 있는 도구를 제시한다.

1. 단순구조 조직(Simple Structure)
2. 기계적 관료제 조직(Machine Bureaucracy)
3. 전문적 관료제 조직(Professional Bureaucracy)
4. 사업부제 조직(Divisional Structure)
5. 애드호크라시 조직(Adhocracy)

37

정답 ⑤

시장세분화 전략은 마케팅 전략 중 하나이다.

일반적인 경영 전략 유형

1. 성장 전략 : 기업의 규모를 키워 현재의 영업범위를 확대하는 전략으로, 시장의 성장가능성이 높고, 기업의 점유율이 높거나 투자가치가 있을 경우 이러한 전략을 채택한다. 이 전략은 기업의 장기적 생존을 위해서는 필수적이며, 이를 통해 수익창출 및 점유율 확보, 기업 규모 확대가 가능하다.
2. 축소 전략 : 기업의 효율성이나 성과를 향상시키기 위해 규모를 축소하는 전략으로, 시장이 더 성장하지 않고, 기업이 해당 시장에서의 경쟁능력이 없을 경우 다운사이징, 구조조정, 분사 및 청산 등의 방법을 통해 축소 전략을 구사한다.
3. 안정화 전략 : 현재 상태에서 큰 변화 없이 현재 상태를 유지하고자 노력하는 전략으로, 시장성장률이 높지 않지만, 시장 내 기업의 점유율이 높을 경우(Cash Cow) 해당 사업을 통해 다른 사업을 확장하는 데 필요한 자본을 조달하는 방식의 전략이다.
4. 협력 전략 : 전략적 제휴라고도 하는데, 둘 이상의 기업이 공동의 목표를 위해 서로 협력하는 전략이다. 이때 각 기업들은 각자의 독립성을 유지하면서 서로의 약점을 보완하고 경쟁우위를 강화하고자 추구한다.

38

정답 ①

리엔지니어링은 해머와 챔피(Hammer & Champy)에 의해 제시된 것으로 정보기술을 통해 기업경영의 핵심적 과정을 전면 개편함으로써 경영성과를 향상시키려는 경영기법이다. 리엔지니어링은 기존의 관리패턴을 근본적으로 바꾸어 기업경영의 질을 높이려는 것으로, 철학이나 사고방식, 더 나아가 문명의 전환까지 염두에 두고 있다.

오답분석

②·③ 다운사이징(Downsizing)에 대한 내용이다.
④ CKD(Complete Knock Down)에 대한 내용이다.
⑤ 다운타임(Downtime)에 대한 내용이다.

39

정답 ①

균형상태란 자신 – 상대방 – 관련 사물의 세 요소가 내부적으로 일치되어 있는 것처럼 보이는 상태를 말한다. 균형이론은 개인(자신), 태도 대상(상대방), 관련 대상(자신 – 상대방과 관련된 사물) 3가지 삼각관계에 대한 이론으로, 이 관계들에 대한 값(−1 또는 +1)을 곱한 결과 양의 값이 나오면 균형 상태이고, 음의 값이 나오면 불균형 상태이다. 값이 음일 경우, 사람은 심리적 불균형 상태가 되어 균형으로 맞추려고 하는 경향이 있다고 본다.

40

정답 ⑤

갈등이 절대적으로 필요하다고 강조하는 것은 1970년대 중반 이후 등장한 상호작용적 견해이다. 행동주의적 견해는 1940년대에서 1970년에 다루어졌으며, 갈등은 모든 집단에서 자연스럽게 발생하는 것이기에 회피하기 어려우므로 조직의 성과에 도움이 되도록 갈등을 관리하는 데 초점을 둔다.

| 03 | 법학

01	02	03	04	05	06	07	08	09	10
②	①	⑤	②	①	④	④	④	④	①
11	12	13	14	15	16	17	18	19	20
②	④	④	③	②	③	②	①	①	③
21	22	23	24	25	26	27	28	29	30
②	④	③	④	②	③	④	⑤	②	③
31	32	33	34	35	36	37	38	39	40
②	①	①	③	③	②	③	③	④	①

01

정답 ②

독직폭행은 공무원이 지위나 직무를 남용해 폭행을 저지른 것으로, 이와 관련한 규정에는 형법 제125조(재판, 검찰, 경찰 그 밖에 인신구속에 관한 직무를 수행하는 자 또는 이를 보조하는 자가 그 직무를 수행하면서 형사피의자나 그 밖의 사람에 대하여 폭행 또는 가혹행위를 한 경우에는 5년 이하의 징역과 10년 이하의 자격정지에 처한다)와 특정범죄 가중처벌 등에 관한 법률 제4조의2(체포・감금 등의 가중처벌)가 있다.

오답분석

① 명예훼손 : 공공연하게 다른 사람의 사회적 평가를 떨어뜨리는 사실 또는 허위 사실을 지적하는 일을 뜻한다.
③ 직무유기 : 공무원이 정당한 이유 없이 직무수행을 거부하거나 그 직무를 유기함으로써 성립하는 범죄를 뜻한다.
④ 개괄적 고의 : 두 가지 의미로 사용되는데, 첫째는 범죄가 성립하기 위한 요건 중 구성요건 면에서 결과에 대한 인식 또는 예견이 불명확한 경우를 일컫는 불확정적 고의의 한 유형을 뜻한다. 둘째로는 행위자가 첫 번째의 행위에 의하여 이미 결과가 발생하였다고 믿었으나, 실제로는 연속된 두 번째의 행위에 의하여 결과가 야기된 경우를 의미한다.
⑤ 미필적 고의 : 자기의 행위로 인해 어떤 범죄 결과가 일어날 수 있음을 알면서도 그 결과의 발생을 인정하여 받아들이는 심리 상태를 뜻한다.

02

정답 ①

비권력적 사실행위란 공권력의 행사와 무대한 사실행위이다. 가령 금전출납, 각종 공공시설 건설, 쓰레기 수거나 도로 청소, 교시, 상담, 안내, 행정지도 등이 그 예가 된다. 비권력적 사실행위는 법적 행위의 집행과는 무관하게 독자적인 의미를 가진다. 무허가 건물의 강제철거는 공권력의 행사로서 일반적으로 특정한 법령 또는 행정행위를 집행하기 위한 사실행위인 권력적 사실행위로 볼 수 있다.

03

정답 ⑤

기성고에 따라 공사대금을 분할하여 지급하기로 약정한 경우, 특별한 사정이 없는 한 하자보수의무와 동시이행관계에 있는 공사대금지급채무는 당해 하자가 발생한 부분의 기성공사대금에 한정되는 것은 아니라고 할 것이다.

오답분석

① 도급인의 파산선고는 계약의 해제사유이다(민법 제674조).
② 민법 제666조
③ 일반적으로 자기의 노력과 재료를 들여 건물을 건축한 사람은 그 건물의 소유권을 원시취득하고, 다만 도급계약에 있어서는 수급인이 자기의 노력과 재료를 들여 건물을 완성하더라도 도급인과 수급인 사이에 도급인 명의로 건축허가를 받아 소유권보존등기를 하기로 하는 등 완성된 건물의 소유권을 도급인에게 귀속시키기로 합의한 것으로 보여질 경우에는 그 건물의 소유권은 도급인에게 원시적으로 귀속된다.
④ 민법 제667조 제1항

04

정답 ②

사권은 권리의 이전성(양도성)에 따라 일신전속권과 비전속권으로 구분된다. 절대권과 상대권은 권리의 효력 범위에 대한 분류이다.

사권의 분류
- 권리의 내용
  - 인격권 : 생명, 신체, 자유, 명예, 성명 등에 부착된 권리
  - 신분권 : 가족, 부부, 친자, 친족 등 일정한 신분관계에서 발생하는 권리
  - 재산권 : 경제적 이익을 목적으로 하는 권리
  - 사원권 : 단체구성원의 지위에서 발생하는 권리
- 권리의 작용(효력) : 지배권, 청구권, 형성권, 항변권
- 권리의 효력 범위 : 절대권, 상대권
- 권리의 양도성 여부 : 일신전속권, 비전속권
- 권리의 독립성 여부 : 주된 권리, 종된 권리

권리의 작용(효력)에 따른 분류
- 지배권(支配權) : 권리의 객체를 직접・배타적으로 지배할 수 있는 권리를 말한다(예 물권, 무체재산권, 친권 등).
- 청구권(請求權) : 타인에 대하여 일정한 급부 또는 행위(작위・부작위)를 적극적으로 요구하는 권리이다(예 채권, 부양청구권 등).
- 형성권(形成權) : 권리자의 일방적인 의사표시에 의하여 일정한 법률관계를 발생・변경・소멸시키는 권리이다(예 취소권, 해제권, 추인권, 해지권 등).
- 항변권(抗辯權) : 청구권의 행사에 대하여 급부를 거절할 수 있는 권리로, 타인의 공격을 막는 방어적 수단으로 사용되며 상대방에게 청구권이 있음을 부인하는 것이 아니라 그것을 전제하고, 다만 그 행사를 배척하는 권리를 말한다(예 보증인의 최고 및 검색의 항변권, 동시이행의 항변권 등).

05

정답 ①

2인 이상의 무한책임사원으로만 조직된 회사는 합명회사를 말한다.

합명회사

- 구성 : 2인 이상의 무한책임사원으로 조직된 회사이다.
- 책임 : 무한책임사원이라 함은 회사에 대하여 출자의무와 아울러 회사채무에 대한 직접·연대·무한의 책임을 부담하는 사원을 말한다(회사의 업무를 직접 집행하고 회사를 대표할 권한을 가짐).
- 성격 : 인적 신뢰도가 두터운 조직으로 사원이 소수임이 보통이고 형식적으로는 사단이지만 실질적으로는 조합에 가까운 성격을 띠고 있다(상법에 특별한 규정이 없는 한, 민법상의 조합의 규정 준용).
- 사원의 출자 : 금전, 현물, 노무, 신용 어느 것으로도 출자할 수 있고 사원의 수가 1인이 된 때 회사는 해산하나 다른 사원을 가입시켜 회사를 계속할 수 있다.

06

정답 ④

사회법에서 사회란 의미는 약자보호를 의미한다. 산업재해보상보험법이 사회법에 해당한다.

- 공법 : 헌법, 행정법, 형법, 형사소송법, 민사소송법, 행정소송법, 국제법 등
- 사법 : 민법, 상법, 회사법, 어음법, 수표법 등
- 사회법 : 근로기준법, 연금법, 보험법, 사회보장법, 산업재해보상보험법 등

07

정답 ④

계수법은 외국의 법을 그대로 번역하여 자국의 법으로 만들거나(직접 계수법), 이를 참고·기초하여 자국의 사회현상을 고려하여 만든 법(간접 계수법)이다. ④는 간접 계수법에 대한 설명이다.

08

정답 ④

범죄의 성립과 처벌은 행위 시의 법률에 의한다(형법 제1조 제1항).

오답분석

① 헌법 제53조 제7항
② 헌법 제13조 제2항
③ 헌법 제84조
⑤ 헌법 제6조 제1항

09

정답 ④

강행규정은 임의규정에 우선한다. 즉, 이 구별은 법의 효력이 강행적인가의 여부에 따른 것으로 당사자의 의사 여하에 불구하고 적용되는 것이 강행법규이고, 당사자의 의사표시에 의하여 그 적용을 배제할 수 있는 것이 임의법규이므로 주로 당사자의 의사를 보충하는 작용을 한다.

10

정답 ①

역사적으로 속인주의에서 속지주의로 변천해 왔으며 오늘날 국제사회에서 영토의 상호존중과 상호평등원칙이 적용되므로 속지주의가 원칙이며 예외적으로 속인주의가 가미된다.

11

정답 ②

법률행위의 취소에 대한 추인은 취소의 원인이 소멸된 후에 하여야 한다(민법 제144조 제1항).

12

정답 ④

유치권은 타인의 물건이나 유가증권을 점유한 자가 그 물건이나 유가증권에 관하여 생긴 채권이 있는 경우에 변제받을 때까지 그 물건이나 유가증권을 유치할 수 있는 담보물권을 말한다.

13

정답 ④

④만 단기소멸시효 3년에 해당하고, 나머지는 1년의 소멸시효에 해당한다.

단기소멸시효 1년과 3년의 비교

1년의 소멸시효 (민법 제164조)	1. 여관, 음식점, 대석, 오락장의 숙박료, 음식료, 대석료, 입장료, 소비물의 대가 및 체당금의 채권 2. 의복, 침구, 장구 기타 동산의 사용료의 채권 3. 노역인, 연예인의 임금 및 그에 공급한 물건의 대금채권 4. 학생 및 수업자의 교육, 의식 및 유숙에 대한 교주, 숙주, 교사의 채권
3년의 소멸시효 (민법 제163조)	1. 이자, 부양료, 급료, 사용료 기타 1년 이내의 기간으로 정한 금전 또는 물건의 지급을 목적으로 한 채권 2. 의사, 조산사, 간호사 및 약사의 치료, 근로 및 조제에 대한 채권 3. 도급받은 자, 기사 기타 공사의 설계 또는 감독에 종사하는 자의 공사에 대한 채권 4. 변호사, 변리사, 공증인, 공인회계사 및 법무사에 대한 직무상 보대한 서류의 반환을 청구하는 채권 5. 변호사, 변리사, 공증인, 공인회계사 및 법무사의 직무에 대한 채권 6. 생산자 및 상인이 판매한 생산물 및 상품의 대가 7. 수공업자 및 제조자의 업무에 대한 채권

14

정답 ③

주채무자의 부탁으로 보증인이 된 자가 과실없이 변제 기타의 출재로 주채무를 소멸하게 한 때에는 주채무자에 대하여 구상권이 있다(민법 제441조 제1항).

15
정답 ②

근대민법은 형식적 평등을 추구하며 사적자치의 원칙하에 소유권 절대의 원칙(㉠), 계약 자유의 원칙(㉢), 과실 책임의 원칙(㉣)에 충실했다. 그러나 현대 민법은 공공의 복리를 강조하며 이를 실천하기 위한 수단으로 신의성실의 원칙, 권리남용금지의 원칙 등을 강조한다.

16
정답 ③

오답분석

㉠ 우리 민법은 정주의 사실을 요건으로 하여 주소를 결정하는 객관주의 태도를 취하고 있다.
㉣ 우리 민법은 주소의 개수가 두 개 이상일 수 있는 복수주의 태도를 취하고 있다.

17
정답 ②

원시취득

신축한 주택에 대한 소유권 취득, 무주물에 대한 선점, 유실물 습득, 동산의 선위취득, 인격권·신분권 등의 취득, 시효취득

> **승계취득**
> 매매, 상속, 타인의 토지에 지상권을 설정하여 이를 취득, 회사의 합병

18
정답 ①

우리 민법은 특별실종으로 선박실종, 전쟁실종, 항공기실종, 위난실종을 인정하고 있다(민법 제27조 제2항).

19
정답 ①

사적자치의 원칙이란 신분과 재산에 대한 법률관계를 개인의 의사에 따라 자유로이 규율하는 것이다. 즉, 계약의 내용 및 형식에 있어서 국가 또는 타인의 간섭을 배제하는 원칙을 말하며 신의칙과는 거리가 멀다.

20
정답 ③

강행법규는 선량한 풍속, 기타 사회질서에 관계되는 법규를 말하며, 임의법규는 이와는 관계없이 당사자의 의사에 기한 사적 자치가 허용되는 법규이다. 계약법은 일반적으로 임의법규에 해당한다.

21
정답 ②

영업과 상호를 양수하면 양도인의 채권·채무도 양수한 것으로 보는 것이 원칙이다(상법 제42조).

오답분석

① 상법 제25조 제2항
③ 상법 제25조 제1항

22
정답 ④

보험계약은 당사자 일방(보험계약자)이 약정한 보험료를 지급하고 재산 또는 생명이나 신체에 불확정한 사고가 발생할 경우에 상대방(보험자)이 일정한 보험금이나 그 밖의 급여를 지급할 것을 약정함으로써 효력이 생긴다(상법 제638조).

23
정답 ③

상법 제4편 제2장의 손해보험에는 화재보험(ㄴ), 운송보험, 해상보험(ㄷ), 책임보험(ㄱ), 자동차보험, 보증보험이 있고 재보험(ㅂ)은 책임보험의 규정을 준용(상법 제726조)하므로 손해보험에 포함시킨다.

오답분석

생명보험(ㄹ), 상해보험(ㅁ)은 인보험에 해당한다.

24
정답 ④

㉠은 시공자의 흠이라는 위법한 행정행위에 대한 것이므로 손해배상을, ㉡은 정당한 법집행에 대한 것이므로 손실보상이 타당하다.

25
정답 ②

행정상 장해가 존재하거나 장해의 발생이 목전에 급박한 경우, 성질상 개인에게 의무를 명해서는 공행정 목적을 달성할 수 없거나 미리 의무를 명할 시간적 여유가 없는 경우에 개인에게 의무를 명함이 없이 행정기관이 직접 개인의 신체에 직접 실력을 가하여 행정상 필요한 상태의 실현을 목적으로 하는 행위를 행정상 즉시강제라고 한다.

26
정답 ③

행정소송법에서 정한 행정사건과 다른 법률에 의하여 행정법원의 권한에 속하는 사건의 제1심 관할 법원은 행정법원이다(행정법원이 설치되지 아니한 지역의 경우 지방법원이 관할). 행정소송은 3심급제를 채택하여 제1심 판결에 대한 항소사건은 고등법원이 심판하고, 상고사건은 대법원이 관할한다.

27
정답 ④

회사의 설립의 무효는 그 사원에 한하여, 설립의 취소는 그 취소권 있는 자에 한하여 회사성립의 날로부터 2년 내에 소만으로 이를 주장할 수 있다(상법 제184조 제1항).

28

정답 ⑤

ㄷ. 공증은 확인 · 통지 · 수리와 함께 준법률행위적 행정행위에 속한다.

ㄹ. 공법상 계약은 비권력적 공법행위이다.

29

정답 ②

형사피의자 또는 형사피고인으로서 구금되었던 자가 법률이 정하는 불기소처분을 받거나 무죄판결을 받은 때에는 법률이 정한 바에 의하여 국가에 정당한 보상을 청구할 수 있다(헌법 제28조).

오답분석

① 헌법 제26조 제1항
③ 헌법 제29조 제2항
④ 헌법 제27조 제3항 · 제5항
⑤ 헌법 제27조 제3항

30

정답 ③

공공필요에 의한 재산권의 수용 · 사용 또는 제한 및 그에 대한 보상은 법률로써 하되, 정당한 보상을 지급하여야 한다(헌법 제23조 제3항).

31

정답 ②

자유권은 주관적 · 구체적 권리로서의 성격이, 생존권(생활권)은 객관적 · 추상적 권리로서의 성격이 강하다.

자유권적 기본권과 생존권적 기본권의 비교

구분	자유권적 기본권	생존권적 기본권
이념적 기초	• 개인주의적 · 자유주의적 세계관 • 시민적 법치국가를 전제	• 단체주의적 · 사회정의의 세계관 • 사회적 복지국가를 전제
법적 성격	• 소극적 · 방어적 권리 • 전국가적 · 초국가적인 자연권 • 구체적 권리 · 포괄적 권리	• 적극적 권리 • 국가 내적인 실정권 • 추상적 권리 · 개별적 권리
주체	• 자연인(원칙), 법인(예외) • 인간의 권리	• 자연인 • 국민의 권리
내용 및 효력	• 국가권력의 개입이나 간섭 배제 • 모든 국가권력 구속, 재판규범성이 강함 • 제3자적 효력(원칙)	• 국가적 급부나 배려 요구 • 입법조치문제, 재판규범성이 약함 • 제3자적 효력(예외)
법률 유보	• 권리제한적 법률유보	• 권리형성적 법률유보
제한 기준	• 주로 안전보장 · 질서 유지에 의한 제한 • 소극적 목적	• 주로 공공복리에 의한 제한 • 적극적 목적

32

정답 ①

우리나라 헌법은 대법원에 대하여 포괄적인 재판권과 사법권을 부여하지만, 헌법재판소에 대하여는 헌법 제111조 제1항과 제113조 제2항에 따른 위헌법률심판권, 탄핵심판권, 위헌정당해산심판권, 권한쟁의심판권, 헌법소원심판권, 헌법재판소 규칙제정권만을 부여한다.

오답분석

② 위헌법률심판의 대상은 법률이므로 헌법 규정에 대해서는 위헌법률심판을 할 수 없다.
③ 헌법재판소법 제68조 제1항
④ 헌법재판소법 제41조 제1항
⑤ 헌법재판소법 제70조 제1항

33

정답 ①

㉠ 사회권은 인간의 권리가 아니라 국민의 권리에 해당한다.
㉡ 사회권은 바이마르헌법에서 최초로 규정하였다.

오답분석

㉢ 천부인권으로서의 인간의 권리는 자연권을 의미한다.
㉣ 대국가적 효력이 강한 권리는 자유권이다. 사회권은 국가 내적인 권리인 동시에 적극적인 권리이며 대국가적 효력이 약하고 대사인적 효력을 인정한다.

34

정답 ③

모든 제도를 정당화시키는 최고의 헌법원리는 국민주권의 원리이다.

35

정답 ③

헌법재판소법 제68조 제2항은 법률의 위헌 여부 심판의 제청신청이 기각된 때에는 그 신청을 한 당사자는 헌법재판소에 헌법소원심판을 청구할 수 있으나, 다만 이 경우 그 당사자는 당해 사건의 소송절차에서 동일한 사유를 이유로 다시 위헌 여부 심판의 제청을 신청할 수 없다고 규정하고 있는 바, 이 당해 사건의 소송절차란 당해 사건의 상소심 소송절차를 포함한다 할 것이다.

오답분석

① 폐지된 법률이라도 헌법재판소법 제68조 제2항의 헌법소원심판청구인들의 침해된 법익을 보호하기 위하여 그 위헌 여부가 가려져야 할 필요가 있는 때에는 심판의 대상이 된다.
② 제청 또는 청구된 법률조항이 법원의 당해사건의 재판에 직접 적용되지는 않더라도 그 위헌 여부에 따라 당해 사건의 재판에 직접 적용되는 법률조항의 위헌 여부가 결정되거나, 당해재판의 결과가 좌우되는 경우 등과 같이 양 규범 사이에 내적 관련이 있는 경우에는 간접 적용되는 법률 규정에 대하여도 재판의 전제성을 인정할 수 있다.
④ 위헌 여부 심판의 제청에 관한 결정에 대하여는 항고할 수 없다(헌법재판소법 제41조 제4항).

⑤ 법원이 법률의 위헌 여부 심판을 헌법재판소에 제청한 때에는 당해 소송사건의 재판은 헌법재판소의 위헌 여부의 결정이 있을 때까지 정지된다. 다만, 법원이 긴급하다고 인정하는 경우에는 종국재판 외의 소송절차를 진행할 수 있다(헌법재판소법 제42조 제1항).

36

정답 ②

칼 슈미트(C. Schmitt)는 헌법을 헌법제정권력의 행위에 의한 국가 정치생활의 종류와 형태에 대한 근본적 결단이라 하였다.

37

정답 ③

가식적 헌법 혹은 장식적 헌법에 대한 설명이다. 가식적 헌법은 헌법이 권력장악자의 지배를 안정시키고 영구화하는 데 이용되는 수단이나 도구에 지나지 않는 것으로, 구소련 등의 공산주의 국가의 헌법을 말한다.

38

정답 ③

민주공화국, 국민주권원리, 민주적 기본질서, 기본적 인권의 핵심이 되는 내용, 국제평화주의, 복수정당제 등은 헌법개정한계설을 취하는 입장에서 볼 때, 개정할 수 없다고 본다.

39

정답 ④

형의 경중의 비교대상은 법정형이지만 법정형인 한 주형뿐만 아니라 부가형도 포함되고 가중감면사유와 선택형의 가능성도 비교해야 한다.

오답분석

① 행위 시라 함은 실행행위의 종료를 의미하며 결과발생은 포함하지 않는다.
② 포괄일죄로 되는 개개의 범죄행위가 법 개정의 전후에 걸쳐서 행하여진 경우에는 신·구법의 법정형에 대한 경중을 비교해 볼 필요 없이 범죄 실행종료 시의 법이라고 할 수 있는 신법을 적용하여 포괄일죄로 처단하여야 한다.
③ 범죄 후 수차례 법률이 변경되어 행위 시와 재판 시 사이에 중간시법이 있는 경우에는 모든 법을 비교하여 가장 경한 법률을 적용한다.
⑤ 형법 제1조 제3항

40

정답 ①

피해자의 승낙으로 인한 행위는 위법성이 조각된다. 즉, 처분할 수 있는 자의 승낙에 의하여 그 법익을 훼손한 행위는 특별한 규정이 없는 한 처벌하지 아니한다(형법 제24조). 그러나 살인죄 등의 경우에는 승낙행위가 있어도 위법성이 조각되지 않고 처벌한다.

04 경제학

01	02	03	04	05	06	07	08	09	10
③	②	⑤	④	③	③	④	②	①	⑤
11	12	13	14	15	16	17	18	19	20
⑤	③	①	①	④	④	①	④	③	④
21	22	23	24	25	26	27	28	29	30
④	③	③	⑤	③	⑤	④	①	①	④
31	32	33	34	35	36	37	38	39	40
②	④	②	①	①	②	④	②	②	②

01

정답 ③

제시된 보고서의 무역 이론은 애덤 스미스(A. Smith)의 자유 무역 이론이다. 자유 무역 이론은 외국 제품보다 적은 비용으로 생산할 수 있는 물품을 수출하고, 외국 제품보다 많은 비용으로 생산되는 물품은 수입하는 것이 더 큰 이익을 얻을 수 있기 때문에 자율에 맡긴다는 것이다.

ㄴ. A국은 B국보다 냉장고 생산비가 저렴하고, B국은 A국보다 휴대 전화 생산비가 저렴하여 분업으로 제품을 생산한 후 교역을 하면 유리하다.
ㄷ. A, B국이 특화된 제품을 교역하면 양국은 이익을 얻는다.

오답분석

ㄱ. 냉장고를 생산하는 데 절대 우위를 가지고 있다.
ㄹ. 보호 무역주의를 주장한 내용이다.

02

정답 ②

리디노미네이션은 어떤 유가증권 또는 화폐의 액면가를 다시 지정하는 화폐개혁의 일환이다. 우리나라에서는 지금까지 1953년과 1962년 두 차례 리디노미네이션이 단행된 바 있다.

오답분석

① 디커플링 : 한 나라 또는 특정 국가의 경제가 인접한 다른 국가나 보편적인 세계경제의 흐름과는 달리 독자적인 움직임과 경제흐름을 보이는 현상을 뜻한다.
③ 양적완화 : 중앙은행의 정책으로 금리 인하를 통한 경기부양 효과가 한계에 봉착했을 때 중앙은행이 국채매입 등을 통해 유동성을 시중에 직접 푸는 정책을 뜻한다.
④ 리니언시 : 흔히 자진신고자감면제도, 담합자진신고자 감면제라고 부르기도 하며, 담합 사실을 처음 신고한 업체에는 과징금 전부를 면제해 주고, 2순위 신고자에게는 절반을 면제해줘 담합행위를 한 기업들이 스스로 신고하게끔 만드는 제도를 뜻한다.
⑤ 스태그플레이션 : 스태그네이션(Stagnation)과 인플레이션(Inflation)을 조합한 신조어로 경기 불황 속에서 물가상승이 동시에 발생하고 있는 상태를 말한다.

03

정답 ⑤

환율이 인하되면 수출 감소, 수입 상품 가격 하락, 외채 상환 부담 감소, 해외 투자비 부담 감소로 이어진다.

04

정답 ④

중고차 시장에서 차량의 성능을 알지 못하는 구매자들이 평균적인 품질을 기준으로 가격을 지불하려고 할 경우 좋은 차를 가진 판매자는 차를 팔 수 없거나, 굳이 팔려고 하면 자기 차의 품질에 해당하는 가격보다 더 낮은 가격을 받을 수밖에 없다. 그러므로 정보를 많이 갖고 있는 사람이 정보를 덜 가진 사람에 비해 항상 피해 규모가 작은 것은 아니다.

05

정답 ③

외부불경제가 발생할 경우 SMC(사회적 한계비용)은 PMC(사적 한계비용)에 EMC(외부 한계비용)을 합한 값으로 계산된다. 따라서 PMC는 4Q+20이고, EMC는 10이므로 SMC는 4Q+30이다. 사회적 최적생산량은 사회적 한계비용과 수요곡선이 교차하는 지점에서 형성된다.

따라서 P=SMC이고 시장수요 P=60−Q이므로 4Q+30=60−Q, 5Q=30, Q=6이다.

06

정답 ③

상금의 기대치는 24만 원이다. 즉, 상금의 기대치=(0.5×50)+(0.5×(−2))=24이다. 그런데 복권 구입 시 1만 원의 가격을 지불해야 하므로 기대소득의 크기는 23만 원이다. 문제에서 기대소득과 기대효용이 같다고 가정했으므로 기대효용도 23만 원이 된다.

07

정답 ④

완전고용국민소득수준이 Y_3=250이므로 균형국민소득이 완전고용국민소득과 일치하려면 유효수요가 250이 되어야 한다. 그런데 Y_3=250일 때 민간소비가 200이고, 민간투자가 30이므로 유효수요는 230이다. 따라서 완전고용국민소득에 도달하기 위해서는 독립적인 지출이 20만큼 증가해야 한다. 즉, 현재는 20만큼의 디플레이션갭이 존재하는 상태이다.

소비자 잉여	(d+e)
생산자 잉여	(a+b)
보조금 지급액	−(a+b+c+d+e+f)
사회후생 변화	−(c+f)

08

정답 ②

기업B의 광고 여부에 관계없이 기업A는 광고를 하는 것이 우월전략이다. 또한 기업A의 광고 여부에 관계없이 기업B도 광고를 하는 것이 우월전략이다. 두 기업이 모두 광고를 하는 것이 우월전략이므로 우월전략균형에서 두 기업의 이윤은 (55, 75)이다. 우월전략균형은 내시균형에 포함되므로 내시균형에서의 기업A의 이윤은 55이고, 기업B의 이윤은 75이다.

09

정답 ①

출구전략이란 경제에서는 경기를 부양하기 위하여 취하였던 각종 완화정책을 정상화하는 것을 말한다. 경기가 침체되면 기준금리를 내리거나 재정지출을 확대하여 유동성 공급을 늘리는 조치를 취하게 되는데, 이때 경기가 회복되는 과정에서 유동성이 과도하게 공급되면 물가가 상승하고 인플레이션을 초래할 수 있다. 따라서 경제에 미칠 후유증을 최소화하면서 재정 건전성을 강화해나가는 것을 출구전략이라 한다.

오답분석

② 통화 스와프란 두 나라가 자국통화를 상대국 통화와 맞교환하는 방식으로, 외환위기가 발생하면 자국통화를 상대국에게 맡기고 외국통화를 단기 차입하는 중앙은행간 신용계약이다.

10

정답 ⑤

제시문에서 甲국의 화폐유통속도가 乙국의 화폐유통속도보다 크다는 것은 아무런 단서가 되지 못한다. 대신 화폐유통속도가 변하지 않으므로 고정된 값으로 정하고 문제를 풀어야 한다.

甲국의 경우 $M\times V=P\times Y$에서 M은 5% 증가하고 V는 고정된 값이다. 따라서 명목산출량인 $P\times Y$ 역시 5% 증가해야 한다. 乙국 역시 V는 甲국보다 작은 값이지만 고정된 값이므로 명목산출량은 5% 증가해야 한다.

오답분석

①·②·③·④는 주어진 자료만으로는 판단할 수 없다.

11

정답 ⑤

거리는 생산요소의 투입규모를 의미한다. 거리의 증가분에 따른 생산량의 증가분을 표로 나타내면 다음과 같다.

생산량(Q) 증가분	100	100	100	100	100	100	100
거리 증가분	7	6	5	3	4	7	8

따라서 일정하게 증가하는 생산량에 대해 생산요소의 투입규모가 감소하다가 증가하므로 생산량의 증가속도를 생산요소 투입규모의 증가속도로 나누어 측정하는 규모에 대한 수익이 체증하다가 체감한다.

12

정답 ③

국민소득(GDP) 항등식에 의하면 Y=C+I+G+(X−M)이 성립한다. 경상수지가 흑자이면 순수출(X−M)이 0보다 크므로 국민소득도 국내지출(C+I+G)보다 크다. 국내투자가 국내총저축을 상회하는 경우에는 경상수지가 적자이다. 경상수지와 자본수지의 합은 0이므로 경상수지가 적자이면 자본수지는 흑자이므로 순자본유입이 0보다 크다. 또한 경상수지 흑자액(순수출)과 자본수지 적자액(순자본유출)의 크기는 동일하다.

13

정답 ①

기업의 조업중단 여부는 평균가변비용과 관련이 있다. 가격이 평균가변비용보다 낮으면 기업은 생산을 중단한다.

14

정답 ①

(가) : 마찰적 실업이란 직장을 옮기는 과정에서 일시적으로 실업상태에 놓이는 것을 의미하며, 자발적 실업으로서 완전고용상태에서도 발생한다.

(나) : 오쿤의 법칙이란 한 나라의 산출량과 실업 간에 경험적으로 관찰되는 안정적인 음(−)의 상관관계가 존재한다는 것을 의미한다.

(다) : 이력현상이란 경기침체로 인해 한번 높아진 실업률이 일정기간이 지난 이후에 경기가 회복되더라도 낮아지지 않고 계속 일정한 수준을 유지하는 현상을 의미한다.

(라) : 경기적 실업이란 경기침체로 유효수요가 부족하여 발생하는 실업을 의미한다.

15

정답 ④

열등재(Inferior Goods)는 소득효과가 음(−)인 경우의 재화이다. 따라서 소득이 증가하면 수요가 감소한다. 우하향하고 원점에 대해 볼록한 통상적인 무차별곡선을 갖는 소비자를 가정했을 때, X재 가격이 하락할 때 X재 수요량이 변하지 않았다면, PCC는 수직이다. 이 경우 X재의 가격변화로 인한 대체효과는 항상 플러스이지만 총효과가 0이므로 소득효과는 대체효과를 상쇄할 만큼의 마이너스로 나타나야 하며, 따라서 X재는 열등재이다. 효용극대화를 위해 X재의 가격하락에 따른 소득효과로 Y재의 소비량이 증가하여 Y재는 정상재이다.

16

정답 ④

고전학파에 따르면 임금이 완전 신축적이므로 항상 완전고용을 달성한다. 그러므로 고전학파는 실업문제 해소를 위해 정부의 개입은 불필요하다고 주장한다. 반면 케인스학파는 실업문제 해소를 위해 재정정책이 금융정책보다 더 효과적이라고 주장한다.

17

정답 ①

오답분석

② 기업이 임금을 시장균형임금보다 높게 설정하여 이윤극대화를 추구한다는 이론이다.
③ 정보가 불완전한 상태에서 도덕적 해이와 역선택을 막기 위해 높은 임금을 지불한다.
④ 비자발적 실업이 발생하더라도 높은 효율성 임금이 지급되므로 임금의 경직성을 설명할 수 있다.
⑤ 효율임금 이론은 노동자들에게 지급되는 임금이 시장의 균형임금보다 높은 경우를 설명하는 이론이다.

18

정답 ④

자동차 사고가 발생하면 보험료를 할증하는 것은 보험가입 후에 태만을 방지하기 위한 것이므로 도덕적 해이를 줄이기 위한 방안에 해당된다.

19

정답 ③

통화승수는 통화량을 본원통화로 나눈 값이다.

통화승수 $m=\dfrac{1}{c+z(1-c)}$이므로, 현금통화비율(c)이 하락하거나 지급준비율(z)이 낮아지면 통화승수가 커진다.

20

정답 ④

생애주기 가설이란 일생 동안 소득의 변화는 규칙적이지 않지만 생애 전체 소득의 현재가치를 감안한 소비는 일정한 수준으로 유지된다는 이론이다. 생애주기 가설에 의하면 가처분소득이 동일한 수준이라도 각자의 생애주기가 어디에 속하는가에 따라 소비성향이 다르게 나타난다.

21

정답 ④

이자율 평가설에서는 $i=i^{*}+\dfrac{f-e}{e}$가 성립한다(단, i는 자국이자율, i^{*}는 외국이자율, f는 연간 선물환율, e는 현물환율이다). 문제에서 주어진 바에 따르면 $i=0.05$, $i^{*}=0.025$, $e=1,200$이므로 이들을 식에 대입하면 $f=1,230$이다.

22

정답 ③

오답분석

ㄹ. 비용극소화를 통해 도출된 비용함수를 이윤함수에 넣어서 다시 이윤극대화 과정을 거쳐야 하므로 필요조건이기는 하나 충분조건은 아니다.

23

정답 ③

A기업의 수요곡선이 가격(P=500)으로 일정하게 주어진 것은 완전경쟁 시장구조임을 의미한다. 먼저 사적인 이윤극대화 생산량을 구하기 위해 P=MC로 두면 $500=200+\frac{1}{3}Q$, $\frac{1}{3}Q=300$, $Q=900$이다. 외부한계비용이 20이므로 사적인 한계비용과 외부한계비용을 합한 사회적인 한계비용은 $SMC=220+\frac{1}{3}Q$이다. 사회적인 최적생산량을 구하기 위해서는 P=SMC 이므로 $500=220+\frac{1}{3}Q$, $\frac{1}{3}Q=280$, $Q=840$이다.

24

정답 ⑤

한국은행은 고용증진 목표 달성이 아니라 통화정책 운영체제로서 물가안정목표제를 운영하고 있다.

25

정답 ③

$\Pi_t=0.04$, $\Pi_{t-1}=0.08$을 $\Pi_t-\Pi_{t-1}=-0.8(U_t-0.05)$에 대입하면 $U_t=10\%$가 도출된다. 현재 실업률이 5%이기 때문에 실업률 증가분은 5%p이고 세 번째 가정에 따르면 GDP는 10% 감소한다. 인플레이션율을 4%p 낮출 경우 GDP 변화율(%)이 10%이므로, 인플레이션율을 1%p 낮출 경우 감소되는 GDP 변화율(%)인 희생률은 2.5이다.

26

정답 ⑤

총수입 TR은 다음과 같이 나타낼 수 있다.

$TR=P\times Q=(100-2Q)\times Q=100Q-2Q^2$

독점기업의 이윤극대화의 조건은 $MR=MC$이다.

$MC=60$, $MR=\frac{\Delta TR}{\Delta Q}=100-4Q$이므로 $100-4Q=60$

$4Q=40$

$\therefore\ Q=10$

이 값을 시장 수요 곡선식인 $P=100-2Q$에 대입하면 $P=80$이다. 따라서 이 독점기업의 이윤극대화 가격은 80원이고, 생산량은 10개이다.

27

정답 ④

먼저 정부지출을 1만큼 증가시킬 때 국민소득(Y)이 얼마만큼 증가하는지를 도출해야 한다. $Y=C+I+G+X-M$에서 각 수치들을 대입하면 $Y=0.5Y+10+0.4Y+10+G+X-0.1Y-20 \Rightarrow 0.2Y=G+X$. 따라서 G값을 1만큼 증가시키면 Y값은 5만큼 커지게 된다. 다음으로 커진 국민소득에 대응해서 소비가 얼마만큼 증가하는지를 도출하면 된다. $C=0.5Y+10$에서 Y가 5만큼 상승할 때 $C=2.5$가 상승한다.

따라서 정부지출을 1만큼 증가시키면 소비는 2.5가 상승한다.

28

정답 ①

㉠ 경제적 후생이란 사회구성원이 느끼는 행복을 물질적 이익 또는 소득으로 측정한 것을 말한다.

㉡ 가격이 하락하면 수요곡선 상 가격의 이동으로 신규 또는 추가의 소비자 잉여가 발생한다.

오답분석

㉢ 완전경쟁시장은 외부효과가 없는 것으로 가정한다.

㉣ 생산자 잉여는 생산자가 수취하는 금액에서 생산비용을 뺀 것을 말한다.

29

정답 ①

수요란 일정 기간 주어진 가격으로 소비자들이 구입하고자 의도하는 재화와 서비스의 총량을 의미한다. 수요는 관련재화(대체재, 보완재)의 가격, 소비자의 소득수준, 소비자의 선호 등의 요인에 따라 변화하며, 수요의 변화는 수요곡선 자체를 좌우로 이동시킨다. 제시된 그림에서는 수요곡선이 오른쪽으로 이동하고 있으므로 복숭아 수요를 증가시키는 요인이 아닌 것을 고르는 문제이다. 복숭아 가격이 하락하면 복숭아의 수요가 증가하게 되는데, 이는 '수요량의 변화'로서 수요곡선상에서 움직이게 된다.

30

정답 ④

덕선이가 실망노동자가 되면서 실업자에서 비경제활동인구로 바뀌게 되었다.

실업률은 경제활동인구에 대한 실업자의 비율이므로 분자인 실업자보다 분모인 경제활동인구가 큰 상황에서 실업자와 경제활동인구가 동일하게 줄어든다면 실업률은 하락하게 된다.

고용률은 생산가능인구에 대한 취업자의 비율이므로 덕선이가 실망노동자가 되어도 분자인 취업자와 분모인 생산가능인구는 아무런 변화가 없다. 따라서 고용률은 변하지 않는다.

31

정답 ②

과거에는 국민총생산(GNP)이 소득지표로 사용되었으나 수출품과 수입품의 가격변화에 따른 실질소득의 변화를 제대로 반영하지 못했기 때문에 현재는 국민총소득(GNI)을 소득지표로 사용한다. 반면, 명목GNP는 명목GDP에 국외순수취요소소득을 더하여 계산하는데, 명목GDP는 당해 연도 생산량에 당해 연도의 가격을 곱하여 계산하므로 수출품과 수입품의 가격변화에 따른 실질소득 변화가 모두 반영된다. 즉, 명목으로 GDP를 집계하면 교역조건 변화에 따른 실질무역손익이 0이 된다. 다시 말해 명목GNP는 명목GNI와 동일하다.

32

정답 ④

총수요의 변동으로 경기변동이 발생하면 경기와 물가는 같은 방향으로 움직이므로 경기 순응적이 된다.

33

정답 ②

오답분석

가. A재에 대한 수요가 증가하면 A재의 생산량이 증가하므로 A재에 특화된 노동에 대한 수요가 증가한다. 그러나 노동공급곡선이 수직선이므로 노동수요가 증가하더라도 고용량은 변하지 않고 임금만 상승하게 된다.

다. 노동공급이 증가하면 임금이 하락하므로 A재의 생산비용이 낮아진다. 이로 인해 A재 시장에서 공급곡선이 오른쪽으로 이동하므로 A재의 가격은 하락하고 거래량은 증가한다.

마. 노동공급이 감소하면 임금이 상승하므로 A재 생산비용이 상승하여 A재의 공급곡선이 왼쪽으로 이동한다.

34

정답 ①

최고가격제는 소비자 보호를 위해 최고가격을 시장 균형가격보다 낮은 수준에서 책정하여야 한다. 이 경우 초과수요가 발생하기 때문에 암시장이 나타날 수 있다.

오답분석

② 최고가격을 균형가격보다 낮게 책정하면 암시장이 나타날 수 있기 때문에 시장수급에 영향을 미친다.

③・④ 최저임금제는 정부가 노동시장에 개입하여 임금의 최저수준을 정하는 가격하한제의 한 예이다. 가격하한제란 시장가격보다 높은 수준에서 최저가격을 설정하는 가격규제 방법이다. 최저임금이 시장균형 임금보다 높은 수준에서 책정되면 노동시장에서 초과공급이 발생하고 그만큼의 비자발적 실업이 발생하게 된다. 이 경우 이미 고용된 노동자들은 혜택을 받을 수 있지만 취업 준비생들은 계속 실업자로 남을 가능성이 크다.

⑤ 최저가격제는 공급자를 보호하기 위한 규제로 수요의 가격탄력성이 탄력적일수록 효과가 미흡해진다.

35

정답 ①

문제에서 주어진 조건으로 보면 A국 구리 생산업체들의 국내 판매의 가격은 4이고 판매량은 4일 것이다. 하지만 국제 시장가격이 5이므로 A국 구리 생산업체들은 국제 시장가격으로 가격과 공급량을 결정할 것이다. 그렇다면 A국 구리 생산업체들의 판매가격은 5, 공급량은 5가 되는데, 이때 국내에서도 5의 가격에서 2개의 수요가 있으므로 국내 판매량이 2라고 하면 수출량은 공급량 5에서 국내 판매량 2를 뺀 3이 된다.

36

정답 ②

오답분석

가. 완전경쟁기업이 단기에 초과이윤을 획득하고 있으면, 장기에는 다른 경쟁기업들이 진입하게 되므로 장기에는 모든 완전경쟁기업이 정상이윤만을 획득한다.

라. 초과이윤 상태에서는 한계비용이 평균비용보다 크다. 한계비용과 총평균비용이 일치하는 평균비용의 최소점을 손익분기점이라고 한다.

마. 완전경쟁시장의 이윤극대화 조건에 따라 시장가격과 한계비용은 일치한다.

37

정답 ④

마찰적 실업이란 직업을 탐색하는 과정에서 발생하는 실업으로 완전고용상태에서도 발생하는 자발적 실업이다. 반면, 구조적 실업은 산업구조의 변화나 기술의 발달로 인해 특정한 기능을 가진 노동자에 대한 수요가 감소함에 따라 발생하는 비자발적 실업이며, 경기적 실업은 경기침체로 인한 총수요의 부족으로 발생하는 비자발적 실업이다.

오답분석

① 주부는 비경제활동인구에 포함된다.

② 실업률은 실업자의 수를 경제활동인구로 나누어 구한다.

③ 구조적 실업에 대한 설명이다.

⑤ 남녀차별로 인한 실업은 구조적 실업이다.

38

정답 ②

오답분석

나. 저축률이 높은 나라일수록 1인당 소득은 높은 경향이 있다.

라. 칼도우의 정형화된 사실에 따르면 개발도상국과 선진국 간의 1인당 소득격차는 확대된다.

39

정답 ②

우월전략은 상대방의 전략에 관계없이 항상 자신의 보수가 가장 크게 되는 전략을 말한다.

40

정답 ②

항상소득 가설에 의하면 항상소득의 증가는 소비의 증가에 크게 영향을 미치지만 임시소득이 증가하는 것은 소비에 거의 영향을 미치지 않는다. 따라서 항상소득의 한계소비성향은 일시소득의 한계소비성향보다 크다.

서울교통공사 직업기초능력평가 + 직무수행능력평가 답안카드

성 명

지원 분야

문제지 형별기재란	
(　　　)형	Ⓐ Ⓑ

수 험 번 호						
⓪	⓪	⓪	⓪	⓪	⓪	⓪
①	①	①	①	①	①	①
②	②	②	②	②	②	②
③	③	③	③	③	③	③
④	④	④	④	④	④	④
⑤	⑤	⑤	⑤	⑤	⑤	⑤
⑥	⑥	⑥	⑥	⑥	⑥	⑥
⑦	⑦	⑦	⑦	⑦	⑦	⑦
⑧	⑧	⑧	⑧	⑧	⑧	⑧
⑨	⑨	⑨	⑨	⑨	⑨	⑨

감독위원 확인
인

직업기초능력평가				직무수행능력평가			
1	① ② ③ ④ ⑤	21	① ② ③ ④ ⑤	1	① ② ③ ④ ⑤	21	① ② ③ ④ ⑤
2	① ② ③ ④ ⑤	22	① ② ③ ④ ⑤	2	① ② ③ ④ ⑤	22	① ② ③ ④ ⑤
3	① ② ③ ④ ⑤	23	① ② ③ ④ ⑤	3	① ② ③ ④ ⑤	23	① ② ③ ④ ⑤
4	① ② ③ ④ ⑤	24	① ② ③ ④ ⑤	4	① ② ③ ④ ⑤	24	① ② ③ ④ ⑤
5	① ② ③ ④ ⑤	25	① ② ③ ④ ⑤	5	① ② ③ ④ ⑤	25	① ② ③ ④ ⑤
6	① ② ③ ④ ⑤	26	① ② ③ ④ ⑤	6	① ② ③ ④ ⑤	26	① ② ③ ④ ⑤
7	① ② ③ ④ ⑤	27	① ② ③ ④ ⑤	7	① ② ③ ④ ⑤	27	① ② ③ ④ ⑤
8	① ② ③ ④ ⑤	28	① ② ③ ④ ⑤	8	① ② ③ ④ ⑤	28	① ② ③ ④ ⑤
9	① ② ③ ④ ⑤	29	① ② ③ ④ ⑤	9	① ② ③ ④ ⑤	29	① ② ③ ④ ⑤
10	① ② ③ ④ ⑤	30	① ② ③ ④ ⑤	10	① ② ③ ④ ⑤	30	① ② ③ ④ ⑤
11	① ② ③ ④ ⑤	31	① ② ③ ④ ⑤	11	① ② ③ ④ ⑤	31	① ② ③ ④ ⑤
12	① ② ③ ④ ⑤	32	① ② ③ ④ ⑤	12	① ② ③ ④ ⑤	32	① ② ③ ④ ⑤
13	① ② ③ ④ ⑤	33	① ② ③ ④ ⑤	13	① ② ③ ④ ⑤	33	① ② ③ ④ ⑤
14	① ② ③ ④ ⑤	34	① ② ③ ④ ⑤	14	① ② ③ ④ ⑤	34	① ② ③ ④ ⑤
15	① ② ③ ④ ⑤	35	① ② ③ ④ ⑤	15	① ② ③ ④ ⑤	35	① ② ③ ④ ⑤
16	① ② ③ ④ ⑤	36	① ② ③ ④ ⑤	16	① ② ③ ④ ⑤	36	① ② ③ ④ ⑤
17	① ② ③ ④ ⑤	37	① ② ③ ④ ⑤	17	① ② ③ ④ ⑤	37	① ② ③ ④ ⑤
18	① ② ③ ④ ⑤	38	① ② ③ ④ ⑤	18	① ② ③ ④ ⑤	38	① ② ③ ④ ⑤
19	① ② ③ ④ ⑤	39	① ② ③ ④ ⑤	19	① ② ③ ④ ⑤	39	① ② ③ ④ ⑤
20	① ② ③ ④ ⑤	40	① ② ③ ④ ⑤	20	① ② ③ ④ ⑤	40	① ② ③ ④ ⑤

※ 본 답안지는 마킹연습용 모의 답안지입니다.

성 명

지원 분야

문제지 형별기재란	
(　　　)형	Ⓐ Ⓑ

수 험 번 호						
⓪	⓪	⓪	⓪	⓪	⓪	⓪
①	①	①	①	①	①	①
②	②	②	②	②	②	②
③	③	③	③	③	③	③
④	④	④	④	④	④	④
⑤	⑤	⑤	⑤	⑤	⑤	⑤
⑥	⑥	⑥	⑥	⑥	⑥	⑥
⑦	⑦	⑦	⑦	⑦	⑦	⑦
⑧	⑧	⑧	⑧	⑧	⑧	⑧
⑨	⑨	⑨	⑨	⑨	⑨	⑨

감독위원 확인
㊞ 인

서울교통공사 직업기초능력평가 + 직무수행능력평가 답안카드

직업기초능력평가				직무수행능력평가			
1	① ② ③ ④ ⑤	21	① ② ③ ④ ⑤	1	① ② ③ ④ ⑤	21	① ② ③ ④ ⑤
2	① ② ③ ④ ⑤	22	① ② ③ ④ ⑤	2	① ② ③ ④ ⑤	22	① ② ③ ④ ⑤
3	① ② ③ ④ ⑤	23	① ② ③ ④ ⑤	3	① ② ③ ④ ⑤	23	① ② ③ ④ ⑤
4	① ② ③ ④ ⑤	24	① ② ③ ④ ⑤	4	① ② ③ ④ ⑤	24	① ② ③ ④ ⑤
5	① ② ③ ④ ⑤	25	① ② ③ ④ ⑤	5	① ② ③ ④ ⑤	25	① ② ③ ④ ⑤
6	① ② ③ ④ ⑤	26	① ② ③ ④ ⑤	6	① ② ③ ④ ⑤	26	① ② ③ ④ ⑤
7	① ② ③ ④ ⑤	27	① ② ③ ④ ⑤	7	① ② ③ ④ ⑤	27	① ② ③ ④ ⑤
8	① ② ③ ④ ⑤	28	① ② ③ ④ ⑤	8	① ② ③ ④ ⑤	28	① ② ③ ④ ⑤
9	① ② ③ ④ ⑤	29	① ② ③ ④ ⑤	9	① ② ③ ④ ⑤	29	① ② ③ ④ ⑤
10	① ② ③ ④ ⑤	30	① ② ③ ④ ⑤	10	① ② ③ ④ ⑤	30	① ② ③ ④ ⑤
11	① ② ③ ④ ⑤	31	① ② ③ ④ ⑤	11	① ② ③ ④ ⑤	31	① ② ③ ④ ⑤
12	① ② ③ ④ ⑤	32	① ② ③ ④ ⑤	12	① ② ③ ④ ⑤	32	① ② ③ ④ ⑤
13	① ② ③ ④ ⑤	33	① ② ③ ④ ⑤	13	① ② ③ ④ ⑤	33	① ② ③ ④ ⑤
14	① ② ③ ④ ⑤	34	① ② ③ ④ ⑤	14	① ② ③ ④ ⑤	34	① ② ③ ④ ⑤
15	① ② ③ ④ ⑤	35	① ② ③ ④ ⑤	15	① ② ③ ④ ⑤	35	① ② ③ ④ ⑤
16	① ② ③ ④ ⑤	36	① ② ③ ④ ⑤	16	① ② ③ ④ ⑤	36	① ② ③ ④ ⑤
17	① ② ③ ④ ⑤	37	① ② ③ ④ ⑤	17	① ② ③ ④ ⑤	37	① ② ③ ④ ⑤
18	① ② ③ ④ ⑤	38	① ② ③ ④ ⑤	18	① ② ③ ④ ⑤	38	① ② ③ ④ ⑤
19	① ② ③ ④ ⑤	39	① ② ③ ④ ⑤	19	① ② ③ ④ ⑤	39	① ② ③ ④ ⑤
20	① ② ③ ④ ⑤	40	① ② ③ ④ ⑤	20	① ② ③ ④ ⑤	40	① ② ③ ④ ⑤

※ 본 답안지는 마킹연습용 모의 답안지입니다.

성 명

지원 분야

문제지 형별기재란	
(　　　)형	Ⓐ Ⓑ

수 험 번 호						
⓪	⓪	⓪	⓪	⓪	⓪	⓪
①	①	①	①	①	①	①
②	②	②	②	②	②	②
③	③	③	③	③	③	③
④	④	④	④	④	④	④
⑤	⑤	⑤	⑤	⑤	⑤	⑤
⑥	⑥	⑥	⑥	⑥	⑥	⑥
⑦	⑦	⑦	⑦	⑦	⑦	⑦
⑧	⑧	⑧	⑧	⑧	⑧	⑧
⑨	⑨	⑨	⑨	⑨	⑨	⑨

감독위원 확인
㊞ 인

서울교통공사 직업기초능력평가 + 직무수행능력평가 답안카드

직업기초능력평가				직무수행능력평가			
1	① ② ③ ④ ⑤	21	① ② ③ ④ ⑤	1	① ② ③ ④ ⑤	21	① ② ③ ④ ⑤
2	① ② ③ ④ ⑤	22	① ② ③ ④ ⑤	2	① ② ③ ④ ⑤	22	① ② ③ ④ ⑤
3	① ② ③ ④ ⑤	23	① ② ③ ④ ⑤	3	① ② ③ ④ ⑤	23	① ② ③ ④ ⑤
4	① ② ③ ④ ⑤	24	① ② ③ ④ ⑤	4	① ② ③ ④ ⑤	24	① ② ③ ④ ⑤
5	① ② ③ ④ ⑤	25	① ② ③ ④ ⑤	5	① ② ③ ④ ⑤	25	① ② ③ ④ ⑤
6	① ② ③ ④ ⑤	26	① ② ③ ④ ⑤	6	① ② ③ ④ ⑤	26	① ② ③ ④ ⑤
7	① ② ③ ④ ⑤	27	① ② ③ ④ ⑤	7	① ② ③ ④ ⑤	27	① ② ③ ④ ⑤
8	① ② ③ ④ ⑤	28	① ② ③ ④ ⑤	8	① ② ③ ④ ⑤	28	① ② ③ ④ ⑤
9	① ② ③ ④ ⑤	29	① ② ③ ④ ⑤	9	① ② ③ ④ ⑤	29	① ② ③ ④ ⑤
10	① ② ③ ④ ⑤	30	① ② ③ ④ ⑤	10	① ② ③ ④ ⑤	30	① ② ③ ④ ⑤
11	① ② ③ ④ ⑤	31	① ② ③ ④ ⑤	11	① ② ③ ④ ⑤	31	① ② ③ ④ ⑤
12	① ② ③ ④ ⑤	32	① ② ③ ④ ⑤	12	① ② ③ ④ ⑤	32	① ② ③ ④ ⑤
13	① ② ③ ④ ⑤	33	① ② ③ ④ ⑤	13	① ② ③ ④ ⑤	33	① ② ③ ④ ⑤
14	① ② ③ ④ ⑤	34	① ② ③ ④ ⑤	14	① ② ③ ④ ⑤	34	① ② ③ ④ ⑤
15	① ② ③ ④ ⑤	35	① ② ③ ④ ⑤	15	① ② ③ ④ ⑤	35	① ② ③ ④ ⑤
16	① ② ③ ④ ⑤	36	① ② ③ ④ ⑤	16	① ② ③ ④ ⑤	36	① ② ③ ④ ⑤
17	① ② ③ ④ ⑤	37	① ② ③ ④ ⑤	17	① ② ③ ④ ⑤	37	① ② ③ ④ ⑤
18	① ② ③ ④ ⑤	38	① ② ③ ④ ⑤	18	① ② ③ ④ ⑤	38	① ② ③ ④ ⑤
19	① ② ③ ④ ⑤	39	① ② ③ ④ ⑤	19	① ② ③ ④ ⑤	39	① ② ③ ④ ⑤
20	① ② ③ ④ ⑤	40	① ② ③ ④ ⑤	20	① ② ③ ④ ⑤	40	① ② ③ ④ ⑤

※ 본 답안지는 마킹연습용 모의 답안지입니다.

서울교통공사 직업기초능력평가 + 직무수행능력평가 답안카드

성 명

지원 분야

문제지 형별기재란	
( )형	Ⓐ Ⓑ

수 험 번 호						
⓪	⓪	⓪	⓪	⓪	⓪	⓪
①	①	①	①	①	①	①
②	②	②	②	②	②	②
③	③	③	③	③	③	③
④	④	④	④	④	④	④
⑤	⑤	⑤	⑤	⑤	⑤	⑤
⑥	⑥	⑥	⑥	⑥	⑥	⑥
⑦	⑦	⑦	⑦	⑦	⑦	⑦
⑧	⑧	⑧	⑧	⑧	⑧	⑧
⑨	⑨	⑨	⑨	⑨	⑨	⑨

감독위원 확인
인

직업기초능력평가				직무수행능력평가			
1	① ② ③ ④ ⑤	21	① ② ③ ④ ⑤	1	① ② ③ ④ ⑤	21	① ② ③ ④ ⑤
2	① ② ③ ④ ⑤	22	① ② ③ ④ ⑤	2	① ② ③ ④ ⑤	22	① ② ③ ④ ⑤
3	① ② ③ ④ ⑤	23	① ② ③ ④ ⑤	3	① ② ③ ④ ⑤	23	① ② ③ ④ ⑤
4	① ② ③ ④ ⑤	24	① ② ③ ④ ⑤	4	① ② ③ ④ ⑤	24	① ② ③ ④ ⑤
5	① ② ③ ④ ⑤	25	① ② ③ ④ ⑤	5	① ② ③ ④ ⑤	25	① ② ③ ④ ⑤
6	① ② ③ ④ ⑤	26	① ② ③ ④ ⑤	6	① ② ③ ④ ⑤	26	① ② ③ ④ ⑤
7	① ② ③ ④ ⑤	27	① ② ③ ④ ⑤	7	① ② ③ ④ ⑤	27	① ② ③ ④ ⑤
8	① ② ③ ④ ⑤	28	① ② ③ ④ ⑤	8	① ② ③ ④ ⑤	28	① ② ③ ④ ⑤
9	① ② ③ ④ ⑤	29	① ② ③ ④ ⑤	9	① ② ③ ④ ⑤	29	① ② ③ ④ ⑤
10	① ② ③ ④ ⑤	30	① ② ③ ④ ⑤	10	① ② ③ ④ ⑤	30	① ② ③ ④ ⑤
11	① ② ③ ④ ⑤	31	① ② ③ ④ ⑤	11	① ② ③ ④ ⑤	31	① ② ③ ④ ⑤
12	① ② ③ ④ ⑤	32	① ② ③ ④ ⑤	12	① ② ③ ④ ⑤	32	① ② ③ ④ ⑤
13	① ② ③ ④ ⑤	33	① ② ③ ④ ⑤	13	① ② ③ ④ ⑤	33	① ② ③ ④ ⑤
14	① ② ③ ④ ⑤	34	① ② ③ ④ ⑤	14	① ② ③ ④ ⑤	34	① ② ③ ④ ⑤
15	① ② ③ ④ ⑤	35	① ② ③ ④ ⑤	15	① ② ③ ④ ⑤	35	① ② ③ ④ ⑤
16	① ② ③ ④ ⑤	36	① ② ③ ④ ⑤	16	① ② ③ ④ ⑤	36	① ② ③ ④ ⑤
17	① ② ③ ④ ⑤	37	① ② ③ ④ ⑤	17	① ② ③ ④ ⑤	37	① ② ③ ④ ⑤
18	① ② ③ ④ ⑤	38	① ② ③ ④ ⑤	18	① ② ③ ④ ⑤	38	① ② ③ ④ ⑤
19	① ② ③ ④ ⑤	39	① ② ③ ④ ⑤	19	① ② ③ ④ ⑤	39	① ② ③ ④ ⑤
20	① ② ③ ④ ⑤	40	① ② ③ ④ ⑤	20	① ② ③ ④ ⑤	40	① ② ③ ④ ⑤

※ 본 답안지는 마킹연습용 모의 답안지입니다.